① Von Siena in die Crete Senesi

② Vom Val d'Orcia zum Monte Amiata

③ Von der Maremma zum Monte Argentario

Nachlesen & Nachschlagen

Wandern in der Südtoskana

Unterwegs mit

Michael Müller

Jahrgang 1953, geboren in Ebermannstadt. Nach der Ausbildung zum Kfz-Mechaniker zog es ihn für einige Jahre nach Neuseeland und Ecuador. Dort begegnete er dem Reisejournalisten Martin Velbinger, mit dem er zusammen in Südamerika recherchierte – die Initialzündung für die berufliche Neuorientierung, die 1979 in die Gründung des eigenen Verlags mündete.

Wieder einmal zieht's mich in die Toskana. Florenz und Pisa? Kennt man. Auf Touristenmassen und Schlangestehen habe ich dieses Mal keine Lust. Also ab aufs Land, aber richtig aufs Land und unbedingt mit Meer!

Das schöne mittelalterliche Siena nehme noch mit, dann geht's – ich bin in Genießerlaune – in die fantastisch gelegenen Weinstädtchen Montepulciano und Montalcino. Südlich davon wird es sehr beschaulich. Immer wieder treffe ich auf die Etrusker, ihre Mauerreste und Nekropolen im Tuffstein. Tolle Wanderungen führen mich durch ihre tief eingegrabenen Hohlwege. Besonders angetan haben es mir die verschlafenen Tuffsteinorte Pittigliano, Sovana und Sorano, deren verwinkelte Gassen in den letzten Jahrzehnten immer stiller geworden sind.

Ganz anders die Maremma und ihre flache Küstenregion. Auch nach jahrzehntelanger Bekanntschaft ist der erste Eindruck derselbe: Helligkeit und Weite. Hier gibt es zum Glück noch ruhige Streifen, die zu langen, meditativen Spaziergängen am Meer einladen. In Albarese leih ich mir auch dieses Mal ein Rad für die kleine Tour durch Wiesen und Pinien ans Wasser. Am Naturstrand bin ich in bester Gesellschaft mit den gutmütigen Maremma-Rinder hinterm Zaun, dann Badehose an und rein in die erfrischenden Fluten.

Was haben Sie entdeckt?

Haben Sie ein besonderes Restaurant, ein neues Museum oder ein nettes Hotel entdeckt? Wenn Sie Ergänzungen, Verbesserungen oder Tipps zum Buch haben, lassen Sie es uns bitte wissen!

Schreiben Sie an: Michael Müller, Stichwort „Südtoskana"
c/o Michael Müller Verlag GmbH | Gerberei 19 | D – 91054 Erlangen
michael.mueller@michael-mueller-verlag.de

Südtoskana

Siena | Monte Argentario
Maremma | Monte Amiata

Michael Müller

8. komplett überarbeitete und aktualisierte Auflage 2024

Inhalt

Siena macht den Auftakt – eine komplett intakte überwältigende Altstadt mit einem der schönsten mittelalterlichen Plätze überhaupt. Südlich davon winden sich einstige römische Handelswege durch die ländliche Montagnola oder die bizarren Crete Senesi.

Was haben Sie entdeckt?

Haben Sie ein besonderes Restaurant, ein neues Museum oder ein nettes Hotel entdeckt? Wenn Sie Ergänzungen, Verbesserungen oder Tipps zum Buch haben, lassen Sie es uns bitte wissen!

Schreiben Sie an: Michael Müller, Stichwort „Südtoskana"
c/o Michael Müller Verlag GmbH | Gerberei 19, D – 91054 Erlangen
michael.mueller@michael-mueller-verlag.de

Vom Val d'Orcia zum Monte Amiata ▪ 70

Das Orcia-Tal ist ein Wein-Wunderland mit großen Namen wie Montalcino und Montepulciano. Viel Etruskisches und viel Kunst, bis wir schließlich am Fuß des Monte Amiata ein heißes Bad nehmen.

Von der Maremma zum Monte Argentario ▪ 126

Etruskische Stadtgründungen auf Tuffstein, die heißen Quellen des Wasserfalls von Saturnia, die Weite der brettflachen Maremma und endlich – das Meer. Baden und Sonnenuntergänge von Follonica bis zum exklusiven Monte Argentario.

Preise Übernachten
DZ in der Hauptsaison (Juli)
inkl. Frühstück

€	bis 100 Euro
€€	bis 150 Euro
€€€	bis 200 Euro
€€€€	ab 200 Euro

nachhaltig, ökologisch, regional

mein Tipp Die besondere Empfehlung unseres Autors

Pitigliano – empfehlenswert, einmal im Tal rund um die Tuffstadt zu wandern

Altes Stadttor in Sorano

Orientiert

in der Südtoskana

Die Südtoskana im Profil

Die Südtoskana ist ...

Wer in den Süden der Toskana fährt, erlebt von allem das Beste. Zwischen Siena und Monte Argentario wimmelt es nur so von den verschiedensten Landschaften, von Kultur von den Etruskern bis heute, von erlesenen Weinen und anderen kulinarischen Genüssen. Und dann noch das Meer! Nicht zuletzt deswegen ist die Südtoskana unsere ganz besondere Empfehlung für einen Toskana-Urlaub mit der ganzen Familie.

... Stadt, Land und Meer

Unbestrittener Hauptort der südlichen Toskana ist Siena. Keine Renaissance-Bauten wie in Florenz, sondern Mittelalter pur: enge Gassen, dunkle Paläste und mit dem Campo eine Piazza, die zu Recht als schönste ganz Italiens gilt. Östlich von Siena erheben sich die karg bewachsenen, lehmigen Crete Senesi, im Westen die Colline Metallifere, wo noch im 20. Jh. Eisenerz abgebaut wurde. Südlich von Siena lockt das saftig grüne Val d'Orcia mit dem Renaissance-Reißbrettstädtchen Pienza im Zentrum, und weiter im Süden ragt der Monte Amiata, ein erloschener Vulkan, aus der Landschaft, dessen Gipfel gelegentlich in den Wolken steckt.

Hinter dem Amiata öffnet sich die dünn besiedelte Hügellandschaft der Maremma, bekannt für die Quellen von Saturnia und das Tuffstädtchen Pitigliano. Und schließlich überzeugt die Südtoskana mit ihren Stränden. Der quirligste Badeort an der Maremma-Küste ist das bei italienischen wie ausländischen Touristen beliebte Fischerstädtchen Castiglione della Pescaia. Auf der Halbinsel Monte Argentario weiter südlich verbringen Familien zwischen den Yachten des italienischen Geldadels ihre Badetage.

... die Heimat der Etrusker

Die Herkunft der Etrusker ist bis heute unklar. Doch im ersten Jahrtausend vor Christus siedelten sie zwischen Arno und Tiber und bildeten die erste Hochkultur auf italienischem Boden. Von den Römern als „Etrusci" bzw. „Tusci" bezeichnet, gaben sie der Toskana ihren Namen und hinterließen zahlreiche Kunstgegenstände, vor allem aus Metall und Keramik. Bauliche Zeugnisse finden sich in erster Linie unterirdisch: als Nekropolen mit erstaunlich erhaltenen Wandmalereien.

... eine Genussregion

Die toskanische Küche ist bäuerlich einfach, das aber mit frischesten Zutaten. Pasta gibt es in allen Formen und mit allen möglichen Saucen. Vor allem um Montepulciano und Chiusi werden Pici angeboten, eine Art kurze, dicke Spaghetti, meist handgemacht. Besonders gut haben sie uns in der Osteria del Borgo in Montepulciano geschmeckt. → S. 100

Importiert aus der toskanischen Hauptstadt Florenz ist das Bistecca alla fiorentina, ein kräftig gewürztes, gegrilltes Steak, rund 800 g schwer, 3–4 cm dick und von einer Person allein kaum zu schaffen. Den Selbstversuch startet man z. B. in der Trattoria Il Pozzo in Sant'Angelo in Colle. → S. 78

Den Wein zum guten Essen liefert die Südtoskana gleich mit. Wie der Chianti wird auch der hiesige Vino Nobile di Montepulciano aus der Sangiovese-Traube gekeltert. Fast noch besser ist der auf einem Sangiovese-Klon basierende Brunello di Montalcino.

Fisch isst man natürlich an der Küste. Das Lokal Santarino ist allein ein Grund, Follonica anzusteuern! In der einfachen altmodischen Gaststube mit Plastikstühlen geht es nur um eines: frischen, exzellenten Fisch und das zu Preisen, die man weiter südwärts vergeblich suchen wird. → S. 156

... ein ideales Familienziel

Keine Freizeitparks mit Achtfach-Loopings, dafür viel Natur und Wasser, Kultur zum Darin-Rumturnen auf und unter der Erde, natürlich Pizza, Nudeln und Eis – und überall die herzliche Bambini-willkommen-Garantie! Unser besonderer Tipp für den Familienurlaub sind die hervorragenden Campingplätze – auf denen man meist auch kleine Hütten oder große Wohnwagen mieten kann. Hier finden die Kleinen sofort Anschluss.

Campeggio Parco delle Piscine in Sarteano: regelmäßig geprüft und mit Topbewertung zu empfehlen! Gepflegt, freundlich sowieso – plus ein eigenes Thermalschwimmbecken und direkter Anschluss ans nette Städtchen. → S. 109

Camping Village Rocchette bei Castiglione: Unser zweiter Camping-Favorit liegt an der Küste. Im Zelt oder in einem der hochwertig ausgestatteten Bungalows hört man tatsächlich das Meer rauschen! → S. 171

Tenuta del Fontino: Wer es komfortabler mag – dieser herrschaftlichen Villa in der Maremma mangelt es an nichts: Grillabende, Badesee, Sauna, Pferde ... → S. 165

Castiglione della Pescaia: Der quirlige Badeort mit der Formel für schöne Tage am Meer: feiner Sandstrand, prämierte Wasserqualität, 1a-Gelato-Versorgung, ein kleiner Hafen und darüber die idyllische mittelalterliche Altstadt. → S. 168

Insel Giglio: Schon ein Bootsausflug ist herrlich! Vom pittoresken Hafen geht es in Serpentinen zu einem der schönsten Dörfer Italiens. Am Meer malerische, glasklare Badebuchten, wo man schnorcheln kann oder in einer der Tauchschulen einen Kurs bucht. → S. 198

Von vor den Römern bis heute

Erlebnis Kultur

Auf etruskischen Hohlwegen monumentale Gräber entdecken. Im romantischen Bagno Vignoni um ein antikes Thermalbecken wandeln. Mittelalterliche Klöster und Burgen überall, am Meer mit Aussichtstürmen gegen feindliche Piraten. Pienza entpuppt sich als architektonisches Gesamtkunstwerk. Montepulciano gibt mit Brunello-Weinkellern, groß wie Kathedralen, der Weinkultur den passenden Rahmen. Am letzten Zipfel der Südtoskana dann ein schillernder Skulpturenpark mit moderner Kunst, voller Fantasie und Farbe. Was für eine Fülle!

Etruskische Spuren

Sovana: Auf den Spuren der Etrusker wandert man durch Hohlwege zu monumentalen Gräbern und Nekropolen. Interessant: Die etruskischen Bestattungsriten waren eher vergnügliche Feierlichkeiten. → S. 145

Ansedonia: Am Meer findet man die Tagliata Etrusca, ein Glanzstück etruskischer Wasserbaukunst, und in einem uralten Olivenhain liegen die Reste der römischen Siedlung Cosa. → S. 207

Chiusi: Das Museo Nazionale Etrusco besitzt eine der größten Sammlungen etruskischer Funde. „Museum" bedeutet hier auch unterirdische Labyrinthe und Katakomben. Spannung pur! → S. 104

Roselle bei Grosseto: Die eindrucksvolle Stadtmauer der etruskischen Siedlung ist fast vollständig erhalten und für Besucher bestens erschlossen und aufbereitet. → S. 180

Magisches Mittelalter

Siena: Die wunderschöne Stadt ist der spätmittelalterliche Gegenentwurf zur Renaissancestadt Florenz. In Sienas kultureller Blütezeit zwischen 1250 und 1350 sind unzählige Stadtpaläste im gotischen Stil entstanden. Prunkstück der sienesischen Städtebaukunst ist das Ensemble um den vielleicht schönsten Platz Italiens, die muschelförmige Piazza Il Campo mit dem majestätischen Palazzo Pubblico und dem hoch in den Himmel ragenden Torre del Mangia. → S. 20

Abtei San Galgano: Die Ruine des Zisterzienserklosters liegt ca. 35 km südwestlich von Siena auf der grünen Wiese. Aufgegeben wurde die Abbazia bereits 1783, danach diente sie den Bauern als Steinbruch. Die Reste strahlen heute buchstäblich „ruinösen Zauber" aus. → S. 46

Renaissance-Highlights

Pienza: Zwischen 1459 und 1462 ließ Papst Pius II. ein unbedeutendes Nest im Val d'Orcia zur città ideale umbauen – eine Musterstadt der Renaissance mit klaren Linien, strenger Symmetrie und abgestimmten Proportionen. Wie bei allen großen Utopien ist jedoch nicht alles wie geplant verwirklicht worden. So ist es in gewissem Sinne tröstlich, dass Pienza neben grandiosen Entwürfen auch ganz Profanes zu bieten hat: zum Beispiel den Pecorino di Pienza, einen vorzüglichen Schafskäse, den man in vielen Läden des Musterstädtchens für ganz gewöhnliches Geld kaufen kann ... → S. 87

Abtei Monte Oliveto Maggiore: Der wuchtige Backsteinbau inmitten einer grünen Zypressen-Oase ist für seinen Kreuzgang mit wunderbaren Renaissance-Fresken berühmt. → S. 62

Tuffstein-Topping

Pitigliano, Sovana und Sorano: Die Örtchen im südlichsten Zipfel der Maremma sind keine ausgeklügelten architektonischen Entwürfe, sondern Beispiele urtümlichen Bauens am Fels, allesamt etruskischen Ursprungs und aus Tuff gemeißelt: Jedes Haus, jeder Torbogen, jede Treppe in den unfassbar engen Gassen ist sehenswert. → S. 140–148

Musik liegt in der Luft

Massa Marittima: Die magisch schöne Piazza Garibaldi versetzt einen bereits ohne Musik in Schwingungen! Doch die Opernaufführungen der Lirica in Piazza lassen an lauen Augustabenden alles zu einer großen Harmonie verschmelzen. → S. 159

Montepulciano: klassische Konzerte im Palast mit Bilderbuch-Ausblick, besser

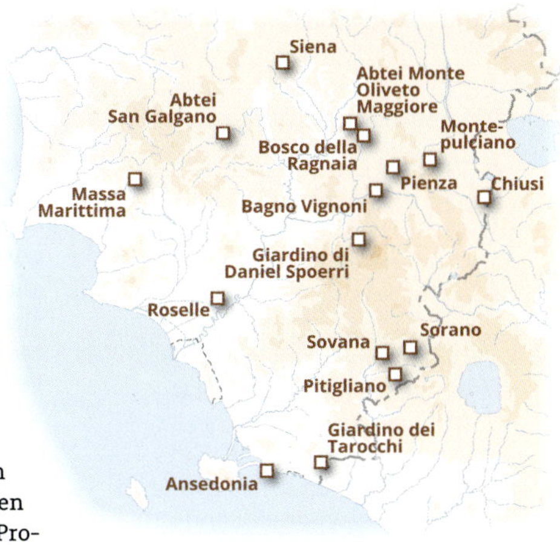

geht's nicht! Die Karten für das Sommer-Musikfestival der Meisterschüler sind heißbegehrt. → S. 94

Outdoor-Kunst

Garten-Konzeptkunst im Trüffelort San Giovanni d'Asso: Einem amerikanischen Künstler ist mit dem Bosco della Ragnaia die Renaissance eines Renaissance-Gartens gelungen. → S. 66

Giardino di Daniel Spoerri: Der traumhaft gelegene Kunstpark auf einem Riesenareal steckt voller Überraschungen. → S. 121

Kultur mit Kindern

Labyrinth in Chiusi: „Schweizer Käse" beschreibt die von den Etruskern im Tuffstein angelegten unterirdischen Gänge äußerst zutreffend. Ein archäologischer Trip in die Unterwelt sorgt selbst bei hartgesottenen Kids für Schauer über den Rücken ... → S. 105

Giardino dei Tarocchi: der Ausflugstipp gewinnt in allen Kategorien! Fantasie ohne Grenzen in einem Skulpturenpark mit knallbunten gigantischen Figuren. Eine schillernde Welt von Nanas, Gebäuden und verrückten Ideen. Einzigartig! → S. 212

Zu Lande und zu Wasser

Erlebnis Natur

Der Süden der Toskana bietet ein gutes Spektrum: den kargen Lehmboden der Crete, Endlos-Aussichten mit grünen Hügeln im Orcia-Tal, wildromantische Pfade durch Buchenhochwald und Kastanienhaine auf dem Monte Amiata. Kaum zu toppen? Vielleicht mit schönen Sandstränden an einem herrlichen Meer, den einsamen Badebuchten am Monte Argentario und dem Wanderparadies im Maremma- Naturpark.

Der kleine Strand „Bionda" bei Porto Santo Stefano

Am Meer

Merke: Je weiter man nach Süden reist, desto schöner werden die Strände, egal ob mit oder ohne den *Bagni* mit aufgereihten Sonnenliegen und Schirmen.

Mit der Familie: Der schönste Sandstrand für einen herrlichen Tag am Meer mit den Kids ist **Castiglione della Pescaia.** Es fehlt an nichts! → S. 168

Naturpark-Strand: Der sandige Naturstrand **Marina di Alberese** ist ein Traum, dekoriert mit dem Strandgut angeschwemmter Bäume und Äste. → S. 183

Sport-Beach: Die **Bucht von Talamone** ist mit flachem Strand und gutem Wind optimal für Surfer. → S. 186

Nur zu Fuß oder per Rad: Der Weg lohnt sich zum naturbelassenen **Tombolo di Feniglia,** der mit herrlich feinem Sand und duftendem Pinienhain Festland und Monte Argentario verbindet. → S. 198

Reif für die Insel? Auf nach Giglio! Ein schöner Tagesausflug dank der Fähren von Porto Santo Stefano. → S. 198

Auf den Berg, durch die Täler

Monte Amiata: Nach dem Auf und Ab im zauberhaften Orcia-Tal sticht er als „richtiger" Berg hervor! Am Gipfel ist man auf immerhin 1738 m. → S. 112

Zypressen-Highlights: Die vielfotografierte **Zypresseninsel** steht in der Nähe von San Quirico auf dem Weg ins Orcia-Tal rechts an der Via Cassia. Die **schönste Zypressenallee** windet sich beim Anwesen La Foce in Serpentinen durchs Tal empor. → S. 82 und 103

Bergromantik in Vivo d'Orcia: Minibergdorf mit einer verzauberten Einsiedelei am Lauf des Vivo. → S. 116

Heiße Wasser

Wellness mit wohltuendem Wasser heißt auf Italienisch *Benessere!* Aller-

orts sprudelt es in der Südtoskana aus der Erde – auch mitten in der Natur, was aus der Sache noch mehr Urlaub macht.

Saturnia: wartet mit einer der luxuriösesten Wellnessanlagen der Toskana auf, sowie mit dem kostenlosen Bad an den Warmwasser-Kaskaden in freier Natur – unkompliziert und ein Riesenspaß. → S. 134

Chianciano Terme: Die Heilquellen waren bereits bei den Etruskern beliebt, klassischer Kurort mit modernen Thermalanlagen und allen Raffinessen. → S. 102

Rapolano Terme: bietet gleich zwei Thermalbäder und zwar zu erschwinglichen Preisen. → S. 58

Bagni di Petriolo: Flussbad in der Wildnis für ein spontanes Bad in dampfendem Schwefelwasser. → S. 52

Naturschutz-Perlen

Parco Naturale della Maremma: riesiger Naturpark entlang der Tyrrhenischen Küste. Rehe, Wildschweine, Maremma-Rinder mit gewaltigen Hörnern, Pferde der Maremma-Rasse, die von den stolzen *Butteri* geritten werden, und eine Macchia Mediterranea, die schöner nicht sein kann. → S. 183

Naturreservat Diaccia Botrona: An der Flussmündung ist Birdwatching angesagt. Man erfährt alles über die Zugvögel und die Geschichte des einstigen Sumpfgebiets. → S. 169

Riserva Naturale del Lago di Burano: Das Reservat ist ein mit dem Meer verbundenes Sumpfgebiet und steht unter der Obhut des WWF. → S. 208

Wandern und Radfahren

Parco Naturale della Maremma: Der Park (s. o.), ist gut organisiert und bietet ein großes Netz an Wanderwegen durch Buschwald und Olivenhaine, zu Wiesen, auf denen Maremma-Rinder grasen und auf Felsen zu Aussichtstürmen mit Blick übers Meer. → S. 272

Radtour von Alberese zum Strand Marina di Alberese: Bikes ausleihen und los geht's auf markiertem Asphalt 8,5 km durch Wiesen und Pinienhaine bis zum Meer, wo sich ein Bad anbietet. → S. 274

Wanderung auf den Monte Labbro: Auf den Spuren des Mystikers Davide Lazzaretti geht es bis auf 1193 m. Die Tour beginnt im Parco Faunistico (s. u.) und ist die Nr. 12 unserer schönen Wanderungen im Anhang. → S. 275

Natur mit Kindern

Mondo Marino in Massa Marittima: In der schillernd-bunten Meereswelt wird es spannend, wenn die Fütterung im Haifischbecken ansteht ... Da verblasst selbst die Dino-Ausstellung! → S. 165

Parco Faunistico: Auf markierten Pfaden begegnen einem Reh-, Dam- und Muffelwild, Amiata-Esel und Wölfe – Letztere allerdings in einem großen eingezäunten Gehege. → S. 120

Bagni San Filippo: Im Wald folgt man dem Rauschen des Wasserfalls und erreicht heiße Quellwasserbecken zwischen tollen Felsen. → S. 118

Blühende Mimose, Porto Santo Stefano

Unterwegs

in der Südtoskana

Von Siena in die Crete Senesi

Siena macht den Auftakt – eine Stadtschönheit, die einer ganz speziellen Ockerfarbe ihren Namen gab und deren Campo zu den schönsten mittelalterlichen Plätzen überhaupt zählt. Die klassische Weiterreise in den Süden führt auf ehemaligen Römerstraßen durch die Montagnola und die bizarren Crete – vorzugsweise mit eleganter Sonnenbrille im Cabriolet und die Kamera stets griffbereit …

Dem Himmel ganz nah ist man in der Abtei San Galgano, Start unserer Wanderung 2 auf S. 252.

Wir lassen **Siena** als „Tor zur Südtoskana" hinter uns und gelangen in eine stillere, weit weniger touristische Region. In den beschaulichen Bergdörfern der waldreichen, kaum besiedelten **Montagnola** tickt das Leben langsamer. Mitten in der reizvollsten, aber abgeschiedenen Landschaft steht dann plötzlich ein grandioser Kirchenbau ohne Dach vor einem. Kein Wunder, denn wir sind an einer alten Pilgerroute unterwegs. Gleich mehrere **Klöster und Abteien** laden zu spiritueller Einkehr ein oder zumindest zu herrlich erholsamen Spaziergängen auf den nahen Rundwanderwegen. Wohlige Entspannung für Körper und Geist verspricht auch ein Bad in einer der **heißen Quellen**, die hier vielerorts sprudeln.

Südöstlich von Siena trifft man auf den bizarren Landstrich der **Crete**, eine eigenartig abstrakte, von Sonne ausgedörrte Mondlandschaft – Hügelketten aus Tonerde und Erosionsfurchen ziehen ihre Linien vor einem wolkenlosen Horizont. Oft sieht man auf der Reise in der Ferne ein einsames Gehöft oder eine wohlgeordnete Zypressenallee. Dann wieder zum Bleiben schöne Bilderbuchorte, in denen sich im Herbst alles um den kostbaren **Tartufo bianco**, den weißen Trüffel dreht.

Was anschauen?

Abtei San Galgano: Kirchgang einmal anders, hier ohne Dach. Freistehend und von Wiesen umgeben, lädt die Ruine aus dem 13. Jh. zu Einkehr, Spaziergang und sommerlichen Freiluftkonzerten ein. → **S. 46**

Cappella di Montesiepi: Oberhalb der Abtei San Galgano steht die Einsiedelei mit dem sagenumwobenen Schwert im Fels. → S. 47

Abtei von Monte Oliveto Maggiore: Von dichtem Zypressenwald umgeben, findet hier noch immer klösterliches Leben statt. Besondere Erlebnisse sind der Kreuzgang mit fantastischer Freskenmalerei und die gregorianischen Gesänge. Für weltlich profane Genüsse ist der **Klostershop** geöffnet. → S. 62

Museo della Mezzadria Senese in Buonconvento: Das Minimuseum gibt Einblicke ins einstige Leben der Landbevölkerung, der Schwerpunkt liegt dabei auf dem für die Region typischen Halbpacht-System. → S. 61

Dreamwoods bei Rosia: ein Park voller Skulpturen aus Millionen von Steinen. In Szene gesetzt vom deutschen Aussteiger Manfredo. → S. 45

Il Bosco della Ragnaia: Parkanlage eines Künstlers, in der sich der Weg durch surreale Gegenwartskunst und mächtige alte Baumriesen windet. Eintritt frei! → S. 66

Wo baden?

Bagni di Petriolo: Relaxen in einem Badeteich mit 40 °C heißem Thermalwasser inmitten der Natur – höllischer Schwefelgeruch inklusive. Man hasst oder liebt ihn! → S. 52

Rapolano Therme: Zwei Thermalbäder – mit niedrigerem Schwefelgehalt – versprechen angenehmes Planschen im trubeligen Spaßbad oder im gediegenen Wellness-Kurbad. → S. 58

Wo essen und trinken?

Trattoria Dai Galli in Chiusdino: Wir lieben gemütliche Familienbetriebe wie diesen. Echte toskanische Küche plus eigene Kreationen werden auf heimeliger Terrasse serviert. → S. 49

Trattoria La Pergola in Radicondoli: Soll's mal eine gute Pizza sein? Hier inklusive einer Terrasse mit schönstem Sonnenuntergangs-Blick ever! → S. 49

Fattoria di Tatti in Roccatederighi: In der stattlichen Villa geht es nicht „nur" um gutes Essen, Trinken und Übernachten: Yoga und Feldenkrais bereichern den Aufenthalt. → S. 51

La Botteghina in Asciano: Der kleine Feinkostladen führt allerlei köstliche Antipasti, die man gleich vor Ort verspeisen kann. → S. 58

Locanda Il Paradiso in Chiusure: total einfach und einfach genau das, wonach einem inmitten der Crete Senesi der Sinn steht: Bruschetta, Crostini & Co. mit einem Glas Vino – passt! → S. 63

Locanda del Castello in San Giovanni d'Asso: Das etwas extravagante Restaurant in der wuchtigen Burg des Trüffelortes sorgt für gehobenen Genuss. Schöne Zimmer laden hier außerdem zum Bleiben ein. → S. 66

Taverna da Roberto in Montisi: Gute Küche in urigem Gastraum oder auf der lauschigen Terrasse im Bilderbuch-Dörfchen. Der Wirt - eine echte Type! → S. 67

Locanda di Casal Mustia in Castelmuzio: eine kleine Oase der Gastlichkeit direkt an der Kirche des Mini-Orts. → S. 68

Der Dom von Siena – vornehm schwarz-weiß gestreift

Siena

53.000 Einwohner

Rotbraune Backsteinbauten in schummrigen Straßenschluchten, dem gekrümmten Profil der Hügel angepasst, auf denen Siena erbaut wurde. Die Altstadt ist durch und durch gotisch-mittelalterlich, doch Verkehr und Tagestourismus verschonen nur wenige der engen Gassen. Seine Reize zeigt Siena besonders frühmorgens oder in den Abendstunden, wenn rund um die berühmte Piazza del Campo wieder Ruhe ist.

Siena ist nicht in das grüne Hügelland der Umgebung hineingewuchert, die Einwohnerzahl hat sich seit der Blütezeit der Stadt nicht erheblich verändert. Die Silhouette wird geprägt durch die vollständig erhaltene Stadtmauer und den bis zur Plattform stolze 88 mhohen Rathausturm **Torre del Mangia.**

Zu Füßen des Turms erstreckt sich muschelförmig die **Piazza del Campo,** Italiens berühmtester mittelalterlicher Platz, meist nur Campo genannt. Fast sämtliche Gebäude wurden aus Backstein erbaut, auch die Adelspaläste. Eine Ausnahme ist Sienas Prunkstück, der marmorverkleidete Dom. Auffällig sind auch die geschmiedeten Ösen an den Häuserwänden – fast schon kleine Kunstwerke aus Eisen –, an die einst die Pferde gebunden oder in die Fackeln gesteckt wurden.

Siena ist ein **Freilichtmuseum der italienischen Gotik,** die aber mit der himmelwärts strebenden nordischen Gotik, wie sie z. B. der Kölner Dom zeigt, wenig gemein hat. Seit der Blütezeit im 14. Jh. und besonders nach der Eroberung durch Florenz (1559) entstanden keine herausragenden Bauwerke mehr. Für kunsthistorisch Interessierte ein unschätzbarer Vorteil: Der mittelalterliche Baustil blieb unverfälscht.

Stadtgeschichte

Siena war eine der mächtigen mittelalterlichen Stadtrepubliken und die große Konkurrentin von Florenz. In den über Jahrhunderte währenden zermürbenden Kämpfen zwischen kaisertreuen Ghibellinen und papsttreuen Guelfen versuchte die Stadt mit aller Kraft, ihre Unabhängigkeit zu verteidigen, bis sie schließlich im Jahr 1555 vor der geballten Militärmacht Kaiser Karls V. die Waffen strecken musste. Seitdem ist es ruhig geworden in Siena, doch die Stadtanlage, die Bauten und Kunstwerke, alles erinnert noch an die große Zeit der Stadtrepublik.

Der Sage nach wurde Siena von den Söhnen des legendären Rom-Erbauers Remus gegründet. Entsprechend ist die Wölfin mit ihren säugenden Kleinen nicht nur das Wahrzeichen von Rom, sondern auch das Sienas. Sicher ist, dass die Stadtgründung in die etruskische Zeit (ca. 300 v. Chr.) fällt, doch war diese Ansiedlung ohne Bedeutung. Unter den Römern scheint sich dann ein gewisser Unabhängigkeitsdrang breitgemacht zu haben. So erwähnt Tacitus einen empörten Senator, der behauptet, von den Einwohnern Sienas übel verprügelt worden zu sein …

Im 12. Jh. begann der erbitterte Kampf um Autonomie, aus dem Siena gestärkt hervorging. Im Kampf gegen

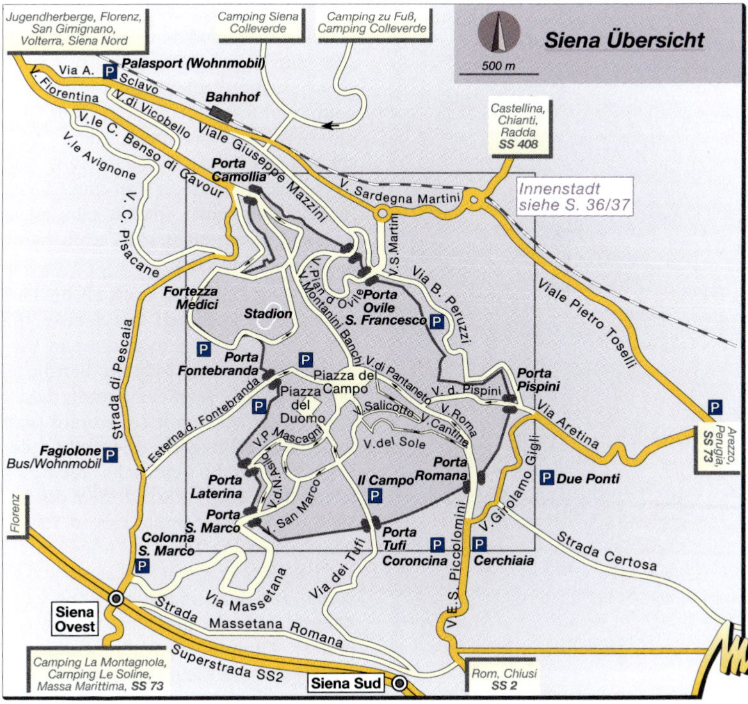

den Bischof von Volterra eroberten die Sieneser 1137 die Silberminen von Montieri und schufen sich damit die Basis ihrer Macht. Bald schon konstituierte sich Siena als unabhängige Republik mit eigener Münzprägestätte – Siena wurde zentraler Anlaufpunkt für Geldgeschäfte aller Art. In dieser Zeit begannen die machtpolitischen Auseinandersetzungen mit Florenz. Siena war kaisertreu (ghibellinisch), während es Florenz mit dem Papst hielt. Dieser Gegensatz, der die ober- und mittelitalienische Geschichte bis ins Hochmittelalter bestimmte, brachte erbarmungslose Kämpfe zwischen den beiden Republiken mit sich. Hineingerissen in die politischen und militärischen Auseinandersetzungen der Zeit, versuchten beide Kommunen, sich ein Stück vom großen toskanischen Kuchen zu sichern und ihre Gebiete zu erweitern.

Die Wölfin von Siena

Der 4. September 1260 ging in die Annalen der Stadt ein. An diesem Tag brachten die Sieneser Florenz in der Schlacht von Montaperti (einige Kilometer südöstlich von Siena) eine vernichtende Niederlage bei. Tausende gefangener Florentiner wurden im Siegestaumel durch Siena getrieben. Der finanzielle Einsatz des Patriziers *Salimbeni,* der seine gesamten Geldmittel in die Anwerbung von Söldnern investiert hatte, um Sienas Schlagkraft zu stärken, war belohnt worden. Bereits neun Jahre später drehte Florenz den Spieß um und besiegte die Sieneser bei Colle di Val d'Elsa. In der Folgezeit kam es noch des Öfteren zu militärischen Auseinandersetzungen zwischen den beiden Republiken.

Seine Blüte erlebte Siena unter dem „Rat der Neun" *(Consiglio dei Noveschi),* einem Regierungsbündnis aus neun wohlhabenden Kaufleuten, das die Geschicke der Stadt unter Ausschluss des Adels zwischen 1287 und 1355 lenkte. Zu dieser Zeit muss Siena in Reichtum schier erstickt sein; einen Abglanz davon sieht man noch heute auf Schritt und Tritt.

Das jähe Ende kam 1348, als die Pest in der Stadt ausbrach. Die Seuche, die von den schlechten hygienischen Verhältnissen in den Städten herrührte, raffte 80 % (!) der Bevölkerung dahin. Von dieser Katastrophe erholte sich Siena nie mehr ganz. Die Feinde der Stadt nutzten die Schwäche sofort aus, allen voran Kaiser Karl IV., dem die unabhängigen Stadtrepubliken in Italien lange schon ein Dorn im Auge waren. 1355 schürte er einen Volksaufstand in Siena, das nicht mehr zur Ruhe kam. Kämpfe der Adelsgeschlechter untereinander, Kämpfe gegen die benachbarten Städte und Kämpfe gegen den Kaiser wechselten sich ab.

Sienas Schlussakt folgte 1555: Kaiser Karl V. zog mit seiner Streitmacht gegen die Stadt. Unterstützt wurde er von *Cosimo de Medici*, dem Herrscher von Florenz. Nach einjähriger Belagerung fiel Siena, die kaiserlichen Truppen marschierten ein und das Ende der freien Kommune war besiegelt. Karl V. übertrug Cosimo I. die gesamte Toskana als Herrschaftsgebiet, Siena eingeschlossen. Über 700 sienesische Familien – mehr als die Hälfte der Bevölkerung – wanderten nach Montalcino aus. Zur Erinnerung an dieses Ereignis veranstaltet die Contrada della Tartuca jährlich am 25. März einen 30 km langen Marsch in den damaligen Exilort.

Als nach dem Tod des letzten Medici 1737 die Lothringer die Herrschaft über das Großherzogtum Toskana übernahmen, verlor Florenz an Gewicht. Siena nutzte die Lage und erholte sich, die alten Handelsfamilien erstarkten, das Bankwesen wurde neu aufgebaut. Auch eine neue Straße nach Rom, die *Lauretana*, entstand in dieser Zeit. Das 19. Jh. verlief für die Stadt unspektakulär. Immerhin war Siena 1865 Italiens erste Stadt, die dem neuen Königreich per Volksentscheid beitrat. Heute blüht Siena dank seiner wirtschaftlichen Säulen Tourismus, Universität und – Bankenwesen.

Die Contraden

Die Stadtteile von Siena werden Contraden genannt. Die Zugehörigkeit zur eigenen Contrada prägt bis heute das städtische Leben. Kleine Keramiktafeln mit den Wappen der Contraden – meist mit Tiersymbolen (Giraffe, Schildkröte, Schnecke usw.) – schmücken fast jeden Straßenzug. Historisch waren die Contraden autonom, sie hatten eine eigene Verwaltung und eigene Gerichtsbarkeit. Heute kümmern sie sich um

Die Stadtheiligen von Siena

Mitten in den düsteren Kriegsgeschehen des 14. und 15. Jh. brachte Siena zwei Heilige hervor, deren Leben unmittelbar aufeinander folgen: *Katharina* (1347–80) und *Bernhardin* (1380–1444).

Die *heilige Katharina* war eine Vertreterin der spätmittelalterlichen Passionsmystik. Aus ihren 381 erhaltenen Briefen, die als bedeutendes Dokument der italienischen Sprache gelten, spricht eine liebevolle, innige Hingabe an Jesus („Er war mein Bräutigam und ich seine Braut ... "). Kirchengeschichtlich bedeutsam ist Katharina, weil sie mit ihren eindringlichen Briefen an Papst Gregor XI. zur Rückführung des Papsttums aus Avignon nach Rom beitrug. Ihr Wohnhaus in Siena ist zu besichtigen (→ Sehenswertes).

Der *heilige Bernhardin*, der „Apostel Italiens", verteilte sein großes Vermögen an die Armen. Sein Vorbild war Franz von Assisi, in dessen Orden er eintrat. Bekannt geworden ist er vor allem als Volksprediger, dessen Zuhörerschaft in die Tausende ging. Um seinen Namen ranken sich zahllose Legenden. So soll eines Tages ein Kartenmaler zu ihm gekommen sein, der sich beklagte, dass Bernhardin in seinen Predigten das Kartenspielen anprangerte und so seine Lebensgrundlage gefährdete. Daraufhin riet ihm Bernhardin, in Zukunft Jesusbilder zu malen – und siehe da, der Mann konnte davon leben ...

Aufgaben wie Altenpflege, Kinder- und Jugendarbeit und nicht zuletzt um die Organisation von Festen, insbesondere des *Palio* (s. u.). Darüber hinaus besitzt jede Contrada ihre eigene Kirche, ihr eigenes Museum und andere stadtteileigene Einrichtungen.

Hervorstechende Eigenschaft der 17 sienesischen Contraden ist das ausgeprägte Gemeinschaftsgefühl ihrer Bewohner, das zwangsläufig eine gewisse Rivalität zwischen den Contraden nach sich zieht. Ihren spektakulärsten Ausdruck findet diese Rivalität im Palio.

- **Musei di Contrada:** Die Museen in den einzelnen Stadtbezirken zeigen Trophäen, Uniformen und andere historische Stücke aus der reichen Vergangenheit der Contraden. Die Museen der Contraden werden privat betrieben; einige kann man besuchen, allerdings nur nach Anmeldung. Infos dazu unter palio.org. und in der Touristinformation.

Der Palio

Der Palio ist ein Pferderennen, dessen Wurzeln bis ins 13. Jh. zurückreichen. Er ist immer noch Sienas größtes Fest und findet alljährlich am 2. Juli und am 16. August auf dem Campo statt. Wild entschlossen, das Seidenbanner zu gewinnen, machen sich die Reiter auf den Weg. Zehn der insgesamt 17 Contraden nehmen an dem Wettkampf teil. Das Fiese dabei: Die Jockeys dürfen den Gegner durch Peitschenhiebe auf sein Pferd behindern. Besonders in der Rathauskurve wird gepeitscht, geschoben und gedrückt, was das Zeug hält. Die professionellen „Rodeo-Artisten" werden übrigens von den Contraden eingekauft und kommen aus ganz Italien, überwiegend aus Sardinien.

Der *Palio*, dem das Rennen seinen Namen verdankt, ist das Seidenbanner, das der Gewinner bekommt und das zu jedem Rennen im Juli von einem anderen italienischen, im August von einem internationalen Künstler gestaltet wird – mal graphisch abstrakt, mal gegenständlich realistisch. Der Banner für den Palio von 2018 wurde vom Zeichner und Karikaturisten Emilio Giannelli gestaltet. Er zeichnet die politischen Karikaturen für den *Corriere della Sera* und gehört der Contrada des Drachens an, die den Palio dann unerwartet auch noch gewann.

Vorbereitung zum Palio – die dicke Schicht Tuff schützt Hufe und Reiter

Das Rennen auf den ungesattelten Pferden, das am Abend zwischen 17 und 19 Uhr beginnt, dauert nur 70 bis 80 Sekunden, ist aber von komplizierten Zeremonien umrahmt, die vier Tage vorher beginnen. Unmittelbar vor dem Rennen findet der **Corteo Storico** statt, ein festlicher Umzug in Kostümen aus dem 15. Jh., mit Fahnenschwingern und Trommlern.

Nach dem Rennen werden die Gewinner alkoholschwer gefeiert, in den Straßen der Contraden gibt es dann oft Wein für alle. Wochen später, im September, steigt eine noch größere Feier: der abendliche Festschmaus der Sieger unter freiem Himmel, der bis in die Nacht dauert – das glückliche Siegerpferd ist mit von der Partie.

Immer wieder ereignen sich beim Palio schwere Unfälle. Besonders in der engen Curva San Martino stolpern die Pferde häufig, verletzen sich oder sterben sogar. Der WWF und andere Tierschutzverbände streiten nach wie vor gegen das Pferderennen, bislang erfolglos. Tierschutz gegen Tradition. Actionheld Daniel Craig, alias Agent 007, und seinen Abenteuern dienten Aufnahmen des Palio als Kulisse im Bondstreifen „Ein Quantum Trost". Auf hintersinnige Weise befasste sich auch das vor allem in den 1980er- und 1990er-Jahren erfolgreiche Autorenduo Fruttero & Lucentini mit dem Rennen. „Der Palio der toten Reiter", so der Titel des mittlerweile schon etwas betagten Romans, ist so spannungsgeladen wie der wirkliche Palio.

Sehenswertes

Il Campo

Der Platz, der sein Gesicht im Jahr 1347 erhielt, ist unbestritten der schönste der Toskana und noch immer der Mittelpunkt des öffentlichen Lebens. Muschelförmig breitet er sich in der Senke der drei Hügel aus, auf denen Siena erbaut ist. Rundum erhebt sich eine einzigartige Kulisse mittelalterlicher Paläste, die heute Restaurants und Cafés beherbergen. In den kühlen Abendstunden herrscht oft eine berauschende Atmosphäre: spontane Aktionen, Gaudi, Straßenmusik. Wohl nicht zuletzt deshalb wurde der Campo von der amerikanischen Non-Profit-Organisation „Project for Public Spaces" zum viertschönsten Platz der Welt gewählt.

Der Brunnen am Platz, die **Fonte Gaia** (Fröhliche Quelle), wurde zu Beginn des 15. Jh. gebaut. Seinen Namen erhielt er, weil es bei seiner Einweihung

Keine Pizza auf der Piazza!

Aufgrund eines Beschlusses des Rats der Stadt gelten seit 2018 neue Regeln, die das Verhalten auf Straßen und öffentlichen Plätzen bestimmen. So wird explizit auf das Verbot des Sonnenbadens in Badesachen hingewiesen und – Achtung! – auf das Verbot, auf Plätzen, auf Stufen und in Hauseingängen zu essen. Bislang wird man von den städtischen Polizisten nur dazu ermahnt, aufzustehen und weiterzugehen. Doch kann diese Ordnungswidrigkeit mit bis zu 300 € bestraft werden. Also keine Pizza mehr auf der Piazza del Campo! Und überhaupt, wohin nun mit dem Gelato in der Tüte?

Von Siena in die Crete Senesi | Siena → Karten S. 21 und S. 36/37

zu Jubelstürmen kam, weil das über einen 25 km langen unterirdischen Aquädukt hergeleitete Wasser tatsächlich am vorgesehenen Ort hervorsprudelte. Die Reliefs am Brunnen sind Kopien, die Originale befinden sich im Palazzo Comunale.

Wer das Treiben auf dem Campo einmal aus der Distanz betrachten will, begibt sich am besten in die kleine Bar San Paolo (→ Kneipen & Discos); vom Balkon aus hat man einen wunderschönen Blick über den Platz.

Palazzo Pubblico (Palazzo Comunale)

Der Bau des gotischen Rathauses mit seinem mächtigen Turm wurde Ende des 13. Jh. begonnen. 1327 standen der Mittelteil und der untere linke Teil. Bis 1680 folgten der Erker und die obere Fensterreihe. Mit seinen schlichten Verzierungen, den Zinnen und Bögen über den Fenstern diente er vielen Palästen als Vorbild.

Torre del Mangia: Der 102 m hohe, schlanke Glockenturm des Palazzo Pubblico wurde nach einem Glöckner mit dem wenig schmeichelhaften Namen *Mangiaguadagni* („Geldfresser") benannt. Wenn Sie den Turm besteigen, erwartet Sie eine schwindelerregende Aussicht – und eine tonnenschwere Bronzeglocke über dem Kopf.

▪ Tgl. 10–18.15 Uhr; Mitte Nov.–Febr. 10–13 und 13.45–16 Uhr. Limit jeweils 30 Personen; zu Stoßzeiten steht man 1 Std. an, ein Schild mahnt, sich nicht länger als 20 Min. auf dem Turm aufzuhalten. Oft ist der Turm schon gegen Mittag bis 16 Uhr ausgebucht. Eintritt 10 €, Familie 25 €. Kombiticket Museo Civico, Torre, Santa Maria della Scala 20 €, Familie 40 €.

Museo Civico: Prachtvolle, von den besten Künstlern der Zeit gestaltete, mit Fresken geschmückte Repräsentationsräume im 1. Stock des früheren Stadtpalasts:

Sala del Risorgimento: Fresken und Skulpturen aus dem 19. Jh.

Saal der Balia und der Prioren: Fresken aus dem frühen 15. Jh., darunter Episoden aus dem Leben Papst Alexanders III.

Sala del Concistoro: Die außerordentlich hell leuchtenden Fresken an der in regelmäßige Felder aufgeteilten Decke sind ein Werk von *Domenico Beccafumi,* dem bedeutendsten sienesischen Vertreter des Manierismus. Dargestellt sind die Tugenden des bürgerlichen Lebens.

Cappella del Consiglio: Sie ist vollständig mit Fresken von *Taddeo di Bartolo* ausgeschmückt. Im Vorraum sind heidnische Gottheiten und die politische Prominenz des antiken Rom dargestellt.

Mappamondo – Saal des Erdballs: Benannt nach einer nicht mehr vorhandenen drehbaren Weltkarte von Ambrogio Lorenzetti. Hier ist das berühmte Reiterbildnis des Guidoriccio da Fogliano bei der Belagerung von Montemassi zu sehen. Es stammt von *Simone Martini,* dem neben Giotto bedeutendsten italienischen Maler des Trecento (14. Jh.). Das märchenhaft anmutende Bild, auf dem Ross und Reiter dank der einheitlichen Kleidung vor der kargen Hügellandschaft miteinander verschmelzen, ist ein Bestseller unter den Postkartenmotiven Sienas.

Sala dei Nove (auch *Sala della Pace* – Saal des Friedens): Dies war der öffentliche Sitzungsraum der „Regierung der Neun" in der Blütezeit Sienas (1292–1355). Allegorien von *Ambrogio Lorenzetti* stellen „die gute und die schlechte Regierung" dar. Auf dem Fresko rechts die Folgen der guten Regentschaft: Friedlich und in Harmonie begegnen sich die Gesellschaftsschichten in Stadt und Land, Wohlstand und Wohlbefinden spiegeln sich in blühenden Landschaften. An der gegenüberliegenden Wand die Folgen der „schlechten Regierung": Die Gerechtigkeit liegt in Ketten, es herrschen Gier, Gewalt, Betrug

Die Piazza del Campo steht für gelungene Stadtbaukunst

und Zerstörung. Die *Sala dei Nove* war zur Zeit der letzten Recherche wegen Restaurierung geschlossen.

Loggia: Ein Stockwerk höher hat man von der großen Loggia einen weiten Blick über den Markt hinaus ins Land.

▪ Tgl. 10–19 Uhr, Nov. bis Mitte März bis 17.15 Uhr. Eintritt 6 €, erm. 4,50 €, Familie 22 €. Kombiticket Museo Civico, Santa Maria della Scala 14 €. Das Ticket ist 2 Tage gültig. Museo Civico, Torre del Mangia 15 €. Info und Vorbestellung unter ✆ 0577-292615.

Dom

Sienas Stolz: Mit seiner gotischen Zuckerbäckerfassade kann sich der Dom der Stadt mit dem in Florenz durchaus messen. Erst wird man von der Fassade aus hellem Marmor fast geblendet, dann verliert sich das Auge in den vielen feinen Details.

Vor allem im oberen Teil ist der Dom reich mit Ornamenten, Statuen, Mosaiken und Skulpturen geschmückt. Im unteren Teil ist die Fassade wie der Glockenturm mit den markanten Streifen versehen. 2007 wurde der Abschluss der Fassadenrestaurierung gebührend gefeiert. Der Dom sieht nun noch eindrucksvoller aus als zuvor.

Früher stand an der Stelle des Doms eine Kapelle, dann, als Siena im 13. Jh. zu Wohlstand kam, wollte man ein gewaltiges Werk zu Ehren der heiligen Maria errichten. Teile des alten Baus wurden abgerissen und das neue Werk in Angriff genommen, doch bald erschien auch dieses – vor allem im Vergleich zum Florentiner Dom – viel zu klein. Der bis dahin gebaute Teil sollte nun das Querschiff bilden, das riesige Längsschiff sollte folgen. *Lando Di Pietro* und die Brüder *Agostino* machten sich um das Jahr 1339 ans Werk, doch Pest und Wirtschaftskrise zwangen 1348 zur Einstellung der Arbeiten. Erst 1376 vervollständigte *Giovanni di Cecco* den oberen Teil der Fassade. Die Glasmosaike stammen aus dem 19. Jh.

Wer von dem gigantischen, letztlich aber gescheiterten Vorhaben einen Eindruck bekommen will, betrete das Domareal vom Baptisterium her: Das wunderschöne gotische Portal gehört zum nicht vollendeten Bauabschnitt. Die Piazza Jacopo della Quercia ist Teil des Längsschiffs, die Mauer mit dem Eingang zum Dommuseum bildet die linke Seitenwand.

Das **Innere** ist von Säulen in gestreiftem Dekor unterteilt, Sterne leuchten vom Deckengewölbe. Über den Säulen reihen sich chronologisch in U-Form die päpstlichen Häupter von Petrus bis Lucius III (1181–1185). Auffallend schön und einer der kostbaren Schätze ist die mit Flachreliefs mit Motiven aus dem Leben Jesu geschmückte Marmorkanzel von *Nicola Pisano*, deren Säulen auf zwei weiblichen und zwei männlichen Löwen ruhen. Sie entstand 1268 und zählt zu den Hauptwerken Pisanos.

Apsis: Neben dem Altar von *Peruzzi* gibt es hier weitere Sehenswürdigkeiten. Im oberen Teil der Wandfresken entdeckt man *Beccafumis* Darstellung der Himmelfahrt Marias. Das außerordentlich hübsche, neunteilige Fenster ist eine Kopie einer Arbeit aus dem 13. Jh. (Original im Dommuseum). Das Chorgestühl datiert aus dem 14. Jh., die großartigen Intarsien von *Liberale Da Verona* (16. Jh.) wurden erst Anfang des 19. Jh. eingefügt.

▪ Mo–Sa 10–19 Uhr (im Winter kürzer), So und Feiertage nach den Messen 13.30–18 Uhr. Eintritt inkl. Libreria Piccolomini 5 € (Nov.–Febr. nur 2 €), wenn der Domboden freigelegt ist (18. Aug. bis 25. Okt.) 8 €. Alternativ mit dem Kombiticket. Eine Schleuse sorgt dafür, dass sich maximal 800 Besucher im Dom aufhalten.

mein Tipp **Kombiticket** Dom, Museum, Baptisterium, Krypta, Panorama 20 €, mit Porta del Cielo 25 € (3 Tage gültig, im Winter günstiger). Info und Vorbestellung unter ✆ 0577-286300, Kartenverkauf für den Dom: im Domgebäude links und bei der Krypta (nur für reservierte Karten). operaduomo.siena.it.

Domfassade vom Zuckerbäcker

Libreria Piccolomini (Dombibliothek): Sie befindet sich links in einem Nebenraum des Doms und wurde im Auftrag des Erzbischofs von Siena, Kardinal Francesco Todeschini Piccolomini, eingerichtet. Er war der Neffe von Papst Pius II. und später als Pius III. selbst einmal Papst, allerdings währte sein Pontifikat nicht einmal einen Monat. Unter den dekorativ bemalten Gewölbebögen stellen prächtige Fresken von *Pinturicchio* zehn Episoden aus dem Leben Pius II. dar. Über dem Eingang der Bibliothek ist die Krönung Pius III. zu sehen. Im Gewölbe prangt das Wappen der Piccolomini, ein Kreuz mit fünf Halbmonden. Zweck des ganzen Aufwands: Die Bibliothek sollte die große Sammlung Pius II. beherbergen. Dazu kam es nicht, weil der Auftraggeber zuvor verstarb und die kostbaren Werke in die vatikanische Bibliothek wanderten. So beschränkt sich der Bestand bis heute auf die domeigenen Choralbücher aus dem 15. Jh.

▪ Öffnungszeiten/Eintritt wie Dom.

Domboden: Der größte Teil des einzigartigen Dombodens mit seinen 52 Bildern entstand zwischen dem 14. und 16. Jh. Bei den ältesten Teilen ergeben eingeritzte, mit Teer gefüllte Fugen das Bild. Die neueren Bildwerke sind wertvolle Einlegearbeiten aus verschiedenfarbigem Marmor. Erzählt werden Episoden der Menschheitsgeschichte von den Ägyptern bis zum Neuen Testament. Um den „Marmorteppich" zu schützen, wurde ein Großteil mit Teppichböden abgedeckt (zu wechselnden Terminen zwischen Mitte August und Oktober sind alle Bildteile frei zu betrachten). Die Inschrift am Haupteingang erinnert den Besucher daran, dass er den „keuschen, der Jungfrau geweihten Tempel" betritt. Das erste Feld zeigt den ägyptischen Mystiker und Philosophen Hermes Trismegistos, der in der Renaissance als Zeitgenosse und Lehrer Moses' galt. Seine Werke wurden erst im 15. Jh. vom Griechischen ins Lateinische übersetzt. Er beschrieb darin eine Naturreligion mit magischen Elementen. Das folgende Feld zeigt die sienesische Wölfin im Kreis der Wappenzeichen der verbündeten Städte (19. Jh., nach einem Original aus dem 14. Jh.). Das vorletzte Feld im Hauptschiff stammt von *Pinturicchio:* Eine Gruppe wohlhabender Leute nimmt, Schlangen und Eidechsen trotzend, den steilen Weg zum Berg der Weisheit auf sich. Die nackte Fortuna hat sie auf eine Insel gebracht, sie steht mit einem Fuß auf ihrem Boot, mit dem anderen auf einer Kugel und hält mit ihrer Linken das Segel hoch. Oben am Gipfel thront, flankiert von griechischen Philosophen, die Weisheit. Sie reicht Sokrates die Palme, Krates Mallotes ein Buch, während dieser Reichtümer ins Meer schüttet. Eine Inschrift erinnert: Der Pfad der Tugend ist beschwerlich, doch winkt als Lohn das höchste Gut: der Frieden der Seele.

Dommuseum (Museo dell'Opera): Der Eingang zum Museum ist Teil des neuen Doms, der unvollendet blieb. Neben Messgewändern, Gold- und Schmiedearbeiten sind einige Skulpturen von *Pisano* zu bewundern. Im Erdgeschoss befinden sich die Originalfiguren der Domfassade, u. a. Moses, dem durch einen Übersetzungsfehler statt Sonnenstrahlen Hörner aufgesetzt wurden. Im 1. Stock wird das wichtigste Werk der Sieneser Schule aufbewahrt, die „Maestà" von *Duccio di Buoninsegna*. Das Gemälde entstand zwischen 1308 und 1311 und schmückte einst den Hochaltar. Vom 3. Stock führt eine Treppe hinauf zur *Facciatone*, der großen Fassade des unvollendeten Domschiffes. Von hier genießt man einen phantastischen Blick über die Stadt. Nach mehr als 700-jähriger Vergessenheit wurde im Jahr 2000 die *Krypta* mit Fresken aus dem späten 13. Jh. wiederentdeckt.

▪ Tgl. 10–19 Uhr, Nov.–Febr. 10.30–17.30 Uhr. Eintritt 7 €, Krypta 8 € oder Kombiticket.

Baptisterium (Battistero di San Giovanni): Es liegt im Unterbau des Doms, wurde 1382 fertiggestellt und ist in seinem Stil dem Dom ähnlich. Drei Portale führen in das Innere mit Kreuzgewölbe. Die Fresken in der Apsis und im Gewölbe stammen von *Il Vecchietta* und seinen Schülern (16. Jh.). Das Prunkstück des Baptisteriums ist das *Taufbecken* (15. Jh.) mit Szenen aus dem Leben Johannes des Täufers. Mehrere Künstler haben an den Bronzereliefs gearbeitet, unter ihnen die bekanntesten ihrer Zeit: *Donatello, Lorenzo Ghiberti* und *Jacopo della Quercia*.

▪ Tgl. 10–19 Uhr, Nov.–Febr. 10.30–18 Uhr; Kombiticket.

Porta del Cielo: Gleich hinter dem Eingang im Dom erklimmt man über eine schmale Wendeltreppe das Obergeschoss der Kathedrale. Im Rahmen einer geführten Besichtigung gelangt man über Gänge und Balkone in Räume und Bereiche, die sich über den Kreuzgewölben des Gebäudes befinden, bis hinauf aufs Dach. Die Porta del

Von Siena in die Crete Senesi | Siena → Karten S. 21 und S. 36/37

Cielo, die „Himmelspforte" lohnt wegen des Blicks auf den Innenraum der Kathedrale; in dieser beachtlichen Höhe kommen die verzierten Marmorfußböden besonders gut zur Geltung.

▪ Tgl. 9.30–19 Uhr, Nov.–Febr. 10.30–17.30 Uhr; Kombiticket mit Porta del Cielo.

Porta del Cielo – neue Perspektive von der „Pforte zum Himmel"

Pinacoteca Nazionale

Die rund 700 Bilder vermitteln einen guten Überblick über die toskanische und speziell die sienesische Malerei des 13. bis 16. Jh. Der Rundgang beginnt in der 2. Etage. Vom frühesten Meister Sienas, von *Duccio di Buoninsegna*, ist die „Madonna dei Francescani" (teilweise zerstört) zu sehen. Den Namen erhielt das Bild wegen der drei knienden Franziskanermönche, die, beschützt vom weiten Mantel der thronenden Maria, im Gebet verharren – eine eindrucksvolle Komposition.

Der Saal 6 zeigt eine Reihe Madonnen mit Kind, darunter auch einige von *Simone Martini*, der, anfänglich stark von *Duccio* beeinflusst, später zu einem dekorativeren Stil gefunden hat, wie der berühmte „Guido Riccio" im Palazzo Pubblico zeigt. Ebenso berühmt wie Simone waren in der ersten Hälfte des 14. Jh. die Brüder *Pietro* und *Ambrogio Lorenzetti*. Von *Pietro* ist u. a. der „Karmeliter-Altar" zu sehen, ein großes Gemälde in Gold- und Grüntönen. Von *Ambrogio* sind u. a. die ausdrucksstarke „Beweinung Christi" und eine „Verkündigung" zu erwähnen.

▪ Tgl. 9–19 Uhr, So/Mo bis 13.30 Uhr. Eintritt 6 €, Familie 10 €. Jeden 1. So im Monat Eintritt frei. pinacotecanazionale.siena.it.

Santa Maria della Scala (SMS)

Der mächtige Gebäudekomplex gegenüber dem Hauptportal des Doms war eines der ältesten kirchlichen Hospitale, Waisen- und Armenhäuser Europas, außerdem diente er als Herberge für Pilger auf ihrem Weg nach Rom. Im Chor der in den Gebäudekomplex integrierten **Verkündigungskirche (Chiesa della Santissima Annunziata)** zeigt ein Fresko aus dem 18. Jh., wie Kranke zum heilenden Quellbecken getragen werden. Noch bis 1997 wurden Gebäudeteile als Krankenhaus genutzt, heute ist Santa Maria della Scala ein Museum, in dem wertvolle Fresken, Reliefe, Skulpturen und Gemälde bedeutender Künstler (ab 11. Jh.) zu besichtigen sind. Eines der Prunkstücke ist die **Sammlung Piccolomini Spannocchi,** die Werke norditalienischer, deutscher, niederländischer und Sieneser Maler präsentiert (u. a. Lorenzo Lotto, Tintoretto, Dürer, Rubens, Giuseppe Nicola Nasini und Sodoma). Bedeutende Fresken sind u. a. im ehemaligen **Pilgersaal**

(Pelegrinaio) und in der **alten Sakristei** zu bewundern, Letztere ist komplett mit Fresken von Lorenzo Vecchietta bemalt. Die Fresken im Pilgersaal, die Szenen aus dem Alltag des Krankenhauses darstellen, stammen vornehmlich von Domenico di Bartolo. Seit 1993 verfügt Santa Maria della Scala auch über ein eigenes **archäologisches Museum,** hinzu kommen eine Ausstellung zu den Ursprüngen der Stadt und ein **Kunstmuseum für Kinder.** Einige der vielen für sich schon sehenswerten Säle des komplexen Gebäudes sind wechselnden Ausstellungen vorbehalten.

▪ Tgl. (außer Di) 10–19, Do bis 22 Uhr, Mitte Okt bis Mitte März 10–17, Do bis 20, Sa/So bis 19 Uhr. Eintritt 9 € oder Kombiticket. santamariadellascala.com.

Noch mehr Sehenswertes in der Stadt

Basilika San Domenico: Der hohe gotische Bau aus dem 13. Jh. (erweitert im 15. Jh.) wirkt mit seiner kahlen Backsteinfassade im Vergleich zu den historischen Bauwerken Sienas fast modern. Ein Besuch lohnt besonders in den Morgenstunden, wenn das Licht durch die blauen und roten Glasfenster über dem Hauptaltar hereinflutet. Sehenswert ist die **Cappella di Santa Caterina** mit Sodomas „Die Ohnmacht der Heiligen Katharina". In der **Cappella delle Volte** ist eine weitere Darstellung der Katharina zu sehen: Die in Schwarz gekleidete Heilige mit einem Blumenzweig richtet den Blick auf eine vor ihr kniende Gläubige. Das Fresko stammt von Andrea *Vanni*, der die Stadtheilige persönlich gekannt hat, ihre Gesichtszüge gelten als authentisch. Katharinas Haupt wird in der Cappella di Santa Caterina aufbewahrt, daneben weitere Reliquien, u. a. ein in Silber gefasster Finger der Heiligen.

▪ 7–18.30 Uhr, Nov.–Febr. 9–18 Uhr.

Chiesa San Francesco: Die Kirche gehört zum Sieneser Franziskanerkloster, dessen weitere Gebäude heute großteils von der Universität genutzt werden; angehende Wirtschafts- und Kommunikationswissenschaftler schleppen Lehrbücher durch den Kreuzgang. Sehenswert ist die Krypta, heute der Lesesaal.

Der zebragestreifte Innenraum wirkt recht kahl. In zwei Kapellen sind Fresken der Brüder *Lorenzetti* erhalten; das Gold ist abgeblättert, nur noch die Grundierung zu sehen, was die Klarheit der Darstellungen aber nicht wesentlich beeinträchtigt.

Altstadtpanorama unterhalb von San Domenico

Die deutsche Kapelle in der Basilika San Domenico

Friedrich II. von Hohenstaufen trieb die Gründung von Universitäten voran. Die Anfangszeit der Sieneser Universität im 14. Jh. war deshalb stark deutsch geprägt: Viele deutsche Studenten, die meisten von adeliger Herkunft, waren hier immatrikuliert, und viele starben auch in Siena. Da man damals nur in geweihter Erde in bzw. unter der Kirche bestattet werden durfte, kauften sich etliche dieser begüterten Studenten „ihre" Grabstelle in der Krypta von San Domenico; ihnen wurde eine Seitenkapelle gewidmet.

Casa di Santa Caterina: Hier wurde die heilige Katharina als 25. (!) Kind eines Färbers geboren. Das „Haus" ist ein richtiger kleiner Gebäudekomplex geworden, mit einer Kirche und zwei Oratorien. Besonders schön gestaltet wurde der Eingangsbereich, zur Seite mit einem doppelten Portikus. Das **Oratorio della Cucina** befindet sich an der Stelle der Küche des elterlichen Wohnhauses. Hier fühlt man sich wie in einem bunten Schatzkästlein: eine schwer vergoldete Kassettendecke, die Wände voll mit Ölgemälden aus dem 17. Jh., die Episoden aus dem Leben der Heiligen zeigen.

▪ Tgl. 9–12.30 und 15–17.30 Uhr. Eintritt frei.

Synagoge: Die einst große jüdische Gemeinde Sienas zählt heute nur noch rund 50 Mitglieder und wird vom Florentiner Rabbi betreut. Nach der Renovierung in den 1990er-Jahren strahlt die Synagoge im alten Judenghetto wieder hell und feierlich. Gebaut wurde sie in der Übergangszeit zwischen Rokoko und Klassizismus. Ein Schmuckstück ist der im Vorraum ausgestellte „Stuhl von Elias" mit feinen Intarsienarbeiten; Verse in der Rückenlehne beziehen sich auf das Beschneidungszeremoniell, für das der Stuhl verwendet wurde.

▪ Tgl. (außer Sa) 10.30–13.30 und 14–18 Uhr, Fr 10.30–15.30 Uhr, Nov.–März Mo–Fr 10.30–15 Uhr, So 10–13.30 und 14–18 Uhr. Führung zu jeder halben Stunde. Eintritt 5 €, erm. 4 €. Vertiefte Führung nach Voranmeldung unter ✆ 0577-286300. jewishsiena.it.

Fortezza Medicea: Die Stadtfestung westlich der Altstadt ist wegen ihrer Lage einen Spaziergang wert. Die Verteidigungsanlage, von den Sienesern auch Forte Santa Barbara (zu Ehren der Schutzheiligen der Artillerie) genannt, wurde 1560 von Cosimo I. in Auftrag gegeben und an der Stelle erbaut, an der die Florentiner nach dem Sieg über die Sieneser ihr Hauptquartier aufschlugen; bis heute ist sie ein Symbol der sienesischen Niederlage. Im Juli und August kann man hier **Cinema sotto le stelle** genießen – Sitzkissen für die harten Steinbänke „unter den Sternen" werden verteilt. Auch die Initiative Vivi Fortezza Siena bietet im Sommer unterschiedliche Veranstaltungen und Konzerte im Biergarten an.

▪ An die Festung schließt sich im Nordosten die **Lizza**, der Turnierplatz, an, eine Parkanlage mit alten Bäumen und einem Reiterstandbild Garibaldis.

Palazzo Chigi Saracini: Der Palast an der Via di Città ist heute Sitz der weltbekannten Musikschule von Siena. In den Sälen, in denen häufig Konzerte stattfinden, hat sich ein kleiner Kunstschatz angesammelt: *Botticelli*, *Pinturicchio*, *Sodoma* und viele andere sind vertreten. Der Zugang bis zum wappenverzierten Innenhof mit Zisterne ist frei, Besichtigung der Säle nur mit Führung.

Im schönen Innenhof lädt das **Chigiana ArtCafé** zum Cappuccino oder Cocktail, dazu gibt's klassische Musik aus Lautsprecherboxen. Interessanter wird es, wenn man die Räume hinter dem Barraum besucht, in denen auch gespeist werden kann. Eine lebendige Laserinstallation lässt dort alle berühmten italienischen Komponisten an den Wänden aufzoomen, außerdem werden zeitgenössische Gemälde gezeigt, und im letzten Raum gibt es ein Wunschkonzert.

▪ Führungen Okt.–Juni und Sept. Mo–Mi 11.30 Uhr, Do/Fr zusätzlich 16 Uhr, Sa nach Voranmeldung um 11.30 Uhr; im Juli/Aug. Mo–Fr 17.30 Uhr, Sa nach Voranmeldung um 11 Uhr. Eintritt 10 €, erm. 7 €. Tickets im Music-Shop. chigiana.org.

Palazzo Salimbeni: am gleichnamigen Platz. Hier wurde 1472 die erste Bank der Welt gegründet, die bis heute aktive „Monte dei Paschi". Siena war berühmt für seine stabile Währung – Fürsten und Kardinäle kamen hier gern zum Geldpumpen vorbei. Im 19. Jh. wurde der Palast umgebaut und erhielt sein neugotisches Aussehen.

Museo della Tortura: im Chiasso del Bargello beim Campo. Die Privatsammlung zeigt unterschiedlichste Folterinstrumente aus dem 16. und 17. Jh., darunter einige seltene Exemplare, die von der Grausamkeit der mittelalterlichen Justiz zeugen.

▪ Tgl. 10–19 Uhr. Eintritt 10 €; Ticket gilt auch für das Partnermuseum in San Gimignano.

Parco Sculture del Chianti: Der knapp 15 km nördlich vor den Stadttoren gelegene Skulpturenpark ist unbedingt sehenswert – und mit seinen zeitgenössischen Kunstwerken eine schöne Abwechslung zu Sienas mittelalterlicher Kunst und Architektur.

Basis-Infos

Information **Ufficio turistico DOM,** gegenüber dem Dom, Mitte März bis Mitte Okt. tgl. 9–19 Uhr, Mitte Okt. bis Mitte März tgl. (außer Di) 10–17 Uhr, Sa/So bis 19 Uhr. Piazza del Duomo 1. ✆ 0577-228744, terredisiena.it.

Ufficio turistico Il Campo, am Hauptplatz (rechts vom Rathaus), tgl. 9–18 Uhr. ✆ 0577-292222, terredisiena.it und Facebook.

Ein weiteres Infobüro an der **Piazza San Domenico** (gegenüber der Basilika San Domenico. Tgl. 9-18 Uhr geöffnet.

Ein kleiner, nur in der Saison tgl. 9–14 Uhr besetzter Info-Kiosk an der **Piazza Gramsci** (wo die Busse abfahren).

Hin und weg **Bahn:** Die Stadt liegt an der Nebenstrecke Florenz – Empoli – Poggibonsi – Siena. Zudem mehrmals täglich Züge nach Orvieto (in Chiusi umsteigen). Bahnhof 2 km außerhalb. Regelmäßig Busse vom Zentrum zum Bahnhof ab Viale Tozzi, Piazza del Sale und Piazza Gramsci.

Alternativ zum Bus ins Zentrum benützt man die Rolltreppen-Rollteppich-Kombination bis zum Antiporto am Viale Vittorio Emanuele, von dort noch ca. 300 m zur Porta Camollia.

Bus: Ab der Piazza Gramsci etwa 1x/Std. nach Florenz, San Gimignano und Volterra (über Colle Val d'Elsa), 3-mal tgl. nach Arezzo, mehrmals tgl. nach Rom (neu: mit **Flixbus,** Haltestelle Piazza Carlo Rosselli 12, direkt am Bhf.), zudem „Beachline" mit Transport zu toskanischen Stränden. Auch viele **Stadtbusse** fahren ab der Piazza Gramsci. Tickets (60 Min. gültig) im Tabakladen. at-bus.it.

Parken

Die **Altstadt ist für den Verkehr großteils gesperrt.** Neben Taxis und (vielen und rasenden) Anwohnern mit Sondererlaubnis dürfen nur Touristen mit Hotelreservierung einige Straßen benutzen. Die Zufahrten sind mit Videoanlagen ausgestattet, Strafzettel werden auch in Deutschland zugestellt! Infos unter sienaparcheggi.com.

Nur wenige **kostenlose Parkplätze** unterhalb der Fortezza dei Medici (meist besetzt).

Auch die **gebührenpflichtigen Plätze** im und um das Stadio Comunale sind oft belegt,

Von Siena in die Crete Senesi | Siena → Karten S. 21 und S. 36/37

am Markttag, dem Mittwoch, sind sie ganz gesperrt. Weitere gebührenpflichtige Plätze sind rund um die Altstadt verteilt. Der am günstigsten gelegene ist der Parkplatz Santa Caterina, da man von dort aus per Rolltreppe zum Dom hochfahren kann (Ausfahrt Siena-Ovest). Der Parkplatz unterhalb des Bahnhofplatzes (Piazza Carlo Roselli) hat ebenfalls einen Rolltreppenanschluss, der hoch zur Porta Camollia führt (Antiporta).

Parkgebühr: An Parkuhren 1,50–1,70 €/Std., Parkhäuser kosten 2 €/Std. und 35 €/Tag.

Großparkplätze Außer den oben genannten gibt es einige weiter entfernte Parkplätze. Sie sind kostenlos, unbewacht und mit einem **Shuttle-Bus,** dem „Pollicino", ans Zentrum angebunden. Die Pollicini fahren Mo–Sa von 7 bis 20 Uhr im 15-Min.-Takt (So alle 30 Min.), Fahrpreis 1,50 €.

Due Ponti, Viale Toselli – im Osten der Stadt. *Pollicino Linea 52*, Haltestelle im Zentrum: Logge del Papa (hinter dem Campo).

Cerchiaia/Coroncina, Cassia Roma (SS 2) – weit im Süden der Stadt. *Pollicino Linea 51*, Haltestelle im Zentrum: zwischen Rathaus und Markthalle.

Colonna San Marco, an der Superstrada Firenze-Siena. *Pollicino Linea 54*, Haltestelle beim Dom oder an der Piazza Indipendenza.

Über Nacht parken Die Parkplätze **am Stadion** sind im Sommer von 23 bis 7 Uhr kostenlos. Einige Hotels haben Vertragsgaragen, die für 24 Std. um die 25 € verlangen!

Wohnmobil Für 20 €/Tag darf man das Fahrzeug auf den Parkplätzen Fagiolone und Palasport abstellen.

Adressen & Aktivitäten

→ Karte S. 36/37

Stadtführungen, Interesse an dem, was sich hinter den Fassaden in den Contraden verbirgt? Als offizielle Stadtführerin und gebürtige Sieneserin kennt sich Flaminia Bosi bestens in puncto Geschichte und Geschichten zur Stadt aus. Eine individuelle 3-stündige Stadttour (auch in die Contraden) kostet z. B. 135 € – in bestem Deutsch. ✆ 348-0624264, flami-in-siena.com.

Kinderspielplatz **Parco giochi di Pescaia,** große Grünfläche mit Spiel- und Turngeräten unterhalb der Fortezza Medicea, auch gern für ein Picknick genutzt.

Italienischkurse **Università per Stranieri di Siena,** „die Ausländeruni", Piazza Carlo Rosselli 27/28 (Studentensekretariat und Information). Im Angebot ist eine breite Palette an Kursen, u. a. dreimonatige Grund- und Aufbaukurse für alle Nationalitäten mit Hochschulreifezeugnis, einmonatige Kurse Handelsitalienisch, Fachitalienisch für Mediziner, für Musiker etc. Unterstützung bei der Zimmersuche. ✆ 0577-240100, unistrasi.it.

Musik Im Sommer veranstaltet die Musikakademie Accademia Chigiana vor allem **klassische Konzerte** im Palazzo Chigi Saracini sowie im Teatro Rozzi: Mozart, Bach, Strawinsky, Mussorgski etc. Aktuelle Infos unter chigiana.it.

Italien Opera 9, regelmäßig kleine Opernaufführungen in einem kirchenähnlichen Bau am Park La Lizza (Nr. 1). Von Mai bis Oktober an jedem Di/Do/Sa um 21.15 Uhr. italianoperasiena.com.

Siena Jazz, das Jazz-Seminar veranstaltet von Ende Juli bis Anfang Aug. Seminare für Profis. Die Vorträge, Workshops, Konzerte, Sessions mit nationalen und internationalen Stars finden in der Fortezza Medicea, oft auch in den Gärten der Contraden statt. Infos auf sienajazz.it.

Kurzfristig anberaumte Konzerte auf enjoysiena.it.

Bücher/Zeitschriften **Libreria Senese,** auch Auswahl an deutschsprachigen Büchern und Tageszeitungen. Via di Città 64.

La Feltrinelli, Italiens bekannteste Buchhandelskette ist im Zentrum vertreten: Via Banchi di Sopra 64.

Bookshop, in der zentralen Biglietteria Santa Maria della Scala am Domplatz gibt's ebenfalls ein gutes Angebot an Literatur und Bildbänden.

Einkaufen Antiquitäten, Souvenirs, Leder und Juwelen – Boutiquen aller Art findet man in der Via di Città und der anschließenden Via Banchi di Sotto hinter dem Campo.

Bottega Gino Cacino 32, Spezialitäten aus der Toskana, z. B. Pecorini, Schinken, Salami etc. Auch kleiner Imbiss für die Mittagspause und Panini. Piazza del Mercato 31.

meinTipp **Gazza Ladra 23,** Tücher aus allen Stoffen, in allen Farben und Formen. Via Banchi di Sopra 33.

Consorzio Agrario 11, im Supermarkt der landwirtschaftlichen Genossenschaft mit Feinkost vom Feinsten bekommt man ein Riesenangebot an regionalen Spezialitäten (z. T. in Bioqualität), alles auch zum Direktverzehr vor Ort. Um bedient zu werden, muss man eine Nummer ziehen. Durchgehend geöffnet. Via Pianigiani 9, Nähe Piazza Matteotti.

Nuova Pasticceria 33, hier gibt's die besten *Ricciarelli* der Stadt, eine sienesische Marzipan-Keks-Leckerei mit Mandeln aus Sizilien, in der 300-g-Schale für 7 € den Preis wert! Via Giovanni Duprè 12 (gleich am Campo). **Antica Drogheria Manganelli 38**, in dem historischen Spezereienladen vereint sich der Duft von Kräutern, Kaffee und Schokolade. Via di Città 71-73.

Forno Il Magnifico 28, bei Sienesern sehr beliebte Bäckerei. Hier werden Backwaren, z. B. *Pancoli santi,* nach altem Geheimrezepten gebacken. Via dei Pellegrini 27.

La Bottega del Tartufo 31, was wollten Sie schon immer über Trüffel wissen? Hier können Sie fragen, schauen und kaufen. Im Angebot: Soßen, Nudeln, Butter Öl, Käse, Wurst und Bier – alles mit aromatischem Trüffelaroma. Via di Città 72.

Wochenmarkt jeden Mi 7–13 Uhr an der Piazza La Lizza (Nähe Fortezza) und am anschließenden Viale XXV Aprile, immer krachend voll! Am Markttag akuten Parkplatzmangel einkalkulieren – und Vorsicht vor Taschendieben!

Übernachten

→ Karte S. 36/37

Die meisten Hotels liegen innerhalb der Stadtmauern. Trotz der zentralen Lage sind sie relativ ruhig, weil die Altstadt autofrei ist – Siena hat Italiens älteste Fußgängerzone! Mit einer Reservierung darf man das Gepäck bis zur Unterkunft fahren. Nach dem Entladen ist die autofreie Zone sofort zu verlassen, um einen Parkplatz zu suchen. Einige Hotels bieten eigene Parkgaragen. Ob eine Fahrt in die Altstadt angesichts der vielen Fußgänger, Einbahn- und gesperrten Straßen sinnvoll ist, müssen Sie entscheiden. Am bequemsten ist sicher das Taxi.

***** Palazzo Ravizza 46**, First-Class-Pension mit viel Charme in einer alten Stadtvilla aus dem 17. Jh. Terrassengarten und Springbrunnen hinter dem Haus; Parkplatz. Pian dei Matellini 34, ✆ 0577-280462, palazzoravizza.it. **€€**

Mein Tipp **Villa del Sole 40**, in schöner Lage oberhalb der Pecci-Gärten. Toprenoviert mit geradlinig-modernem, hellen Interieur und hochwertiger Ausstattung, ein B & B der gehobenen Klasse. Claudio und sein Team bieten zuvorkommenden Service. Frühstück auf der Terrasse. Via del Sole 6a/8, ✆ 0577-275860, villadelsolesiena.com. **€€€**

***** Villa Elda 26**, gepflegte Villa in ruhiger Lage, mit kleinem Garten ums Haus. Die 11 Zimmer sind mit Klimaanlage und Fußbodenheizung in den Bädern ausgestattet. Einige Panorama-Zimmer mit schönem Blick auf die Altstadt. Direkt vor dem Haus findet man mit etwas Glück eine kostenlose Parkmöglichkeit. Viale XXIV Maggio 10, ✆ 0577-247927, villaeldasiena.it. **€€€**

Mein Tipp ***** Hotel Moderno 10**, altbackener Hotelname, aber alles gut renoviert. Unterhalb der Kirche S. Francesco (außerhalb der Stadtmauern). Bequem mit dem Auto zu erreichen, und es gibt hoteleigene Parkplätze (7 €/Tag). Zur Rolltreppe, die in die Altstadt hochführt, sind es nur 100 m. hotelmodernosiena.it, Via Baldassarre Peruzzi 19, ✆ 0577-288453. **€€**

****** Garden 2**, etwa 1,5 km außerhalb, ins Zentrum nimmt man besser den Bus. Sehr großes Hotel mit schönem Garten und Pool. Parkplatz garantiert. Via Custoza 2, ✆ 0577-567111, gardenhotel.it. **€€€**

***** Santa Caterina 47**, knapp außerhalb der Porta Romana. Toller Garten mit Blick ins Umland (Frühstück wird auch dort serviert). Bei den ruhigen Zimmern zum Garten hin stehen die Betten auf einer Zwischendecke, die nur über eine Treppe erreichbar ist. Zur Straße hin Schallschutzfenster. Parkplatz 15 €/Tag. Via E. S. Piccolomini 7, ✆ 0577-221105, hotelsantacaterinasiena.com. **€€**

***** La Villa di STR 14**, Villa im italienischen Jugendstil, günstig knapp außerhalb der Altstadt gelegen. Die Böden wurden aufwendig mit Marmor (in den Gängen) und Parkett (in den 17 Zimmern) neu gestaltet. In der ebenfalls neu gestalteten Lobby laden Sofas zum Verweilen ein. Gefrühstückt wird auf der Veranda. Blick auf die Fortezza Medici, Garten um das Haus. Kostenlose Parkplätze. Viale V. Veneto 11, ✆ 0577-1882806, lavilladistr.it. **€€**

SS 2 Florenz
Rolltreppe zum Bahnhof
Bahnhof
V. V. Emanuele II
Porta Camollia
Viale Sardegna
Piazza C. Saracini
Viale G. Mazzini
Piazza G. Amendola
Viale G. Amendola
Via Ricasoli
Via Biagio di Montluc
Via Malta
Via Nino Bixio
Viale D. G. Minzoni
Via Campansi
Via d. Pignatello
Via di Camollia
Via S. Martini
V. Vitt. Tassi
V. N. Sauro
Via C. Pisacane
Parco giochi di Pescaia
Strada di Pescaia
Viale A. Diaz
Via G. Garbaldi
Barriera S. Lorenzo
Piazza d. Sale
Porta Ovile
V. Rin. Franci
La Lizza
WC
Rom, Florenz
Viale Cesare Battisti
Viale V. Veneto
V. C. Maccari
Piazza Gramsci
BUS
Via d. Stufa Secca
Via del Pian d' Ovile
Via di Vallerozzi
Via d. Comune
Via d. Ort
Fortezza Medici
Viale d. Stadio
Stadio Comunale
V. Federico Lozzi
V. Malavolti
Via d. Montanini
P. d. Abbadia
Via d. Rossi
Piazza G. Matteotti
Piazza Salimbeni
Via d. Giglio
P. Prov. Salvani
V. d. Baroncelli
Viale Trento
Viale Trieste
V. d. Mille
V. Curtatone
V. Paradiso
Via d. Sapienza
Banchi
Piazza Tolomei
Haus d. hl. Katharina
Viale F. Corridoni
Viale XXIV Maggio
S. Domenico
Via S. Caterina
Via d. Terme
Via Sall. Bandini
Piazza d. Indipendenza
Fonte Branda
Via di Fontebranda
Via Bruno Bonci
Porta Fontebranda
Rolltreppe
Città
Banchi di Sotto
Il Campo
V. d. Diacceto
Palazzo Pubblico
Synagoge
Costone
Via Franciosa
S. Catarina
Piazza d. Selva
Dom
Pizza d. Mercato
Via d. Poggio
V. d. Capitano
Sotto
Strada d. Grotte
Via Esterna D. Fontebranda
Ospedale di S.M. della Scala
Piazza d. Postierla
Casato
V. d. Lombarde
V. d. P. Giustizia
SS 2 Siena-Ovest
Pinakothek
V. d. Stalloreggi
Via P. Mascagni
Via E. Bastianini
V. d. S. Quirico
V. T. Pendola
V. d. Cerchia
Via S. Pietro
Via Mantellini
Via d. Laterino
Porta Laterina
Cimitero Laterino
Via del nuovo Asilo
Orto Botanico
Via Pier Andrea Mattioli
Via Fontanella
il Campo
Porta S. Marco
Via S. Marco
Via delle Sperandie
Stada d. Giuggiolo
Via Massetana
Porta Tufi
S. d. Tufi

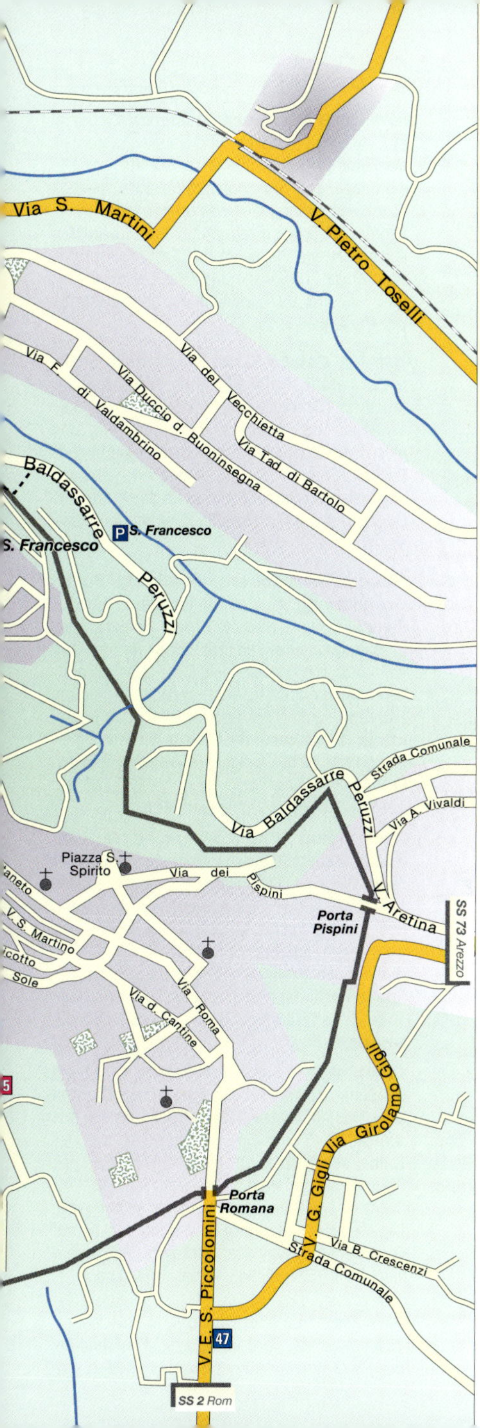

Übernachten

1 Villa Fiorita
2 Hotel Garden
3 Borgo Grondaie
7 A Casa Mastacchi
10 Moderno
13 Chiusarelli
14 La Villa di STR
18 Antica Residenza Cicogna
21 Piccolo Hotel Etruria
22 Hotel Alma Domus
24 Tre Donzelle
26 Villa Elda
35 Ostello Santa Maria della Scala
40 Villa del Sole
43 Il Casato
46 Palazzo Ravizza
47 Santa Caterina

Essen & Trinken

4 Pizzeria Tia Loca
5 Il Vinaio
6 Trattoria Fonte Giusta
8 Da Enzo
12 Pizzeria alle Scalette
15 Morbidi
16 Pizzeria Il Pomodorino
19 La Chiacchera
20 Il Grattacielo
29 Osteria al Palchetto
30 Osteria Sotto le Fonti
34 La Finestra
37 Da Papei
39 Ristorante Tar-tufo
42 Osteria dá Cice
44 Osteria Castelvecchio
45 All'Orto de'Pecci

Cafés/Gelaterie

17 Gelateria Masgalano
25 Nannini
41 Gelateria Vecchia Latteria

Nachtleben

27 San Paolo
36 Tea Room

Einkaufen

11 Consorzio Agrario
23 Gazza Ladra
28 Forno il Magnificio
31 La Bottega del Tartufo
32 Bottega Gino Cacino
33 Nuova Pasticceria
38 Antica Drogheria Manganelli

Sonstiges

9 Italien Opera

200 m

Siena

***** Chiusarelli 13**, zentral gelegene, stilvolle neoklassizistische Villa. Ein Teil der 48 Zimmer ist renoviert, mit Parkettböden und hellen Möbeln ausgestattet, die Bäder aus Travertin. In der Halle Lüster, Fresken und heimischer rosafarbener Marmor. Die Zimmer zur Rückseite, also zum parkähnlichen Stadion von Siena, sind sehr ruhig. Herzlicher Empfang. Restaurant und hübsche Terrasse. Parkplätze im Garten. Via Curtatone 15, ✆ 0577-280562, chiusarelli.com. **€€**

**** Piccolo Hotel Etruria 21**, sympathisches, allerdings etwas enges Haus, das gern von Rucksacklern frequentiert wird. Die Pension Tre Donzelle gegenüber (s. u.) wird von derselben Familie geführt. 20 DZ mit Dusche und Klimaanlage. Via delle Donzelle 3, ✆ 0577-288088, hoteletruria.com. **€€**

*** Tre Donzelle 24**, der günstige Preis und die zentrale Lage sind die Pluspunkte, für den romantischen Urlaub eher weniger geeignet. Die Selbsteinschätzung des Besitzers, dem auch das Piccolo Etruria gehört: „spartano però economico" – spartanisch, aber billig. Via delle Donzelle 5, ✆ 0577-270390, tredonzelle.com. **€€**

Il Casato 43, alter, renovierter Palast aus dem 14. Jh. Steile Treppen führen zu den 12 auf mehrere Stockwerke verteilten, meist geräumigen Zimmern, einige mit Balkon. Tolle Deckenfresken, auch der kleine Terrassengarten ist für die Gäste offen. Via Dupré 126, ✆ 0577-236061, relaisilcasato.it. **€€**

meinTipp **B & B A Casa Mastacchi 7**, im 1. Stock eines Palazzos, herrlich einfach, doch alle 5 Zimmer gepflegt, Frühstücksraum mit handgemachten Gardinen, der Kaffee wird morgens duftend in der Mokka-Caffettiera zubereitet. Auch 4er-Zimmer. Via di Camollia 52, ✆ 0577-280655, acasamastacchi.it. **€€€**

meinTipp *** Hotel Alma Domus 22**, ansprechende Zimmer mit AC in verschiedenen Kategorien, einige mit kleinem Balkon. Wir empfehlen die oberen Zimmer, z. B. Nr. 5 mit toller Aussicht auf die Altstadt. Die günstigeren Zimmer ohne Bella Vista sind im Untergeschoss. Beim Santuario di Santa Caterina, Via Camporegio 37, ✆ 0577-44177, hotelalmadomus.it. **€€€**

B & B Villa Fiorita 1, direkt am Vortor der Porta Camollia, vom Zentrum zu Fuß zu erreichen. Jugendstilvilla mit wunderschönem Garten und familiärer Leitung. 10 stilvolle, gepflegte Zimmer. Viale Cavour 75, ✆ 393-9189000, villafiorita-siena.com. **€€**

meinTipp **B & B Antica Residenza Cicogna 18**, teilweise Fresken und Himmelbetten in den Zimmern, dazu moderner Komfort mit Klimaanlage und Thermofenstern; zwei freundliche junge Frauen leiten das Haus. Jedes der 5 Zimmer hat einen eigenen Charakter im Stil der Jahrhundertwende, auch das Frühstücksbuffet überzeugte. Tiefgarage 24 €/Tag. Via delle Terme 76, ✆ 0577-285613, anticaresidenza cicogna.it. **€€€**

meinTipp **Ostello Santa Maria della Scala – Casa delle Balie 35**, eine Pilgerherberge (auch für Nichtpilgernde) im ehemaligen Waisenhaus. Top renovierte 3er- oder 8er-Zimmern mit Doppelstockbetten und gepflegten Bädern. Check-in im Touristenbüro nebenan. Vicolo San Girolamo 2, genau an der Piazza del Duomo, ✆ 347-6137678, santamariadella scala.com.

Übernachten außerhalb Albergo Borgo Grondaie 3, vor den Stadtmauern, von der Porta Camolia sind es ca. 20 Min. Fußweg. Hier in Bahnhofsnähe und mit Coop vor der Tür kann man mit Pool und viel Platz (gut für Familien!) unkomplizierte Tage verbringen. Netter Empfang, gutes Frühstücksbüffet. 17 Apartments, 10 Zimmer. Beachtliche Gehstock-Kollektion mit nicht weniger als 400 Exemplaren. Via delle Grondaie 15, ✆ 0577-332539, hotelsienaborgogrondaie.com. **€€€**

Agriturismo Villa Caselunghe, ca. 4 km östlich des Stadtkerns; kleines Gut mit 17 ha Land (Wein, Oliven) inmitten unzersiedelter Landschaft. Pool. 2 Apartments für je 4 Pers. 600–1400 €/Woche, in der Nebensaison auch ab 3 Tagen. Anfahrt: Vom Neubaugebiet hinter dem neuen Krankenhaus die baumgesäumte Straße hoch, dann Richtung Le Tolfe. Via delle Tolfe 9, ✆ 340-5093785, ✆ 0577-288403, caselunghe.it.

Camping * Siena Colleverde**, ca. 2,5 km ins Zentrum. Mit Bus Nr. 3 ab Piazza Gramsci oder Bus Nr. 8 ab Piazza del Sale, letzter Bus um ca. 23.45 Uhr. Das Gelände liegt, wie der Name verspricht, auf einem grünen Hügel, Bäume machen den Platz zusätzlich attraktiv. Swimmingpool-Benutzung (ab Juli) kostet extra. Die Kantine hält preisgünstige Menüs bereit. Geöffnet März–Nov./Dez. Strada di Scacciapensieri 47, ✆ 0577-332545, sienacamping.com.

meinTipp **** La Montagnola**, in Sovicille, ca. 12 km westlich von Siena; erst 8 km entlang der SS 73 (Richtung Roccastrada). Großer, einladender Platz im schattigen Wald. Gepflegte Sanitärs, absolute Ruhe. Zur Pizzeria ins Dorf sind es ca. 500 m. Busse nach Siena halten direkt im Platz. Für Wanderer hält die hilfsbereite Rezeption eine Karte bereit. Etliche Leser waren von dem Platz begeistert. Geöffnet Ostern bis Ende Sept. Strada della Montagnola 39, 53100 Sovicille. ✆ 0577-314473, campinglamontagnola.it.

*** **Le Soline,** in Casciano di Murlo, ca. 23 km südlich von Siena (Richtung Grosseto, nach 20 km bei Fontazzi links nach Casciano di Murlo abzweigen, dann gut ausgeschildert). Auch Bungalows. Tolle Swimmingpools: ein großes Becken mit Panorama, eines für Kinder sowie ein Whirlpool. Der Platz verfügt über Ristorante/Pizzeria und eine Bar mit Gelateria. Ganzjährig geöffnet. Via delle Soline 51, 53016 Casciano di Murlo. ✆ 0577-817410, lesoline.it.

Essen & Trinken

→ Karte S. 36/37

Wer in Siena unter Italienern speisen möchte, braucht Glück. Bis in den November wird die Stadt so von Besuchern geflutet, dass am Nebentisch alles, nur nicht Italienisch gesprochen wird. Das Essen in den Trattorien ist meist gut, preislich aber oft unerfreulich, doch gibt es Ausnahmen. Eine der bekanntesten Spezialitäten ist *Ribollita* („Die Aufgekochte"), ein mit Brot angedickter Gemüseeintopf, früher ein Arme-Leute-Gericht. Typische Pastagerichte sind *Pici* (spätzleartige Nudeln) mit diversen Soßen oder *Papardelle al cinghiale* (Bandnudeln mit Wildschweinragout). Zum Nachtisch *Panforte* probieren, den „Starken Kuchen" mit Mandeln und kandierten Früchten, oder Cantucci – die Mandelplätzchen werden in süßen, an Portwein erinnernden *Vin santo* getunkt. Aktueller Trend in der Stadt: In der Via Pantaneto breiten sich mehr und mehr Läden, Bars und Lokale mit Bio-Produkten und internationalem Streetfood aus.

Da Enzo **8**, der renommierte Küchenchef führt auch das Lokal. Preislich etwas über dem Durchschnitt, aber hochwertig. Das Menü mit frischem Fisch kostet ca. 45 €. Mo Ruhetag. Via Camollia 49, ✆ 0577-281277, daenzo.net. Rechts neben dem Feinschmeckerrestaurant (Nr. 55) hat Enzo einen Streetfood-Laden eröffnet.

Tartufo **39**, die beste Adresse für alles, was mit kostbarem Trüffeln verfeinert wird. Hervorragende Küche, elegant-romantischer Gastraum, Tische mit silbernen Untertellern verheißen einen schönen und teuren Abend! Mi Ruhetag. Via del Sole 6a, ✆ 0577-284031, tar-tufo.com.

Osteria Castelvecchio **44**, die moderne Möblierung steht im angenehmen Kontrast zu den rustikalen Räumlichkeiten. Serviert wird regionale Küche zu erschwinglichen Preisen. Auch vegetarische Gerichte. Mi Ruhetag. Via Castelvecchio 65, ✆ 0577-47093, auf Facebook.

All'Orto de'Pecci **45**, eine Kooperative betreibt dieses Lokal inmitten einer grünen Oase direkt unterhalb des Campo. Man ist umgeben von Tieren und fühlt sich wie auf dem Land. Das riesige Gelände gehörte früher zur psychiatrischen Klinik von Siena. Die für die Gerichte verwendeten Produkte stammen vom eigenen Öko-Garten. Mo Ruhetag. Via di Porta Giustizia 39, ✆ 0577-222201, ortodepecci.it.

MeinTipp **Osteria dá Cice** **42**, ein paar Tische im Gewölbe, ein netter Wirt und eine Speisekarte, bei der einem das Wasser im Mund zusammenläuft. Auch die Preise haben uns gefallen. Mo Ruhetag. Via San Pietro 32, ✆ 0577-288026, osteriadacice.it.

Osteria al Palchetto **29**, ein paar Schritte zum Campo, unscheinbar, drei Tische auf der Straße, die Küche neben dem Eingang, ein kleiner, schlichter Speisesaal im Obergeschoss. Der sympathische Vittorio überrascht mit liebevoll zubereiteten Speisen zu mäßigen Preisen.

Lehrreich: ein Besuch der Bottega Tartufo

Di nur abends. Via Porrione 27, ✆ 0577-280740, auf Facebook.

Da Papei 37, historisches Gasthaus mit schnellem Service. Di nur abends. Piazza del Mercato 6, ✆ 0577-280894, anticatrattoriapapei.com. Gleich daneben, bei **La Finestra 34** geht es freundlich und ebenfalls schnell zu.

meinTipp **Osteria Sotto le Fonti 30**, kleines Lokal abseits der Touristenströme gegenüber dem Parkplatz Santa Caterina, aber mit neuer schöner Terrasse inklusive Dom-Blick. Geschmackvoll eingerichtet, viele Einheimische. Top sind die *Bistecca alla Fiorentina*, die *Pici* (hausgemachte Nudeln), das Schokomousse und im Sommer das legendäre Zitronen-Tiramisu. Auswahl an 100 Weinsorten (man kann hier auch Wein kaufen). Das deutsch-italienische Betreiberpaar sorgt für herzlichen Service. So nur Mittagstisch. Via Esterna Fontebranda 114, ✆ 0577-226446, sottolefonti.it.

meinTipp **La Chiacchera 19**, hier im „Schwätzchen" setzt man sich gern an einen der kleinen Tische, kommt ins Gespräch und isst toskanische Hausmannskost. Freundliche Bedienung. Vor der Tür speist man auf Holzhockern, die der steilen Straße angepasst sind. Di Ruhetag. Costa di S. Antonio 4, ✆ 0577-280631, osterialachiacchera.it.

Il Vinaio 5, originelles Lokal im Stadtteil des Stachelschweins, kein Geheimtipp mehr, aber den Besuch wert. Quasi rund um die Uhr gibt es Käseplatten und mehr, Bobbe und Davide sorgen auf kleinem Raum für Stimmung. Durchgehend geöffnet, So Ruhetag. Via di Camollia 167, ✆ 0577-49615, osteriailvinaio.it.

Trattoria Fonte Giusta 6, hausgemachte Küche, auch Pizza zu fairen Preisen. Via Camollia 102, ✆ 0577-40506, fontegiusta.com.

Il Grattacielo 20, der „Wolkenkratzer" ist ein kleines Studentenlokal mit leckeren Kleinigkeiten. So nur Mittagstisch. Via dei Pontani 8, auf Facebook.

Morbidi 15, Edel-Rosticceria der Extraklasse, wo man neben elegant gewandeten Bankangestellten der Banca Monte dei Paschi di Siena am Tresen steht. Superqualität! Durchgehend bis 20 Uhr geöffnet, So Ruhetag. Via Banchi di Sopra 73-75, morbidi.com.

Pizzeria alle Scalette 12, superbeliebte Pizzeria, die köstlichen Teigfladen sind wahlweise aus Vollkorn-, Dinkel- oder Kamutmehl. Schöne Terrasse. Reservieren! Viale Curtatone 18, ✆ 0577-1522339, pizzeriaallescalette.it.

Pizzeria Tia Loca 4, keine Touristen, dafür exzellente Pizzen aus vier verschiedenen Teigsorten (auch glutenfrei). Auch andere sehr gute Gerichte. Mittagstisch nur Sa/So, Via Ricasoli 55 (kurz außerhalb der Porta Camolia), ✆ 0577-45055, tialocasiena.it.

Pizzeria Il Pomodorino 16, „traumhafter Blick, Pizzen genial und zu fairen Preisen" – Ersteres stimmt, Letzteres nur bedingt. Via Camporegio 13, ✆ 0577-266811, ilpomodorino.it. ▪ **Lesertipp**

Cafés & Gelaterie

→ Karte S. 36/37

Nannini 25, hier kann man noch echte Baristi bei der Arbeit bewundern – und dann den formvollendeten Schaum auf dem Cappuccino. Aus der für ihre *paste* berühmten Sieneser Familie stammt übrigens die Sängerin Gianna Nannini. Via Banchi di Sopra 24.

Gelateria Vecchia Latteria 41, qualitativ eine gute Wahl. Via San Pietro 10.

Gelateria Masgalano 17, auch hier werden für die Eisherstellung nur frische Zutaten und keine Pulver verwendet. Via della Sapienza 47 (in der Nähe der Basilika S. Domenico).

Kneipen & Discos

→ Karte S. 36/37

meinTipp **Tea Room 36**, Versteckt bei der Piazza del Mercato, deshalb fast ohne Touristen. Ilario serviert den Gästen nicht nur ausgewählte Tees (120 Sorten!), sondern auch hervorragende Trinkschokoladen, frische Kuchen und Cocktails. Dazu passt die Einrichtung mit allem, was die Flohmärkte zu bieten haben. Di–So 17–2 Uhr, Mo Ruhetag. Mitte Juni bis Mitte Sept. geschlossen. Porta Giustizia 11.

San Paolo 27, vom winzigen Balkon mit Platz für 6 Personen kann man bei einem Drink das Geschehen auf dem Campo verfolgen. Gute Panini, gut auch für den abendlichen Ausklang. Tgl. bis 2 Uhr nachts. Viccolo San Paolo 2.

Detail der Domfassade
von Giovanni Pisano

Siena
Pievescola
Ancaiano
Costalpino
Sovicille
Cerchiaia
Monteguidi
Pomarance
la Selva
Mad. d. Grazie
Camping La Montagnola
Rosia
San Rocco a Pilli
Radicondoli
Casone
San Dalmazio
Giardino Manfredo
Monteroni d'Arbia
Torri
Grotti
Radi
Bagno al Morbo
Orgia
Lucignano d'Arbia
Anqua
Castelnuovo di Val di Cecina
Galleráie
Frósini
Castelletto
Fontazzi
Vescovado
San Galgano
Camping Le Soline
Chiusdino
San Lorenzo a Merse
Lago Boracifero
Casciano
Murlo
Ciciano
Palazzetto
Maceréto
Monterotondo Marittimo
Monticiano
la Befa
Montieri
Lama
l'Imposto
F. Ombrone
Bagni di Petriolo
Castiglione del Bosco
Pari
Massa Marittima
Ghirlanda
Mte. Sassoforte 787
Casale di Pari
Fércole
Maleta
Abb. S. Lorenzo al Lanzo
Tatti
Roccatederighi
Sassofortino
Roccastrada
Valpiana
Montemassi
Civitella Marittima
Poggio alle Mura
73
Cura Nuova
Ribolla
Livorno
Sticciano Scala
Sasso d'Ombrone
Gavorrano
Paganico
223
Follonica
Sticciano
Giuncário
Cinigiano
Caldana
Montepescali
Campagnático
Puntone
Battignano
Braccagni
Necrópoli Etrusca
Vetulonia
Buriano
1
Pian d'Alma
Rovine di Roselle
322
Capanna Civinini
Roselle
Macchiascandona
Arcille
Punta Ala
Istia d'Ombrone
Polveráia
Castello di Cotone
Grosseto
Castiglione della Pescaia
Grancia
Marina di Grosseto
Santa Maria di Rispescia
Páncole
Principina a Mare
Scansano
Spergoláia
Alberese
Marina di Alberese
Montiano
Pereta
Monti dell'Uccellina
Torre di Collelungo
Impostino
Abb. di S. Rabano
Torre dell'Uccellina
323
Parco Naturale della Maremma
Torre della Bella Marsilia
Tomba Etrusca
Magliano in Toscana
S. Bruzio
Morelle
Fonteblanda
Talamone
San Donato
Marsiliana
Civitavécchia

Von Siena in die Crete Senesi

Wiesenschönheit aus dem Mittelalter – die Klosterruine San Galgano

Südlich von Siena

Das an Siena südlich grenzende Gebiet ist landschaftlich vielfältig. Die Montagnola und die Colline Metallifere nach Westen sind waldreich und wenig besiedelt. Bergbau war hier lange Zeit der wichtigste Wirtschaftsfaktor – für landwirtschaftliche Nutzung war das Gebiet zu wenig fruchtbar.

Hier gibt es ausgedehnte Eichenwälder, in denen sich nicht nur Wildschweine wohlfühlen. Das oft schwer zu durchdringende Buschwerk, die *macchia mediterranea*, bietet vielen Tieren Schutz und macht die Gegend zwischen Siena, Murlo und Roccastrada bzw. zwischen den Flüssen Farma und Merse nicht nur im heißen Sommer zu einem interessanten Erkundungsgebiet. Einen starken Kontrast bilden die **südlichen Crete,** die bis nach Montepulciano und in das Val di Chiana reichen. Bis zur Getreideernte versteht man, weshalb die riesigen Flächen schon in römischer Zeit als Kornkammer galten. Danach, bis zum Frühjahr, gleicht das Meer aus Erde einer Mondlandschaft. Dann werden die eigentümlichen geologischen Formen mit ihren Schluchten noch plastischer.

Von Siena durchziehen alte Pilger- und Handelswege das Gebiet Richtung Süden. Die mittelalterliche **Massetana** führt von der Porta San Marco in Siena an der Abtei San Galgano vorbei bis an die Küste der Maremma, und die **Frankenstraße,** die ihren Anfang in Canterbury hat, führt von Siena fast schnurgerade durch das Val d'Orcia über Viterbo bis nach Rom. Das landschaftlich reizvolle **Orcia-Tal** zählt seit 2004 zum **UNESCO-Welterbe.**

Ganz im Süden der Toskana, fast an der Grenze zum Latium, dominiert der kegelförmige **Monte Amiata** das Landschaftsbild – an seinen Hängen liegen einige beschauliche Orte. Im Schatten des erloschenen Vulkans sprudeln heiße Quellen, die zum Baden einladen: ob im aufgeheizten Bachlauf beim Weiler **Bagni San Filippo** an der Nordostseite des Amiata oder in der gepflegten Thermalanlage mit angeschlossenem Luxushotel im östlich gelegenen **San Casciano dei Bagni.** Das eindrucksvollste Badeerlebnis bieten jedoch die **Kaskaden von Saturnia,** die mit ihren Naturbecken jahraus, jahrein Tag und Nacht zum Baden einladen. Wellness mit allen Schikanen ist in der Region längst touristisches Thema geworden. Lohnende Abstecher einer Tour in den Süden sind die Tuffsteinstädte **Pitigliano, Sovana** und **Sorano,** die dank der zahlreichen Etruskergräber und der in den Stein gehauenen Hohlwege in ihrer Umgebung ein Eldorado für Hobby-Archäologen sind. Etruskischer Kultur begegnet man auch in **Roselle** und **Vetulonia** bei Grosseto sowie ganz im Osten der Südtoskana im beschaulichen Städtchen **Chiusi.**

Dreamwoods (Selva di Sogno)

Ein phantastischer Skulpturenpark – gepaart mit unglaublich viel Fleiß und Leidenschaft. Manfred, ursprünglich Mitarbeiter im **Istituto Osho Miasto** nebenan, begann 1981, filigrane Steinmännchen zu kreieren: Die Felder mussten von Steinen gesäubert werden, und daraus entstand nach und nach eine Art Figurenkabinett. Auch der Radius der Sammelstellen wurde immer größer. Von der Küste wurden Kieselsteine und Muscheln angeschleppt, aus einer nahen Ziegelei Bruchsteine aus der Backsteinproduktion. Für helle Farbkleckse sorgen Marmorstücke aus dem Apuanischen Gebirge. Das Wandern durch den Park ist auch als meditative Übung gedacht. Kurze Texte auf Schrifttafeln (auch englisch und deutsch) bringen die Sinnhaftigkeit des Lebens und der Natur nahe. Für den Rundgang sollte man 2 Std. einplanen.

Manfredo an seinem Farbkreis

■ März–Nov. Wochenenden und Feiertage 10–18.30 Uhr, Di und Fr 13–18.30 Uhr. Freiwilliger Beitrag 7 €, Kind 3 €. ✆ 333-4330183, devamanfredo-stoneart.com. Anfahrt: Von Rosia der SP 73 in südwestliche Richtung bis zur Einmündung in die SP 541. Dann rechts Richtung Colle di Val d'Elsa. Nach ca. 2 km links abbiegen nach La Selva, dann noch ca. 5 km Schotterstraße.

Übernachten Im **Hotel La Selva** in netter Umgebung. Pool. Meditationskurse. Podere Pagliano 22, Loc. Contorniano, 53031 Casole d'Elsa, ✆ 0577-960235, hotellaselva.it. **€€**

Hauptanziehungspunkt der Gegend sind natürlich **Montalcino** und **Montepulciano** mit ihren berühmten Weinen, dazwischen **Pienza,** die „Città Ideale" der Renaissance mit ihrem eindrucksvollen Stadtbild. Touristisch weniger erschlossen, aber kaum weniger reizvoll präsentieren sich in der Südtoskana die kleineren Orte wie **San Quirico d'Orcia, Monticchiello** und **Montefollonico** (bei Montepulciano), **Semproniano** am Südhang des Monte Amiata oder ganz im Süden **Magliano** – Beschaulichkeit und toskanisches Landleben. Glanzlichter der Gegend sind die vielen, oft romanischen Kirchen und Klöster, von denen die **Abbazia Monte Oliveto Maggiore** bei Asciano, aber auch **Sant'Antimo** bei Montalcino und die Abtei **San Galgano** im Westen unbedingt einen Ausflug lohnen.

Abtei San Galgano

Etwas abseits der Route von Siena nach Massa Marittima steht die Kirchenruine wie im Traum versunken auf einer grünen Wiese. Gebaut wurde San Galgano, eine der ältesten gotischen Kirchen des Landes, von Zisterziensermönchen.

Mit dem Bau wurde 1218 begonnen, und schon bald war die Abtei ein wichtiger Wirtschaftsfaktor für die Region. Die Mönche, die in Diensten der Stadt Siena standen, legten Sümpfe trocken und schafften neue landwirtschaftliche Nutzflächen, sie bauten Mühlen und Walkereien, in denen Wolle veredelt wurde. Doch der Abstieg begann im 14. Jh., als durch Hungersnöte und Pestepidemien viele Mönche und Laienbrüder starben und marodierende Söldner aus Florenz die Gegend unsicher machten.

Jahrhundertelang wurde mit der Abtei dann Schindluder getrieben – ein gewissenloser Abt verschacherte sogar das Bleidach der Kirche, was zum Verfall des Gewölbes führte. Nach und nach trugen die Bauern der Umgebung Steine vom Mauerwerk ab, um damit ihre Häuser zu bauen. Erst in jüngerer Zeit wurden die Außenmauern der Ruine wieder aufgerichtet. Für das Dach und die Fenstergläser reichte es allerdings nicht mehr. Und statt eines Altars begnügte man sich mit einem nackten Steinbänklein.

Der Vandalismus geht allerdings in „moderner" Form weiter; „Fotografen" bestiegen jenen kleinen Steinaltar, wohl, um von dort mit besserer Perspektive ihre Selfis zu machen. Der Altar zerbrach, so dass nur noch die beiden Sockel übrig blieben. Abends wird die Kirchenruine eindrucksvoll illuminiert.

Für das Erlebnis der einmaligen nächtlichen Kulisse sei eine Übernachtung im Agriturismo nebenan empfohlen. Und auch die Mini-Wanderung sei empfohlen: vom Parkplatz an der schönen Lindenallee entlang bis zur Abtei; dann den Wald- und Wiesenweg hinauf zur Kapelle von Monte Siepi; dort passiert man die Weinbar **Salendo** mit großem Garten und gelangt nun, bergab auf Asphalt, zurück zum Parkplatz.

▪ Juni–Aug. 9–20 Uhr, Mai/Sept. bis 19 Uhr, April und Okt.–Dez. bis 18 Uhr. Eintritt 5 € inkl. Besuch des Kirchenkunstmuseums in Chiusdino, das den Besuch nicht so sehr lohnt. Tickets gibt's im Skriptorium des Klosters, einem kühlen Kreuzkuppelgewölbe mit alten Fresken. ✆ 0577-756738, abbaziasangalgano@gmail.com.

Hin und weg **Bus:** San Galgano liegt an der Busstrecke Siena – Massa Marittima. San Galgano ist nur Bedarfsstopp, deshalb dem Fahrer rechtzeitig Bescheid sagen. Busse nur 2-mal tgl. ab Siena, Fahrzeit ca. 40 Min. Halt an der Straße, von hier noch etwa 500 m zur Kirche.

Parken Für Besucher steht ein großer kostenloser Parkplatz zur Verfügung, den auch Camper nutzen dürfen.

Veranstaltungen Im stimmungsvollen Ambiente der Ruine gibt es zwischen Juni und Aug. Pop- und klassische Konzerte, aber auch Opern. Infos und Tickets unter comune.chiusdino.siena.it.

Übernachten **Agriturismo San Galgano/Terre di San Galgano,** im renovierten Bauerngehöft vor der Kirche. 13 Zimmer, alle mit Bad. Schlichte, angenehme Einrichtung mit gefliesten Böden und altem Mobiliar. Auch 9 modern ausgestattete Apartments. Als Pool dient ein Naturteich. Restaurant mit Garten. Man hat die Zeichen der Zeit erkannt: Nur Landwirtschaft reicht heute nicht mehr. Und weil man sich inzwischen in der Abtei auch trauen lassen kann, setzt man auf die Unterbringung von Hochzeitsgesellschaften. Gibt es keine Hochzeit, haben Gäste das Anwesen und die Abtei am Abend fast für sich alleine! ✆ 0577-756292, sangalgano.it. €

Essen & Trinken **Weinbar Salendo,** Bar mit Garten am aufsteigenden Fußweg zwischen der Abtei und der Cappella di Montesiepi; zum Wein gibt's toskanischen Käse und Aufschnitt. Do Ruhetag.

Ristorante Antico Tempio, an der Abtei, eher für Gruppen, aber mit schönem Gärtchen davor. In der Saison ist die Bar von 8–22 Uhr durchgehend geöffnet. ✆ 0577-756366.

**** Da Vestro,** in Monticiano, 6 km von San Galgano. 14-Zimmer-Hotel mit gutem, preiswertem Restaurant, oft Wildgerichte; nach vorne und nach hinten jeweils ein wunderschöner Garten. Kleiner Pool. Mo Ruhetag. Via Senese 4, ✆ 0577-756618, davestro.it. €

Cappella di Montesiepi

Auf einem Hügel oberhalb der Abtei steht die eigenartige Rundkirche aus Ziegelstein, die nach Galganos Tod im Jahr 1182 erbaut wurde. In der Mitte des Rundbaus sieht man ein in den Fels gerammtes Schwert. Die halbkugelförmige Kuppel über dem Schwert verwirrt den Blick, denn man schaut in konzentrische Kreise aus dunkelrotem Ziegelstein und hellem Travertin – ein mystisches Sinnbild der Unendlichkeit.

In der später angebauten Seitenkapelle (14. Jh.) zeigen Fresken von *Ambrogio Lorenzetti* u. a. Begebenheiten aus dem Leben des Heiligen. So sieht man ihn zusammen mit dem Erzengel Michael, auf dessen Geheiß er sich – so die Legende – in die Einsamkeit des Monte Siepi zurückgezogen hatte. Den Mittelpunkt des gut restaurierten *Maestà-Freskos* auf der hinteren Wand bildet die ruhende Eva, die zu Füßen der thronenden Madonna liegt. Als Symbol der Ursünde hält sie eine Feige in der Hand, als Sinnbild der Unkeuschheit sind ihre Schultern mit einem Ziegenfell bedeckt. In Lorenzettis ursprünglicher Version (die Rötelzeichnung wurde bei den Restaurierungsarbeiten sichtbar) hielt Maria übrigens anstatt des Jesuskindes eine Weltkugel in den Armen. Den Auftraggebern missfiel diese Interpretation offenkundig, sodass Lorenzetti sein Werk entsprechend ändern musste.

Kirchenruine San Galgano

■ Tgl. ab 9 Uhr bis Sonnenuntergang. Rechts des Eingangs kleiner Shop mit Literatur, Getränken. Rechts der Kirchenruine San Galgano führt ein Fußweg hinauf zur Cappella di Montesiepi (etwa 10 Min.).

Galganos Schwert

Der Legende nach soll Galgano aufgrund einer Erscheinung des Erzengels Michael dem kriegerischen Leben den Rücken gekehrt, sich nach Monte Siepi zurückgezogen und hier sein Schwert in den Felsen geschleudert haben, aus dem es seither wie ein Kreuz herausragt. Später wurde darüber die Kapelle gebaut.

Skeptikern sei verraten, dass man das Schwert noch bis in die 1920er Jahre aus dem Felsen herausziehen konnte, erst dann wurde es mit Blei ins Gestein gegossen. In jüngerer Zeit führte Luigi Garlaschelli, Professor für Chemie an der Universität von Pavia und bekannt als Entmystifizierer katholischer Wunder, mit kirchlicher Genehmigung Untersuchungen vor Ort durch. Von Zuschauern umringt, starrte er mit einem Endoskop in den Felsen – und entdeckte direkt daneben einen Raum, der möglicherweise das langgesuchte Grab des Heiligen ist. Das Schwert, so beschied der Forscher, stamme tatsächlich aus Galganos Zeit und sei vermutlich später in eine Spalte des Felsens geschoben worden.

Chiusdino

2000 Einwohner

Das Dorf liegt 2,5 km westlich von San Galgano am östlichen Rand der Colline Metallifere. Einst waren die erzhaltigen Hügel, wie überall in dieser Gegend, Quelle des Broterwerbs. Heute sind die Minen geschlossen, es bleibt noch die Arbeit als Holzfäller, Tourismus gibt es kaum.

In Chiusdino erblickte der heilige Galgano 1148 das Licht der Welt. Sein Geburtshaus, im oberen Teil des Orts, wurde zur Kapelle umgebaut. Rechts des Altars liegt ein Felsbrocken, der eine eigenartige Vertiefung aufweist. Sie stammt angeblich von Galganos Pferd, das bei der Erscheinung des Erzengels Michael eine ehrfürchtige Kniebeuge auf dem Felsen vollzog. Wer noch eine weitere Gedenkstätte des Heiligen aufsuchen will, begibt sich zur nahen Pfarrkirche San Michele Arcangelo. Sie verwahrt Galganos Schädel, der bis 1977 die Sammlung des Museo dell'Opera del Duomo von Siena schmückte. Das Reliquiar ist – Reverenz an die Legende – von einem Schwert durchbohrt.

Baden: Im Fluss Merse – im Tal unterhalb von Chiusdino – gibt es eine schattige Stelle mit kleinem **Wasserfall,** wo auch im Sommer genügend Wassertiefe zum Schwimmen vorhanden ist.

■ Anfahrt: Erst bis zum Abzweig zur **Mulino delle Pile,** dann auf Schotterstraße 1200 m weiter, bis sich links die Baum-Strauch-Allee zu einer Wiese hin öffnet. Auto parken und dem Rauschen des Wassers folgen.

Information **Pro Loco,** Mo–Fr 8.30–13, Di–Fr auch 16.30–19 Uhr. Piazza Matteotti 13, ☏ 0577-750313, prolocochiusdino.it.

Markt Donnerstagvormittag auf der Piazza XX Settembre, dem Hauptplatz des Orts.

Übernachten/Essen **La Palazzina,** vom Zentrum in Richtung Montieri/Massa Marittima, dann rechts ab (ausgeschildert). Freundliche Pension mit bescheidenen 4-Zimmern. Beliebtes Restaurant, das für Wildspezialitäten und Gegrilltes bekannt ist. Mo Ruhetag. Via L. Santini 4, ☏ 0577-751131, lapalazzinadichiusdino.it. **€**

mein Tipp **La Grotta di Tiburzi,** in der Altstadt; urige Taverne in den Gewölben einer ehemaligen Brennerei. Einfache Gerichte. Man kann hier auch nur auf ein Gläschen bei Käse und Schinken einkehren. Mo Ruhetag. Via Mascagni 15, ✆ 0577-1984981.

Dai Galli, zwischen Chiusdino und Montieri im Dorf Ciciano. In der familienbetriebenen gemütlichen Trattoria hat mittlerweile die Tochter, Signora Dominique, den Platz am Herd übernommen. Sie spricht nebenbei hervorragend Deutsch! Einladende, beschattete Terrasse. Wir empfehlen die köstliche Ricotta-Rolle und zum Nachtisch den Schokoladenkuchen. Mi und Do Ruhetage. Via Massetana 3, Loc. Ciciano, ✆ 0577-750206, bistrodaigalli.com.

Radicondoli

1000 Einwohner

Radicondoli ist ein auf einem Hügel liegender netter Ort und bekannt für seine abwechslungsreichen Festivitäten in den Sommermonaten. Mit dem *1.-Mai-Fest* beginnt die Saison, zu dem die „Banda", eine Blechblaskapelle, Stimmung macht. Um den 24. Juni findet zu Ehren von San Giovanni für drei Tage ein *Streetfestival* statt, im Juli/August wird das Zentrum anlässlich *Le Notti di Giove* („Die Nächte des Jupiter") jeden Donnerstagabend open air mit einer Band oder einer Theatertruppe bespielt.

Convento dell'Osservanza: In dem früheren kleinen Kloster unterhalb der Altstadt, hat eine Schweizer Stiftung eine Musikschule für Kinder eingerichtet.

Information Tgl. (außer Di) 10–13/15–18 Uhr. Kompetentes Team; Alessandra und die Hamburgerin Karin, die hier seit Jahren lebt, geben mit Begeisterung die besten Tipps weiter. Via Tiberio Gazzei 2, ✆ 0577-790800, comune.radicondoli.si.it.

Übernachten/Essen **Agriturismo Paugnano,** gepflegter Biohof mit Apartments und tollem Blick auf Radicondoli. Nette Vermieter, die aus der Milch ihrer 180 Schafe Pecorino-Käse herstellen. Hofladen. ✆ 388-6130448, poderepaugnano.it. **€€**

Agriturismo Le Canterie, schön restaurierte große Biofarm mit Zimmern, Apartments und Pool. Für Gäste wird im angeschlossenen Restaurant auch gekocht (Mi Ruhetag); die Zutaten wie Gemüse und Eier kommen aus der Nachbarschaft. Das Olivenöl ist aus eigener Herstellung. Strada di Pennanino 34, ✆ 338-8013494, lecanterie.com/de. **€€**

mein Tipp **Agriteca in Piazza,** kleines unkompliziertes Restaurant am Kirchplatz, so wie man es sich wünscht! Auch auf Vegetarisches und Veganes wird Wert gelegt. Di nur abends geöffnet, Mo Ruhetag. Piazza Matteotti, ✆ 342-7331237.

mein Tipp **La Pergola,** hier gibt's die beste Pizza der Gegend – und die „Sonnenuntergangs-Terrasse" wurde zu einer der schönsten Italiens gewählt. In der Tat ist die Aussicht herrlich! Besser reservieren. Nur abends geöffnet, Di Ruhetag. Via Garibaldi 22, ✆ 0577-790717.

Roccatederighi

770 Einwohner

Das an einen Fels geklammerte Burgdorf ist das schönste der Umgebung. Roccatederighi liegt abseits der gängigen Rundtouren. Durch einen Torbogen gelangt man auf der Via Vittorio Emanuele II ins mittelalterliche Zentrum, das sich auf einer Felsnase aus Vulkangestein ausbreitet. Hinter der Dorfkirche hat man eine tolle Aussicht auf rund geschliffene Felsformationen und schöne Blicke auf die Maremma.

Information **Pro Loco,** nur Juni bis Mitte Sept. 9–12/16–18 Uhr, Do und So geschlossen. Auskunftsfreudig und hilfreich bei der Zimmersuche. Via Roma 31 (Durchgangsstraße im Zentrum), im 1. Stock. ✆ 0564-567244, roccatederighi.info.

Von Siena in die Crete Senesi → Karte S. 42/43

Burg Montemassi heute ...

Hin und weg **Bus:** 3-mal tgl. nach Casone (dort Bahnhof), 3-mal Roccastrada, 4-mal Grosseto, 3-mal Piombino. Nach Siena und Florenz in Roccastrada umsteigen.

Radtouren **Maremma in Bici,** die beiden Fahrrad- und Wanderführer Riccardo und Mariella haben schöne Touren durch die Maremma zusammengestellt. Auch Unterkünfte und Passagen werden organisiert. Auch Fahrradverleih, Mountain-E-Bikes ab 30 €. Man kann sich auch auf Deutsch verständigen. Via delle Cortine 1, ✆ 0564-569660 oder 347-9194958, maremmainbici.it.

Feste & Veranstaltungen Alljährlich am 14. August kämpfen die fünf Bezirke des Orts in einem **Eselsrennen** („Palio dei Ciuchi") um Sieg und Ehre. Etwas früher, am 1. Augustwochenende, wird das mittelalterliche Stadtfest **Medioevo nel Borgo** gefeiert.

Übernachten/Essen **La Il Sesto Canto,** etwas verfeinerte Küche, für seine Fischspezialitäten bekannt. Große Terrasse. Di Ruhetag. Via Roma 24c, ✆ 0564-567430.

mein Tipp **Da Nada Locanda Toscana,** Richtung Massa Marittima auf der linken Seite; so unspektakulär wie der Eingang dieser Cafébar sind die Preise fürs Übernachten. In der angeschlossenen Trattoria wird gut gekocht (Do Ruhetag). Frühstück gibt es in der Bar. Via Trento 13 (Durchgangsstraße), ✆ 0564-567226, trattoriadanada.com. **€**

Garum, hier gibt's die Pizza mit dünnem Boden. Mi Ruhetag. Auf dem Weg ins Centro storico. Via delle due Porte 9, ✆ 0564-567445.

Il Corso, kleine, preiswerte, familienbetriebene Trattoria im Centro storico. Der freundliche, ältere Signor Vincenzo serviert einfache Hausmannskost – zu unterdurchschnittlichen Preisen! Mo mittags geschlossen, Via V. Emanuele II Nr. 9, ✆ 0564-569459.

mein Tipp **Podere Usignolo,** 3 km von Sassofortino entfernt. Hier betreibt ein Schweizer ein Olivengut. In den beiden liebevoll gestalteten Landhäusern können bis zu 9 Pers. nächtigen (Ferienhaus oder B & B). Der Hit ist die große Sonnenterrasse. Gekocht wird mit eigenem Gemüse, die abendlichen Gespräche an der großen Tafel fanden die Leser überaus anregend; Kosten fürs Abendmahl inkl. Wein 34 €. An kühlen Abenden knistert das Kaminfeuer, das Klavier steht den Gästen zur Verfügung. Ladestation für E-Autos! Seit 2022 ist das Podere Partner des Projekts „Wasser für Wasser", eine Initiative, die die Trinkwasserversorgung in ländlichen Gebieten Afrikas unterstützt. Das beim Essen konsumierte Quellwasser kommt denen zu Gute, die davon zu wenig haben (Info unter wfw.ch). Anfahrt zum Gut über eine „strada bianca" (Naturstraße). Località Aia Vecchia, Sassofortino ✆ 335-5384033, usignolo.eu. ▪ **Lesertipp €**

... und im Jahr 1328 (auf dem Gemälde von Simone Martini, Siena, Palazzo Pubblico)

Mein Tipp **La Fattoria di Tatti,** im malerischen Weiler Tatti, ca. 15 km von Roccatederighi. Gastfreundliches B & B in einer stattlichen Villa in Ortsmitte mit viel Platz und viel Ruhe. Die oberen Etagen der einstigen Sommerresidenz eines Marchese wurden in 8 großzügige DZ verwandelt. Gastgeberin Cornelia kommt aus Deutschland. Kursangebote in Kochen, Yoga und Feldenkrais. Geöffnet März–Nov. Via Matteotti 10, 58040 Tatti, ✆ 0566-912001, ✆ 347-1279351, tattifattoria.it. **€€**

Ristorante/Pizzeria Il Barrino di Tatti, angeschlossenes Etablissement gleich gegenüber; gutes Essen (Holzofen!) auf der tollen Terrasse. Mo Ruhetag, ✆ 0566-871074.

Burg Montemassi

Berühmt wurde die Burg des Ortes als Vorlage für *Simone Martinis* riesiges Fresko im Mappamondo-Saal des Palazzo Pubblico von Siena – das Gemälde zeigt die Eroberung von Montemassi 1328 durch Siena. Heute sind von der stolzen Burg nur noch Ruinen übrig. Durch den wenig spektakulären Ort zur Burgruine hinaufzusteigen lohnt einzig wegen der wirklich herrlichen Aussicht auf die Ebene.

Roccastrada

8000 Einwohner

Wegen seiner großen Kupfer- und Silbervorkommen war Roccastrada schon in etruskischer Zeit ein reiches Städtchen. Im 19. Jh. reichte es sogar zu einem eigenen Theater, dem **Teatro dei Concordi.** Etwas Industrie (u. a. Bekleidung) und viele kleine Weinbauern sind heute die wirtschaftliche Basis der angenehm wenig herausgeputzten Kleinstadt.

San Niccolò: Die romanische Kirche ist einen Besuch wert; sehenswert sind vor allem das Taufbecken und ein Fresko, das die Auferstehung Christi darstellt.

In der Via Pelligrini steht die **Casa Bersotti,** der Stadtpalast einer Adelsfamilie aus dem 15. Jh. Folgt man in der Altstadt der Ausschilderung „Collese Panorama", gelangt man auf eine Aussichtsplattform mit schönem Blick in die Umgebung.

Hin und weg **Bus:** tgl. je 1-mal nach Florenz und Siena, 4-mal nach Grosseto und Follonica.

Markt Mittwochvormittag, Piazza Don Bailo und Piazza Dante Alighieri.

Übernachten **Casa Mazzoni,** 4 km nördl. in Richtung Sassofortino. Schön gelegenes, gut organisiertes, deutschsprachiges Landhotel mit 9 komfortablen Zimmern. Pool. Abends wird zusammen an der langen Tafel gegessen. Loc. Pod. Mazzoni, Sassofortino, ✆ 0564-567488, ✆ 340-2494035, casamazzoni.it. **€€**

***** Sant'Uberto,** 8,5 km nördlich, an der Straße Richtung Siena (SS 73) links ab, ausgeschildert, ab hier noch 1 km auf Naturstraße. Auf dem 4000 m² großen Gelände inmitten waldreicher Landschaft ist Einsamkeit garantiert. Die Zimmer sind im toprenovierten früheren Verwaltungsgebäude einer stillgelegten Kaolin-Mine untergebracht. Es gibt auch Apartments. Zwei Pools, gepflegter Garten, Tischtennis, Fitnessraum, Sauna und Restaurant. Idealer Ausgangspunkt für Spaziergänge. Loc. Piloni, ✆ 0564-575466, hotelsantuberto.it. **€€**

Agriturismo **Il Bettarello,** ab Poggio Oliveto (s. o.) ausgeschildert. Freundliche Familie, die auf ihrem einfachen Landgut Olivenöl produziert. Auch in Sachen Obst und Gemüse ist man fast autark. Auf Wunsch wird für die Gäste gekocht. Es gibt 9 einfache, ordentliche Zimmer und 5 Apartments. Mountain- und E-Bike-Verleih. Sassofortino, ✆ 338-3947011, bettarello.com. **€**

Badewanne mit Schwefelduft

Essen & Trinken **Picio Matto,** etwas versteckt im Ort. Speisen im hübschen, mit Blumentöpfen vollgestellten Garten, an kühleren Abenden drinnen am Kaminfeuer. Der nette Wirt sorgt für eine hervorragende Küche, auch gute vegetarische Gerichte. Do Ruhetag. Via IV Novembre 31, ✆ 0564-565412.

Il Frantoio, in Sticciano Alto, 20 km südl. von Roccastrada, etwas abseits der SS 73. Gute Atmosphäre, toller Panoramablick. Maremma-Küche und Pizza. Nur abends geöffnet; im Sommer täglich, im Winter nur Do–So. ✆ 0564-577091.

Bagni di Petriolo

An der alten Straße nach Grosseto. Die Schnellstraße (SS 223) führt auf einer schwindelerregend hohen Brücke über das Tal der Farma, am südlichen Brückenende thront ein riesiger Klotz: das Vier-Sterne-Thermal-Hotel.

Wer Thermalfreuden günstiger genießen möchte, wählt die alte Straße nach Grosseto, die im Tal unten verläuft. Hier findet man einen malerischen Badeteich im natürlichen Flussbett – tief genug, um darin zu schwimmen – und darüber einige badewannengroße, schlammige Kuhlen mit über 40 °C heißem Thermalwasser für das Vollbad. Für die Kulisse sorgen mittelalterliche Mauerreste. Der an faule Eier erinnernde schweflige Geruch ist die unvermeidliche Zugabe, im Wasser aber schnell vergessen. Wer auf eine Dusche dennoch nicht verzichten möchte, findet gleich daneben in der modernen Anlage **Terme di Petriolo** mehr Komfort und alle möglichen Anwendungen.

▪ Tgl. 9–17.30 Uhr, Eintritt 15 €, Sa/So 20 €. Strada Provinciale di Petroio, termepetriolo.it.

Übernachten ***** Fattoria Il Santo,** knapp an der alten Straße von Bagni di Petriolo in Richtung Siena (3 km von Petriolo entfernt).

Pool. Loc. Santo, 53015 Monticiano, ✆ 328-3197378, fattoriailsanto.it. **€**

Camping **Agricampeggio Le Fontanelle,** 2023 wiedereröffneter, kleiner Familiencampingplatz, idyllisch im Wald, 15 Stellplätze, 4 Duschen und Stromanschlüsse für Camper. Online-Check-in, die Schranke öffnet man dann mit dem Code selbst. Anfahrt: SS 223 Richtung Siena, Ausfahrt Ponte Macereto, dann Richtung S. Lorenzo a Merse, Loc. Le Fontanelle, ✆ 331-1337490, lefontanelle.org.

Essen & Trinken **Hostaria Da Rosanna,** in Casale di Pari (3 km südl. von Bagni di Petriolo). Wer seinen Hunger im Ambiente einer unkomplizierten Trattoria bei moderaten Preisen stillen möchte, ist hier gut aufgehoben. Große Portionen, echte Hausmannskost. Menü mit Vorspeise, Pasta, Wildschweinbraten, Obst und Vino della casa für unschlagbare 25 €! Mo Ruhetag. SS 223, Ausfahrt Casale di Pari, im Ort an der Piazza Milazzo, ✆ 0564-908810.

Civitella Marittima

Etwa auf halbem Weg zwischen Siena und Grosseto gelangt man beim Verlassen der SS 223 in ein Gebiet mit einigen malerisch auf Anhöhen oder Felsen platzierten mittelalterlichen Bergdörfern. Der erste Ort, den man passiert, ist Civitella Marittima, das bis auf einen in den Gassen versteckten Gasthof nicht viel zu bieten hat.

Übernachten/Essen **Locanda nel Cassero,** rustikal, die Einkehr lohnt nicht nur wegen der guten Küche mit Slowfood-Label, der freundliche Wirt vermietet auch 5 schöne Zimmer. Di Ruhetag. Via del Cassero 29-31, ✆ 0564-900680, locandanelcassero.com. **€**

Paganico

Folgt man der SS 223 weiter in südlicher Richtung, erreicht man das in der Ebene liegende Paganico, das von einer 1334 erbauten, fast komplett erhaltenen Stadtmauer umgeben ist. Durch die Tore der ehemaligen Wachtürme gelangt man mit dem Auto direkt ins alte Zentrum.

Übernachten/Essen **Podere di Piatina,** Agriturismo in einem restaurierten Konvent aus dem 13. Jh. Die rustikal-raffinierte Einrichtung mit toskanischer Patina ist das Richtige für Liebhaber alter Gemäuer. Das großzügige Gehöft besitzt einen Pool, hält Pferde und serviert eine gute Küche. Übernachtung mit B & B erschwinglich. Anfahrt ab Paganico: 2,5 km in Richtung Monte Amiata, an der Gabelung nach Monte Antico links unter der Bahn hindurchfahren. Nach 1 km an einer Gabelung der Straße rechts in Richtung Monte Antico folgen. Nach 4 km ist das Gut erreicht. Loc. Monte Antico, ✆ 346-5142855, agriturismopiatina.it. **€€**

MeinTipp **Podere Santa Maria,** Agriturismo, ca. 7 km von Paganico entfernt. Auf dem schönen Landgut in Familienbesitz wird man von Wirtin Elena empfangen. 7 kleine, hübsche Zimmer im Haupthaus und in der Dependance daneben. Ausgezeichnete Küche, gepflegter Außen- und Innenpool, Wellnessangebote und Verkauf hauseigener Produkte. Viele Tiere, schön auch für Kinder. Die Wiesen um das Anwesen teilt man sich mit einer Herde Ziegen. Loc. Dogana, Civitella Paganico, ✆ 0564-906082, poderesantamaria.net. **€€**

Campagnatico

Rund 5 km von der Ausfahrt der SS 223 entfernt liegt in den Hügeln der einladende Ort mit einer hübschen Altstadt: mittelalterliche Häuser aus braunem Stein und an der Piazza Dante eine sehenswerte Sonnenuhr aus dem Jahr 1883, die – von der Sommerzeitverschiebung abgesehen – nicht nur die Stunde exakt angibt, sondern auch den Monat.

Übernachten/Essen **Villa Bellaria,** in der Vorstadt, westlich des historischen Ortskerns. Schöne Villa aus dem 18. Jh. mit Pool und 3 ha großem wunderschönem Park. Das großzügige Anwesen mit Apartments und DZ wird von der Besitzerin, einer sympathischen Venezianerin, geführt. Via dei Granai 1, ✆ 0564-1792224, ✆ 335-6097438. **€€**

La Vecchia Oliveria (Ristorante/Pizzeria), weitere Einkehrmöglichkeit in dem kleinen Ort, gleich vis-à-vis von der Villa Bellaria. Gute Küche im Saal mit großem Kamin, im Sommer wird im Garten gespeist. Geöffnet nur abends. Außerhalb der Saison Mi Ruhetag. Via Trieste 1, ✆ 0564-996462.

Von Siena in die Crete Senesi → Karte S. 42/43

Endlose Getreidefelder in den Crete Senesi

Die Crete Senesi

Ein fast herbes Hügelland, keine Wälder, nur ab und zu unterbrechen Zypressenreihen und Weingärten die gleichförmigen Getreidefelder. Die Hänge des von Bodenerosion geprägten Lehmlandes („crete“ heißt Tonerde) sind durchfurcht von den Spuren der winterlichen Sturzbäche.

Ursprünglich war das Gebiet dem Bischof von Arezzo untertan, doch die erstarkte Stadtrepublik Siena übernahm schon früh die Gerichtsbarkeit. Der feudale Großgrundbesitz, meist in der Hand von Sieneser Bürgerfamilien, schürte soziale Spannungen. Bis in die 1960er-Jahre hielt sich hier die sogenannte Halbpacht, die „mezzadria“ (→ Kastentext „Mezzadria“, S. 61). Erst als die Bauern zunehmend in die Städte abwanderten, wurde sie durch das moderne Prinzip der Lohnarbeit ersetzt. In dieser Zeit des Umbruchs, als ganze Dörfer verlassen wurden, kamen Kleinbauernfamilien mit ihren Schafherden aus Sizilien, später auch aus Sardinien, um sich hier eine Existenz aufzubauen.

Das Tal der Orcia zählt seit 2004 zum Weltkulturerbe der UNESCO. Es war das Land der Renaissancemaler, die die weiche Landschaft in ihren Werken verewigten. Die Landflucht in den 1960ern sorgte dafür, dass die Gegend ihr ursprüngliches Erscheinungsbild erhalten konnte – und heute werden keine Neubauten mehr genehmigt.

Der dünn besiedelte Landstrich lockt mit einigen der großen Attraktionen der Toskana: **Montepulciano** mit seiner kleinstädtischen Eleganz, **Pienza** mit seiner Renaissance-Architektur und dem Val d’Orcia sowie **Montalcino** mit seinen feinen Weinen. Und nicht zuletzt **Chiusi**, das auf den Überresten einer legendären Etruskerstadt errichtet wurde.

Murlo und das Castello di Murlo

2450 Einwohner

Ein niedliches Festungsdörfchen wie aus der Spielzeuglandschaft. Ringförmig umschließen die wenigen Häuser den Bischofsturm, heute das **Museo Etrusco.** Die Besucherströme halten sich unter der Woche in Grenzen. Dem *Cappellone,* der Skulptur eines etruskischen Prinzen, dessen eigentümlicher Hut Erinnerungen an Mexiko weckt, begegnet man in der Region überall auf Plakaten, die den Besucher nach Murlo weisen. Das Original ist im Museum (s. u.) zu sehen und gilt als eine Art Wahrzeichen des Orts, in dem heute noch rund 17 Menschen leben.

Die „Neustadt" von Murlo, **Vescovado di Murlo,** gibt sich im Vergleich zu Castello di Murlo nüchtern und unspektakulär. Wanderwege führen zu den alten Minen in südwestlicher Richtung (auf die Schilder achten). Entlang der Gleise der einstigen Werksbahn ver-

Murlo und die etruskischen Doppelgänger

Für Schlagzeilen sorgten vor Jahren Untersuchungen von Turiner Wissenschaftlern, die bei den Einwohnern von Murlo frappierende Ähnlichkeiten mit der Physiognomie der Etrusker feststellten. Als Vergleichsgrundlage dienten die Abbilder auf den Urnendeckeln der längst verblichenen „Originale". Ein Artikel über diese Entdeckungen erschien im Magazin der französischen Zeitung „Le Figaro" 1993. Illustriert war der Beitrag mit dem Foto eines ortsansässigen Kneipenwirts: Halb liegend und nur mit einem Bademantel bekleidet, posiert er über einem im etruskischen Museum von Volterra ausgestellten Urnendeckel. Der Wirt zeigt sich als sichtlich zufriedener „Doppelgänger".

Etrusike Verwandtschaften – alte Grabstele und der frühere Wirt von Murlo (Fotomontage)

Von Siena in die Crete Senesi → Karte S. 42/43

läuft der landschaftlich reizvolle **Sentiero delle Miniere.** Ein Rundwanderweg, der **Sentiero Etrusco,** führt zu den etruskischen Zeugnissen von Poggio Civitate (Dauer ca. 1½ Std.). Infos zu weiteren ausgewiesenen Wanderungen im Museum.

Antiquarium di Poggio Civitate (Museo Etrusco): Auf drei Etagen werden Fundstücke aus der Umgebung präsentiert. Hübsch sind die kleinen Bronzeschmuckstücke und die sogenannte „Importkeramik" mit vielen orientalischen Motiven. Sehenswert ist auch die außergewöhnlich gut erhaltene Dachziegelkonstruktion, wie sie in dieser Form wohl im gesamten Mittelmeerraum bekannt war.

Seit den 1970ern legten amerikanische Archäologen am Poggio Civitate, einem Hügel außerhalb von Murlo, einen etruskischen Palast aus dem 7. Jh. v. Chr. frei. Nach dem Verfall des Gebäudes war der Standort von den Bewohnern aufgegeben worden und wurde daher nicht von späteren Epochen „verunreinigt" – ein ideales Betätigungsfeld für die Forscher. Die Grabstätten wurden noch nicht gefunden, deshalb fehlen die in anderen etruskischen Museen so spektakulären Urnen und Grabbeigaben. Aber darauf kommt es den Forschern weniger an. Wichtiger war z. B. der Fund einer Bronzewerkstatt. Die Gründung von Arbeitsgruppen durch die Archäologen brachte verschiedenste Disziplinen, vom Handwerker bis zum Verfahrenstechniker, zusammen. Die Bronzestatue am oberen Rand des Parkplatzes wurde hier in einer antiken Gießgrube gefertigt.

▪ April–Sept. Di–So 10.30–13.30/15–19 Uhr. Okt.–März Fr–So 10–13/14–17 Uhr. Im Museum auch touristische Auskünfte. Eintritt 6 €. ✆ 0577-814099.

Information **Pro Loco-Büro** im Museo Etrusco (Öffnungszeiten s. oben). Piazza della Cattedrale 4.

Übernachten ***** L'Albergo di Murlo,** geradliniger Bau aus Ziegel- und unbearbeiteten Travertinsteinen an der Fassade. 44 ordentliche Zimmer, aufmerksame Besitzerin, großer Pool, Restaurant/Bar. Via di Martiri di Rigosecco 1, Vescovado di Murlo, ✆ 0577-814662, albergodimurlo.com. **€**

Agriturismo **La Palazzina,** auf halber Strecke zwischen Vescovado di Murlo und Casciano di Murlo. Gepflegtes Anwesen mit Pool; freundlicher Empfang durch Besitzerin Eloise. 8 Apartments für 2–8 Pers., alle mit Küche und Bad. Im Juli/Aug. eine Woche Mindestaufenthalt. Strada Provinciale di Murlo 24, Loc. La Palazzina, Vescoavado di Murlo, ✆ 0577-817776, agriturismolapalazzinasiena.com.

Camping **Le Soline,** 1 km außerhalb von Casciano di Murlo (8,5 km westl. von Vescovado), von dort bestens ausgeschildert. Gepflegte Anlage in sanfter Hanglage mit tollem Blick ins weite Val d'Arbia. Viel Schatten, einladender Pool, Pizzeria, Ristorante, Mini-Mercato. Zum Platz gehört auch ein Gänsepaar. Ganzjährig geöffnet. Via delle Soline 51, Murlo, ✆ 0577-817410, lesoline.it.

Essen & Trinken **Il Libridinoso,** gute Küche, die auf Verwendung von Bio-Zutaten setzt. Die Pasta wird aus Vollkornmehl (auch Kastanienmehl) zubereitet, die man am besten im Garten hinter dem Haus mit herrlichem Blick genießt. Mo Ruhetag. Via delle Carceri 13, Castello di Murlo, ✆ 0577-046541.

Asciano

7300 Einwohner

Das „Centro delle Crete Senesi" zeigt sich als verschlafenes Städtchen mit einigen Straßencafés an der Hauptgasse Corso Matteotti und der Piazza Garibaldi. Voll und betriebsam wird es auf der Hauptachse des Centro storico an den Sonntagen, an denen der **Mercatino delle Crete Senesi** stattfindet. Auf dem traditionellen Markt geht es vor allem um landwirtschaftliche Produkte aus der Umgebung – darunter der hervorragende Schafskäse **Pecorino delle Crete**

Senesi. Interessant sind auch die Stände, an denen man sich über den Anbau des kostbaren Safran und über Urgetreidesorten wie Emmer, Einkorn und Dinkel informieren kann (siehe unten).

Am oberen Ende des Corso Matteotti steht die hübsche **Basilika S. Agata.** Das Gemäuer aus hellem Travertin gibt zusammen mit der Umfriedung ein imposantes romanisches Bauwerk ab. Das Freskenfragment einer Kreuzabnahme an der linken Wand wird *Sodoma* zugeschrieben. Besser erhalten ist die „Thronende Madonna" seines Schülers *Girolamo del Pacchia* an der rechten Wand. Ebenfalls am Corso Matteotti (Nr. 122) zeigt das **Museo Palazzo Corboli** etruskische Funde, großteils stammen sie aus der ca. 5 km östlich von Asciano gelegenen Grabstätte **Poggio Pinci.**

Die Tricolore am Rathaus

▪ Museo Corboli: April–Okt. Mi–So 10–13/15–19 Uhr. Okt.–März Sa/So 10–13/14–17 Uhr. Eintritt 5 €.

Im unteren Teil der Altstadt sprudelt auf der Piazza del Grano ein mächtiger Marmorbrunnen aus dem 15. Jh.

Mit dem Zug durch die Crete Senesi – der Treno Natura

1994 wurde der Eisenbahnverkehr zwischen Asciano und Monte Antico eingestellt. Bald aber wurde klar, dass sich die panoramareiche Strecke durch die Crete Senesi und das Orcia-Tal für touristische Zwecke bestens eignet und erweckte sie unter dem Namen *Treno Natura* als *Ferrovia Turistica* (touristische Eisenbahn) zu neuem Leben. Seither kann man sich entspannt in 50er-Jahre-Triebwagen setzen und die grandiose Landschaft an sich vorbeiziehen lassen; manchmal kommen sogar alte Dampfloks zum Einsatz.

▪ Die Tagesausflüge mit der Dampflok starten in Siena und kosten ca. 36 €. Aktuelle Termine und Veranstaltungen → Information/Asciano; ferrovieturistiche.it.

Information Auskünfte im Museo Palazzo Corboli, Corso Matteotti 120 (s. o.), ✆ 0577-714450, visitcretesenesi.it.

Hin und weg **Bahn/Bus:** Nächste Bahnstation an der Hauptstrecke Florenz – Rom ist Sinalunga (5 km), sie liegt auch an der Strecke Siena – Chiusi. Von der Bahnstation 5-mal tgl. Busse. Bahnhof Asciano Centro am Rand des Zentrums. 11-mal tgl. nach Siena, ebenso oft nach Chiusi. Die Autolinee Toscane-Busse fahren vor dem Bahnhof ab, Verbindungen nur nach Siena.

Fahrrad: „Bike to the Future" im Zentrum verleiht E-Mountain-Bikes (45 €/Tag, 30 €/halber Tag). Corso Giacomo Matteotti 34, ✆ 351-5867866, biketothefuture.it,

Real-Centro della bicicletta, Via Roma 46/50, ✆ 0577-719138.

Markt **Wochenmarkt** am Samstag. Der **Mercatino delle Crete Senesi** findet in der Saison jeweils 1-mal im Monat an einem So statt. Infos dazu auf visitcretesenesi. it.

Wein **Val d'Arbia,** ein lokaler DOC-Weißwein mit niedrigem Alkoholgehalt, strohgelber Farbe und kräftigem Bouquet.

Übernachten/Agriturismo **Il Paradiso,** an der Straße nach Siena. Gepflegtes Anwesen mit Pool und Restaurant, sympathische, kinderfreundliche Besitzer. Angenehm eingerichtete Apartments, alle mit Klimaanlage und Terrasse. Auch 2 DZ. Anfahrt: Knapp nach dem Ortsausgang am Kreisel zweite Ausfahrt rechts abbiegen und ca. 1 km weiter auf Schotterstraße. Strada del Piano 32, ✆ 0577-718586, agriturismoparadiso.it. **€€**

MeinTipp **Agriturismo Casanova,** erst Richtung Siena, dann unterhalb beim Kreisel auf der SP 451 Richtung Chiusure, dann nach 3 km links abbiegen (Schild). 2 schöne Zimmer, mit kleinen Küchen ausgestattet, sowie 3 Apartements auf einem einsamen Gehöft. Klimaanlage und Swimmingpool sorgen für Abkühlung. Die Hausherrin kocht ausgezeichnet, spricht sehr gut Deutsch und steht mit Rat und Tat zur Verfügung. Die Chianina-Herde auf der Weide gehört zum Hof, gebraten wird mit eigenem Öl, gegessen wird im früheren Stall. Selbstversorger dürfen sich im gutseigenen Gemüsegarten bedienen. Loc. Podere Casanova 137, ✆ 0577-718324, ✆ 346-7920859, agriturismo-casanova.it. ▪ **Lesertipp €**

Essen & Trinken **La Mencia,** gehobene Mittelklasse in netter Atmosphäre, auch Pizza. Menü 25–30 €. Lauschiger, schattiger Garten hinter dem Haus. Mo Ruhetag. Corso Matteotti 77, ✆ 0577-718227.

MeinTipp **La Botteghina,** gefallen hat uns das Angebot an Antipasti, Bruschette, Panzanella und herzhaften Spezialitäten am Verkaufstresen des ehemaligen *Alimentari* (Lebensmittelgeschäft). Unkomplizierte Einkehr für eine toskanische Brotzeit an den Tischchen vor dem Laden (8.30–14 und 17–22 Uhr). Man kann sich den Tuffsteinkeller zeigen lassen, der bei den Renovierungsarbeiten zu Tage kam! Corso Matteotti 56.

MeinTipp **Amordivino,** im unteren Teil des Palazzo Corboli; Gastlichkeit in den beiden hohen, schönen Speiseräumen oder im sich hinten anschließenden weiten Garten. Gute toskanische Küche, das Gemüse kommt von biologischen Höfen der Umgebung, das Weinangebot ist riesig. Die Investition von mindestens 70 € für eine Bistecca Fiorentina vom Holzkohlengrill hatte sich gelohnt: hervorragend! Sa/So auch Mittagstisch, sonst nur abends geöffnet, Di Ruhetag. Corso Matteotti 128, ✆ 0577-1656607.

Rapolano Terme

5300 Einwohner

Ein kleiner Thermalort 10 km nordöstlich von Asciano. Oberhalb der „Neustadt" befindet sich der mittelalterliche Kern, den heute ein moderner Brunnen auf der mit dunklem Travertin gepflasterten Piazza Matteotti ziert. Schon im 13. Jh. lebten hier – im Schutze einer Grenzburg der Republik Siena – etwa 100 Familien. Auch die beiden Thermalquellen des Orts waren bis ins ferne Rom bekannt.

Das ältere Thermalbad ist die **Antica Querciolaia** (ca. 1 km nordöstlich), wo Reste eines römischen Bads sowie etruskische Keramiken aus Terracotta gefunden wurden. Das Bad hat wegen seines niedrigen Schwefelgehalts das angenehmste Thermalwasser der Region. Eines der ältesten Dokumente über den Badebetrieb ist die Badeordnung aus dem Jahr 1292 – als größte öffentliche Gefahr stellte das für beide Geschlechter gemeinsame Badebecken heraus. Das Problem wurde 1309 durch Anbringung einer Trennwand abgewendet.

▪ Mo–Fr 9–19 Uhr, 18 €, ab 14.30 Uhr 14 €. Sa 9–1 Uhr, 22 €, ab 18 Uhr 18 €. So 9–20 Uhr, 22 €, ab 14.30 Uhr 18 €. Via Trieste 22, termeaq.it.

Im Gegensatz zur Antica Querciolaia, die mit ihren sieben Outdoor-Pools und zwei Indoor-Pools in Richtung Spaßbad investiert hat, pflegt das etwa 2 km südlich des Orts gelegene **Thermalbad San Giovanni** mit einem Indoor-Pool und zwei Outdoor-Pools noch immer die Tradition des Kurbads. Doch folgt man auch hier dem Zeitgeist und bietet zusehends mehr Wellness- und Beautyprogramme an. Den Drink an der Bar kann man im Badekostüm im Bademantel einnehmen. Im kleinen Kurpark sprudelt in einem pyramidalen Glasbau die heiße Quelle. San Giovanni

Travertin – Edelstein für die Hausfassade

Um Rapolano gibt es vier große Travertinvorkommen, das größte hat eine Dicke von ca. 40 m und umfasst eine Fläche von rund 6 km². Bereits die Etrusker benutzten den harten, aber gut zu verarbeitenden Stein und fertigten daraus u. a. Graburnen. Abhängig von den im Stein gelösten Mineralstoffen haben sich helle und dunkle Travertinarten herausgebildet. Die auf den Steinen sichtbaren Strukturen wirken oft wie gemalt; entsprechend wird Travertin häufig für Fußböden verwendet.

Viele inzwischen angewitterte und deshalb ockerbraune bis eisengraue Palazzi und Kirchen der Gegend sind gänzlich aus diesem Stein gebaut und geben den Städten ihr eigentümliches Erscheinungsbild. Auch in Deutschland wird Travertin gern für Monumentalarchitekturen verwendet. So nutzte z. B. *Mies van der Rohe* das edle Material zum Bau der Neuen Nationalgalerie in Berlin.

Zur geochemischen Entstehung von Travertin: Regenwasser nimmt aus der Luft und dem Boden Kohlendioxid auf und bildet Kohlensäure. Kalksubstanzen sind in diesem leicht sauren Wasser gut löslich. Das so durch Kalk angereicherte Wasser heizt sich in tieferen Erdschichten dermaßen auf, dass es durch Erdspalten an die Oberfläche zurückgedrückt wird. Dort angekommen, entweicht durch den verminderten Wasserdruck (wie bei einer Sprudelflasche) die Kohlensäure, worauf sich das gelöste Kalziumkarbonat ablagert und mächtige Kalktuffkeile formt. Das gleiche Prinzip ist übrigens bei der Bildung von Tropfsteinen wirksam.

ist das ruhigere Bad von den beiden – weniger Fun, schönere Lage, und wenn am Wochenende die Antica Querciolaia hoffnungslos überfüllt ist, eine gute Alternative.

▪ Tgl. 9–20 Uhr, 19 €, ab 15 Uhr 14 €. Sa 9–24 Uhr, 25 €, ab 19 Uhr 20 €. So 9–22 Uhr, 25 €, ab 15 Uhr 20 €. termesangiovanni.it.

Information Infobüro in der Gemeinde (Comune), nicht ausgeschildert! Mo–Fr 9–12 Uhr, Di und Do auch 14.30–17.30 Uhr. Suborgo Garibaldi 1, ✆ 0577-723210, comune.rapolanoterme.si.it.

Fest **Festa di Ciambragina,** hübsches Mittelalterfest am 2. Maiwochenende im 7 km entfernten Serre di Rapolano.

Markt Am Donnerstag.

Übernachten ***** 2 Mari,** 1 km vom Querciolaia-Bad, unter der Schnellstraße hindurch, dann ausgeschildert. 56-Zimmer-Haus mit Pool, Garten und großem Wellness-Bereich

Von Siena in die Crete Senesi → Karte S. 42/43

(„Aqua Dei"). An Wochenden nur HP. Via Giotto 1, Loc. Bagni Freddi, ✆ 0577-724070, hotel2mari.com. **€€**

***** Terme San Giovanni,** renoviertes, stilvoll eingerichtetes Thermalhotel mit 55 Zimmern, sehr gute Küche. DZ inklusive Eintritt zu den Thermen. Via Terme San Giovanni 9, ✆ 0577-724030, termesangiovanni.it. **€€€€**

Hotel Annita, die einfachere, durchaus empfehlenswerte Variante mit 12 ordentlichen Zimmern und Mini-Frühstück, liegt gleich bei den Thermen. ✆ 335-5891293, annita.it. **€€**

Essen & Trinken Osteria Il Granaio, Leser lobten dieses Restaurant in der Altstadt gegenüber der Kirche für ihre Pici (Pasta) sowie die leckeren Fleischgerichte. Im Gewölbe des ehemaligen Kornspeichers sitzt man an elegant gedeckten Tischen, was wiederum seinen Preis hat. Di und Mi Ruhetage. Via dei Monaci, ✆ 0577-726975. ▪ **Lesertipp**

Trattoria La Patria, einfaches Gasthaus mit ordentlicher Hausmannskost zu günstigen Preisen. Sa Ruhetag. Via Garibaldi 12, ✆ 0577-724464.

Ischieto, ca. 4 km entfernt in Serre di Rapolano, etwas oberhalb des Grand Hotel Serre auf der anderen Straßenseite. Wunderschön gelegen, sehr stilvoll und mit ausgezeichneter Küche – einfach optimal! Einfahrt gekennzeichnet durch Fahnen und den Hinweis „Agriturismo" auf Travertinsteinen. Günstige Übernachtung im DZ möglich. Nur abends geöffnet, Di Ruhetag. ✆ 0577-705025. **€**

Buonconvento

3200 Einwohner

Der von hohen Mauern umfriedete Ort mit schachbrettartig angelegter Innenstadt entstand im 12. und 13. Jh. Seine Lage inmitten einer breiten Talsenke und an der alten Frankenstraße zwischen Nordeuropa und Rom machte ihn im Mittelalter zu einem blühenden Handelszentrum.

Händler, Gesandte, sogar gekrönte Häupter logierten hier mit ihrem Tross, so auch Heinrich VII., der auf seinem Feldzug gegen Neapel in Siena Zwischenstation einlegte. Er kam nicht mehr weit, in Buonconvento holte ihn die Malaria ein, die er sich vermutlich in der Maremma eingefangen hatte. Heinrich starb 1313, ohne Buonconvento wieder verlassen zu haben.

Palazzo Ricci Soccini: Der alte Palast wurde 1909 im Jugendstil modernisiert. Ganz oben im Treppenhaus sieht man die vier Jahreszeiten als Jugendstilfresko mit dem Wappentier der Familie Ricci (einem Igel). Hier oben beginnt auch der Rundgang durch das **Museo d'Arte Sacra della Val d'Arbia.** Saal 1 zeigt Altarbilder, die aus den Dorfkirchen der Umgebung zusammengetragen wurden, darunter ein kostbares Werk von *Duccio di Buoninsegna* (Madonna mit Kind). Erwähnenswert auch *Il Brescianinos* Gemälde „Mutter mit Kind und Johannes der Täufer" in Saal 4, ein wechselvolles Licht- und Schattenspiel mit elegant ausgearbeiteten Figuren.

▪ Mai–Sept. Di–Fr 10–13 Uhr, Sa/So auch 16–19 Uhr. Okt.–April Mi–Fr 9–13 Uhr, Sa/So auch 15–17 Uhr. Eintritt 3 €.

Information Auskünfte im Museo della Mezzadria Senese: Mai–Sept. Di–Fr 10–13 Uhr, Sa/So auch 16–19 Uhr. Okt.–April Mi–Fr 9–13 Uhr, Sa/So auch 15–17 Uhr. Piazzale Garibaldi 1, ✆ 320-7874422.

Hin und weg Bus: 7-mal tgl. nach Siena und Montalcino.

Bahn: 8-mal tgl. nach Siena und Grosseto.

Einkaufen Die größte Auswahl an frischem Obst, Gemüse und hausgemachten Produkten gibt's bei **Tutta Frutta** an der Piazza Gramsci. Gleich rechts daneben verkauft **Le dolcezze di Nanni** diverse Süßigkeiten. **Il Soffione,** hier findet man biologische Produkte: Pasta, Säfte, Kräuter und vor allem Kosmetika. Via Soccini 43.

Mezzadria – Halbpacht in der Provincia di Siena

Einen Blick in halbfeudale Zeiten kann man im **Museo della Mezzadria Senese** am Piazzale Garibaldi in Buonconvento tun. Sorgfältig recherchiertes Material, gute Didaktik und eine rege Teilnahme der älteren Einwohner bei der Suche nach Exponaten zeichnen dieses in der alten Stadtmauer untergebrachte Museum aus.

Die *mezzadria* ist eine besondere Form der Halbpacht, die die landwirtschaftlichen Produktionsverhältnisse Mittelitaliens bis ins 20. Jh. prägte. Die Mezzadria ist ein System mit vertraglich geregelter Gewinn- und Risikobeteiligung: Der Grundeigentümer stellt dem Bauern Land, Vieh und Haus zur Verfügung, der Bauer und seine Familie sind im Gegenzug verpflichtet, die Hälfte der Erträge an den Eigentümer abzutreten. Das „Fifty-fifty-Prinzip" galt auch für den Kauf der zur Aufrechterhaltung des Betriebs notwendigen Güter bzw. Werkzeuge: Beide Vertragspartner waren zu gleichen Teilen an den Kosten beteiligt. Anders als in der Latifundienwirtschaft waren die Betriebsflächen in der Regel so groß, dass die Bauernfamilie von den verbleibenden Erträgen zumindest leben konnte.

Im ersten Jahrzehnt der einbrechenden Industrialisierung in Mittelitalien, nach 1950, kam es zu einer starken Migration nach Norden. Zeitgenössische Filme zeigen gern die Eskapaden der jungen Generation, wie sie als Akt der Erlösung mit ihrem Fiat cinquecento in die Großstadt schwärmen. Besonders in den 60er- und 70er-Jahren war der Sog nach Norden derart stark, dass Häuser und Höfe stehen und liegen gelassen wurden.

Eine spannende Fotosammlung mit großformatigen S/W-Aufnahmen ergänzt die vielen landwirtschaftlichen Geräte und Gegenstände. Im 2. Stock des Museums sind originalgetreue Einrichtungen alter Häuser und das Leben im Wechsel der Jahreszeiten dargestellt – ein Einblick in den Alltag und die Feste der früheren Landbevölkerung.

■ Mai–Sept. Di–Fr 10–13, Sa/So 10–13 und 16–19 Uhr. Okt.–April Mi–Fr 9–13, Sa/So 9–13 und 15–17 Uhr. Eintritt 3 €.

Fest Sagra della Val d'Arbia, an einem Wochenende Ende September. Jedes der vier Stadtviertel bereitet ein typisches Menü mit lokalen Spezialitäten vor.

Markt Samstag auf der Piazzale Garibaldi.

Veranstaltungen Nova Eroica, Ende Juni; ein Vintage-Radsport-Spektakel, bei dem auf historischen Fahrrädern die Schotterpisten zu bewältigen sind.

Übernachten * Ghibellino,** altstadtnah an der Straße nach Montalcino. Moderner Klinkerbau mit 23 Zimmern, freundliche, hilfsbereite Rezeption. Via Dante Alighieri 1, ✆ 0577-809112, hotelghibellino.it. **€**

Agriturismo Quarantallina, Richtung Murlo, kurz vor der Steigung nach Bibbiano rechts, dann ausgeschildert. 2 freundlich eingerichtete DZ, 1 Dreier und 3 Apartments. Serena ist Hobbyköchin und spricht Deutsch, Mario ist eigentlich Landwirt – in seiner freien Zeit verwandelt er Metallschrott zu Skulpturen. Ein Pool und Pferde für Ausritte stehen bereit. Podere Quarantallina 97, ✆ 338-2269043, quarantallina.com. **€**

Von Siena in die Crete Senesi → Karte S. 42/43

La Ripolina, in Pieve di Piana (einige Kilometer in Richtung Murlo). Landgut mit Weinbau im mittelalterlichen Weiler. 7 Apartments, die 2 DZ kann man auch tageweise mieten. Inhaberin Laura Cresti spricht Englisch. Loc. Pieve di Piana, ✆ 335-5739284, laripolina.it. **€€**

Essen & Trinken **La Porta de Sotto,** im Zentrum der Altstadt; im weiß getünchten Speiseraum wird gehobene toskanische Küche serviert. Der Osteria angeschlossen ist eine gutsortierte Enoteca an. Mi Ruhetag. Via Soccini 76, ✆ 0577-808386.

Le Antiche Mura, in der alten Stadtmauer des Städtchens untergebracht, hier kommt eine sehr ordentliche Pizza aus dem Steinofen, dazu auch eine Auswahl an anderem. Draußen, außerhalb der Mauern, wird ebenfalls aufgetischt. Di Ruhetag. Piazza Garibaldi 38, ✆ 0577-806805.

Da Mario, der Klassiker mit bodenständiger, regionaltypischer Küche und einem schönen Innenhof ist ein einfaches Lokal mit speziellem Charme. Via Soccini 60, ✆ 0577-806157. ▪ **Lesertipp**

Abtei Monte Oliveto Maggiore

Eines der bedeutendsten Benediktinerklöster des Landes, ein wuchtiger Ziegelsteinbau inmitten einer grünen Zypressen-Oase. Besonders wegen der **fantastischen Fresken** von Sodoma und Signorelli im Kreuzgang ist der Besuch ein Genuss. Zu besichtigen ist auch das **Refektorium,** bis heute der Speisesaal der noch rund 30 Mönche zählenden Klostergemeinschaft. Von hier aus gelangt man auch in den Weinkeller, die **Cantina storica.**

Als „Wüste von Accona" wurde die Einöde bezeichnet, in die sich der sienesische Adelige *Giovanni Tolomei* 1313 mit zwei Gefolgsleuten zurückzog, um in der Abgeschiedenheit ein gottesfürchtiges Leben zu führen. Nach wenigen Jahren schon scharte sich eine größere Gemeinschaft von Mönchen um Tolomei, der sich inzwischen Bernardo nannte (nach Bernhard von Clairvaux). Auch dem Areal hatte man einen neuen Namen gegeben: *Monte Oliveto* (Ölberg), der Ordensname *Olivetaner* ist davon abgeleitet. Die Olivetaner sind eine Kongregation des Benediktinerordens, nach dessen Regeln die Mönche auch leben. Nur ihre Kleidung unterscheidet sich von der der Benediktiner: Sie ist nicht schwarz, sondern weiß und entspricht damit den Gewändern von Jesus und Maria, die Tolomei in einer Vision erschienen waren. Bis zum 15. Jh. entwickelte sich das Kloster zu einem religiösen Zentrum – gefördert von Papst Pius II., der mit Ambrogio Piccolomini einen Verwandten unter den ersten Mitgliedern der Klostergemeinschaft hatte.

Vom Tor mit der Zugbrücke führt ein kopfsteingepflasterter, von Zypressen und Kapellen gesäumter Weg den Hügel hinunter zum riesigen Klosterkomplex. Die erste Kapelle, ein neoklassizistisch wirkender Bau aus dem Jahr 1760, ist dem Klostergründer gewidmet und steht an der Stelle, wo sich seine erste Behausung befand. Nachdem Bernardo Tolomei 2009 heiliggesprochen wurde, wurde ihm zu Ehren vor dem Klosterkomplex eine Skulptur in blendend weißem Marmor aufgestellt, die in ihrer Überdimensioniertheit so gar nicht mit dem Ort harmonieren will.

Klosterkirche: Gebaut wurde die Kirche zwischen 1400 und 1417. Sie entstand an der Stelle, an der Tolomei seine Vision hatte, in der Jesus und Maria ganz in Weiß gekleidet am oberen Ende einer silbernen, in den Himmel ragenden Treppe standen.

Im Kircheninneren, das 1772 im barocken Stil modernisiert wurde, ist ein kostbares Chorgestühl mit feinen Einlegearbeiten von Fra Giovanni da Verona aus dem 16. Jh. zu bewundern.

Der Höhepunkt des Besuchs ist der Kreuzgang mit seinen **36 Freskenszenen von Sodoma und Luca Signorelli,** die das Leben des heiligen Benedikt illustrieren. Die Darstellungen beruhen auf den „Dialogen" Papst Gregors des Großen, in denen sich die entsprechenden Hinweise zur Lebensgeschichte des Heiligen finden.

Der **Rundgang** beginnt mit Episoden aus der Jugend des heiligen Benedikts. Danach geht es im Uhrzeigersinn chronologisch weiter bis in die späteren Phasen seiner Lebensgeschichte.

Im 1. Stock kann man die alte, über 10.000 Bände umfassende **Bibliothek** und die **historische Apotheke** besichtigen.

Klosterkirche An Werktagen Messe um 7.30 Uhr, Vesper mit gregorianischem Gesang um 18.30 Uhr (die Stunde lohnt sich!). An Sonntagen Messe um 11 Uhr, Vesper um 18.30 Uhr (beide mit gregorianischen Gesängen). Pforte: ✆ 0577-707258, monteolivetomaggiore.it.

Kloster 9.30–12.20 und 14.30–17.40 Uhr, im Winter nur bis 16.40 Uhr. Eintritt 7 €. ✆ 342-0538090.

> Beim Besuch des Klosters wird um angemessene Kleidung gebeten: keine Shorts, keine Miniröcke. Schultern bedecken, Handy ausschalten, ohne Blitz fotografieren. Stille ist erwünscht!

Einkaufen **Klösterliche Bottega,** links, etwas oberhalb vom Kloster; hier werden Broschüren, Schönheitscremes, Duftwässerchen aus Kräutern und CDs mit den Gesängen der Mönche verkauft. Tradition hat der Kräuterlikör „Flora di Monte Oliveto", dem herzstärkende und verdauungsfördernde Wirkung zugeschrieben wird. Tgl. 9.45–13 und 14.45–18 Uhr.

Cantina storica, der klösterliche Weinkeller aus dem 14. Jh. mit seinen mächtigen Weinfässern lädt zu Verkostung und Kauf des klostereigenen Roten ein. Tgl. 10–13 und 14.30–18 Uhr.

Übernachten **Foresteria monastica,** das Gästehaus des Klosters mit 52 Betten. EZ, DZ, auch Mehrbettzimmer. Im Nov. geschlossen. 53041 Chiusure, ✆ 0577-707258, monteolivetomaggiore.it. €

*** Piccolo Hotel San Valentino,** 1,2 km in Richtung Buonconvento. Für den Fall, dass die

Das Kloster ist ein kultureller Höhepunkt in der Südtoskana

Pacht für ihr Restaurant La Torre (s. u.) zu teuer werden sollte, hat sich die Familie hier unweit des Klosters ein zweites Standbein geschaffen: Ein kleines Hotel mit 9 Zimmern und Restaurant. An der SP 451 zwischen Buonconvento und dem Kloster Monte Oliveto Maggiore. Monteoliveto, 53041 Asciano, ✆ 0577-707153, piccolohotelsanvalentino.com. €

Essen & Trinken **La Torre,** am Torhaus zum Kloster. Mittags und abends geöffnet, mit Terrasse und Bar; auch für Snacks zu empfehlen. Di Ruhetag. ✆ 0577-707022.

Locanda il Paradiso, in Chiusure (Straße nach Asciano, nach 1 km rechts abzweigen). Liebenswerte kleine Trattoria im wunderbar gelegenen mittelalterlichen Dorf. Ein freundliches Ehepaar serviert auf der Terrasse ausgezeichnete toskanische Spezialitäten. Großartige sind Lage und Ausblick. Mo Ruhetag. ✆ 0577-707016. ■ **Lesertipp**

Der hl. Benedikt erteilt den Olivetanermönchen die Ordensregeln.

Benedikt verlässt das Elternhaus, um in Rom zu studieren. Mit dabei ist seine Amme Cirilla. Im Hintergrund die umbrische Stadt Norcia, wo er als Nachfahre eines römischen Prokonsuls aufwuchs.

Ein Priester zweigt nach einer Eingebung Gotte einen Teil seines üppigen Ostermales an de Eremiten ab. Integriert in die Szene ist ein bo genförmiges Fenster mit zwei Mönchporträts

In die idyllische Szenerie der Erimitage schleudert der Teufel einen Stein.

zur Kirche

Der alte Mönch Romanus streif Benedikt die Eremitenkutte über

Er verlässt angewiedert die römische Schule – die genusssüchtige und korrupte Gesellschaft Roms steht der antiken heidnischen um nichts nach. Hinten auf dem Thron der Rektor, rechts vorne Benedikt.

Zalla, der grausame Gote, überfällt einen Bauern. Der erzählt ihm, dass er seine Ersparnisse im Kloster abgelegt habe. Gemeinsam ziehen sie zum Kloster, wo Benedikt den Bauern zur Freiheit verhilft.

Sodoma hat sich in der Episode "Wie der heilig Bedenikt den zerbrochenen Holztrog zusammenfügt selbst verewigt: Er ist der Ritter mit den weißen Hand schuhen; daneben eines seiner Haustiere, ein zahme Dachs. Bei der rechts von ihm stehenden Mutter m Tochter handelt es sich wahrscheinlich um sein Familie. Dieses Wandbild gilt als das ausgewogenst des Sodoma-Zyklus.

Harte Ordensregel Nr. 2: Ein Mönch bettelt, man möge ihn aus dem Kloster ziehen lassen. Kaum hat er die Klostermauern verlassen, wird er von einem Ungeheuer bedroht und kehrt reumütig zu seinen Brüdern zurück.

Harte Ordensregeln: Ohne Segen Benedikts besucht ein junger Bruder seine Eltern. Dort stirbt er, wird begraben, aber sein Leichnam findet keine Ruhe und liegt jeden Morgen erneut vorm Grab – bis Benedikt dem Verstorbenen eine geweihte Hostie auf die Brust legen lässt.

Zwei adeligen Nonnen, die wegen Misshandlung ihres Dieners exkommuniziert waren, erteilt Benedikt bei Ihrem Begräbnis die Absolution. Ausdrucksstark die Sängergruppe rechts hinten.

Zwei Möche ziehen nach Terracina, um ein neues Kloster zu bauen. Immer nachts erscheint Benedikt im Traum und gibt Bauanleitungen. Über dem Schlafzimmerfenster der lateinische Spruch: "Die Nacht sei voller Schlaf und der Tag ohne Streit."

Das Mehlwunder: Nachdem alle Vorräte aufgebraucht sind, stehen plötzlich zweihundert Scheffel Mehl an der Klosterpforte. Die entspannte "Abendmahlszene" trägt diesem freudigen Ereignis Rechnung. Rechts vorne ein Mönch, der seinem Nächsten feixend das Brot raubt.

Gotenkönig Totila, mit seinem Hee reslager in der Campagnia weilend stellt den Heiligen auf die Probe indem er seinen Knappen in Königs gewändern zu Benedikt schickt. Vo der grimmigen Soldateska-Mimi lässt der sich aber nicht einschüch tern.

Eingang

Ein behörnter, hüftlahmer Pilger verfü seinen Pilgerbruder dazu, das Faste gebot zu brechen. In Monte Cassi angekommen, wird dem jungen Ma vergeben.

Oben rechts sagt Beneditk dem Besucher Thoprobus die Zerstörung Monte Cassinos voraus. Das Gemälde ist ein weiteres Meisterwerk Sodomas, ein Gewirr aus ausdruckstarken Menschenfiguren und Pferdeleibern zeigt das Langobardenheer, das 581 das Kloster zerstörte.

Im diesem Fresko verbeugt sich der leibhaftige Tot vor Benedikt. Die grimmigen Gesichter der Soldate die im Hintergrund Gefangene abtransportiere werden nur durch die bissigen Pferdeköpfe übertr fen.

einahe übermannte Ihn die nur mit einem durchsichtigen Schleier bekleidete, chwebende Sinnesfreude. Schwer lasten unkeusche Gedanken auf seinem Gemüt inks), dagegen hilft nur ein nacktes Bad im Dornenbusch (rechts).

Jnterrichtung der Bau-rn in der christlichen ehre.

Eremiten bitten ihn, ihr Abt zu werden.

Erstes Attentat: Seine Mönche vernachlässigen die Ordensregeln. Die gemaßregelten Mönche wollen deshalb ihren Abt loswerden. Gotteskraft lässt aber den Giftbecher zerspringen.

Benedikt als Klosterbaumeister

Züchtigung eines Mönches, der – vom Teufel geritten – sich vom gemeinsamen Gebet entfernt. Oben im Himmel der schmerzverzerrte, herausgeprügelte Teufel.

Die beiden Knaben Maurus und Placidus werden ehrfürchtigen Blickes in den Orden aufgenommen. Die Eltern mit einem großen Ge -folge haben die beiden Jünglinge aus Rom in die Provinz geleitet. Eines der besten Fresken Sodomas mit einer Vielzahl von verschiedensten Gesichtsausdrücken und Körperhaltungen.

Die vor Benedikt knienden Mönche bitten um eine Wasserquelle für ihre Bergklöster. In der darauffolgenden Nacht markiert der Heilige die Stelle, wo die Möche graben sollen.

Links: Dem in der Erzählung "der Gote" genannten Mönch ist die Hacke vom Stiel gerutscht. Mitte: Der Heilige findet sie im See wieder.

Über dem Wasser schreitend, rettet Maurus seinen Mitbruder Placidus vor dem Ertrinken.

Ein Junge liefert von zwei Krügen Wein nur einen ab. Benedikt zaubert eine Schlange in den unter Büschen versteckten zweiten Krug.

Zweites Attentat: Florentius, ein Neidbruder, der regelmäßig von Benedikt gemaßregelt wird, setzt dem Heiligen ein Stück vergiftetes Brot vor. Er ahnt es und lässt das Stück Brot von einem gezähmten Raben an einem sicheren Platz entsorgen.

Auch diese beiden Szenen illustrieren den Bau des neuen Klosters im Kampf mit den euflischen Wiedrigkeiten: Ein Stein lässt sich nicht verrücken, weil der Teufel draufhockt, Mauern brechen ein und begraben einen Mönch, der wieder zum Leben erweckt wird.

Als Florentius seinenvermeintlichen Sieg über den nach Monte Cassino ziehenden Benedikt feiert, bricht sein Haus zusammen und seine schwarze Seele wird von zufriedenen Teufeln zur Hölle getragen.

Drittes Attentat: Nach dem misslungenen Giftanschlag greift Florentius zu Botticelli-Schönheiten: Er schickte sieben wiegende Liebesdienerinnen zu den Möchen. Da bleibt nur die Flucht mit dem Esel – zur Gründung des Klosters Monte Cassino. Hier endet der Freskenzyklus von Sodoma.

wei Mönche schlagen sich im aus von Freunden den Bauch oll, das Speisen außerhalb des osters ist aber streng verbon. In der kleinen Szene rechts nien die ertappten Mönche vor em Meister.

Benedikt bekehrt die Heiden von Monte Cassino, im Hintergrund wird ein Götzenbild Apollos vom Sockel gezerrt.

Von einem Schwiegersohn Sodomas gemalte Szene: Benedikt schickt Maurus zur Ordensgründung nach Frankreich und Placidus nach Sizilien.

San Giovanni d'Asso

890 Einwohner

Südöstlich von Monte Oliveto Maggiore liegt dieser Ort, in dem sich zwischen Oktober und Januar alles um den Weißen Trüffel dreht; interessant wird es dann an den Wochenenden Mitte November in der alten Burganlage über dem Ort, wenn diverse kulinarische Events stattfinden. In den anderen Monaten macht man sich auf die Suche nach dem Marzuolo (Frühjahrstrüffel) und dem Scorzone (Sommertrüffel).

Sehenswert ist das imposante mittelalterliche **Castello di San Giovanni d'Asso** aus dem 14. Jh., heute Sitz der Gemeinde. Die *Sala del Camino* mit schönen Fresken und Familienwappen der Familien Pannilini und Piccolomini (16. Jh.) und der Saal, in dem die Trüffel-Ausstellung *Mostra del Tartufo bianco* am 2. und 3. Novemberwochenende stattfindet, sind öffentlich zugänglich. In einem Teil des Castellos residiert das kleine **Museo del Tartufo,** das sich dem Weißen Trüffel widmet; leider fehlt es an Mitteln, um das Museum in Schuss zu halten.

▪ Museum Fr–So 10.30–18.30 Uhr durchgehend. Eintritt 5 €. museisenesi.org.

Il Bosco della Ragnaia: Am Ortsausgang Richtung Monte Oliveto Maggiore, mein **Tipp für Gartenliebhaber und Kunstinteressierte!** In der unter Regie des amerikanischen Konzeptkünstlers Sheppard Craige geschaffenen Parkanlage treffen mächtige hundertjährige Steineichen auf Spuren der Gegenwartskunst. Der frühere Maler hat sich ganz der Garten- und Landschaftsgestaltung hingegeben.

▪ Eintritt frei. laragnaia.com.

Information Im Castello bei der Gemeinde, alles etwas verschlafen. Mo–Fr 9–12.30 Uhr. ✆ 0577-803101, comune.sangiovannidasso.si.it oder im Museo del Tartufo (s. oben).

Markt Am 1. Montagnachmittag im Monat großer Markt unterhalb des Kastells.

Übernachten **Agriturismo Vergelle,** einsam gelegener Bauernhof (Käserei mit Hofladen), auf dem allenfalls das Glockengebimmel der 600-köpfigen Schafherde stören könnte. Apartments mit großen Zimmern, Pool und nettem Besitzer (Mindestaufenthalt 3 Tage). Loc. Vergelle 135, ca. 7 km südl. von San Giovanni d'Asso. ✆ 0577-834046, vergelle.it. **€**

mein Tipp ***** La Locanda del Castello,** im Castello; etwas abgehoben – man befindet sich schließlich in einem Schlosshotel. Und doch: Empfang durch den Schlossbesitzer persönlich! Romantisches Restaurant angeschlossen (s. u.). Piazza Vittorio Emanuele II Nr. 4, ✆ 0577-802939, lalocandadelcastello.com. **€€€**

Essen & Trinken **La Locanda del Castello,** keine Hausmannskost, recht hochpreisig – dafür sind die Portionen klein … Trotzdem nicht zögern, sich bedienen lassen und Portemonnaie aufmachen. Das Restaurant ist schick und doch locker und gemütlich. Der unkonventionelle Besitzer, stets im Jackett, verleiht dem Ganzen Glamour. Der Aperitivo auf der Terrasse hatte ein bisschen was von Saint Tropez! Di Ruhetag. Piazza Vittorio Emanuele II 4, ✆ 0577-802939, lalocandadelcastello.com.

La Compagnia, in Torrenieri, 9 km südlich von San Giovanni d'Asso. Holzofenpizza, knusprig und lecker, aber so dünn, dass der Hungrige ohne Vorspeise nicht satt werden dürfte. Lebhafter Betrieb mit Terrasse, auf der sich auch Kinder wohlfühlen (unbedingt reservieren!). Nur abends geöffnet. Mi Ruhetag. Loc. Torrenieri, ✆ 0577-834265.

mein Tipp **Da Rita e Eraldo,** außerhalb in Lucignano d'Asso (erst ein Stück in Richtung Torrenieri, dann links abbiegen): kleiner Laden mit guten Käse- und Wurstspezialitäten, mittlerweile seit drei Generationen. Auch ein paar Tischchen stehen bereit. Viel ist nicht los in dem idyllischen Weiler, die Zeit scheint stehengeblieben zu sein – in den 1950ern! Eine kleine Ausstellung zeitgenössischer Kunst ergänzt die Idylle. 10–16 Uhr, Mo und Fr geschlossen. Loc. Lucignano d'Asso, ✆ 346-6359715.

Trüffelschnüffel

San Giovanno d'Asso und das östlich gelegene wunderschöne Dörfchen Montisi zählen zusammen etwa 900 Einwohner, von denen 50 Personen als offizielle Trüffelsucher registriert sind (genehmigungspflichtig!). Jeder der *Tartuffai* besitzt mindestens zwei Hunde, mit denen er in der Saison ab Ende Oktober den *tartufo bianco* nachspürt. Eine Stunde vor Sonnenaufgang beginnt ein regelrechter Run auf die Knolle, die in Jahren spärlicher Ausbeute mit bis zu 6000 € das Kilogramm gehandelt wird.

Ein gutes Trüffeljahr mit großem Angebot drückt naturgemäß auf die Preise, ein Kilo ist dann mitunter schon für 2000 € zu haben. Ein regenarmer trockener Herbst mit spärlicher „Ernte" trieb die Preise wieder nach oben.

Für die Suche nach diesem nicht zu kultivierenden Gewächs mit dem unbeschreiblichen Aroma sind die Hunde eigens abgerichtet. Wichtig ist natürlich, dass sie den Fund nicht fressen, sondern nach dem Aufspüren schnell anderweitig belohnt werden, sonst war der Aufwand vergebens – und gerade die weiße Sorte mundet auch Hunden sehr. Suchen sollte man den *Tuber magnatum* in den Gräben in der Nähe von Pappeln. Wo aber genau, das verraten die „Tartuffai" natürlich nicht.

Montisi

Bilderbuchort ca. 7 km östlich von San Giovanni d'Asso. Das Dorfidyll ist längst kein Künstler-Geheimtipp mehr; entlang der Dorfstraße bietet der Weiler ein paar Einkehr- und Übernachtungsmöglichkeiten, eine Kochschule sowie eine Werkstatt für alles Mögliche – ideale Bedingungen für einen Aufenthalt in Abgeschiedenheit.

Übernachten **Agriturismo La Romita,** an der ruhigen Durchgangsstraße gibt es 11 Zimmer und 2 Apartments mit Pool und einem Restaurant, in dem die Wirtin am Abend kocht. Im Herbst wird hier ein oft prämiertes Öl gepresst; die Ölmühle kann während der Presszeit ab Oktober besucht werden. Wer Oliven anliefert, erhält ca. 12–15 % des gelieferten Olivengewichts in Öl. Via Umberto I 144, Montisi, ✆ 0577-845186, laromita.it. **€€**

Essen & Trinken **Taverna da Roberto,** am Ortseingang. Man sollte sich von Robertos eigensinnigem Empfang nicht abschrecken lassen. Seit Jahren bedient und kocht er zugleich, und zwar mit guten Zutaten, ohne Salz und Zucker, ohne Mikrowelle, ohne Tiefkühltruhe. Kleine Slowfood-Speisenauswahl zu moderaten Preisen. Unbedingt reservieren, damit er sich vorbereiten kann! Geöffnet ab mittags bis Sonnenuntergang, oft durchgehend. Via Umberto I Nr. 1, Montisi, ✆ 0577-845159, tavernamontisi.com.

Montisi – gepflegte Provinzidylle

Von Siena in die Crete Senesi → Karte S. 42/43

Il Barrino, Trattoria (1. OG), Snackbar und Kino, das Filme in Originalversion mit italienischen Untertiteln zeigt. Am „Nabel der Welt“ (L'ombelico del mondo) finden dienstags Kinovorstellungen statt – die mit einem Abendessen kombiniert werden können. Via Umberto I 147, ✆ 0577-845190, ilbarrinomontisi.com.

Vineria Portofranco, Einkehr in der kleinen Weinbar/Pub an der „Hauptstraße“. 11–20 Uhr, Di/Mi geschlossen. Via Umberto 1, 97a.

Trequanda

Das harmonische historische Ortsbild von Trequanda (einige Kilometer nordöstlich von San Giovanni d'Asso) ist von schmalen Gassen und einem Schloss aus dem 13. Jh. geprägt. An der Piazza Garibaldi stehen der Palazzo Comunale und die Kirche Santi Pietro und Andrea mit ihrer auffälligen Fassade: ein Schachbrettmuster, in dem sich weißer Travertin mit ockerfarbenem Sandstein abwechseln. Den Innenraum schmückt an der rechten Wand ein Fresko von der Auferstehung Christi, das *Sodoma* zugeschrieben wird.

Information **Ufficio Turistico,** war zur Recherche nur sporadisch mit freiwilligen Mitarbeitern besetzt. Via Roma 4 (Nähe Piazza Garibaldi). ✆ 0577-662296, trequandaproloco@gmail.com.

Agriturismo **Donatella Cinelli Colombini,** 2 km von Trequanda in Richtung Monte Oliveto, eines der architektonisch auffälligsten Landgüter südlich von Siena. Im 12. Jh. diente es Leopold von Habsburg, Großherzog der Toskana, als geheimes Liebesnest. Heute gibt es in den historischen Räumen Weindegustationen, Kochkurse u. a. In der Osteria wird, wie Signora Cinelli Colombini betont, ausschließlich nach alten Rezepten gekocht. Zwei Schwimmbäder, ein alter Park, Kinderspiel- und Tennisplatz. Vierbeiner sind ebenfalls willkommen! DZ und Apartments unterschiedlichster Ausstattung. Loc. Fattoria Il Colle, ✆ 0577-662108, cinellicolombini.it. **€€**

Übernachten/Essen **Il Conte Matto,** im „Verrückten Grafen“) weisen zahlreiche Auszeichnungen an der Tür darauf hin: Hier wird gut aufgetischt. Die Preise haben allerdings ziemlich angezogen. Terrasse mit Blick auf die weidenden Chianina-Rinder. Wer bleiben möchte – es gibt einige DZ. Di Ruhetag. Via Taverne 40, ✆ 0577-662079. **€**

Ristorante Pizzeria Gelateria Paradiso, ob Pizza, Burger oder Eiscreme, hier ist alles zu 100 % vegan. Mo Ruhetag. Via Traversa dei Monti, ✆ 0577-662313.

Petroio

Eine panoramareiche Straße führt von San Giovanni über Montisi und Castelmuzio nach Petroio. Der mittelalterliche Ort ist von alten Terrakottamanufakturen umgeben, die seit Jahrhunderten Vasen und Töpfe produzieren. Die handgearbeiteten Stücke sind natürlich teurer als die Produkte der seriellen Fertigung im Chianti, dafür aber garantiert frostsicher. Wer sich für die Geschichte des Handwerks interessiert, macht sich im kleinen Museum, dem **Museo della Terracotta,** kundig.

▪ April–Okt. Sa 16–19, So 10–13 und 16–19 Uhr. Weitere Infos zu den Öffnungszeiten ✆ 0578-269590 (Comune di Trequanda) oder ✆ 0577-665244 und ✆ 0577-665052.

Castelmuzio

Das winzige Bergdörfchen ist nicht nur ein Tipp, es ist ein Geheimtipp. 1213 gegründet, hat der in Olivenhaine gebettete 20-Einwohner-Ort einen guten Grund, hier einen (Übernachtungs-)Stopp einzuplanen.

mein Tipp Übernachten/Essen **Locanda di Casal Mustia,** Hotel, gutes Restaurant und Barbetrieb. Auf der Mini-Piazza neben der Kirche lädt die Locanda mit ihrem netten Team – ein Treffpunkt des Ortes – zur Einkehr und zum Übernachten ein. Kein TV, dafür Glockengeläut; alle 30 Min. schlägt dem Gast die Stunde. Keine Sorge, nach 22 Uhr schweigen die Kirchenglocken, absolute Ruhe ist garantiert. Piazza della Pieve 3, ✆ 0577-665166, locandadicasalmustia.it. **€**

Vorratskeller in Montisi

Vom Val d'Orcia zum Monte Amiata

Über die SS2, die antike Via Cassia, erreicht man das Orcia-Tal. Weltberühmte Weinorte prägen die Gegend. Dazwischen immer wieder Schafherden, die Urheber des exzellenten Pecorino-Käses. Die geheimnisvolle Kultur der Etrusker trifft man rund um Chiusi. Und überall wuchtige Festungstürme alter Burgen, die seit jeher Pilgern auf der Frankenstraße den Weg weisen. Der Monte Amiata lockt mit herrlichen Touren durch urige Wälder, freiem Baden in Felsenschluchten und einem Kunstpark in schönster Natur.

Gasse in San Quirico d'Orcia

Traumhafte Ausblicke auf wogende Weizenfelder. Dazwischen Gehöfte wie Inseln, typisch mit langen, von Zypressen gesäumten Auffahrten. Oft ist es ein **Agriturismo** für den Urlaub auf dem Lande. Um das Weinstädtchen **Montalcino** gedeiht auf gutem Boden der berühmte **Brunello. Montepulciano** kontert, eindrucksvoll auf einer Anhöhe gelegen, mit seinem **Vino nobile** und ist mit imposanten Bauten und Weinkellern eine mittelalterliche Perle. **Pienza,** Musterbeispiel einer Renaissancestadt, wartet mit ausgezeichnetem Schafskäse auf.

Das Zentrum von **Bagno Vignoni** dominiert das alte Thermalbecken mit dampfender Kulisse – sehr stimmungsvoll, fast surreal! Zwischen uralten Olivenbäumen ist auch die stille **Abtei von San Antimo** ein betörender Ort. Sowohl unterirdisch als auch im Museum wird etruskische Kultur in **Chiusi** fast wieder lebendig. Der **Monte Amiata** bietet mit herrlichen Buchen- und Kastanienwäldern eine ganz andere Toskana, deren angenehme Kühle man vor allem im Hochsommer schätzt. Erstaunlich ist der Hauptort **Abbadia San Salvatore** mit seiner sehenswerten, gänzlich unkommerziellen dunklen Altstadt.

Was anschauen?

Cappella di Vitaleta: ein Kapellchen, von Zypressen eingerahmt, einsam inmitten sanfter Hügelsilhouetten – stimmungsvoller Ort und Fotomotiv par excellence. Frühmorgens ist man hier noch allein! → **S. 83**

Palazzo Piccolomini in Pienza: Das Museum zeigt, wie man als Adliger so lebte, selbst der Staub scheint original zu sein! → **S. 89**

De'Ricci in Montepulciano: 88 Stufen führen hinab in den kathedralenartigen Weinkeller im Zentrum. Am Ende des Staunens wartet die Weinprobe! → **S. 99**

La Foce: eines der schönsten Anwesen der Gegend! Spannende Geschichten aus großen Zeiten erfährt man auf einer Führung durch die alte, glyzinienüberwucherte Gartenanlage. → **S. 103**

Krypta Longobarda der Abbadia San Salvatore: In der Gruft der romanischen Klosterkirche sind 36 Säulen mit Licht suggestiv in Szene gesetzt. Atemberaubend! → **S. 114**

Giardino di Daniel Spoerri: inspirierende Stunden im Skulpturenpark voller traumhafter, manchmal alptraumhafter Installationen. → **S. 121**

Was unternehmen?

Rocca di Tentennano in Castiglione d'Orcia: Der Spaziergang hoch zum Turm garantiert gute Sicht ins Orcia-Tal. Gleich daneben: **Rocca d'Orcia,** ein Inbegriff von Idylle! → **S. 86**

Ausflug nach Chiusi: Auf zu den Etruskern! Es erwarten Sie faszinierende Unterwelten aus Labyrinthen, frühchristlichen Katakomben und etruskischen Gräbern – eine Welt für sich. → **S. 104**

Bagni San Filippo: Die warmen Naturbecken am Felsen des Fosso Bianco laden – ein bisschen illegal – zum Badevergnügen ein. → **S. 118**

Wo essen und trinken?

Geheimtipps sind geheim! Hier die Ausnahme: **Trattoria Il Pozzo in Sant' Angelo in Colle,** im schönen Weiler wird die beste Bistecca und Tagliata der Gegend gegrillt. → **S. 78**

Ristorante Le Terme in Bagno Vignoni: Der Treffpunkt zum Aperitivo ist die Terrasse vorm Hotel. Hier den Abend

planen oder gleich sitzen bleiben; die Küche ist ordentlich. → **S. 86**

Osteria del Borgo in Montepulciano: Im Zentrum an der Piazza Grande wird man gut bewirtet. → **S. 100**

Silene in Pescina bei Seggiano: Michelin-Sternenküche in Kastanienwald-Einsamkeit. Der Chef setzt seit Langem auf Bio-Qualität vom Feinsten! → **S. 121**

Ristorante La Fortezza in Radicofani: In der Festung grillt man auf Holzkohle. Mit Aussicht auf die Südtoskana schmeckt das einfach göttlich. → **S. 118**

Pane e Companatico in Radicofani: An der bildhübschen Piazzetta del Teatro gibt es nicht nur für Pilger toskanische Brotzeit vom Allerfeinsten. → **S. 118**

Wo shoppen?

Pinzi & Pinzuti in Abbadia San Salvatore: ein herrlich hinterwäldlerisches Kaufhaus. Was immer Sie im Leben brauchen sollten, Sie werden es hier im Super-Sammelsurium finden! → **S. 115**

Bruno Dalmazio kurz vor Montalcino: Weinladen ohne künstliche Weinseligkeit, dafür liegt er sehr praktisch an der Straße mit Parkplatz – gleich zum Einladen der Brunello-Kisten! → **S. 77**

Käserei Cugusi: unsere Pecorino-Adresse im Orcia-Tal. Hofladen mit Schafskäse-Spezialitäten bester Güte – noch dazu in herrlicher Lage. → **S. 98**

Siena
Murlo
S. Nazzario
Buonconvento
San Giovanni d'Asso
Montisi
Pieve di Piana
Vermine
Castelmuzio
Pieve a Salti
Bibbiano
Sta. Anna in Camprena
la Befa
146
Torrenieri
Castiglione del Bosco
San Quirico d'Orcia
Montalcino
Mad. di Riguardo
323
Vignoni
Romitorio
Spedalet
Bagno Vignoni
F. Orcia
Abbazia di S. Antimo
Rocca d'Orcia
Camigliano
Castelnuovo dell'Abate
Castiglione d'Orcia
la Pieve
Poggio alle Mura
Sant Angelo in Colle
323
Mad. d. Querce
Leccino
Ansedonia
Campiglia d'Orcia
San Angelo Scalo
F. Ombrone
Grosseto
Montenero
Vivo d'Orcia
Seggiano
Giardino di Daniel Spoerri
Pescina
Bagni San Filippo
Zaccaria
Castel del Piano
Monte Amiata 1738
Leccio
Monticello Amiata
Cinigiano
Montelaterone
Abbadia San Salvatore
Arcidosso
Zancona
Bagnore
Piancastagnaio
Parco Faunistico
Faggia
Stribugliano
Saragiolo
Mte. Labbro 1193
Santa Fiora
Vallerona
Triana
Selva
Santa Catarina
Roccalbegna
Castell Az
323
Selvena
Petricci
Cellena
Cornacchino
Castello di Cotone

Arezzo
Arezzo
San Valentino
Gracciano
Montefollonico
326
Acquaviva
Castiglione del Lago
Pozzuolo
S. Biagio
Montepulciano
Mad. d'Querce
Gioiella
146
71
Croce di Febro
Monticchiello
S. Albino
Chianciano Terme
L. di Chiusi
326
Dolciano
Tombe Etrusche
Tomba d. Scimmia
146
La Foce
Chiusi
CHIUSI - CHIANCIANO T.
Castiglioncello del Trinoro
478
Sarteano
Vittoria
Grotta di Belvedere
Camping delle Piscine
Città della Pieve
San Piero in Campo
71
Cetona
F. Orcia
A1
Le Conie
478
La Piazza
321
Monteleone d'Orvieto
Radicofani
Carnaiola
San Casciano dei Bagni
Bagni Termali
Ospizio
Fabro
Orvieto
Ponte a Rigo
Allerona
Trevinano
Centano
Mte. Rufeno 734
Orvieto
Sforzesca
Staz. Allerona
San Giovanni delle Contee
Vom Val d'Orcia zum Monte Amiata
2,5 km
Proceno
Montorio
Acquapendente
Viterbo

Zählt zum Welterbe der UNESCO: das Orcia-Tal

Das Val d'Orcia

Das Orcia-Tal zählt seit 2004 zum UNESCO-Weltkulturerbe. Es war das Land der Renaissancemaler, die die weiche Landschaft in ihren Werken verewigten. Die Landflucht in den 60ern sorgte dafür, dass die Gegend ihr ursprüngliches Erscheinungsbild erhalten hat – und heute werden Neubauten nicht mehr genehmigt.

Der dünn besiedelte Landstrich bietet einige der wichtigsten toskanischen Touristenattraktionen: **Montepulciano** mit seiner kleinstädtischen Eleganz, **Pienza** mit seiner Renaissance-Architektur und dem weiten Val d'Orcia sowie **Montalcino** mit seinen edlen Weinen. Nicht zu vergessen **Chiusi**, das auf den Überresten einer legendären Etruskerstadt erbaut wurde.

Montalcino

5300 Einwohner

Die Weinberge um Montalcino sind ein starker Kontrast zu den gleichförmigen, von Hügeln und Getreidekulturen geprägten Crete. Auf dem steinigen Boden gedeihen die Trauben für den roten **Brunello**, ein nobler Wein, von dem mehr als die Hälfte exportiert wird.

Der Ort selbst, auf einem schmalen Hügel gelegen und von Verteidigungsanlagen umschlossen, zeigt sich mittelalterlich und provinziell. An der **Piazza del Popolo** steht das handtuchschmale Rathaus, mehr Platz stand beim Bau nicht zur Verfügung. Schauen Sie am Platz auch mal in die **Fiaschetteria Italiana** hinein: Das 1888 eröffnete Café mit seinen Plüschsesseln und Spiegelwänden könnte in Paris stehen – auch die Preise haben Pariser Niveau.

Am obersten Punkt der Stadt erhebt sich die **Rocca di Montalcino**, eine symbolträchtige Festung: Nach dem Fall von Siena (1555) riefen die vertriebenen Sieneser hier die „Republik von Siena in Montalcino" aus. Bis 1559 konnte die letzte freie und demokratisch regierte Stadt der Toskana ihre Unabhängigkeit bewahren, bevor sie der absolutistisch regierende Medici Cosimo I. aus Florenz unterwarf.

Heute hat sich in der Festung eine Enoteca niedergelassen; hier im Innenhof findet man abseits des Gewimmels angenehme Ruhe. Bei einem Rundgang auf den Festungsmauern genießt man einen schönen Blick über Stadt und Land.

▪ Tgl. 10–20 Uhr. Eintritt 4 €. Vor der Festung ein gebührenpflichtiger Parkplatz.

Il Giardino delle Favole: Seinen eigenen Märchengarten hat *Marconi Mario*, genannt Tita, im öffentlichen Park an der Piazza Cavour geschaffen. Nobel gekleidet wie ein Tangotänzer, hegt und wässert der ehemalige Mosaikrestaurator seine gepflanzten Blumenbeete mitsamt der hier wohnenden Gartenzwergfamilie. Das wärmt das Herz jedes Montalcino-Besuchers.

Musei di Montalcino: Der Museumskomplex L'Oro di Montalcino ist im einstigen Kloster S. Agostino untergebracht, er setzt sich aus drei Museen zusammen: Archäologisches Museum, Sammlung mittelalterliche und moderne Kunst und dem Tempio di Brunello, eine aufwendige Inszenierung mit Licht- und Musikeffekten und allen Informationen, die die Region des Brunello betreffen.

Tita beim morgendlichen Wässern

▪ April–Okt. tgl. 10.30–19 Uhr, im Winter nur Sa/So. Eintritt 10 €. Das Museum dient auch als **Touristinformation.** Via Ricasoli, ✆ 0577-846014, ✆ 0577-286300 (Reservierungen), orodimontalcino.it.

Basis-Infos

→ Karte S. 79

Information **Punto Turistico-Eroica Point im Rathaus,** freundlich und kompetent, Zimmervermittlung und Fahrradverleih. Tgl. 10–13 und 14–17.50 Uhr, Mo geschlossen. Costa del Municipio 1, ✆ 337-1422762, orodimontalcino.it Eine weitere **Touristinfo** befindet sich im Museum (s. o.).

Consorzio del Vino Brunello di Montalcino, Mo–Fr 9–13.30 und 14.30–18, Fr nur bis 17 Uhr. Plan mit Liste aller Brunello-Weingüter. Via Boldrini 10, ✆ 0577-848246, consorziobrunellodimontalcino.it.

Hin und weg **Bus:** Nächste Bahnstation in Buonconvento (ca. 10 km) – sie liegt an der Strecke Siena – Grosseto. Mit dem Bus geht es ca. 11-mal tgl. über Buonconvento nach Siena. Verbindung auch nach Sant'Antimo (Privatbus ca. 4-mal tgl. außer So, Tickets auch im Bus). Wer nach Montepulciano will, muss in Torrenieri (auf der Strecke nach Siena) umsteigen.

Einkaufen **Regionale Spezialitäten** findet man in etlichen Läden. Besonders angetan hat es uns die sympathische Trattoria **L'Angolo** (s. u.), die in ihrem Laden am oberen Ende der Via Ricasoli (gegenüber der Fortezza) Käse, Salami, Wein und mehr aus der Region verkauft. Via Ricasoli 52.

Enoteca La Fortezza 13, probieren und einkaufen in der urigen Atmosphäre der Festung (→ Essen & Trinken).

Vom Val d'Orcia zum Monte Amiata → Karte S. 72/73

Brunello – des Weinliebhabers roter Himmel

Der kräftige Rotwein mit dem weltbekannten Namen und dem vollmundigen Bouquet wird ausschließlich im Gebiet um Montalcino angebaut – auf einer limitierten Anbaufläche. Das hält die hohen Preise des edlen Rebensaftes stabil.

Der Brunello wird aus der Sangiovese-Grosso-Traube gekeltert, die ursprünglich aus der Romagna stammt. Veredelt wurde sie um 1880 vom Montalciner Winzer Ferrucio Biondi-Santi, der resistente Sorten gegen den aus Amerika eingeschleppten Mehltaupilz und die Reblaus suchte.

Damit sie ihren Wein „Brunello" nennen dürfen, müssen die Weinbauern strenge Auflagen erfüllen. So darf der Ertrag pro Hektar nicht mehr als 80 Doppelzentner betragen, und der Wein muss vier Jahre im Eichenfass reifen, bevor er in den Handel gelangt. Um ihn noch begehrenswerter zu machen, wird dem Brunello zudem aphrodisierende Wirkung zugeschrieben …

Kenner behandeln den alten, bis zu 100 Jahren gelagerten Wein wie eine teure Antiquität. Preiswerter ist der aus den Trauben zweiter Wahl gekelterte **Rosso di Montalcino,** ein einfacherer Wein, der in der Regel jung getrunken wird. Mitte Februar jedes Jahres wird der neue Brunello getestet, um ihn mit Sternchen zu prämieren. Damit dem Event die nötige Aufmerksamkeit zuwächst, wird für jeden Jahrgang ein „Pate" gewonnen, mit Vorliebe ein bekannter Modemacher, Sportler oder ähnliche Prominenz. Verewigen darf sich jede(r) „Jahrgangsonkel" und „Jahrgangstante" in Form einer kunstvoll gestalteten Keramikkachel, die dann neben den Bürgermeisterwappen die Fassade des alten Rathauses ziert. Besonders stolz ist man auf die „Kachelbeiträge" des Edelschuhdesigners Ferragamo im Jahr 2011 und des britischen Sängers Sting von 2018. Sting ist hier in der Gegend ein Stück zu Hause; oft verbringt er die Sommermonate unweit in seiner Villa im Arnotal. Die 2021er-Künstler-Fliese übrigens ziert ein Ei. Der Pate dafür ist Carlo Cracco, Fernsehstarkoch und eine Berühmtheit in der italienischen Spitzengastronomie.

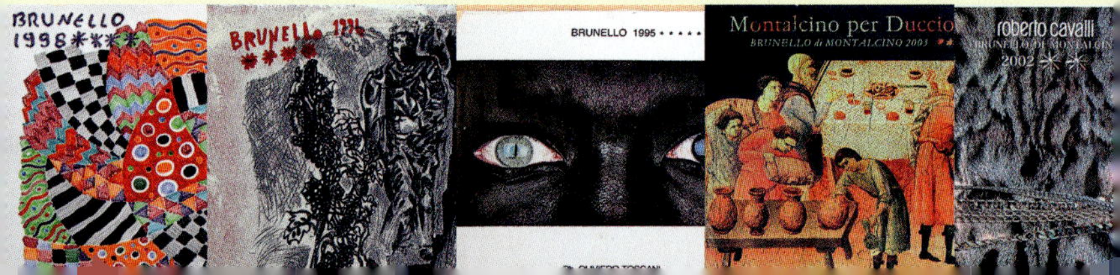

Enoteca/Wineshop Bruno Dalmazio 15, riesiges Lager, über 4000 Etiketten, auch Verkostung. Parkplatz vor dem Laden. Außerhalb der Stadtmauer, an der Straße kurz vor der Porta Cerbaia. Traversa dei Monti 214.

Feste **Eroica di Montalcino,** das „Heroische Radrennen" mit historischen Rennrädern auf Schotterpisten, vor 20 Jahren in Gaiole in Chianti gegründet, findet mit großem Ersatzteilemarkt am letzten Wochenende im Mai statt. Dann platzt der kleine Ort aus den Nähten.

jazz & wine, eine ganze Woche lang treten im Juli renommierte internationale Musiker in der alten Festung auf.

Settimana del Miele, die „Honigwoche" wird 3 Tage in der 1. Septemberhälfte gefeiert – Honigprodukte (Honiggrappa, Nüsse in Honig ...) und vieles mehr zum Degustieren.

Sagra del Tordo (Drosselfest), am letzten Sonntag im Oktober. Das Fest geht auf die herbstliche Drosseljagd zurück, von der die Jäger mit Beutetieren beladen zurückkamen und mächtige Gelage veranstalteten. Neben dem folkloristischen Bogenschießen steht bis heute ein gastronomisches Bankett mit viel Wein im Mittelpunkt der Veranstaltung – der Drosselbraten gehört gottlob der Vergangenheit an.

Markt Freitagvormittag an der Via Ricasoli.

Wein Die Genossenschaft listet mehr als 200 Betriebe auf. Infos zu den Weingütern im Consozio del Vino. Infos im Consorzio (s. o.).

Fattoria dei Barbi, hier, im *Museo del Brunello,* wird die Geschichte des bäuerlichen Lebens in der Region des Anbaugebiets erzählt. Besichtigung nach Voranmeldung um 10.30, 11.30, 15 Uhr. Eintritt 5 €. Enoteca tgl. 10.30–13.30 und 14.30–18 Uhr. Weinprobe mit toskanischen Leckerbissen ab 23 €. Località Podernovi 170 (4,5 km von Montalcino entfernt), ✆ 0577-841205, fattoriadeibarbi.it.

Übernachten

→ Karte S. 79

***** Vecchia Oliviera 14,** bei der Porta Cerbaia. Klein und fein, in der ehemaligen Ölmühle neben dem Stadttor nach Siena. Freundlich-professioneller Service. Nur 11 Zimmer, die meisten mit Panoramablick, der seinen Preis hat. Schwimmbecken im Garten. Via Landi 1, ✆ 0577-846028, vecchiaoliviera. com. **€€€**

***** Il Giglio 8,** im Zentrum. Gepflegte Zimmer und geschmackvolles Ambiente, Via S. Saloni 5, ✆ 0577-848167, gigliohotel.com. **€€**

***** Dei Capitani 1,** Tolle Lage an der unteren Stadtmauer. 29 Zimmer mit ungetrübtem Blick ins weite Land. Kleines, terrassenartiges Gärtchen mit Minipool zum Abtauchen. Auch einige Parkplätze. Via Lapini 6, ✆ 0577-847227, deicapitani.it. **€€€**

**** Giardino 3,** frisch renovierte, geräumige Zimmer. Haustiere sind willkommen, Auto-Parkplatz vorhanden. Die Besitzer produzieren auch Wein, die Azienda kann besichtigt werden. Piazza Cavour 4, ✆ 351-8889843, ✆ 0577-848257, albergoilgiardino.it. **€€**

B & B Anna 11, Anmeldung für Über-nachtung und Frühstück im Hotel Giglio (s. o.). Costa delle Caserme 4, ✆ 0577-848666. **€**

Castel Brunello, ca. 10 km außerhalb von Montalcino – und fast zu schön, um wahr zu sein: Der dem Bild eines mittelalterlichen Borgos nachempfundene kleine Weiler wurde erst 2013 von einem Südtiroler Architekten erbaut. 15 komfortable Apartments gruppieren sich um einen Innenhof mit beheizbarem Pool. Dank des hilfsbereiten Empfangs findet man sich gleich zurecht. Das gepflegte Frühstücksbuffet verschönt den Start in den Tag. Und ins malerische Dorf mit zwei guten Restaurants sind es 5 Min. zu Fuß (→ Essen & Trinken). Sant'Angelo in Colle, Via del Ferralino, ✆ 0577-843037, castelbrunello.com. **€€€€**

Essen & Trinken

→ Karte S. 79

Il Grappolo Blu 5, Taverne mit freundlichem, nettem Ambiente, der Wirt ist in Ordnung, die Küche sehr gut, die Preise durchschnittlich. Leckere Spezialität ist der „Sauerbraten" mit einer Soße aus Balsamico-Essig. Scale di Via Moglio 1, ✆ 0577-847150.

Re di Macchia 10, edles Restaurant im Untergeschoss eines Palazzos. Hervorragende Weinauswahl, gehobenes Preisniveau mit entsprechendem Service und Ambiente. Do Ruhetag. Via S. Saloni 21, ✆ 0577-846116.

Il Moro 4, Trattoria mit preiswerter Küche, dafür darf man vom Service nicht allzu viel erwarten. Tolle Terrasse mit Blick über das Land. Auch einige Zimmer zu vermieten. So–Mi nur mittags, Fr/Sa auch abends, Do Ruhetag. Via Mazzini 44, ✆ 0577-849384.

Drogheria Franci 12, trendig gestyltes Restaurant mit Weinbar, in der die Flaschen horizontal in Szenen gesetzt werden. Tgl. 11–23 Uhr. Piazzale Fortezza 6, ✆ 0577-848191.

Enoteca La Fortezza 13, nach einem Rundgang auf den Festungsmauern kann man sich hier drei oder fünf Weine zu 18 € oder 25 € inklusive toskanischer Brotzeitspezialitäten kommen lassen. In den Räumlichkeiten der wuchtigen Burganlage stimmt die Atmosphäre. Tgl. 10–20 Uhr. Piazzale Fortezza 9.

MeinTipp **Boccon di Vino,** ca. 800 m außerhalb, an der Straße Richtung Siena (ausgeschildert). Landhaus in sehr schöner Lage, gemütliche Terrasse mit tollem Blick. Preise etwas gehoben, die Qualität ist ausgezeichnet. Schon beim Lesen der Karte läuft einem das Wasser im Munde zusammen. Spezialität ist und bleibt die Zwiebelsuppe. Di Ruhetag. Via Traversa dei Monti 201, ✆ 0577-848233.

MeinTipp Sant' Angelo in Colle, ca. 10 km außerhalb von Montalcino, ist ein entzückender Weiler mit bildhübscher Mittelalterarchitektur und zwei guten Restaurants. Eines haben wir getestet und für empfehlenswert befunden: **Trattoria Il Pozzo,** viel gelobte Hausmannskost vom Feinsten, dazu gepflegte Gastlichkeit im weißgetünchten Saal. Das Fleisch brutzelt auf Holzkohle; Bistecca und Tagliata haben wir seit langem nicht mehr so genossen. Der Weg von Montalcino lohnt! Di Ruhetag. ✆ 0577-844015.

Das verschlankte Rathaus von Montalcino

Cafés **Fiaschetteria Italiana 6,** Montalcinos 1888 gegründetes Nobelcafé, Tradition und Ambiente. Zur Weindegustation ebenso zu empfehlen wie zum teuren Cappuccino. Auf der Terrasse an der Piazza lässt es sich stundenlang aushalten. Do Ruhetag. Piazza del Popolo 6.

Belvedere Bar 7, die preiswerte Alternative zur teuren Fiaschetteria. Süßes aus der Pasticceria Mariuccia. Vom Hinterzimmer fantastischer Blick über die Weinberge. Via Matteotti 31.

MeinTipp **Bar Prato 2,** der morgendliche Treffpunkt für ein ausgiebiges Frühstück, danach geht's weiter mit einer guten Auswahl an Salaten, Primi, Panini – am schönsten an den wackeligen, wohlbeschatteten Tischen an der Piazza. Ab 7 Uhr bis abends durchgehend geöffnet. So Ruhetag. Piazza Cavour.

Gelateria **Why not 9,** mit einladender kleiner Terrasse. Costa di Piazza Garibaldi 7.

Porta Burelli
Via Lapini
V. Postierla
Piazza Cavour
BUS
V. Lapini
Via Padelletti
tuario della adonna del Soccorso
Viale Roma
Viale Piero Strozzi
Via del Pino
Via Cialdini
Via Mazzini
Via delle Scuole
Via Spagni
Via
San Francesco
Castellana
Via del Mistero
Piazzetta S. Pietro
V. Santa Lucia
Costa Spagni
Dom
Piazza del Popolo
Palazzo Comunale
Via Moglio
P.zza Sant'Agostino
Via Bandi
S. Agostino (Museo Civico Diocesano)
Costa del Municipio
Via Matteotti
Viale della Libertà
Palazzo Pieri
Via Ricasoli
Piazza Garibaldi
Costa Garibaldi
Via Donnoli
Via Soccorso Saloni
Vicolo del Giglio
Viale Piero Strozzi
Via Panfilo dell'Oca
Costa delle Caserme
Piazzale Fortezza
Fortezza
Porta Gattoli
Via Landi
Porta Cerbaia
Via A. Moro
V. del Poggiolo
Via della Circonvallazione
Via Traversa dei Monti
Via Bellaria
Via Osticcio
Buonconvento, Siena, S. Quirico d'Orcia
Abbazia di S. Antimo, M. Amiata
S. Angelo in Colle, Grosseto
Montalcino
70 m
bernachten
Dei Capitani
Giardino
Il Giglio
B&B Anna
Vecchia Oliviera
ssen & Trinken
Bar Prato
Il Moro
Il Grappolo Blu
Fiaschetteria Italiana
Belvedere Bar
Gelateria 'Why not'
Re di Macchia
Drogheria Franci
Enoteca La Fortezza
Enoteca Dalmazio

Weingut Banfi und Glasmuseum – mit Lambrusco zur Brunello-Großkellerei

Die Kellerei Banfi in S. Angelo Scalo ca. 20 km südwestlich von Montalcino ist das mit Abstand größte Weingut der Gegend. Auf dem 3000 ha großen Gut sind 860 ha mit verschiedenen Rebsorten bebaut, darunter auch die für den *Brunello Banfi*. Seit den 1880er-Jahren sind die Latifundien im Besitz der Familie der Italo-Amerikaner John und Harry Mariani, zwei steinreiche Weinimporteure in dritter Generation. Namensgeberin Banfi war eine Verwandte der Besitzer.

Der Besuch des imposanten Anwesens lohnt vor allem für eine Kellerbesichtigung, für die Einkehr in eines der beiden Restaurants oder zum Übernachten im angeschlossenen Hotel – alles überaus nobel. Die Tour durch das Weinmuseum ist dabei die günstigste Variante, das renommierte Weingut kennenzulernen!

„Die Geschichte der Weinflasche" – so könnte man das Museum nennen, das im schön restaurierten **Castello Banfi** (eigentl. Poggio alle Mura) eingerichtet wurde. Es handelt sich um die umfassendste Kollektion alter Weinbehälter in Europa (Trinkgläser, Kelche und kleine Glaskunstwerke). Das wohl älteste Gefäß zur Lagerung des Weins ist das sogenannte *Dolium*, eine niedrige Amphore, die zu zwei Dritteln im Boden eingegraben war und mit Wachs und Holz versiegelt wurde. Trotzdem wurde der Wein mit der Zeit sauer und war eigentlich nur mit Wasser verdünnt genießbar. Im selben Raum wie das Dolium sind einige Vitrinen ausgestellt, in denen die Rohstoffe zur Glasherstellung vorgestellt werden: Quarz, Kiesel, Pottasche und Natron. Gerade das Natron, das im nördlichen Europa nicht vorkam, verschaffte dem Nahen Osten in früheren Zeiten ein Glasmonopol. Ursprünglich war Glas wohl ein Abfallprodukt bei der Metallherstellung, erst die Römer erfanden im 1. Jh. das Glasblasen, um größere Behältnisse herstellen zu können.

Die erste Glasflasche im heutigen Sinn wurde erst Mitte des 17. Jh. in England gefertigt. Triebfeder war wohl das Verbot, das bis dahin übliche Holz als Brennmaterial für die Glasöfen zu verwenden. Die wenigen übrig gebliebenen Wälder brauchte das Land dringend für den Schiffsbau. Durch die höheren Temperaturen, die mit der Braunkohlefeuerung erzielt wurden, konnte man die Qualität des Glases beträchtlich erhöhen.

■ Tgl. 10–19.30 Uhr. Eintritt 5 €. Ticket fürs Museum in der Enoteca. Kellerbesichtigung (Wine-Tour) tgl. um 11 und 16 Uhr nur nach Reservierung und vorheriger Bezahlung (!). Die 11 Uhr-Tour mit Mittagessen kostet inkl. ausgiebiger Bewirtung 135 €. Führung um 16 Uhr mit Degustation von 4 Weinen 40 €. ✆ 0577-877505 (Hotelrezeption) oder ✆ 0577-877700, banfi.it. *Anfahrt:* Von Montalcino der Beschilderung Grosseto/S. Angelo folgen, nach ca. 15 km rechts ab zum Castello Banfi (Poggio alle Mura), ab hier noch ca. 4 km.

Sant'Antimo war im Mittelalter eines der mächtigsten Klöster

Kloster Sant'Antimo

„Wenn die Menschen nicht sprechen, dann sollen die Steine schreien." Die Steine schrien 537 Jahre, bis 1979 fünf Prämonstratensermönche nach Sant'Antimo zurückkehrten. 2017 verließen sie Sant' Antimo wieder, und mit ihnen erstarb alles kirchliche Leben in der Abtei.

Die herrlich gelegene Benediktinerabtei unterhalb des kleinen Dorfs **Castelnuovo dell'Abate** (10 km südlich von Montalcino) wurde im 8. Jh. gegründet und in den folgenden Jahrhunderten stetig erweitert. Die mächtige Kirche, im 12. Jh. aus cremefarbenem Travertin errichtet, ist ein stattliches Beispiel des italienisch-romanischen Baustils. Sie wurde nie ganz fertiggestellt, da der aufwendige Bau die finanziellen Möglichkeiten der Abtei wahrscheinlich überstieg.

Das schmale Hauptschiff beeindruckt durch seine Höhe von 20 m und seine Säulen, deren Kapitelle z. T. mit Ornamenten verziert sind. Besonders auffallend ist das Kapitell der zweiten Säule rechts mit dem Motiv „Daniel in der Löwengrube". Es wird *Meister von Cabestany* zugeschrieben, einem Bildhauer aus dem französischen Languedoc. Rechts vom Chor befindet sich die **Karolingische Kapelle,** eines der wenigen Überbleibsel aus der Gründerzeit (8. Jh.). In den Genuss der herrlichen Fresken gelangt man im Rahmen einer Besichtigungstour durch die Anlage. Vom 10. bis zum 12. Jh. regierten die Äbte des Klosters ein Gebiet, das von Montalcino bis zur Maremma reichte. Sie waren Feudalherren und kaiserliche Beamte in einem und trieben deshalb auch die Steuern ein. Der Niedergang begann mit dem nach Macht strebenden Siena, das im Jahr 1200 Montalcino unter seine Kontrolle brachte. In den folgenden Jahrzehnten schrumpfte der Besitz des Klosters auf ein Fünftel zusammen. Im Jahr 1462 schließlich wurde das Kloster auf Betreiben von Papst Pius II. aufgelöst. Die Bereiche, in denen die Klostergemeinschaft einstmals wirkte, kann man heute besichtigen.

▪ April–Okt. 10–18.30 Uhr, im Winter nur bis 17 Uhr. Heilige Messe wird gefeiert Di–Fr um 10.30 Uhr, So um 11 Uhr (So mit Laien-Chor

Vom Val d'Orcia zum Monte Amiata → Karte S. 72/73

mit gregorianischen Gesängen). Eintritt frei. Besichtigung mit Audioguide 4 €. Geführte Besichtigung der Abtei mit Audioguide 7 €. ✆ 0577-286300, antimo.it. Anfahrt: Am Ortseingang von Castelnuovo dell'Abate (aus Montalcino kommend) steil rechts ab, die Abbazia Sant'Antimo ist bestens ausgeschildert.

Wanderung: Vom Kloster führt ein markierter Wanderweg über **Villa a Tolli** nach Montalcino (Gehzeit ca. 3 Std.).

Literatur Ein sehr guter Klosterführer auf Deutsch ist in der Kirche erhältlich.

Übernachten/Essen **B & B Locanda Sant' Antimo,** an der Abzweigung zur Abtei. Einfaches Restaurant, in dem man auch für eine Erfrischung einkehren kann. Di manchmal geschlossen. 4 Zimmer mit/ohne eigenes Bad werden vermietet. Via Bassomondo 8, ✆ 0577-572858. **€**

San Quirico d'Orcia

2700 Einwohner

Ein Marktflecken an der Via Cassia – außerhalb der noch fast intakten mittelalterlichen Wehrmauern rauscht der Verkehr auf der SS 2 vorbei, innen herrscht Ruhe.

Ursprünglich zogen die Reisenden über die alte Via Cassia und damit mitten durch San Quirico. Das südliche Eingangstor steht nicht mehr, doch gleich dahinter trifft man auf die Kirche **Santa Maria Assunta,** einen streng rechteckigen Bau aus dem 12. Jh., in den durch schmale Fensterschlitze ein wenig Licht fällt. Beachtenswert sind die Apsis und das dekorierte Portal. Schräg gegenüber befindet sich das frühere **Ospedale della Scala,** dessen Innenhof mit Ziehbrunnen besichtigt werden kann. Am anderen Ende der Via Dante Alighieri, der Geschäftsader, steht der **Palazzo Chigi** aus dem späten 17. Jh., einst Sitz der lokalen Herren, heute Ort für wechselnde Ausstellungen meist zeitgenössischer Künstler. Ganz in der Nähe stößt man auf die romanische **Stiftskirche** mit drei beachtenswerten Portalen. Das eine wird von zwei Ungetümen getragen, auf deren Schultern die miteinander verknoteten Tragsäulen ruhen; darüber kämpfen zwei Krokodile. Masken und Tierfratzen ergänzen die mittelalterliche Dämonen-Szenerie.

Seit einigen Jahren werden die Wege der alten Pilgerstrecke des Frankenwegs, der **Via Francigena,** zunehmend wieder von Wanderern gegangen. San Quirico d'Orcia ist eine Etappe an der Wegstrecke, die von Canterbury in England bis nach Rom führt.

Über der Stadt liegen die **Horti Leonini,** eine gepflegte Gartenanlage aus dem 16. Jh. mit Parkbänken unter schattenspendenden Laubengängen aus Steineichen und geometrisch angeordneten Buchsbaumhecken. Ein schöner Ort für die Skulpturenausstellungen, die hier in den Sommermonaten stattfinden. Im unteren Teil schließt sich ein kleiner Rosengarten an. 2022 wurde eine Beleuchtungsanlage installiert, die den Garten jeweils am 1. Samstag im Monat bis 23.30 Uhr stimmungsvoll illuminiert.

▪ Garten tgl. 8–20 Uhr. Infos unter formenelverde.com und in der Touristinfo.

Basis-Infos

Information **Ufficio Turistico,** Mitte März bis 6. Jan. tgl. 10.30–13 und 15.30–18 Uhr. Hier bekommt man auch den Stempel fürs Pilgerbuch. Im Palazzo Pretorio, Via Dante Alighieri 33, ✆ 0577-899728, ufficioturistico@comune.sanquiricodorcia.si.it.

Hin und weg **Bus:** 4-mal tgl. nach Siena bzw. Montepulciano, Busse auch nach Arcidosso und Grosseto.

Die Kapelle von Vitaleta – Einkehr im Orcia-Tal

Inmitten traumhaftester Toskana-Fotokalenderlandschaft findet sich im Orcia-Tal unweit der Via Cassia zwischen San Quirico d'Orcia und Pienza ein Ort mit besonderen Koordinaten: Es ist die winzige **Cappella della Madonna di Vitaleta.** Das verfallene Kapellchen der Spätrenaissance stand jahrelang zeitvergessen inmitten des Nichts und diente nur noch als Fotomotiv. Ein italienischer Unternehmer erwarb das kleine Gotteshaus, ließ es restaurieren und wieder für religiöse Zeremonien herrichten. Eingerahmt von Zypressen, auf einem der sanften Hügel stehend, lädt nun die Kapelle von Vitaleta wieder zur inneren, mittlerweile aber auch äußeren Einkehr ein: Gleich neben ihr wurde eine kleine Schänke eingerichtet, die Erfrischungen, Schinken- und und Käsebrotzeit bereithält.

Ein Ausflugstipp für Liebhaber, die sich gern von abeschiedenen Stätten verzaubern lassen – bloß nicht zu oft weitersagen ...

Parken Drei große Gratisparkplätze, direkt außerhalb der östlichen Stadtmauer, von dort ist es ein Katzensprung ins Zentrum.

Einkaufen Weinverkauf im Weinkeller der **Cantina Sampieri Del Fa',** Verkostung von Wein (Orcia Rosso, der hier aus 80 % Sangiovese und 20 % Merlot bzw. Canaiolo besteht) und gutem Olivenöl. Freundliche Beratung. Via Dante Alighieri 96.

Birrificio San Quirico, die kleine Brauerei verkauft im Laden Bierspezialitäten, die aus regionalem Getreide, Malz und Hopfen gebraut werden. Eine Bierprobe ist möglich. Geöffnet nur Sa 10.30–13/15–18 Uhr. Via Dante Alighieri 93 a, birrificiosanquirico.it.

Fattoria Pianporcino, die köstlichen Schafskäsespezialitäten der nahen Käserei kann man hier im Lädchen erstehen. Via Dante Alighieri 113b, fattoriapianporcino.it. Die Käserei selbst befindet sich in der Località Pianporcino (an der SP 53), wo im Hofladen die Käsespezialitäten im Direktverkauf erworben werden können. Tgl. geöffnet.

Fahrrad **Buccis Garage** verleiht Mountain- und E-Bikes; Beispiel: MTB 35 €/Tag. Via Dante Alighieri 115, ✆ 347-0744145, buccisgarage.it.

Feste **Festa del Barbarossa,** das Fest Mitte Juni erinnert an das Treffen Friedrich Barbarossas mit den päpstlichen Gesandten im Jahr 1154 in San Quirico, bei dem der „Rotbart" über seine Krönung verhandelte. Wettkämpfe in Fahnenschwingen und Bogenschießen, vor allem wird kräftig getafelt.

Das **Festival internazionale di Musica** gibt Mitte bis Ende August Gelegenheit, Konzerte klassischer Musik im Palazzo Chigi und in umliegenden Orten zu besuchen. paesaggimusicalitoscani.it.

Markttage **im Val d'Orcia:** in Castiglione d'Orcia am 4. Sa im Monat. In Vivo d'Orcia am 2. Sa im Monat. In Montalcino: Fr. In Torrenieri: 1. und 3. Di im Monat. In Pienza: Fr. In Radicofani: 2. und 4. Do im Monat. In Contignano: 2. und 4. Di im Monat. In San Quirico d'Orcia: 2. und 4. Di im Monat.

Übernachten/Essen & Trinken

Hotel ***** Palazzuolo,** am Stadtrand. Die Sonnenterrasse mit Swimmingpool (plus Kinderbecken) und der Ausblick über die Landschaft mögen mit dem nüchternen Bau und der weniger attraktiven Lage im Neubauviertel versöhnen. Restaurant. Via S. Caterina 43, ✆ 0577-897080, hotelpalazzuolo.it. **€€**

Vom Val d'Orcia zum Monte Amiata → Karte S. 72/73

Zimmer **Antica Sosta,** 4 geschmackvoll eingerichtete Zimmer; das B & B ist für seine Kuchenauswahl am Frühstücksbuffet bekannt und zu empfehlen. Küchenbenutzung. Ins Zentrum 5 Min. zu Fuß. Via Dante Alighieri 145, ✆ 340-6491216, anticasosta.eu. €

Agriturismo **Il Rigo,** auf der Cassia Richtung Süden, nach ca. 2,3 km links auf die Ausschilderung achten, dann noch 2,2 km gut passierbare Schotterpiste. Altes, von Weizenfeldern umgebenes Bauernhaus in den Hügeln der Crete. Bio-Betrieb mit Landwirtschaft, den ein deutsch-italienischen Ehepaar betreibt. 10 Zimmer im Haupthaus, 7 im Nebengebäude, alle mit Originalmobiliar und Antiquitäten ausgestattet. Die Pasta wird aus eigenem Getreide gemacht und abends für die Gäste aufgekocht (32 €/Pers.) Via Alighieri 24, Loc. Casabianca, ✆ 0577-897291, agriturismoilrigo.com.

Essen & Trinken **Al Vecchio Forno,** von Touristen wie Einheimischen gelobt; zentral liegende Trattoria mit toskanischer Küche der mittleren Preisklasse. Im Sommer sitzt man im schattigen Garten. Via Piazzola 8, ✆ 0577-897380.

MeinTipp **Da Ciacco,** hervorragende regionale Gourmetküche. Spezialität ist die *Cinta senese*, Schinken und Fleisch von einer fast wild lebenden Schweinerasse, aber auch die Fasanin an Vinsanto ist eine Empfehlung. Di Ruhetag. Via Dante Aligheri 30a, ✆ 0577-897312.

Osenna, toskanische Hausmannskost, die besonders von Einheimischen gelobt wird. Hier stimmen Preis und Qualität. Hübscher von Glyzinien überrankter Garten. Mi Ruhetag. Via Dante Alighieri 42, ✆ 0577-897541.

Für den morgendlichen Cappuccino bzw. den abendlichen Apertivo hat man die Wahl zwischen der **Bar Centrale** (Do Ruhetag) und der **Bar Vintage** (Mi Ruhetag). Beide im Zentrum auf der Dreh-und-Angelpunkt-Piazza della Libertà.

Bagno Vignoni

30 Einwohner

Mittelpunkt des 3000 Jahre alten Thermalorts ist ein großes Bassin mit etwa 40 °C warmem Wasser, in dem allerdings seit Jahren nicht mehr gebadet werden darf. Das antike Becken dient im Sommer mit spektakulären Kunst-Installationen als Freilichbühne. Ums Becken herum gruppieren sich einige

Kunst-Installation im Becken von Bagno Vignoni

Als im Jahre 2001 das Wasser der Quelle immer weniger wurde, die gewohnte Sprudelintensität nachließ und der Pegel im antiken Becken sank, machte sich in der Gemeinde Besorgnis breit. Ohne das heiße Wasser, das sowohl das Dorfbecken als auch das öffentliche Schwimmbad von Bagno Vignoni speist, würde der Ort buchstäblich auf dem Trockenen sitzen. Ein Jahr später bestätigten die Experten den Verdacht, dass sich das Quellwasser unter dem Becken mit der Zeit andere Wege gesucht hatte als den in das Becken. Der Wasserverlauf wurde geortet und mit Hilfe moderner Technik das Problem behoben. Das Becken, an dem Szenen des Kultfilms „Nostalghia" gedreht wurden, ist wieder gut gefüllt.

Bars und eigentümliche Lädchen, wie eine Spezieria und ein Kräuterladen, den man über ein paar Stufen hinab in einem Gewölbe findet. Etwas oberhalb, ca. 2,5 km von Bagno Vignoni entfernt, liegt der **Weiler Vignoni** mit seinem gut erhaltenen Turm und den erst kürzlich restaurierten Wohngebäuden.

Thermalbad Hotel Posta Marcucci: gleich unterhalb des vornehmen Hotels. Im einzigen öffentlichen Thermalbad von Bagno Vignoni rauscht das Wasser mit 38 Grad in den Pool, die Beckentemperatur liegt bei etwas über 30 Grad.

▪ Tgl. 9.30–18 Uhr. Ganzer Tag im Thermalbad 33 €, halber Tag (9.30–13.30 oder 14–18 Uhr) 25 €, 6–14 J. 50 % Rabatt. Bademütze obligatorisch!

Am **Parco dei Mulini** wurden die Grundmauern eines mittelalterlichen Mühlensystems mit zwei Bassins und vier Mühlen freigelegt. Die Rinnsale laden hier zu einem kostenlosen heißen Fußbad ein. Unterhalb des Beckens befindet sich ein kleines Becken zum Schwimmen, der Abstieg von hier oben ist jedoch steil und nicht zu empfehlen. Besser mit dem Pkw über die Schotterstraße, die rechts von der Verbindungsstraße zurück zur SS 2 abzweigt, ansteuern.

Parken Großer kostenloser Parkplatz am Ortseingang rechts hoch, gleich hinter dem E-Bikeverleih.

Buchhandlung **Librorcia,** am alten Badebecken – eine Bereicherung des touristischen Angebots! Kleine Auswahl an deutscher/engl. Literatur. Der Besitzer kennt die Gegend gut – und das Sofa lädt zum Verweilen ein.

Fahrrad **Le Ciclofficine** am Dorfeingang verleiht E-Bikes und MTBs; ganzer Tag inkl. Helm 40 €. Netter Service mit guten Tourenvorschlägen. Strada di Bagno Vignoni 1, ✆ 333-2946755, ciclofficineteatropovero.it.

Kunst im Brunnen

Das antike Becken im Zentrum ist alljährlich Ort für interessante Kunstinstallationen. Für 2021 beispielsweise schuf Helidon Xhixha ein Objekt aus reflektierendem Stahl; seine Werke finden sich überall in der Toskana und spiegeln Landschaften und Gebäude in glänzendem Metall. formenelverde.com.

Übernachten ***** Le Terme,** im früheren Piccolomini-Palast im Zentrum; von einigen Zimmern Blick auf die einzigartige Kulisse des Wasserbeckens. Auch bei Gruppen beliebt. Der Familienbetrieb ist gut in Schuss, bietet ein eigenes Restaurant und einen schönen Wellnessbereich. Die Benutzung des Spa-Bereichs ist im Zimmerpreis enthalten. Piazza delle Sorgenti 13, ✆ 0577-887150, albergoleterme.it. **€€€**

Mein Tipp ****** Relais Osteria dell' Orcia,** ca. 2 km in Richtung Castiglione d' Orcia. Wenn Luxus auf dem Land, dann hier! Netter Empfang im eleganten Countryhotel, einer ehemaligen Poststation am Pilgerweg der Frankenstraße. Der Wirt widmet sich dem Gast, spricht Deutsch und hat Tipps fürs ganze Orcia-Tal.

Vom Val d'Orcia zum Monte Amiata → Karte S. 72/73

Schöner Garten mit Pool und Blick auf den Sinterabhang von Bagno Vignoni. Hochpreisiges Restaurant. Podere Osteria 15 (dem Schild „Osteria" folgen), ✆ 0577-887111, osteriadellorcia.com. **€€€€**

meinTipp **B & B La Locanda del Loggiato,** Bed & Breakfast vom Feinsten. 8 romantisch und phantasievoll dekorierte Zimmer mit Baldachinbetten. Auch ein Apartment wird vermietet Im gemeinsamen Wohnzimmer mit Kamin steht ein gestimmter Flügel. Für reine Frauengruppen gibt's 10 % Ermäßigung, dazu zählen z. B. auch Großmutter mit Enkelin! Frühstück vis à vis mit großem Kamin. Piazza del Moretto 30, ✆ 0577-888925, ✆ 335-430427, loggiato.it. **€€**

Agriturismo → Pienza.

Essen & Trinken **Ristorante Le Terme,** das erste Haus am Platze; freundlicher Service im heiteren Ambiente des Gastraums oder auf der schönen Terrasse direkt am Wasserbecken. Die Kellner schwärmen um die zahlreichen Stammgäste – und die fühlen sich wohl. Tgl. geöffnet, ✆ 0577-887150.

Il Loggiato, urgemütliche Weinbar gleich am Becken mit Auswahl an Crostoni und überbackener Polenta. Kleine Portionen, was auf die Preise weniger zutrifft. Mittags und abends, Do Ruhetag, außerhalb der Saison nur Fr–So.

meinTipp **La Bottega di Cacio,** Gartenwirtschaft mit Selbstbedienung. Es gibt Brotzeitteller und Antipasti. Auch Außerhausverkauf. Tgl. durchgehend 11–19 Uhr. Di Ruhetag. ✆ 0577-887477.

Bar des Hotels Le Terme, Dreh- und Angelpunkt in Sachen Cappuccino, Caffè und Aperitivo; hier treffen sich Pilger, vornehme Tagestouristen, Nostalgiker, feine Kurgäste – und wir. Im Zentrum Piazza delle Sorgenti 13.

Osteria Porcellum, kleines gemütliches Gasthaus am hinteren Teil des Beckens mit guter Auswahl an kleinen Gerichten in kleinen Portionen. Der gebackene Pecorino war nur ein Haps, die Preise hingegen happig. Aber dafür sind wir in Bagno Vignoni! Di Ruhetag. ✆ 0577-887032.

Castiglione d'Orcia

2320 Einwohner

Bei der Fahrt auf der Via Cassia signalisiert der weithin sichtbare, wuchtige Turm der **Rocca di Tentennano** noch vor Castiglione, dass man auf dem Weg in die südliche Toskana das Orcia-Tal erreicht hat. Eine Besichtigung des innen restaurierten Turms aus dem 13. Jh. lohnt wegen des spektakulären Blicks ins Umland. Im Ticketpreis ist auch die Burg **Rocca Aldobrandesco** im Zentrum von Castiglione enthalten, die nach jahrelanger Restaurierung seit 2023 wieder zugänglich ist.

▪ Ostern bis Okt tgl. 10.30–13 und 14.30–18 Uhr, Eintritt 6 €.

Castiglione ist ein schöner, vor allem sehr ruhiger Ort. Von der **Piazza Unità Italiana** mit ihrem überdimensionierten Brunnen, auf der die L'Enoteca dell'Orcia ein paar Tische aufgestellt hat, gelangt man zur kleinen, verträumten **Piazza Il Vecchietta.** Ihr Name ehrt Lorenzo di Pietro (genannt „Il Vecchietta"), den berühmten Maler der sienesischen Schule; er wurde 1412 in Castiglione geboren.

Rocca d'Orcia: Der sich nördlich an Castiglione anschließende Weiler zählt ca. 30 Einwohner. „Si vende"-Schilder fallen ins Auge, vieles steht mittlerweile zum Verkauf. Das mittelalterliche Juwel, dessen Zentrum ebenfalls eine kleine Piazza mit Zisterne bildet, bietet manch schönes Fotomotiv und ist unbedingt sehenswert.

Übernachten/Essen **Cisterna nel Borgo,** in Rocca d'Orcia. Hübsche Lage, schöne Terrasse, gute Gemüsegerichte (eigener Anbau), auch der Wildschweinbraten wird gelobt. Di–Fr nur abends, am Wochenende auch mittags geöffnet. Mo Ruhetag. Man kann sich auch einmieten – es gibt 3 DZ. Borgo Maestro 37, Loc. Rocca d'Orcia, ✆ 0577-887280, cisternanelborgo.com. **€**

Piazza Il Vecchietta

B & B Il Vecchietta, im oberen Teil von Castiglione. Zimmer bei einer Familie. Küche im Garten mit Grillgelegenheit zur allgemeinen Benutzung. 3 DZ mit gutem Frühstück. Via del Cassero 10, ✆ 338-2262248, ilvecchietta.it. €

Agriturismo La Colombella, die einladende Empfehlung von Lesern: „In idyllischer Umgebung sorgen Graziella und Sohn Alessandro in ihrem renovierten Bauernhaus für unvergessliche Gastfreundschaft. Abends gibt es Bistecca Fiorentina vom Grill, morgens selbstgebackenen Kuchen – und Ausflugstipps gratis dazu." Loc. Montieri, Castiglione d' Orcia (zwischen Campiglia d' Orcia und Bagni San Filippo), ✆ 327-3536910, lacolombella.com. ■ **Lesertipp €€**

mein Tipp **I Lecci,** gediegenes Landgasthaus. Hat man Pech mit dem Wetter, hat man hier Glück mit einem flackernden Kaminfeuer im gemütlichen Gastraum des Restaurants. Bei gutem Wetter genießt man auf der Terrasse den Blick auf den Monte Amiata. Der Wirt präsentiert die Karte mündlich, und was uns serviert wurde, war ausgezeichnet. Di Ruhetag. Strada Provinciale 18 del Monte Amiata Km 4,400, ✆ 0577-887287.

Il Cerchio delle Streghe, am Parkplatz der Burg *Rocca di Tentennano;* hier kann man auf der Panoramaterrasse des Café-Restaurants mit tollem Blick auf die Ruinen der Burg Aldobrandesco einkehren. Als Tische dienen Euro-Paletten. Mi Ruhetag, Piazzale Aleardo Monaci, ✆ 0577-1503133.

Pienza

2000 Einwohner

Die am Reißbrett entworfene Musterstadt – die erste „Città Ideale" der Toskana – entstand nach dem Willen von Papst Pius II. (1405–1464) hier an seinem Geburtsort. In gerade zwei Jahren Bauzeit sollte der damals Corsignano, später Pienza genannte Ort die „Perle der Renaissance" werden. Pius starb, bevor das gewaltige Projekt vollendet war.

In Pienza wurde zum ersten Mal versucht, die Ideale des Humanismus städtebaulich umzusetzen. Mit dem Bau von Rathaus, Palast und Kathedrale wurde Baumeister **Il Rosselino** beauftragt; die Kardinäle wurden dazu angehalten, hier einen Palast zu bauen, doch nicht jeder hatte die Mittel dazu.

Im Wohnviertel innerhalb der Stadtmauern wohnten die Beamten und Mi-

Vom Val d'Orcia zum Monte Amiata → Karte S. 72/73

litärs. Am Stadtrand entstand eine Siedlung fürs Volk, von der heute kaum mehr etwas zu sehen ist, sie wurde im Zweiten Weltkrieg fast ganz zerstört. Die Prominenz residierte an der **Piazza Pio II.** Für die Bauwerke ist der Platz jedoch ein wenig klein geraten, auch wenn durch die optische Täuschung der „aus dem Winkel" gedrehten Grundrisse Größe vorgetäuscht wird. Man hat den Eindruck, in einem Museum zu sitzen. Der Betrachter kann den Blick kaum irgendwo fixieren – das „Herz der Toskana" hat eine unruhige Mitte.

Pienza lebt hauptsächlich vom Tagestourismus, das Renaissance-Städtchen zählt bis zu eine Million Besucher im Jahr. Busladungen von Gästen werden durch den Corso Rossellino geschleust. Nach Möglichkeit sollte man Pienza daher nicht an sommerlichen Wochenenden aufsuchen. Erst abends wird es im Städtchen ruhiger. Am Corso finden sich zahlreiche Önotheken, Feinkost- und Souvenirläden, mitunter auch schönes handwerklich Gefertigtes.

Beim Spaziergang durch Pienza sollte man einen Abstecher zur Stadtmauer (hinter dem Dom) nicht versäumen: Von hier öffnet sich ein toller Blick auf das Val d'Orcia bis hinüber zum über 1700 m hohen Monte Amiata.

Fiera del Cacio – das Käsefest von Pienza

Seit alters her gilt Pienza als „Hauptstadt des Schafskäses". Die aromatischen Gräser der Wiesen in der Umgebung begünstigten eine hochwertige Schafzucht. Lange lebten und arbeiteten die Bauernfamilien weitgehend isoliert voneinander, sodass sich mit der Zeit die unterschiedlichsten, geschmacklich verschiedensten Käsesorten entwickelten; jede Familie pflegte ihre eigenen Rezepte. So entstand die riesige Auswahl der typischen pientinischen „Caciotta", die sich bis heute erhalten hat. Einmal im Jahr trafen sich die Käseerzeuger auf der Herbstmesse in Pienza, wo die Produkte verkauft wurden. Heute findet das Fest alljährlich am 1. Wochenende im September statt. Wer zu dieser Zeit hier ist, sollte sich das Ereignis nicht entgehen lassen.

Pecorino-Käse aus Pienza

Sehenswertes

Kathedrale Santa Maria Assunta: Von außen beeindruckt die Renaissance-Fassade aus Travertin mit dem Wappen der Piccolomini im Tympanon, innen präsentiert sich Maria Assunta als gotische, dreischiffige Hallenkirche – eine in Italien seltene Form der Sakralarchitektur, die Pius II. auf einer Deutschlandreise kennenlernte. Im Mauerwerk sind große Risse sichtbar, die durch das Absinken der Grundmauern im Chorraum entstanden sind; Ursache war eine unterirdische Wasserader. Seit einem Erdbeben 1545 sinkt dieser Teil kontinuierlich, derzeit um 0,5 mm pro Jahr – bisher sind es 30 cm. Trotz aufwendiger Maßnahmen, die das Gebäude bislang stabil hielten, setzt das Wasser seine Tätigkeit fort. Eine Dokumentation dazu findet sich in der Krypta San Giovanni (s. u.).

Links vom Chorraum zieht das Altarbild „Mariä Himmelfahrt" von *Il Vecchietta* (1412–1480) die Blicke auf sich. Dieses Meisterwerk der Frührenaissance zeigt Pius, wie er die abgeschnittenen Brüste der heiligen Agata segnet – eine schockierende Darstellung physischer Grausamkeit.

▪ Tgl. 8–19 Uhr.

Krypta San Giovanni: Sie wurde an Stelle der romanischen Vorgängerkirche, die der Kathedrale zum Opfer fiel, gebaut und ist das Baptisterium der Kathedrale; am eleganten Taufbrunnen aus Travertin werden bis heute Kinder getauft. Die ausgestellten Gemälde und flämischen Gobelins sind weniger interessant als der Abstieg in die unteren Geschosse, insgesamt fünf sind es, ein wahres Labyrinth. Eine hervorragende Dokumentation zeigt die baulich prekäre Lage der Kathedrale, beim Modell wird auf Knopfdruck der gefährliche Riss sichtbar.

▪ Tgl. (außer Di) 10–14 und 14.30–18.30 Uhr, im Winter nur bis 16.30 Uhr. Eintritt im Kombi-Ticket mit Palazzo Borgia 6 € oder mit Palazzo Borgia und Palazzo Piccolomini 12 €.

Palazzo Piccolomini: Im Stil des Florentiner Palazzo Rucellai gehalten, mit Kreuzgang und Hängegärten, von denen sich eine tolle Aussicht auf das Orcia-Tal bis zum Monte Amiata bietet. Die erste Etage mit Speisesaal, Waffenraum und kleiner Bibliothek ist zu besichtigen. Gleich links vom Eingang das Musikzimmer, in dem vergilbte Fotos die letzten adeligen Bewohner zeigen. Das Ganze wirkt authentisch: abgewohnte, speckige Polstermöbel. 1962 verstarb der letzte Piccolomini, seitdem ist der Palast unbewohnt. Der Eintrittspreis von 7 € sollte nicht vom Besuch abhalten.

▪ 1. April bis Mitte Okt. tgl. (außer Di) 10–18.30 Uhr, im Winter nur bis 16.30 Uhr. Mit Audioguide ausgestattet, folgt man den geführten Touren (alle 30 Min.). Eintritt 7 €. pienzacittadiluce.it.

Palazzo Borgia Museo Diocesano: Das 1999 eingerichtete Diözesanmuseum befindet sich an der Westseite der Piazza Pio II, im **Palazzo Borgia,** den der skrupellose Rodrigo Borgia – der spätere Papst Alexander VI. – Ende des 15. Jh. errichten ließ. Prunkstück des Museums ist das bestickte Messgewand von Pius II. *(Piviale di Pio II)*, eine englische Arbeit aus dem frühen 14. Jh.

Zudem zeigt das Museum **Pietro Lorenzettis** berühmte „Madonna del Monticchiello" (→ Monticchiello).

▪ Tgl. (außer Di) 10–14/14.30–18.30 Uhr, im Winter nur bis 16.30 Uhr. Eintritt im Kombi-Ticket mit der Krypta San Giovanni 6 € oder im Kombi-Ticket mit Krypta San Giovanni und Palazzo Piccolomini 12 €.

Pieve di San Corsignano: Vor der Stadtmauer weist ein Schild zur alten Taufkirche des Orts, in der der spätere Papst Pius II. und sein Neffe, Pius III., getauft wurden. Errichtet wurde sie wohl um 1200, der auffällige Campanile (11. Jh.) ist Teil eines Vorgängerbaus (9.30–17 Uhr; etwa 1 km vom westlichen Stadttor im Orcia-Tal).

▪ 2023 wegen Restaurierung geschlossen.

Vom Val d'Orcia zum Monte Amiata → Karte S. 72/73

Basis-Infos

Information **Ufficio Turistico,** tgl. (außer Di) 10–14/14.30–18.30 Uhr. Corso Rossellino 30, im Museo Diocesano. ☏ 0578-749905, palazzoborgia.it. oder pienzacittadiluce.it.

Info Prospettiva Pienza, privates Info-Büro, tgl. 9.30–13 und 15–18.30 Uhr. Organisation von Touren. Piazza Dante Alighieri (an der Porta al Murello), ☏ 0578-748359, ufficioturisticodipienza.it.

Hin und weg **Bus:** 4-mal tgl. (nicht So) mit *Autolineetoscane* von/nach Siena und Montepulciano. Abfahrt in der Via della Madonnina, nahe Piazza Dante Alighieri.

Parken Parkplätze rund ums Zentrum, teils gebührenpflichtig, teils genügt die Parkscheibe. Kostenlos parken kann man in den Seitenstraßen der „Neustadt", von hier nur wenige Minuten ins Zentrum.

Einkaufen Das Angebot an **Pecorino,** dem typischen Käse aus der Gegend, in allen Reifestadien ist an heißen Tagen nicht zu verfehlen. Auf dem Corso Rossellino stapeln sich die Laibe in den Läden.

Bei **Bernardini** gibt's Schinken aus eigener Produktion, Wildschwein, Porchetta und natürlich auch Pecorino. Corso Rosselini 81.

L'Enoteca di Ghino, Beratung in Sachen Wein auch auf Deutsch. Die Preisspanne der Produkte aus ganz Italien reicht von 10 € bis 20.000 €! Via del Leone 16.

Consorzio Agrario Siena, der Laden des Consorzio verkauft neben Pecorino auch Wein, Wurst und andere Lebensmittel. Viale Mangiavacchi 45, außerhalb der Altstadt an der Durchgangsstraße.

Altroieri, riesige Auswahl an schönsten Baumwoll- und Leinenstoffen mit traditionellen und ausgefallenen Motiven. Servietten, Geschirrtücher, Tisch- und Bettwäsche – man kann sich gar nicht entscheiden! Corso Il Rossellino 8.

Fahrrad **e-bike Tuscany,** E-Bike für 50 €/Tag. Via della Buca 23 (direkt im Ort), ☏ 347-8815780, info@e-biketuscany.com.

Fest **Fiera del Cacio,** alljährlich am 1. Wochenende im September.

Markt Am Freitagvormittag.

Übernachten

→ Karte S. 91

Die Hotels in Pienza verlangen stolze Preise. Eine günstigere Alternative sind die zahlreichen privaten Zimmervermittlungen.

****** Il Chiostro 10,** Nobelherberge im ehemaligen Stadtkloster S. Francesco. Viele der 37 Zimmer bieten Blick in den Kreuzgang. Gepflegter Garten mit Pool und Liegewiese. Frühstück auf der Terrasse des vornehmen Restaurants. In einem Seitentrakt des Klosters werden auch einige sehr kleine Zimmer (Nr. 401–409) mit Blick in eine dunkle Seitenstraße vermietet. Corso Rossellino 26, ☏ 0578-748129, relaisilchiostrodipienza.com. **€–€€€**

MeinTipp ***** Piccolo Hotel La Valle 6,** komfortable Zimmer mit Klimaanlage. Im Gärtchen unter der Steineiche hat man den Blick, den man im Orcia-Tal sucht. Via Circonvallazione 7, ☏ 0578-749402, piccolohotellavalle.it. **€€**

***** Rutiliano 1,** außerhalb der Altstadt an der Hauptstraße direkt neben dem Wasserturm. Neues, modernes Haus mit hellen Zimmern, angenehmer Atmosphäre und Pool. Via della Madonnina 18, ☏ 0578-749408, albergorutiliano.it. **€€**

Zimmer **L'Affittacamere del Corso 13,** Zimmer in einem historischen Palazzo, alle mit eigenem Bad, eher klein, ohne Frühstück, dafür mitten im Zentrum. Corso Rossellino 99, ☏ 0578-748550, affittacameredelcorso.it. **€**

B & B Il Giardino Segreto 4, mit Garten; das Frühstück bereitet man sich auf dem Zimmer selbst zu. Auch ein Apartment wird vermietet. Via Condotti 13, ☏ 0578-748539, ilgiardinosegretopienza.it. **€**

Dal Falco 2, im gleichnamigen Restaurant. Schlicht eingerichtet und etwas eng. Das Restaurant mit Terrasse serviert solide toskanische Küche (Do Ruhetag). Piazza Dante Alighieri 3, ☏ 0578-748551, ristorantedalfalco.it. **€**

Camere Andrei 5, Zimmer ohne Frühstück, aber mit eigenem Parkplatz. Geräumige, komfortable Zimmer mit eleganten Bädern. Via Circonvallazione 7, ☏ 380-5285394. **€**

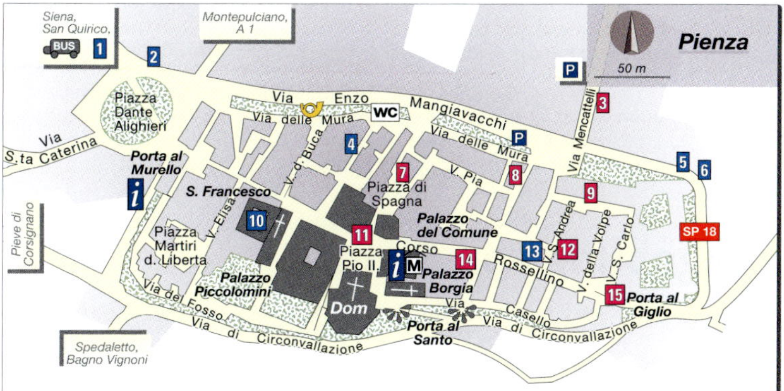

Übernachten
1 Rutiliano
2 Dal Falco
4 B&B Il Giardino Segreto
5 Camere Andrei
6 Piccolo Hotel La Valle
10 Il Chiostro
13 L'Affittacamere del Corso

Essen & Trinken
3 La Chiocciola
7 Sette di Vino
8 Al Fierale
9 Buon Gusto (Gelateria)
11 Caffè la Posta
12 La Bandita Townhouse
14 La Buca delle Fate
15 Latte di Luna

Agriturismo Podere Il Casale, ein Agricampeggio auf einem Hügel, zwischen Pienza (ca. 10 km entfernt) und Monticchiello (ca. 3 km entfernt). 4 Stellplätze für Camper, Rasenfläche für Zelte, gepflegte sanitäre Anlagen, alles behindertengerecht. Für die Stellplätze unbedingt reservieren! Restaurant mit frischer Hofküche und „0-km-Philosophie": Käse, Wein, Gemüse kommen vom Hof. Schöne Terrasse, Hofladen, Käserei für Schafs- und Ziegenkäse. Aktivitäten wie Koch- und Trüffelsuchkurse und anderes bereichern das Angebot. Nette Atmosphäre, man kann sich auch auf Deutsch verständigen! Anfahrt: Auf der SP 146 Richtung Montepulciano, bei Km 33 rechts dem Wegweiser nach Monticchiello folgen (Schotterstraße), nach ca. 3 km taucht das Il-Casale-Schild auf, dort links hoch. Loc. Il Casale 64, ✆ 0578-755109, ✆ 333-4250705, podereilcasale.it.

Wohnmobil Standplatz an der Via Mencattelli (kostenpflichtig), Nähe Restaurant La Chiocciola (s. u.).

Essen & Trinken

→ Karte S. 91

Latte di Luna 15, benannt nach der Erosionszone vor der Stadt, die wegen ihrer weißen Erde „Milch des Mondes" genannt wird. Tgl. wechselnde Gerichte, toskanische Küche, gern von Einheimischen besucht. Die Außenbetischung reicht oft nicht aus, besser reservieren. Mittleres bis leicht gehobenes Preisniveau. Tgl. 10.30–17 Uhr durchgehend geöffnet, Di Ruhetag. Via San Carlo 2-4, ✆ 0578-748606.

La Buca delle Fate 14, alteingesessenes Lokal im Zentrum, ebenfalls hervorragende Küche, hausgemachte Teigwaren (Pici), gute Tagliata vom Grill. Klassisch-schöne Einrichtung im weiß gekalkten Gewölbe. Mo Ruhetag. Corso Rossellini 38, ✆ 0578-748448.

La Chiocciola 3, hübsch überdachte Plätze im Freien und unter der Loggia. Mittleres Preisniveau. Via Mencattelli 4, ✆ 0578-773434.

Sette di Vino 7, nett zum Draußensitzen. Serviert werden Crostini, Käse, Fladenbrot, Sardellen in Pesto, Rucola, leckeres Gemüse und andere Gaumenkitzel – eine raffinierte Auswahl an Snacks. Mi Ruhetag. Piazza di Spagna 1, ✆ 0578-749092.

Al Fierale 8, Steakhaus auf italienische Art, gute Portionen von guter Qualität. Mi Ruhetag. Via Dogali 33, ✆ 0578-748181.

La Bandita Townhouse 12, erfrischende, hippe Adresse mit herrlichem Innenhof. In der offenen Küche ist ein internationales Team bei

Vom Val d'Orcia zum Monte Amiata → Karte S. 72/73

der Arbeit. Loungemusik und Design runden das raffinierte Gastrokonzept des Lokals ab. Mo mittags geschlossen. Corso Il Rossellino 111, ✆ 0578-749005, labanditatownhouse.com.

Gelateria Buon Gusto 9, super Eis, alles Bio, auch Ausgefallenes – z. B. salziges Caramel, Sellerie mit Ingwer oder Sorbetto alla birra (Bier!). Via Delle Case Nuove 26.

Caffè la Posta 11, hinter dem hübschen Schild der früheren Poststation von Pienza gibt es süße Köstlichkeiten aus der Gegend, zudem Zeitungen und Landkarten der Umgebung. Angesichts der vielen Touristen, die sich hier herumtreiben, sind die Preise recht zivil. Piazza Pio II.

Umgebung von Pienza

Spedaletto: Das Kastell mit seinen Ausgucktürmchen und einer Kirche mit gotischem Portal steht auf dem Weg nach Pienza, von Süden kommend, mitten in der Landschaft. Der Gebäudekomplex wird heute für Privatwohnungen und für den Fremdenverkehr genutzt, im hinteren Teil schließt sich ein landwirtschaftliches Gehöft an. Der **Agriturismo Grancia di Spedaletto** ist in einem der sechs noch existierenden *grancie* (Kornspeicher) untergebracht, die seit dem 12. Jh. als Vorratsspeicher für das Ospedale der Santa Maria della Scala von Siena dienten. Einst gab es in der Umgebung von Siena zwölf dieser Depots, aus deren Vorräten die Kranken, aber auch Pilger, die auf dem Weg nach Rom waren, versorgt wurden.

meinTipp **Übernachten Castello La Grancia di Spedaletto,** 7 DZ im Kastell, 3 weitere in Nebengebäuden; Kleiner Bio-Schwimmteich hinter dem Anwesen. Die Burg, eine Festung aus dem 12. Jh. diente im Mittelalter Pilgern als Herberge an der Frankenstraße. Pod. Niccolò 151, Loc. Spedaletto, ✆ 0578-748517, agriturismocastellolagrancia.com. **€€**

Castello di Spedaletto, ein weiterer Agriturismo auf dem Gelände. Hier sind 5 DZ und 2 Apartments im ehemaligen Kornspeicher untergebracht. Gleich nebenan wird in der **Mulino Val d'Orcia,** einer Getreidemühle, das Korn gemalen (Hofladen). Ein kleines, gepflegtes **Ristorante** ist angeschlossen. ✆ 0578-748158, oder ✆ 338-8636834 (Signora Laura), castellodispedaletto.it. Anfahrt: Von Pienza auf einer Nebenstraße südlich Richtung Gallina, nach ca. 7 km rechts abzweigen nach Bagno Vignoni, das Kastell links an der Straße ist nicht zu übersehen. **€€**

Abbadia Sant'Anna in Camprena: Einsam liegt dieser 1324 von Bernardo Tolomei gegründete Ableger des Klosters Monte Oliveto Maggiore am unteren Rand der Crete Senesi. Eine malerische Zypressenallee führt zum Klostereingang – Toskana wie im Bilderbuch. Das Refektorium schmücken gut erhaltene Fresken von *Sodoma*, die der damals 26-jährige Maler als ersten großen Auftrag zwischen 1503 und 1507 schuf.

Weltweit bekannt wurde Sant'Anna 1996 durch den Kinofilm „Der englische Patient", dessen Italiensequenzen (auch die Außenaufnahmen) weitgehend hier gedreht wurden. Seit 1995 ist das Kloster Agriturismo und ein inspirierender Ort für Yoga- und Meditationskurse, Malerei-Workshops usw. Wenn gerade keine Kurse stattfinden, hat man das Anwesen in seiner einfachen Schönheit ganz für sich!

Hin und weg Von Pienza 2 km auf der Straße nach Siena, dann rechts ab (ausgeschildert). Keine Busverbindung.

Agriturismo Sant'Anna in Camprena, die spartanischen DZ im einfachen Ambiente klösterlichen Lebens wurden 2022 umfassend restauriert. Die komfortableren DZ haben eigene Bäder (Mindestaufenthalt 3 Nächte); es gibt auch Apartments, die nur wochenweise vermietet werden. Für die Gäste wird gekocht (30 € ohne Getränke). Geöffnet April–Okt. Loc. S. Anna in Camprena, 53026 Pienza, ✆ 0578-748037, ✆ 338-4079284 (Signora Ornella), camprena.it. **€–€€**

Monticchiello

90 Einwohner

Monticchiello wirkt wie ein Bilderbuchdorf aus gelben Travertin-Legosteinen – der malerisch von einer Wehrmauer umgebene Ort ist herausgeputzt wie ein Freilichtmuseum. Vom Platz am Stadttor bietet sich ein ungewöhnlich schöner Blick auf die umliegenden Hügel.

Ein Spaziergang durch Monticchiello führt unweigerlich zur **Chiesa dei Santi Leonardo e Cristoforo** aus dem 13. Jh. Bei Restaurierungsarbeiten 1933 wurden einige bemerkenswerte Fresken entdeckt, darunter die monumentale, fast 5 m hohe Christophorus-Darstellung im linken Chorteil, die vermutlich aus dem 15. Jh. stammt. Komplett erhalten, weil über Jahrhunderte von einer Ziegelmauer geschützt, ist das „Grande Arcosolio" genannte Fresko an der linken Wand: Im Zentrum thront der heilige Nikolaus von Bari, im unteren Teil werden Episoden aus seinem Leben erzählt, in Holzfässern warten die Verzweifelten auf Erlösung. Das kunstgeschichtlich bedeutendste Werk der Kirche, die „Madonna del Monticchiello" von *Pietro Lorenzetti*, wurde in jüngster Vergangenheit gleich zweimal gestohlen und wiedergefunden; jetzt wird es im Museo Diocesano von Pienza verwahrt. In der rechten Chorkapelle ist eine Reproduktion von Lorenzettis Meisterwerk zu sehen.

Der Festungsturm im obersten Teil des Dorfs ist von einst vieren als einziger erhalten geblieben. Er ist im Privatbesitz der Nachkommen der 2003 verstorbenen finnischen Bildhauerin *Eila Hiltunen*, die hier lange lebte. Von ihr stammt die kleine Eisenplastik des Spielmanns mit Mandoline und Narrenkappe, die an der Mauer links vom Stadttor angebracht ist – ihr persönliches Geschenk an das **Teatro povero.** Dieses „Arme-Leute-Theater" entstand 1967, als Monticchiello unter der Landflucht litt und einen Großteil seiner Bewohner verloren hatte. Die im Ort Verbliebenen wollten mit der Einrichtung des Laientheaters dörfliche Solidarität praktizieren und führen seither alljährlich in der letzten Juli- und den ersten beiden Augustwochen ein von ihnen geschriebenes volkstümliches Stück auf.

■ Reservierung ab Mitte Juli Mo–Fr 10–13 und 16–19 Uhr. ✆ 0578-755118. Mehr Infos unter teatropovero.it.

Partisanen gegen Besatzer

Am 6. April 1944 war Monticchiello Schauplatz des Widerstands gegen die deutschen Besatzer: Etwa 70 Partisanen kämpften gegen eine Übermacht von 450 deutschen Soldaten. Letztere mussten zunächst das Feld räumen, kehrten dann aber mit Verstärkung zurück. Als sich die Partisanen zurückgezogen hatten, drohten die Deutschen, alle Einwohner des Ortes zu erschießen. Dank des Verhandlungsgeschicks des Pfarrers und der deutschen Frau eines Grundbesitzers konnte ein Blutbad verhindert werden. Die Eisenskulptur des pientinischen Künstlers Emo Formichi (gleich neben der oben erwähnten Skulptur von Eila Hiltunen) erinnert an das Ereignis.

Vom Val d'Orcia zum Monte Amiata → Karte S. 72/73

Museo Tepotratos: Das volkstümliche Theater ließ gleich nebenan das kleine Museum entstehen. Mit Licht und Geräuschen wird die Bühne bei den Vorführungen effektvoll in Szene gesetzt.

▪ Einlass zu den Öffnungszeiten des Touristbüros. Eintritt frei.

Information Tgl. 9–13 und 15–18.30 Uhr. Kompetente Auskünfte, Bücher, Presse, Restaurantbetrieb. Rechts der Kirche, Piazza Nuova 1, ✆ 0578-755118, infomonticchiello@comunedipienza.it.

Parken Gratisparkplatz unterhalb des Orts, rechts.

Zimmer **B & B La Casa di Adelina,** gegenüber der Kirche, bei der Via di Mezzo 35 durch den Torbogen. Gemütliches B & B, geführt von den Söhnen des Theaterleiters. Piazza San Martino 3, ✆ 0578-755167, lacasadiadelina.eu. €

Essen & Trinken **La Guardiola,** am Ortseingang. Bistro-Bar mit Auswahl an Salaten, Crostini und Bruschette. Abhängen im Gärtchen unter'm Feigenbaum, für eine Erfrischung einfach ideal. Durchgehend geöffnet bis 22 Uhr.

Mein Tipp **La Porta,** am Ortseingang; Osteria, Bar und Enoteca, große Primi-Auswahl, Snacks, offener Wein etc.; durchschnittliche Preise, gemütliche Speiseterrasse mit Panoramablick. Via del Piano 3, ✆ 0578-755163.

Mein Tipp **Ristorante Daria,** wers ein bisschen moderner mag, ohne auf Backsteingewölbe verzichten zu müssen, geht ein Stückchen in den Ort hinauf und trifft auf eine weitere gute Adresse mit ausgezeichneter Küche. Auch für den Service hohe Punktzahl. Mi Ruhetag. Via S. Luigi 3, ✆ 0578-755170.

Montepulciano

15.000 Einwohner

Der Ort an einem steilen Hang am Rand des Chiana-Tals ist nicht über die Grenzen der Stadtmauern hinausgewuchert: ein Stück Mittelalter, durchsetzt von Adelspalästen im Stil der Renaissance. Für reiche Kaufleute aus Florenz und Siena, die hier ein Landgut erwarben, war Montepulciano ein beliebter Alterssitz.

Die Einwohner wurden (und werden bis heute) „Poliziani" genannt, und genauso nannte sich auch der bekannteste Sohn der Stadt *Angelo Poliziano* (eigentlich *Angiolo Ambrogini*, 1454–1494). Der Humanist und Dichter unterrichtete am Hof in Florenz die Söhne von Lorenzo di Medici.

Im Mittelalter war Montepulciano im Kampf um seine Unabhängigkeit immer wieder Zankapfel der Konkurrenten Siena und Florenz, bis die Stadt 1511 an Florenz fiel. Seine heutige Ausdehnung erreichte Montepulciano schon im 13. Jh., im 16. Jh. wurden noch größere städtebauliche Veränderungen vorgenommen, z. B. um die **Piazza Grande** im oberen Teil der Stadt sowie um die **Porta al Prato** an ihrem unteren Ende. Heute ist Montepulciano das zweitwichtigste Verwaltungszentrum der Provinz Siena; entsprechend viele Beamte leben hier.

Bekanntheit in der Musikszene erlangte Montepulciano, als der deutsche Komponist **Hans Werner Henze** (1926–2012) hier 1976 das Festival **Cantiere Internazionale d'Arte di Montepulciano** ins Leben rief und jungen und wenig bekannten Künstlern wie auch den Bürgern von Montepulciano Gelegenheit zum öffentlichen Auftritt gab.

Bei Touristen erfreut sich Montepulciano vor allem wegen seiner hervorragenden Weine großer Beliebtheit: Der *Vino Nobile di Montepulciano* ist ein önologisches Spitzenprodukt. Zu empfehlen ist ein Besuch in der **Enoliteca del Consorzio del Vino Nobile di Montepulciano** in der Fortezza (→ Basis-Infos, „Wein").

Montepulciano ist eines der höchstgelegenen Städtchen der Toskana

Sehenswertes

Centro storico: Kurz hinter dem unteren Ortseingang, der **Porta al Prato** aus dem 13. Jh. (im 16. Jh. restauriert), gelangt man zur **Piazza Savonarola:** Hier steht seit 1511 die **Colonna del Marzocco** mit dem florentinischen Löwen als eindrucksvolles Machtsymbol der Republik Florenz. Es ist eine Kopie aus dem Jahr 1856, das Original des Löwen befindet sich im Museo Civico (s. u.). Gegenüber stößt man auf den **Palazzo Avignonesi,** an dessen Architektur Baumeister Vignola (1507–1573) maßgeblich beteiligt gewesen sein soll. Nur wenige Meter weiter fällt der **Palazzo Bucelli** (Nr. 73) ins Auge; sein Gebäudesockel ist fast vollständig mit Bruchstücken etruskischer Graburnen verziert.

Bravìo delle Botti – Wettlauf mit Weinfass

Der „Palio" der Stadt findet jedes Jahr am letzten Sonntag im August statt. Um 10 Uhr morgens startet der Wettstreit der acht **Contrade** (Stadtteile), jedes Viertel schickt zwei kräftige junge Männer ins Rennen, die von der **Piazza Savonarola** (Palazzo Avignonesi) den 1650 m langen Weg zur **Piazza Grande** zurücklegen und dabei ein 80 kg schweres Weinfass die steile Straße hochrollen müssen. Die begehrten Startplätze in erster oder zweiter Reihe werden ausgelost, die Zeit des Rennens liegt bei durchschnittlich rund 8 Min.! Wer sich das Spektakel anschauen will, sollte möglichst früh an Ort und Stelle sein.

Eröffnet wird das traditionelle Fest in der vorhergehenden Woche mit einer Reihe von Veranstaltungen: u. a. am Sonntag zuvor mit einer historischen Prozession, am Donnerstag folgt eine Kerzenprozession. Veranstaltungsprogramm in der Touristinformation und unter braviodellebotti.com.

Ein Stück weiter ragt die elegante Marmorfassade der **Chiesa Sant'Agostino** auf (außen Frührenaissance, innen Spätbarock). Auf dem Glockenturm gegenüber schlägt der in weißes Blech gewandete Commedia-dell'Arte-Clown *Pulcinella* die Stunden. Es heißt, ein verbannter neapolitanischer Bischof habe das Glockenspiel der Stadt überlassen, zum Dank, dass er mehrere Jahre hier leben durfte.

Piazza Grande: An dem von Palästen und Rathaus umgebenen Hauptplatz in der Oberstadt dominiert als jüngstes Bauwerk der frühbarocke **Dom.** Um 1600, in einer Phase des wirtschaftlichen Niedergangs begonnen, wurde die rohe Backsteinfassade nie ganz fertiggestellt. Der unförmige, klotzartige Turm stammt vom Vorgängerbau aus dem 15. Jh. Über dem Altar strahlt ein farbenfrohes Triptychon („Mariä Himmelfahrt") von *Taddeo di Bartolo*, links neben dem Eingang ein Terrakotta-Altar von *Andrea della Robbia*, die Seitenaltäre sind den Stiftern gewidmet.

▪ Dom tgl. 8.30–18.30 Uhr. Palazzo Comunale (Rathaus): Aufstieg über sehr schmale Treppe zur Terrasse 2,50 €, bis zur Spitze des Rathausturms 5 €. Nichts bei Platzangst! Tgl. 10–18 Uhr.

Museo Civico: Die archäologische Abteilung des Museums zeigt etruskische Urnen und Grabbeigaben sowie römische Funde aus der Umgebung, die „Sezione Poliziano" einige Travertin-Arbeiten aus dem 14.–17. Jh. (u. a. der florentinische Löwe *Marzocco*). Die Pinakothek schmücken Altar- und Madonnengemälde aus dem 13.–16. Jh. (das wertvollste Stück der Sammlung schuf *Sodoma* zwischen 1530 und 1535: die „Sacra Famiglia con San Giovannino"), zudem Landschaftsansichten, Stillleben und Porträts aus dem 17.–18. Jh. Eine eigene Abteilung ist den Terrakotta-Arbeiten von *Andrea della Robbia* gewidmet.

▪ 1. April bis 4. Nov. tgl. 10–19 Uhr (Di geschlossen), 5. Nov. bis 31. März nur Sa/So 10–18 Uhr. Eintritt inkl. Audioguide 6 €.

San Biagio: Außerhalb der Mauern, am Fuße des Stadthügels, steht diese Hochrenaissance-Kirche aus Travertin. Der auffällige Bau wurde von *Antonio da Sangallo* 1518 begonnen, der sich dabei an byzantinischen Kreuzkuppelkirchen orientierte. Überraschend sind die frei stehenden und doch in den Grundriss integrierten Türme, von denen nur einer komplett erhalten ist. Das Innere enttäuscht dann eher. Im perspektivischen Zentrum steht, eingelassen in die Marmorwand hinter dem Altar, das kleine Fresko einer „Madonna del Buon Viaggio", die den Reisenden skeptisch anblickt. Steht man exakt in der Mitte des Raumes, kann man durch ein Händeklatschen ein vierzigfaches Echo hören.

▪ April–Sept. 10–13.30/14–18.30 Uhr. März–Mai und Okt. tgl. 10–18 Uhr. Juni–Sept. 9.30–18.30 Uhr. In der Nebensaison nur an Wochenenden und mit Mittagspause. Eintritt inkl. Audioguide 3,50 €.

Basis-Infos

→ Karte S. 101

Information Pro Loco, 1. April bis 31. Okt. Mo–Sa 9–13/14–19, So 10–13 Uhr. 1. Nov.-31. März Mo–Sa 10–13/15–18, So 10–13 Uhr. Viel Material über die Stadt. Verkauf von Bahntickets. Piazza Don Minzoni, ✆ 0578-757341, prolocomontepulciano.it.

Strada del Vino Nobile di Montepulciano, Infobüro, Organisation von Führungen, Zimmerreservierung etc. Mo–Fr 9.30–13.30/14.30–18, Sa 10–13/14–17, So 10–13 Uhr. Piazza Grande 7, ✆ 0578-717484, stradavinonobile.it.

Hin und weg Bahn: Der Minibahnhof Montepulciano Stazione ist 10 km entfernt; tgl. nur 4 Busse nach Montepulciano. Bessere Verbindung (stündlich) über Chiusi.

Bus: Große Busstation mit Bar und Ticketverkauf unterhalb der Ringstraße. 5-mal tgl. nach Pienza und Siena, 2-mal Florenz (in Siena umsteigen), fast stündl. nach Chiusi (außer So).

Cantina Contucci – Weine aus Montepulciano

Erwähnt wird das Weinanbaugebiet um Montepulciano bereits in einer Schenkungsurkunde aus dem Jahr 790. 1549 attestierte Sante Lancerio, der Kellermeister Papst Pauls II., dem Nobile aus Montepulciano erstmals eine außergewöhnliche Qualität („vino perfettissimo"), und im 17. Jh. kürte ihn der Dichter Francesco Redi gar zum „König der Weine". Doch zum Spitzenwein wurde der *Vino Nobile di Montepulciano* erst 1980 durch die Erhebung in den DOCG-Status (Denominazione di Origine Controllata e Garantita) und die damit verbundene Definition von Rebsorten und Verarbeitungsmethode. Die Grundlage für den Vino Nobile bildet mit einem Anteil von 80 % die Rebsorte *Prugnolo Gentile* (verwandt mit der Sangiovese-Traube), für die Eleganz des Weines sorgt mit 15 % der *Canaiolo Nero*, das charakteristische Bouquet schließlich stammt von der *Mammolo*-Traube (5 %). Die vorgeschriebene Lagerzeit beträgt zwei Jahre im Holzfass; beim *Vino Nobile Riserva* sind es drei Jahre.

Der *Rosso di Montepulciano* ist die preiswerte Variante des Vino Nobile. Diese Appellation bietet den Winzern von Montepulciano die Möglichkeit, die für den Nobile angebauten Traubensorten auch zu einem leichteren, früher genussreifen Rotwein zu verarbeiten. Die Lagerzeit des Rosso beträgt nur sechs Monate.

Probierstuben der Vino-Nobile-Erzeuger gibt es zahlreiche im Ort. Die älteste befindet sich im **Contucci-Palast** an der Piazza Grande, die gleichnamige Familie blickt auf eine Tradition bis ins 11. Jh. zurück. Hier werden die Spitzenweine der *Azienda Agricola Contucci* gelagert und verkostet. Kellermeister *Adamo Pallecchi*, der seinen Beruf mehr als sechs Jahrzehnte mit Leidenschaft ausübte, lässt sich hin und wieder immer noch im Verkaufsraum blicken, um Besucher persönlich zu begrüßen.

▪ Enoteca und Cantina Contucci: Tgl. 11–18 Uhr. Ein Vino Nobile kostet in der Cantina 18 €, der edlere Pietra Rossa 22 €, ein Riserva 35 €, für einen einfacheren Rosso di Montepulciano zahlt man 12 €. Via del Teatro 1, an der Piazza Grande. ✆ 0578-757006, contucci.it.

Stadtbus: Wem es zu heiß ist: Etwa alle 20 Min. starten von der Via Sangallo bzw. vom Busbahnhof kleine, weiße Busse hoch zur Piazza Grande (7–19.30 Uhr, So nur nachmittags). Fahrpreis 1,30 €.

Stadtbesichtigung Die **Sightseeing City Tour** mit dem Bus erweist sich bei hochsommerlichen Temperaturen und angstrengendem Auf und Ab der Straßen, das in die Beine geht, als buchstäblich erfrischende Alternative. Im roten Minibus tuckert man schwankend durchs Städtchen und lauscht dem Audioguide, der mit Vivaldi-Untermalung die Stadtgeschichte auf Deutsch erzählt. Entspannend! 30-minütige Tour 9 €. Abfahrt auf der Piazza Grande.

Parken Nur wenige kostenlose Parkplätze, einige beim Info-Büro, einige weitere knapp unterhalb, alle anderen sind gebührenpflichtig (1,50 €/Std.).

Das Zentrum der Stadt ist inzwischen eine **Einfahrt-verboten-Zone,** eine sogenannte ZTL (Zona Traffico Limitato). Einfahrt in die ZTL ist nur mit Hotelbuchungsbeleg erlaubt und auch nur zum Ausladen von Gepäck. Kameras über-

Vom Val d'Orcia zum Monte Amiata → Karte S. 72/73

Der Domplatz am Morgen – noch leer

wachen die Einfahrt. Bei Missachtung – auch aus Versehen – drohen saftige Knöllchen.

Einkaufen Entlang der **Via di Gracciano nel Corso** viele Geschäfte und Boutiquen: Bekleidung, Accessoires, Schuhe ... In derselben Straße auch einige Enotecas.

Del Santo Cashmere, kleiner Laden mit großer Auswahl hochwertiger Strickwaren aus Assisi (Umbrien) zum Outlet-Preis. Via di Gracciano nel Corso 75.

Erboristeria L'Elisir, wer braucht einen Sonnenhut? Die Auswahl reicht die vom venezianischen Gondoliere-Hut bis zum Panama-Strohhut. Preisspanne ab 15 € bis 400 €, letztere wären für einen faltbaren Borselino aus Equador zu zahlen. Auch handgemachter Steinschmuck und schöner Modeschmuck. Via Voltaia nel Corso 17.

Käse, die sardische Familie Cugusi betreibt an der Straße zwischen Montepulciano und Pienza (ca. 3,5 km Richtung Pienza an der SP 146) eine Käserei mit Hofladen, in dem excellente Pecorino-Spezialitäten verkauft werden. Besonderheit: Mit Brot, Käse und Wein gefüllte Picknickkörbe. Der gepflegte Garten mit lauschigen Plätzen lädt gleich zum Picknick ein. 1. April bis 31. Okt. tgl. 9–19.30 Uhr, 1. Nov. bis 31. März 8–13/15–18.30 Uhr. Via della Boccia 8 (auf das gelbe Schild mit Schaf achten), caseificiocugusi.it.

Maledetti Toscani, gegenüber dem Antico Caffè Poliziano. Behauptet wohl zu Recht, das älteste Geschäft von Montepulciano (seit 1848) zu sein. Lederwaren aller Art: Schuhe, Gürtel, Jacken, Taschen, Koffer, Portemonnaies – alles nicht billig. Via di Voltaia nel Corso 40.

Pane e Tulipani, Sommer,- Herbst- und Winterbekleidung auf zwei Etagen Accessoires zu erschwinglicheren Preisen in der Via dell' Opio 5.

Rugapiana, ansprechende Fashion-Boutique – der allerletzte italienische Mode-Schrei! Corso Via Gracciano 77.

Festival **Cantiere Internazionale d'Arte,** alljährlich 2. Julihälfte, das Festival der modernen Klassik. Während der Festwochen platzt die Stadt fast aus den Nähten. Vorverkauf: ✆ 0578-757007 und ✆ 757089, fondazione cantiere.it. Via Fiorenzuola Vecchia 5.

Markt Donnerstagvormittag auf der Piazzale Pietro Nenni.

Mosaiken **Laboratorio Mosaici Artistici,** die kleine Werkstatt, in der die Kunst des Mosaiklegens gepflegt wird, lohnt den Besuch. Aus zahllosen Glas- und Marmorsteinchen, in Kisten und Kästen aufbewahrt, entstehen hier meisterhafte Mosaike. Via Opio del Corso 14, ✆ 0578-757272.

Sprachschule **Il Sasso,** Preisbeispiel: ein zweiwöchiger Sprachkurs kostet 495 €, Unterkünfte werden auf Wunsch vermittelt. Zu den Sprachkursen wird ein vielfältiges Freizeitprogramm angeboten. Via di Gracciano nel Corso 2, ✆ 0578-758311, ilsasso.com.

Wein Bislang bieten viele Erzeuger noch kostenlose Weinproben an. Die bekanntesten Namen:

Poliziano, in der Enoteca „Le stanze di Poliziano" ist die Weinprobe kostenlos; einen Rosso gibt's für 10 €, einen Vino Nobile für 20 bis 39 €. Tgl. 11–19 Uhr, Mi geschlossen. Via del Poliiano 1, carlettipoliziano.com.

Contucci (→ Kastentext) ist ein sehenswerter Keller unter dem Palazzo Contucci. Durchgehend geöffnet. Piazza Grande 13.

MeinTipp **Enoliteca del Consorzio del Vino Nobile di Montepulciano 18,** Informationen rund um den Roten und zu vielen Produktionsbetrieben der Gegend. Die modern ausgestattete Enoliteca der Weingenossenschaft ist in der Fortezza untergebracht – auf antiken etruskisch-römischen Ausgrabungen. Der Glasfußboden der Enoliteca setzt das eindrucksvoll in Szene. Mit einer erworbenen „Weinkreditkarte" kann man sich durchprobieren. Tgl. ab 11 Uhr bis mindestens 19 Uhr. Via San Donato 21, ✆ 0578-757812, enolitecavinonobile.it.

MeinTipp **De'Ricci,** exakt 88 Stufen führen in den spektakulären Weinkeller aus dem 15. Jh., in dem die riesigen Holzfässer stehen. Der ca. 8 m hohe Eingangsraum erinnert an eine Kathedrale. Die Besichtigungstour führt weiter in ein Tuffsteingewölbe, bis man schließlich durch eine automatische Tür wieder ans Tageslicht gelangt. Führung nach Anmeldung tgl. 11, 12.30, 15, 16.30, 18 Uhr. Eintritt mit Verkostung von 3 Weinen 15 €, mit 6 Weinen 20 €. Palazzo Ricci, Via Ricci 11, ✆ 0578-757166, cantinadericci.it.

Crociani, sympathische deutschsprachige Leute. Vino Rosso di Montepulciano 11 €, Vino Nobile 15 €, Riserva 18 € und ein ausgezeichneter Vin Santo 26 €. Wenn möglich, zeigt der Winzer gern den Keller, in dem die Flaschen abgefüllt werden. Weinprobe sowie Kellerführung sind gratis. Tgl. 10–13 und 15–19 Uhr. Via del Poliziano 15, crociani.it.

Talosa, die Cantina storica dieser Weinkellerei hält nach dem Abstieg über steile Stufen neben einer kostenlosen Weinprobe noch eine Besonderheit bereit: über fünf Millionen Jahre alte Muschelablagerungen in den Wänden. Ein Etruskergrab gibt es unten auch zu bestaunen. Rosso di Montepulciano 10 €, Vino Nobile di Montepulciano 18 €, Riserva 30 €. Durchgehend geöffnet 11–19 Uhr. Via Talosa 8, ✆ 0578-757929, talosa.it.

Montemercurio, in der Nähe von San Biagio, ca. 2 km außerhalb gelegenes, kleines, familiär geführtes Weingut. Die Zeit, die man den Weinen für die Reife lässt, zahlt sich aus: köstlich. Vino nobile „Messaggero" Jahrgang 2017 22,50 €, Weingutbesichtigung mit Probe von 6 Weinen 25 € (reservieren). Anfahrt: zunächst in Richtung Chianciano, dann an der Kreuzung rechts auf die Ausschilderung „Zona artigianale Totona" achten. Hier rechts abbiegen. Via di Totona 25A, ✆ 0578-716610, ✆ 339-7271230, montemercurio.com.

Übernachten

→ Karte S. 101

***** Albergo Duomo 14,** modern-rustikal eingerichtetes Haus beim Dom (somit ganz oben am Berg), Parkmöglichkeit in der Nähe. 13 teils recht große Zimmer. Via San Donato 14, ✆ 0578-757473, albergoduomo montepulciano.it. **€€**

***** Il Rondò 2,** außerhalb der Stadtmauer, ins Zentrum ca. 15 Min. zu Fuß; schön gelegenes Privathaus mit Garten und einem freundlichen Besitzer. 7 DZ, teils mit Ankleidezimmer. Via Martiena 9, ✆ 0578-716899, albergoilrondo.com. **€€**

***** Marzocco 1,** teils hübsch renovierte Zimmer. Unser Tipp: Nr. 25 und Nr. 26, beide mit ausladendem Balkon und Aussicht. Haustiere sind willkommen! Piazza Savonarola 18, ✆ 0578-757262, albergoilmarzocco.it. **€€**

**** La Terrazza 9,** mit Dachterrasse und Gärtchen. 15 gepflegte, wenn auch kleine, aber ansprechend stilvoll eingerichtete Zimmer. EZ, DZ und Dreibett-Zimmer. Parkplatz. Via Piè al Sasso 16, ✆ 0578-757440, laterrazza dimontepulciano.it. ▪ **Lesertipp €**

Zimmer B & B L'Agnolo 3, teilweise mit originalen Deckenfresken und Holzkassettendecken. 5 schöne, große DZ inkl. Frühstück in der Bar. Parplatz vorhanden. Via di Gracciano nel Corso 63, ✆ 339-2254813, lagnolo. com. **€€**

MeinTipp **Meublè Il Riccio 12,** mit herrlicher Dachterrasse; ein Traum von einem mittelalter-

Vom Val d'Orcia zum Monte Amiata → Karte S. 72/73

lichen Palast mit Loggien im Innenhof, in dem Signora Caroti 10 moderne, schöne DZ vermietet, zwei davon mit schwindelerregendem Blick über das Umland. Gemütliches Wohnzimmer mit Zeitungen und Zeitschriften für die Gäste. Kostenloser Parkplatz in 150 m Entfernung. Via Talosa 21, ✆ 0578-757713, ilriccio.net. **€€**

Bellavista 7, sehr schlichte Camere (auch tageweise), fragen Sie nach Zimmer Nr. 6 mit Terrasse und schönem Blick. Kein Frühstück! Via Ricci 25, ✆ 347-8232314, ✆ 338-2291964, camerebellavista.it. **€**

***** Panoramic**, ca. 3 km in Richtung Chianciano. Gepflegtes Hotel mit Pool in Toplage auf einem Hügel, alles modernisiert. Via di Villa Bianca 8, ✆ 0578-798398, hotelpanoramic. com. **€€**

***** Tre Stelle**, 4 km in Richtung Chianciano, im Weiler S. Albino. Hotel seit 2020 unter neuer Leitung. Schöne Zimmer mit Bad, teils mit Balkon. Restaurant mit Garten, auch Pizza aus dem Holzofen. Via Terme Sud 115, Fraz. S. Albino, ✆ 0578-810113, trestellehotel. com. **€**

Agriturismo Podere Fontecastello, am unteren Stadtrand, ca. 500 m vom Stadio Comunale. Hübsch restauriertes Landhaus mit geschmackvoll eingerichteten Apartments mit Küche für 2–6 Pers. – Mai bis Okt. nur wochenweise. Großer Swimmingpool. Bei der netten Signora Paganelli können Sie Wein degustieren und kaufen, auch Verkauf von Olivenöl. Via Acqua Puzzola 3, ✆ 0578-716831, ✆ 335-6644419, fontecastello.it.

Apartments Terre Toscane, vermutlich die kompetenteste Agentur für Ferienhäuser und -wohnungen in der Region Montepulciano wie in der gesamten Südtoskana. Großes Angebot. Deutschsprachig. Via del Poliziano 10, ✆ 0578-758582, terretoscaneagency.it.

Wohnmobil Genügend Platz auf dem Piazzale Pietro Nenni (neben der Busstation). Mit Toilettenentsorgungsstation. Nicht Do – da ist Markttag!

Essen & Trinken

→ Karte S. 101

Le Logge del Vignola 4, schickes Ristorante, immer wieder von Michelin ausgezeichnet. Gehobenes Preisniveau, in kurzen Hosen und Sandalen sollte man nicht kommen. Di Ruhetag. Via delle Erbe 6, ✆ 0578-717290.

Acquacheta 17, der Tipp auch für kleinere toskanische Gerichte im gemütlichen Ambiente eines Familienbetriebs. Die Bistecca wird vom Meister selbst portioniert und über Holzkohle gegrillt. Reservierung empfohlen. Di/Mi Ruhetage. Via del Teatro 22, ✆ 0578-717086.

MeinTipp **Osteria del Borgo 11**, an der oft windigen Piazza Grande; gemütlicher Gastraum, im Sommer Terrasse mit Panoramablick in Richtung westliche Ebene. Sehr gute Küche, nette Bedienung – ein Ort, um die toskanischen Spezialitäten mit einem guten Roten aus Montepulciano zu veredeln. Viele offene Weine (12 Rote – glasweise!). Immer voll – reservieren! Via Ricci 5, ✆ 0578-716799.

MeinTipp **Pizzeria Lieviti 15**, im steineren Kellergewölbe kommt Pizza alla napolitana vom Feinsten auf den Tisch! Dazu gibt's Bier aus italienischen Brauereien. Nur abends geöffnet. Mo Ruhetag. Via di Cagnano 33, ✆ 0578-440240.

MeinTipp **Del Conte 16**, kleines Familienrestaurant (25 Plätze), heller Speisesaal, etwas eng, aber gute Küche zu noch moderaten Preisen. Auch ein paar Tische vorm Haus und über die Straße. Mo Ruhetag. Via di San Donato 19, ✆ 0578-756062.

La Pentolaccia 10, eine sehr gute Adresse, wenn es frischer Fisch oder Meeresfrüchte sein sollen – aber auch Vegetarisches und anderes. Man sitzt im Gewölbe oder draußen auf dem Corso. Do Ruhetag. Via di Voltaia nel Corso 86, ✆ 0578-757582.

Di Cagnano 13, lebhafter Trattoria-Betrieb, in dem in mehreren Sälen vor allem Pizza serviert wird. Ideal auch für Kinder. Mo Ruhetag. Via dell'Opio nel Corso 30, ✆ 0578-758757.

Godimento DiVino 6, abseits des Trubels, Kellergewölbe, Plätze auch zum Draußensitzen. Die Pici sind hier noch handgemacht. Riesige Weinauswahl. Mo Ruhetag. Via della Stamperia 3, ✆ 0578-716183.

Frühstück/Café Antico Caffè Poliziano 8, die schönste Art, ein italienisches Frühstück, also im Stehen, mit köstlichem Cappuccino und frischer Brioche zu sich zu nehmen. Das „Poliziano" ist ein 1868 eröffnetes, in den 1990er-Jahren restauriertes Traditionscafé mit Verspiegelung auf zwei Etagen. Die grandiose Aussicht vom Jugendstilbalkon (für gerade 3

bernachten

- Marzocco
- Il Rondò
- B&B L'Agnolo
- Bellavista
- La Terrazza
- Meublè Il Riccio
- Albergo Duomo

ssen & Trinken

- Le Logge del Vignola
- Lucevan le Stelle
- Godimento DiVino
- Antico Caffè Poliziano
- La Pentolaccia
- Osteria del Borgo
- Di Cagnano
- Pizzeria Lieviti
- Del Conte
- Acquacheta
- Enoliteca del Consorzio

Personen) über die Landschaft des Valdichiana hilft, die Preise zu verdauen: An der Bar kostet besagter Cappuccino mit Brioche nur 2,40 €, nicht mehr als anderswo. Wer sich setzt, zahlt das Dreifache! Via Voltaia nel Corso 27, ✆ 0578-758615.

La Grotta, 3 km außerhalb, Edel-Ristorante gegenüber der Kirche San Biagio. Nobles Ambiente in zwei Speisesälen, kleiner Garten. Toskanische Spezialitäten, im Angebot selbstverständlich auch einige hervorragende Weine. Mi Ruhetag. Via di San Biagio 15, ✆ 0578-757607.

Lucevan le Stelle 5, entspanntes Abhängen im Jazzclub oder auf der kleinen Terrasse. Gelegentlich Livemusik. Di Ruhetag. Piazza San Francesco 3.

Montefollonico

470 Einwohner

Beschauliches kleines Dorf auf einem Hügel in 575 m Höhe, ca. 10 km nördlich von Montepulciano, etwas abseits der SS 327. Die teilweise noch erhaltenen Befestigungsmauern stammen aus dem 13./14. Jh., einer Zeit, in der Montefollonico – wie die ganze Gegend – hin- und hergerissen wurde zwischen den Großmächten Siena und Florenz. Als strategischer Außenposten der Sieneser wurde Montefollonico immer wieder angegriffen, doch erst 1543 von den Truppen *Karls V.* eingenommen und den florentinischen Medici unterstellt. Heute herrscht dörfliche Ruhe. Ein Spaziergang durch das stille Centro storico führt von der **Porta della Pianello** zum höchsten Punkt, an dem sich die romanische **Pieve di San Leonardo** aus dem frühen 13. Jh. erhebt. Das beschauliche Idyll, berühmt für seinen Vin Santo, wartet mit einigen guten Restaurants auf.

Übernachten/Essen ***** Agriturismo La Chiusa,** außerhalb, am unteren Ortsende, ausgeschildert. Nobelherberge in altem Gemäuer mit nicht minder noblem Ristorante (Mo Ruhetag). In amerikanischem Besitz – es fehlt weder am Pool noch an weiterem Luxus. Via della Madonnina 88, ✆ 0577-669668, lachiusatuscany.com. **€€€€**

Mein Tipp **13 Gobbi,** direkt an der Porta del Pianello. Gemäßigtes Preisniveau, kleiner Garten, hervorragende Küche. Als Primo sind *Tagliatelle in forma pecorino der* Hit: Die heiße Pasta wird in einem ausgehöhlten Pecorino gewendet, der Boden des Käses zieht wie ein Fondue in die Tagliatelle. Di Ruhetag. Via Lando di Duccio 5, ✆ 0577-669755.

Chianciano Terme

7500 Einwohner

Vom alten Zentrum ziehen sich zahllose Hotelbauten etwa 3 km an einem sanften Talhang entlang nach Süden. Große Straßenzüge prägen das Bild, von Toskana-Flair keine Spur. Der Kurort für leberkranke Kassenpatienten konkurriert mit dem westlich von Florenz gelegenen Montecatini Terme.

Die Heilquellen müssen schon den Etruskern bekannt gewesen sein. In der Neuzeit wurden sie erst um die Wende zum 20. Jh. wiederentdeckt. Einen Boom erlebte der Kurort nach dem Zweiten Weltkrieg, besonders in den 60er-Jahren – 250 Hotels mit 13.000 Betten wurden gebaut! Als Zentrum des neustädtischen Kurorts gilt die **Piazza Italia.** Nahezu unbehelligt vom Kurbetrieb liegt das beschauliche Centro storico von Chianciano, etwas nördlich des Geschehens, mit seiner Häuserkrone auf dem Stadthügel.

Nebenbei hat der Kurbetrieb zwei prächtige Parks entstehen lassen. Sie sind gut ausgeschildert und liegen praktisch nebeneinander.

- Kur-Info unter ✆ 0578-68501, termechianciano.it.

Parco Fucoli: Üppig-grüne und gepflegte Anlage mit Boccia-Bahn und Minigolfplatz. Während der Saison nachmittags oft Kurkonzerte und Tanzveranstaltungen unter dem riesigen Zelt.

Parco Acqua Santa und der Salone Sensoriali: In diesem Park werden Trinkkuren gegen Leber- und Magenbeschwerden verabreicht – auf nüchternen Magen! Der „Salon der Sinne" ist eine kleine, aber feine Wellness-Einrichtung auf dem Gelände. Um sich mit allen Sinnen den wohltuenden Wirkungen der Elemente Luft, Feuer, Erde, Wasser zu unterziehen, sollte man für den Parcours des Wohlbefindens etwa 3 Std. einplanen. Badekleidung mitbringen.

▪ Salone Sensoriali, tgl. 10–22 Uhr. Info und Reservierung unter ✆ 0578-68501. Eintritt 45 €.

Piscine Termali Theia: Die moderne Thermalbadanlage hat an Wasservergnügen einiges zu bieten; Außen- und Innenpool mit diversen Sprudelbecken – alles mit Thermalwasser gespeist.

▪ Tgl. (außer Di) 10–19, Sa bis 24 Uhr. Eintritt für 4 Std. 29 €, Tagesticket 45 €. Piazza Marconi 8, Reservierung unter ✆ 0578-68501.

La Foce und die berühmteste Allee der Toskana: Der Inbegriff von Gartenarchitektur – Buchsbaum, Lorbeer und Zypressen prägen das Anwesen ca. 5 km Richtung Casteluccio. Im Mai ist der mit blau blühender Glyzinie berankte Laubengang am schönsten. Auch den Klassiker jedes Toskana-Kalenders wird man hier entdecken: die berühmte serpentinenförmige Zypressenallee. Die Engländerin *Iris Origo*, die den Garten in den 1920ern anlegen ließ und sich damit einen Traum erfüllte, wurde später als Autorin verschiedener Bücher bekannt. Ihr *Toskanisches Tagebuch 1943/1944* beschreibt, wie der Krieg im Orcia-Tal Einzug hielt und ihr Gut zum Auffanglager für elternlos gewordene Kinder und entflohene englische Kriegsgefangene wurde. La Foce ist heute im Besitz der beiden Töchter der 1988 verstorbenen Autorin.

▪ Unsere Empfehlung: Besichtigung mit Führung ab dem letzten März-Wochenende bis 1. Nov.: Mi 15, 16, 17, 18 Uhr; Do und So/Feiertag 11.30, 15, 16.30 Uhr. Eintritt 10 €. ✆ 0578-69101, lafoce.com (mit Infos zu B & B und Apartments).

Museo Civico Archeologico delle Acque: Das kleine Museum kurz vor der Altstadt (im ockerfarbenen Palazzo links am Kreisverkehr) zeigt Schätze aus etruskischer Zeit, darunter eine beachtliche Sammlung von rund 200 Urnen, sogenannten Canopi.

▪ Tgl. 10–13 und 15–19 Uhr, Nov.–März nur Sa/So. Eintritt 6 €. Viale Dante 8.

Museo D'Arte: Kleine Privatsammlung auf vier Etagen – von moderner Malerei (u. a. Francis Turner) bis zu Originalzeichnungen z. B. von Magritte, Dürer, Lautrec und Rembrandt.

▪ Öffnungszeiten bzw. Veranstaltungshinweise über museodarte.org. Im Sommer mitunter ab 21 Uhr lange Museumsnächte mit Musik bei freiem Eintritt. Viale della Libertà 280.

Information Tgl. 9.30–12.30/15–18 Uhr, Fr–So 9–13/16–19 Uhr. Kompetente Auskünfte. Piazza Italia 67, ✆ 0578-652323, vivichiancianoterme.it.

Einkaufen An Geschäften und Boutiquen ist kein Mangel. Alles, was des Kurgastes Herz begehrt, wird entsprechend teuer angeboten.

Markt Mittwoch neben der Altstadt, dem Centro storico.

Übernachten Das altehrwürdige **Grandhotel** im Zentrum an der Piazza Italia ist seit Jahren geschlossen; bei unserer letzten Recherche wurde renoviert – eine Wiedereröffnung ist in Sicht.

***** Le Sorgenti,** gegenüber dem südlichen Eingang des Parco Acqua Santa (Ingresso Macerina). Großer Bau mit komplett neu gestaltetem hellem Entrée. Komfortable, geräumige, etwas hellhörige Zimmer mit Zugang zu einem Gemeinschaftsbalkon. Großzügige Sonnenterrasse. Freundlicher Empfang. Geöffnet April–Okt. Viale G. Baccelli 42, ✆ 0578-64056, albergolesorgenti.it. **€**

Essen & Trinken **L'Assassino,** an der Piazza unterhalb des Eingangs zum Centro storico. Ruhige Lage, kleine Pergola vor dem Haus. Familiär geführtes Lokal, das von der Salsiccia bis zum Florentiner Steak auf Holzkohle (fast) alles auf der Karte führt. Di Ruhetag. Piazza Gramsci 15, ✆ 0578-31767.

Il Buco, am Fuß des Centro storico (neben Coop). Pizza und einige wirklich typische toskanische Gerichte (Kutteln). Mi Ruhetag. Via della Pace 39, ✆ 0578-30230.

Am Tresen im Dopolavoro

La Torretta, am Eingang zum Centro storico. Pasta, z. B. handgemachte Pici, Käse- und Salamiplatten, aber auch gutes Angebot an Secondi. Besondere Sorgfalt wird auf die Qualität der Zutaten gelegt. Sonnenterrasse. Viale Dante 2, ✆ 0578-31073.

Bar Pasticceria Centro Storico, im Centro storico. Kuchen aus eigener Backstube, man genießt ihn auf der Panorama-Terrasse. Auch Primi. Via Casini 22.

Ristorante Dopolavoro La Foce, einst Kantine und Treffpunkt für die Landarbeiter des Wirtschaftbetriebs. Heute glüht im Saal des trendigen, aber bodenständigen Lokals abends der Holzkohlengrill für *Galletto alla griglia* (Kräuterhühnchen) und Bistecca. Nachmittags ist bis 19.30 Uhr Barbetrieb – die beste Zeit, um für 4 € *Il Bico,* eine Sandwich-Spezialität aus Umbrien zu probieren. Ab 19.30 Uhr dann die Abendkarte, die hochpreisiger ausfällt. Am Wochenende auch mittags Grillgerichte. Tgl. ab 12.30 Uhr, Mo Ruhetag. Loc. La Foce, Strada della Vittoria 90, ✆ 0578-754025.

Chiusi

10.000 Einwohner

Die auf einem Hügel erbaute Stadt war der Königssitz von Porsenna, dem wohl mächtigsten Führer des etruskischen Städtebundes. Nach Aufzeichnungen von Plinius dem Älteren soll Porsenna im Jahr 506 v. Chr. Rom erobert und mit Tributpflicht belegt haben.

Plinius, einer der ersten römischen Geschichtsschreiber, zitiert aus den Aufzeichnungen eines gewissen *Terenzio Varone,* nach denen sich unterhalb von Chiusi das mächtige pyramidenförmige Grab des Herrschers befinden sollte. Bei dessen letzter Ruhestätte handele es sich, so der Chronist, um eine Orgie in Gold: ein goldener Wagen, gezogen von zwölf goldenen Pferden, dazu ein goldenes Huhn mit 5000 Küken, ebenfalls aus dem edlen Material gefertigt. Gesichert ist, dass ein Teil der Stollen zu Verteidigungszwecken erbaut wurde: Die Krieger konnten auf diesem Wege die Stadt verlassen und dem Feind dann in den Rücken fallen.

Der Tourismus ist für Chiusi kaum von Bedeutung. Für Arbeitsplätze sorgen der Schlachthof, die Lederverarbeitung (Schuhe) und eine Möbelfabrik. Das ruhige Zentrum von Chiusi lädt zum Spaziergang ein. In der Hauptgasse **Via Porsenna** finden sich viele kleine Geschäfte, und von der **Piazza Olivazzo** (von der Via Porsenna über die Via Petrarca zu erreichen) mit ihren einladenden Steinbänken bietet sich ein herrlicher Panoramablick über das Umland. Treffpunkt ist der schattige kleine Park gegenüber dem Etruskischen Museum.

Die wenig idyllische „Neustadt" **Chiusi Scalo** befindet sich 3 km östlich der Altstadt. Hier kann man relativ günstig übernachten (die meisten Hotels liegen allerdings nicht gerade ruhig in Bahnhofsnähe); von Chiusi Scalo gibt es gute Bus- und Bahnverbindungen nach Florenz, Rom und Siena sowie in die nähere Umgebung.

Sehenswertes

Museo Nazionale Etrusco: Die reiche Sammlung vermittelt einen hervorragenden Einblick in die hochentwickelte Kultur der Etrusker. Der rege Handels- und Ideenaustausch mit Griechenland zeigt sich an den Motiven der vielen Tongefäße. Zu sehen sind Toilettenartikel (Kämme), Haus- und Küchengeräte, Goldschmuck, Waffen, Masken, bemalte Graburnen und reliefverzierte Sarkophage aus Alabaster. Kurios sind die sogenannten Fälschungen: Da wurde eine Graburne einfach entleert und ein zweites Mal benutzt, nachdem man das Porträt des Verstorbenen durch das seines Nachfolgers ersetzt hatte – etruskisches Recycling.

▪ Mo–Sa 9–20, So 9–14 Uhr. Eintritt 7 €.

Tomba della Pellegrina: Die Tomba birgt Urnen und Sarkophage. Beim „Grab der Pilgerin" handelt es sich um ein sogenanntes Ganggrab mit vier Grabnischen und drei Grabkammern. Eine der Urnen zeigt Kampfszenen zwischen Griechen und Galliern, eine weitere Darstellung die Plünderung des Heiligtums von Delphi durch die Gallier. In unmittelbarer Umgebung wurde erst kürzlich die Tomba del Leone wiedereröffnet.

▪ Nur mit Führung März–Okt. 11 und 16 Uhr, Nov.–Febr. 11 und 14.30 Uhr. Eintritt mit dem Ticket des Museo Etrusco. 3 km vom Ort entfernt (ausgeschildert). 2023 war die Tomba geschlossen.

Tomba della Scimmia: Das „Grab des Affen" aus dem 5. Jh. v. Chr. besteht aus einer Vorhalle und drei Grabkammern. Auf einem Wandfresko mit Sport-, Spiel- und Kampfszenen ist auch ein kleiner Affe zu sehen – daher der Name des Grabs, das 2001 umfassend restauriert wurde.

▪ Nur mit Führung März–Okt. Di, Do, Sa 11 und 16 Uhr, Nov.–Febr. Di, Do, Sa 11 und 14.30 Uhr. Nur nach Anmeldung im Museo Etrusco. Eintritt 3 €. 3 km vom Ort entfernt (ausgeschildert). 2023 geschlossen.

Noch unentdeckt: das Grabmal des Etruskerfürsten Porsenna

Dom San Secondiano: Der Dom zählt zu den ältesten Kirchen der Toskana, ein erster Bau datiert aus dem 6. Jh. Aus dieser Zeit stammen die antiken römischen Säulen, die das Mittelschiff abstützen, sowie der Mosaikboden, auf dem der Altar steht. Der heutige Baukörper stammt im Wesentlichen aus dem 13. Jh. Die Mosaiken im Chor hingegen sind eine Zutat aus dem 19. Jh.

Dommuseum: eher etwas für Liebhaber. Eingerichtet wurde das Museum 1932, um benediktinische Handschriften aus dem Kloster Monte Oliveto Maggiore aufzubewahren, 1992 erweitert um liturgische Objekte und Gemälde aus der Sieneser Schule (16.–18. Jh.) sowie Funde aus den Katakomben.

▪ April–Okt Di–So 10.15–12.45/14.30–17 Uhr, in der Nebensaison kürzere Zeiten. Kombiticket mit Labirinto di Porsenna 8 €.

Labirinto di Porsenna: Die unterirdischen Gänge wurden von den Etruskern zum Sammeln von Regenwasser angelegt, das dort kleine Becken und Zisternen füllte. Ein schulterbreiter, 120 m langer Gang ist für Führungen freigegeben. Das legendäre Porsenna-Grab aber harrt weiterhin seiner Entdeckung.

▪ Nur wenn das Dommuseum geöffnet ist – dann Führung um 10.45, 11.30, 12.15, 15.00, 15.45, 16.30, 17 Uhr. Kombiticket mit Dommuseum 8 €.

Katakomben: Im 17. Jh. entdeckten Mönche beim Graben eines Brunnens 2 km nordöstlich von Chiusi die **Santa-Mustiola-Katakomben** aus dem 2./ 3. Jh.; auf die **Santa-Catarina-Katakomben** (in Chiusi Scalo) stieß man erst 1847. Es handelt sich in beiden Fällen um Grabstätten von Urchristen, die noch nach etruskischem Ritus bestattet wurden.

▪ Di, Do, Sa, So nur mit Führung (mind. 4 Pers.) um 14.30 Uhr (nur nach vorheriger Reservierung im Dommuseum oder unter ✆ 0578-226975). Eintritt 5 €, Besichtigung beider Katakomben 10 €. Man fährt mit dem eigenen Auto zu den ca. 2 km entfernten Besichtigungsstätten.

Erst 2015 wurde die **Tomba del Colle** entdeckt, einzigartig sind die Wandmalereien mit Kampfszenen in grüner, blauer und roter Farbe. Außergewöhnlich ist auch die zweiflügelige Eingangstür aus Travertin.

▪ Führung für max. 12 Pers. und nach Voranmeldung, Fr 12 und 17 Uhr. ✆ 0578-20177. 2023 war die Tomba geschlossen.

Museo Civico: Das 2004 eröffnete Museum umfasst eine kleine Ausstellung sowie die geführte Besichtigung eines weiteren unterirdischen Labyrinths. Interessant sind das System der damaligen Wasserversorgung, die Sammlung der Urnen und die Grabsteine mit Grabschriften, die den Übergang von der etruskischen zur römischen Epoche illustrieren.

▪ Führung Mai–Okt. Di–So 10.10, 11.10, 12.10, 15.10, 16.10, 17.10 Uhr. Nov.–April Do/Fr 10.10, 11.10, 12.10 Uhr, Sa/So wie Mai–Okt. Eintritt 4 €. Es gibt auch ein Kombiticket für 13 €, das für das Museo Nazionale Etrusco, Dommuseum, Labirinto di Porsenna und Museo Civico gilt.

Information **Pro Loco,** April–Okt 9–13/15–17 Uhr, Nov-März 9.30–12.30 Uhr, Mo geschlossen. Via Porsenna 79, ✆ 0578-227667, prolocochiusi.it.

Hin und weg **Bahn:** Chiusi liegt an der Linie Arezzo – Orvieto – Rom. Bahnhof in der Neustadt Chiusi Scalo; von hier etwa stündl. nach Siena und Florenz. Zudem mehrmals tgl. nach Rom, Mailand etc. Busverbindung zwischen Bahnhof und Altstadt (Via Garibaldi).

Busse starten vor dem Bahnhof in Chiusi Scalo nach Siena, Chianciano Terme, Montepulciano, Cetona, San Casciano dei Bagni, Radicofani und weiter nach Abbadia San Salvatore sowie nach Sarteano. Ticketverkauf in der Bahnhofshalle.

Parken Am Ortsrand von Chiusi (beim Teatro Comunale) mit Parkscheibe, in Chiusi Scalo ausreichend Parkmöglichkeiten in den Seitenstraßen.

Feste **Patronatsfest** alljährlich um den 3. Juli zu Ehren der Schutzpatronin von Chiusi, der heiligen Mustiola, einer römischen Patrizierin und Märtyrerin. Ihre Reliquien ruhen im Dom. Im Rahmen der dreitägigen Festivitäten beeindruckende nächtliche Prozession.

Palla al Bracciale, ein historisches Faustballspiel, alljährlich an zwei aufeinander folgenden Sonntagnachmittagen in der ersten Septemberhälfte.

Markt Montag großes Markttreiben in Chiusi Scalo. Dienstag Wochenmarkt auf der Piazza XX Settembre.

Übernachten **La Corte del Grillo,** nächtigen in einem Palazzo aus dem 19. Jh., bei dessen Restaurierung Geschmack bewiesen wurde. Die Eigentümer sind supersympatisch und mächtig stolz auf diese Bereicherung des Übernachtungsangebots von Chiusi. Riesige Zimmer, schönes Frühstück und dabei gar nicht teuer. Via Arunte 25, ✆ 0578-263243, lacortedelgrillo.com. **€**

***** Centrale,** außerhalb, beim Bahnhof in Chiusi Scalo. Alteingesessen (seit 1910), einfach, aber gut in Schuss mit Restaurant. Piazza Dante 3, ✆ 0578-222043. **€**

*** La Sfinge,** am unteren Ende der zentralen Via Porsenna. Gastfreundliche, nette Wirtsleute, gepflegte, größtenteils geräumige Zimmer. 12 DZ unterschiedlicher Ausstattung, das schönste ist Nr. 12 mit Panoramablick. Frühstück mit Wasserkocher, Keksen und abgepacktem Kuchen im Zimmer; dafür unschlagbare Zimmerpreise. Via Marconi 2, ✆ 0578-20157, albergolasfinge.it. **€**

B & B Le Rondine, in Richtung Chianciano. Nette, familiäre Zimmervermietung; auf Anfrage wird auch gekocht. Loc. Fontepinella,

✆ 0578-274354, ✆ 347-6382858, lerondini.it. €

Camping → Umgebung/Lago di Chiusi.

Essen & Trinken Il Bucchero, hübscher, von Wein überrankter Hintergarten, gute, preiswerte Pizzen, günstig sind auch die anderen Gerichte. Mi Ruhetag. Via Bonci 28, ✆ 0578-222092.

> Eine Spezialität, die angeblich auf die Etrusker zurückgeht, ist der „Pesce brustico". Über offenem Feuer (aus getrocknetem Schilf vom See) wird der nicht ausgenommene Fisch mit Schuppen, Kopf und Schwanz fast schwarz gebraten und erst vor dem Servieren mit Zitrone, Öl, Salz und Pfeffer gewürzt.

La Solita Zuppa, „die übliche Suppe" – der Name signalisiert Bescheidenheit, doch ein so reiches Angebot an Suppen findet man selten in Restaurants. Viele einheimische Gäste essen hier zu zivilen Preisen. Begeistert von der „Solita Zuppa" waren auch einige Leser – und vom Wildschweinbraten in Rotweinsoße und dem netten, zuvorkommenden Service. Das Restaurant ist Mitglied der Slow-Food-Vereinigung. Di Ruhetag. Via Porsenna 21, ✆ 0578-21006.

Il Grillo è Buoncantore, eine weitere gute Adresse mit Slow-Food-Angebot. Diesmal ist es die Chefin selbst, die nur mit ausgewählten Ingredenzien arbeitet. Mo Ruhetag. Piazza XX Settembre 10, ✆ 0578-20112.

La Madia del Grillo, „La Madia" bedeutet Backtrog, in dem hier der Teig für die Pizza zubereitet wird. Auch allerlei Frittiertes steht auf der Karte. Terrassenlokal mit derselben Chefin wie des vorher Genannten. Di Ruhetag. Piazza XX Settembre 17, ✆ 0578-775777.

Caffè Venezia, Barbetrieb für Erfrischungen mit Terrasse. Mo Ruhetag. Piazza Graziano 1.

Lago di Chiusi

Kleiner See mit etwa 1,5 km Durchmesser, 5 km nördlich von Chiusi. Da das Seewasser für die Trinkwasserversorgung verwendet wird, sollte das Baden unbedenklich sein. Vogelfreunde mit Fernglas werden im Ufergras einige interessante Zugvögel erspähen.

Camping/Essen Ristorante/Camping Pesce d'Oro, mit netter Terrasse direkt am See. Gute Vorspeisen, als Empfehlung sei „Pesce brustico" genannt, ein auf traditionelle Art gegrillter Fisch; auch gegrillter Aal steht auf der Karte. Die Einrichtungen des Campingplatzes mit ca. 20 Stellplätzen laufen nebenher und wirkten etwas ungepflegt, doch der Platz ist preiswert. Rezeption im Restaurant. Di Ruhetag. Via Sbarchino 36, ✆ 0578-21403, ristorantepescedoro.it.

Ristorante Da Gino, am See, beliebtes Ausflugslokal mit weit über 100 Sitzplätzen. Bodenständige Küche zu gemäßigten Preisen, auch einige Plätze auf der kleinen Terrasse. Auch Da Gino ist für seine „etruskische" Fischspezialität *Pesce brustico* bekannt. Mi Ruhetag. Via Cabina Lago 42, ✆ 0578-21408.

Cetona

Malerisches 3000-Einwohner-Dorf mit mittelalterlicher Burg, etwa 9 km südwestlich von Chiusi. Die Burganlage am höchsten Punkt des Orts – inmitten von Zypressen und Pinien – ist in Privatbesitz und nicht zugänglich. Zu besichtigen ist hingegen das **Museo civico per la Preistoria del Monte Cetona** (Via Roma 37). Anhand von Funden aus Wohnhöhlen sind dort die frühgeschichtlichen Besiedlungsphasen am Monte Cetona von der Altsteinzeit bis zur Bronzezeit anschaulich dokumentiert.

Empfehlenswert ist ein Spaziergang im 5 km entfernten **Parco Archeologico Naturalistico di Belverde** (an der Verbindungsstraße Sarteano – San Casciano dei Bagni). Die Wohnhöhlen, in die man über eine Leiter in den Dolomitfels hinuntersteigt, sind ebenso interessant wie die weite Aussicht von den Felsenabstürzen.

Unten im Tal versteckt sich die Eremitage **Chiesa di Santa Maria in Belverde,** ein stimmungsvolles, gepflegtes Kleinod mitten im Wald. Die Kapelle ist geschmückt mit Fresken aus dem 13. Jh. (Kapelle ist meist geschlossen, wer ihr Inneres sehen will, für den Schlüssel am Empfang nachfragen). Auch in dieser Klostergemeinschaft der

Vom Val d'Orcia zum Monte Amiata → Karte S. 72/73

Mitten im Wald bei Cetona: die Chiesa di Santa Maria in Belverde

italienischen Organisation Mondo X, werden jugendliche Drogenkranke behandelt.

Information **Ufficio turistico,** 15. Juni bis 15. Sept. tgl. 10.30–12.30/17–19 Uhr, 16. Sept. bis 14. Juni Sa/So 10.30–12.30 Uhr. Freundlich und kompetent. Piazza Garibaldi, im Gebäude der früheren Kirche Santissima Annunziata. ✆ 0578-239143. In der Nebensaison erteilt das Museo Civico Auskünfte (s.u.). vivicetona.it.

Hin und weg **Bus:** 4-mal tgl. nach Chiusi Scalo und San Casciano dei Bagni.

Kunstausstellung Etwas versteckt hinter dem Turm Torre di Rivellino kann man in Gewölbekellern die sonderbaren Installationen einer Künstlerin bestaunen – das **Atelier Archidoro** freut sich über neugierige Besucher. Keine regulären Öffungszeiten. Via Sobborgo 5.

Markt Samstag auf der Piazza Garibaldi.

Museo civico Juli–Sept. Di–So 10–13 und 16–19 Uhr, Okt.–Juni Sa/So 10–13/15–18 Uhr. Eintritt 4 €. Kombiticket mit Parco Archeologico 7 €, Via Roma 37, ✆ 0578-269416.

Parco archeologico Okt.–Juni Sa/So 10–13/15–17 Uhr, Juli–Sept. Di–So 10–19 Uhr. Zugang zu den prähistorischen Höhlen und zur Rekonstruktion einer Siedlung mit Hütten und Einrichtung nur mit Führung. Eintritt 6 €, Kombiticket mit Museo civico 7 €.

Übernachten/Essen **Agriturismo Palazzo Bello,** in Richtung San Casciano dei Bagni, nach ca. 3 km links ausgeschildert, von hier noch ca. 2,5 km Feldweg. Zwei große, restaurierte Bauernhäuser mit gepflegten Apartments. Pool und viel Ruhe inmitten von Weizen-, Mais- und Sonnenblumenfeldern. Loc. Spagnoletto, ✆ 360-984315, traveltoscana.com.

Ristorante da Nilo – Il Tiglio di Piazza, Bar, Restaurant und Locanda mit 6 DZ – alles in der Hand eines Besitzers. Di Ruhetag. Direkt an der Piazza Garibaldi, ✆ 0578-239040. **€€**

La Locanda di Cetona, Signora Stefania vermietet 6 sehr schöne DZ gleich über dem Restaurant. Frühstück in der Bar; alles unter einem Dach. Piazza Garibaldi 30, ✆ 0578-237075. **€€**

Osteria del Merlo, kleine Osteria im Gewölbe des runden Torre del Rivellino mit ansprechendem Ambiente und raffinierten Gerichten. Mo Ruhetag. Am Ende der Piazza Garibaldi, Via Sobborgo 1, ✆ 0578-238299.

Sarteano

Der 4800-Einwohner-Ort auf 573 m Höhe wird überragt vom Turm des **Castello dei Manenti,** das abends hübsch angestrahlt ist (s. u.). Wer von Chiusi kommt, fährt zunächst durch das kleine, eher triste Neubaugebiet von Sarteano und ist versucht, den Ort über die Durchgangsstraße schnurstracks wieder zu verlassen. Doch im sympathischen historischen Kern, der mit seinen engen Gässchen an den Hang gebaut ist, findet man ein **Archäologisches Museum** (Palazzo Gabrielli, Via Roma 24), das u. a. Funde vom Monte Cetona zeigt. An der gleichnamigen Piazza steht die **Chiesa San Martino** mit einer „Verkündigung" von *Domenico Beccafumi*.

▪ Castello: 15. April bis Sept. tgl. (außer Mo) 10.30–13/15–19 Uhr, Okt. nur Sa/So und Feiertag. Archäologisches Museum: April und Okt. tgl. (außer Mo) 10.30–12.30/16–18 Uhr, Mai–Sept. tgl. (außer Mo) 10.30–12.30/16–19 Uhr. Eintritt je 4 €, Kombiticket Castello + Museum 6 €.

Kirche April/Mai/Okt. Sa 16–19, So 10–13 Uhr, Juni Fr/Sa 16–19, So 10–13 Uhr, Juli/Aug. Di–Sa 16–19, So 10–13 Uhr, Sept. Fr/Sa 16–19, So 10–13 Uhr. Eintritt 3 €.

Im Palazzo Comunale an der Piazza XXIV Giugno residiert das kleine **Teatro degli Arrischianti.** Für eine Besichtigung an die Touristinfo wenden. Und schließlich lohnt – gleich gegenüber vom Theater – ein Blick in die inzwischen geschlossene **Antica Farmacia Bologni,** eine Apotheke aus dem 19. Jh., die schon fast ein Museum ist: In den Vitrinen zwischen den neugotischen Säulen lagern Phiolen, Cremedosen, Klistiere, Spritzen für die Nasendusche und auf den Tischen Fotoalben. Wer sich das näher anschauen möchte – das Ufficio turistico (s. u.) hat einen guten Draht zu der Person, die einem die Tür öffnen kann – der Schlüsselinhaber ist der letzte Nachfahre der Bologni, er wohnt über der alten Apotheke. Oder man wählt gleich seine Telefonnummer, die an der Tür angegeben ist; er spricht nur Italienisch.

Parco delle Piscine: am südwestlichen Ortsrand. Zwei große Schwimmbecken (eines ist für die Campinggäste des Parks reserviert) sowie ein Becken für Kinder. Das Wasser ist konstant 24 Grad warm, die ganze Anlage sehr einladend. Camper finden hier einen idealen Standort für die Erkundung der Gegend.

▪ Tgl. 9–19 Uhr. Eintritt Mo–Fr 22 €, halber Tag 14 €, Sa/So 24 €, halber Tag 15 €. Via del Bagno Santo 29. ✆ 0578-26971.

Santa-Lucia-Brunnen: etwas außerhalb des Orts (südlich) speist eine Thermalquelle ein kleines Becken. Das Heilwasser soll bei Augenleiden helfen.

Information **Ufficio turistico/Info Point,** etwas komplizierte Öffnungszeiten: April und Mai Do–So 9.30–12.30/16.30–18 Uhr, Juni/Sept.9.30–12.30/16–18 Uhr, Juli/Aug. 9.30–12.30/16.30–19.30 Uhr, Okt. Di und Do–So 9.30–12.30/16–18 Uhr. Piazza Bargagli 14, ✆ 0578-269204, sarteanoliving.it.

Einkaufen **Pasta Fresca,** in dem kleinen Laden hatten es die Nudelteigspezialitäten aus eigener Produktion einer Leserin angetan. Via di Fuori 7. ▪ **Lesertipp**

Feste **Giostra del Saracino,** alljährlich am 15. August, Reiterspiel in historischen Kostümen.

Civitas infernalis, Mittelalterfest am letzten Juliwochenende mit Spektakel auf der Piazza.

Camping ****** Campeggio Parco delle Piscine,** am südlichen Ortsrand (gut ausgeschildert). Professionell geführter, kinderfreundlicher Platz mit eigenem Thermalschwimmbecken (s. o.); über 500 teils schattige Stellplätze und gepflegte Sanitäranlagen. Es gibt Bungalows unterschiedlicher Ausstattung und „Coco-Suiten", 2-Raum-Zelte mit Kochecke. Trotz der Größe des Platzes angenehme Atmosphäre. Pizzeria- und Bistroservice. Geöffnet April–Sept., in der Saison Reservierung ratsam. Via Campo dei Fiori 30, ✆ 0578-26971, parcodellepiscine.it.

Essen & Trinken **Tripolitania,** Familienbetrieb in dritter Generation – hervorragende, selbst gemachte Pasta. Mi Ruhetag. Corso Garibaldi 27, ✆ 0578-265311.

mein Tipp **Da Gagliano,** im Centro storico. Kleine, sehr freundliche Osteria. Das Angebot ist reich: Perlhuhn, Stockfisch, Lamm (zu Ostern!), die meisten Zutaten kommen von nahegelegenen Bauernhöfen. Als Primo empfiehlt sich ein „Farro a risotto con Chianti e Pecorino". Die Dolci sind hausgemacht. Reservierung empfohlen! Di/Mi Ruhetage. Via Roma 5, ✆ 0578-268022.

Enoteca del Teatro, gutsortierte Weinbar und Bistro toscano. Mit Vorspeisenplatte und Wein lässt sich der Abend auf der Piazza XXIV Giugno genießen! Nur abends ab 18 Uhr geöffnet, Sa/So auch mittags. Mo Ruhetag.

Vom Val d'Orcia zum Monte Amiata → Karte S. 72/73

San Casciano dei Bagni

Die Römer priesen das Thermalwasser von San Casciano. 42 Quellen wurden in der Umgebung entdeckt, viele sind heute privatisiert, z. B. die Doccia della Testa im unteren Ortsteil. Andere, wie das Bagno Grande, sind weiterhin für alle zugänglich.

Auch heute sind im gepflegten mittelalterlichen Städtchen mit Kurortatmosphäre wieder Römer zu sehen – als betuchte Hauptstädter auf der Suche nach einer Ferienimmobilie. Viele der mittelalterlichen Bauten sind allerdings schon verkauft und von Grund auf renoviert. Das zinnenbewehrte **Castello Bologna** mit seiner riesigen Parkanlage befindet sich in den Händen derer von Bologna, während das 5 km außerhalb des Orts gelegene **Castello Fighine** ein reicher Engländer gekauft hat, der dort in den alten Gemäuern Ferienwohnungen vermietet.

Der Besucher, der mit Immobilien nichts am Hut hat, spaziert indes gelassen zur Piazza della Repubblica hoch, zum wappengeschmückten Rathaus. Vielleicht sucht er nachher das **Bagno Grande** auf, das im sonst teuren Ort eine Ausnahme bildet: Es kostet nichts. „Grande" ist allerdings ein wenig übertrieben, denn schon bei zwei Dutzend Gästen wird es voll: Die drei Thermalbecken in freier Natur sind eher „piccolo".

▪ Von der Kreuzung am Großparkplatz die Via della Fontaccia hinuntergehen (Anliegerverkehr), ca. 1 km hinunter bis zu den Becken.

Teurer wird es knapp außerhalb des Orts, im **Thermalzentrum Fonteverde.** Der Jahrhundertwendebau mit kleiner Parkanlage wurde in den 1930er-Jahren erweitert. Eine komplette Neugestaltung ist das Open-Air-Bad. Das **Centro Termale** bietet Wellness total: Beauty-Farm, türkische Bäder, Sauna, Fitness-Studio und natürlich alle therapeutischen Anwendungen des 38 Grad heißen Thermalwassers. Etwas weiter oben verwöhnt das Fünf-Sterne-Hotel Fonteverde seine teuren Gäste.

Ein archäologischer Sensationsfund

2022 wurde San Casciano dei Bagni allergrößtes internationales Interesse zuteil. Grund war ein einzigartiger Fund: 24 Bronzestatuen, fünf davon fast einen ganzen Meter hoch, wurden in einem der Thermalbecken buchstäblich aus dem Schlamm gezogen, in dem sie seit dem 2. Jh. v. Chr. und dem 1. Jh. n. Chr. geruht hatten. Diesem Schlamm und dem heißem Wasser der Quelle ist zu verdanken, dass die zwei Jahrtausende alten Kunstwerke vorzüglich erhalten sind: Die etruskischen bzw. lateinischen Schriftzeichen auf den Statuen sind gut zu erkennen und werden, so erwarten die Experten, Aufschluss über ihre Bedeutung und das einstige Heiligtum geben.

Die Archäologen sprechen von einem historischen Fund, der nebenbei noch Tausende von Gold-, Silber- und Bronzemünzen zu Tage brachte. Auf die Ausstellung dieser unerwarteten Schätze sind wir gespannt, geplant ist auf alle Fälle schon mal ein eigenes Museum …

Gasse in San Casciano

Im Park der weitläufigen Anlage befindet sich das wohl älteste Bauwerk von San Casciano, das sogenannte „Heidentempelchen" aus dem 5. Jh., heute als **Chiesa della Colonna** zum Christentum konvertiert.

Information **Pro Loco,** im Sommer Fr und So vormittags geöffnet, Sa ganztägig. Am Eingang zum Centro storico, Piazza Matteotti 14, ✆ 0578-58141, sancascianoliving.it.

Hin und weg **Bus:** Ab Piazzale del Ponte (am großen Parkplatz) 4-mal tgl. nach Cetona und weiter nach Chiusi. Tickets in den Bars im Zentrum.

Parken/Wohnmobil Gebührenpflichtige Plätze am Stadttor und unterhalb des Orts – auf Letzterem auch Chemietoiletten-Entsorgung.

Thermalbad **Fonteverde,** tgl. 9–19 Uhr, Di nur bis 15 Uhr. Eintritt Mo–Fr 30 €, halber Tag ab 15 Uhr 25 €, Sa/So 37 €. Bademantel inklusive. ✆ 0578-57241, Località Terme 1, fonteverdespa.com.

Übernachten ***** Sette Querce,** neben dem Großparkplatz. 8 luxuriöse, farbenprächtig gestaltete Suiten, auch kleinere Zimmer, die durchaus erschwinglich sind. Frühstück im Zimmer oder auf der Terrasse. Viale Manciati 2, ✆ 0578-58174, settequerce.it. **€€**

***** La Fontanella,** sehr gepflegtes, angenehmes Albergo an der Straße zum Thermalbad; 10 komfortable, gut eingerichtete DZ mit Restaurantbetrieb. Via Roma 38, ✆ 0578-58300, albergolafontanella.com. **€€**

Essen & Trinken **Ristorante Daniela,** vor dem Centro storico. Unter den luftigen Deckengewölben waren ursprünglich die Pferde der Postillione untergebracht. Guter Service und leichte, bodenständige Küche. Schöne Terrasse, auf der der Cappuccino oder Aperol Spritz auch nachmittags gut schmeckt. Außerhalb der Saison Mi Ruhetag. Piazza Matteotti 3, ✆ 0578-58234.

Vom Val d'Orcia zum Monte Amiata → Karte S. 72/73

Der Monte Amiata ist mit 1738 m der höchste Berg der Toskana

Um den Monte Amiata

Der Gebirgszug um den erloschenen, 1738 m hohen Vulkan liefert ein Kontrastprogramm zu den Kulturoasen der nördlichen Toskana: Hier locken dünn besiedeltes Land, einsame, weite Kastanien- und Buchenwälder und heiße, heilende Quellen.

Der Gipfel des Monte Amiata, die **Vetta Amiata,** ist bis auf die letzten 200 m mit dem Auto erreichbar. Hier oben hat man eine fantastische Aussicht auf die südliche Toskana bis hinüber zum Meer. Das eiserne Gipfelkreuz hatte schon etliche Blitzschläge abbekommen, bevor es die Nazis bei ihrem Abzug sprengten. 1946 ließ es Papst Pius XII. wieder instandsetzen. Daneben gibt es Souvenirstände und eine Bar. Wer den wenig anstrengenden Aufstieg vom obersten Parkplatz (Skilift und Hotels) zum Gipfel hinter sich gebracht hat, folgt am besten den Wegweisern zur „Madonna degli Scouts" noch ein Stück weiter: Nur 5 Min. vom Gipfelkreuz entfernt erhebt sich die Felsengruppe mit einem großartigen Panoramablick.

Die kreisförmig um den Berg angeordneten Orte liegen alle auf 600 bis 800 m, eine Höhe, in der viele Quellen entspringen. Bis auf ca. 1000 m Höhe führen die Straßen durch dichte Kastanienwälder, deren essbare Früchte im Oktober Anlass für diverse „Feste della Castagna" sind. Fährt man weiter hoch in Richtung **La Vetta,** wechselt die Vegetation in Buchen-Hochwald, in dem riesige moosbewachsene Felsen in der Waldlandschaft wildromantische Akzente setzen. Ab Mitte August sind hier – an Pilzblick und Korb zu erkennen – Sammler unterwegs, deren Objekt der Begierde die *Funghi Porcini* (Steinpilze) sind.

Seit der Schließung der Quecksilberminen liegt das Gebiet wirtschaftlich im Abseits. Der Wintersporttourismus, in den viel investiert wurde, fiel wegen etlicher milder Winter in den letzten Jahren mager aus. Neue Impulse verspricht die Nutzung der Erdwärme durch Kraftwerke und als Nebenprodukt die Beheizung 30 ha (!) großer Glashäuser zur Blumenzucht durch die Abwärme bei Piancastagnaio.

▪ Anfahrt: Der Gipfel des Monte Amiata ist 12 km von Abbadia San Salvatore (s. u.) entfernt und gut ausgeschildert, die meiste Zeit führt die schmale Asphaltstraße durch dichten Wald.

Mountainbike Die Umrundung des Bergs, teils auf Wegen, teils auch auf Teersträßchen, ist in einem guten halben Tag zu schaffen – vorausgesetzt, man bringt einiges an Kondition mit. Fahrradverleih z. B. im Hotel Le Macinaie (Castel del Piano) für Hotelgäste.

Skifahren Ein Sessellift und 13 Skilifte ab 1300 m Höhe erschließen Abfahrten verschiedener Schwierigkeitsgrade. Langläufer finden kilometerlange Loipen. Immer vorausgesetzt, es schneit ordentlich!

Übernachten ***** Albergo Generale Cantore,** einfacher Berggasthof auf 1400 m Höhe mit schöner Wiese davor, geführt von der sympathisch-kernigen Wirtin Elisabetta. Loc. Il Rifugio Cantore 70, 53021 Abbadia San Salvatore, ✆ 0577-789704, albergogenerale cantore.it. **€**

***** Albergo Sella,** am großen Parkplatz beim Gipfel, ein wenig Berghütten-Feeling auf fast 1700 m Höhe. Schöne DZ mit Bad und, falls gewünscht, Halbpension. Vetta Amiata, 53021 Abbadia San Salvatore, ✆ 0577-789747, albergosella.it. **€€**

Abbadia San Salvatore

6500 Einwohner

Die alte Bergarbeiterstadt auf 830 m ist der größte und höchstgelegene Ort am Monte Amiata. Der mittelalterliche Kern mit seinen ruhigen Gassen kontrastiert mit dem Leben in den Straßen der Neustadt.

Die seit dem Mittelalter ausgebeuteten Quecksilberminen von Abbadia San Salvatore wurden in den 1970ern geschlossen. Seither sank die Einwohnerzahl von einst 9000 um ein Viertel. 1947, nach einem Anschlag auf den Vorsitzenden der Italienischen Kommunistischen Partei, besetzten Arbeiter die Stadtverwaltung, worauf es zu heftigen Auseinandersetzungen mit der Polizei kam. Die Kommunisten kämpften für eine Verbesserung der Arbeitsbedingungen (sehr niedrige Lebenserwartung wegen des Quecksilbers) und für neue Arbeitsplätze. Noch heute wählt die Stadtbevölkerung zu 80 % links.

Sich in der großen Neustadt zurechtzufinden ist nicht einfach. Erschwert wird das Ganze durch das Einbahnstraßensystem. Am besten das Auto abstellen und die Stadt zu Fuß erkunden. Einen Stadtplan hält die Touristinfo bereit. Der **Borgo Medioevale,** die Altstadt östlich der Neustadt, ist nur für Fußgänger zugänglich. Kein Laden, kein Supermarkt stört die Atmosphäre des bewohnten Altstadtviertels, in dessen Gassenlabyrinth man sich schnell verirren kann – einen Besuch wert! Die Hauseingänge schmücken teilweise schöne Türeinfassungen aus Lavastein, besonders sehenswert sind sie in der

Im Borgo von Abbadia

Hauptstraße der Altstadt, der Via Filippo Neri. Die Nr. 18 ist mit Hammer und Amboss verziert, hier befand sich die Werkstatt des Schmieds; an der Nummer 16 prangt eine Schere – im steinernen Türbalken ist neben der Jahreszahl 1569 der Name des Schneiders („Mastro Matteo") zu entdecken.

Sehenswertes

Klosterkirche: Am Ortsrand, etwas eingezwängt zwischen den Häusern, steht die Kirche (tgl. 7–20 Uhr) des heute nicht mehr existierenden Klosters, das dem Ort den Namen gab: **Abbadia San Salvatore.** Im Mittelalter war die Abtei ein Zentrum weltlicher Macht. Ausgestattet mit päpstlichen Privilegien, beherrschten die Benediktineräbte das Gebiet bis zur Küste beim Monte Argentario. 1229 befand Papst Gregor IX., die Mönche frönten hier einem gar zu üppigen Leben, und übergab das Kloster den Zisterziensern. Sein wahres Motiv aber war wohl, dass die Benediktiner es mit Gregors Erzfeind, Kaiser Friedrich II., hielten. 1783 musste der letzte Zisterzienserabt sein Amt aufgeben, der Klosterbetrieb wurde per Dekret eingestellt. Erst 1939 hielten die Zisterzienser wieder Einzug.

Die Kirche im romanischen Stil datiert aus dem Jahr 1035. Fresken aus dem 17. Jh. zeigen Episoden aus dem Leben des Langobardenkönigs *Rachis*, der das Kloster im 8. Jh. gegründet haben soll. Er befand sich auf einem Feldzug, als er in den Wäldern des Monte Amiata eine Gotteserscheinung hatte. Er war davon so beeindruckt, dass er beschloss, fortan mit Frau und Kind unterhalb des Gipfels zu hausen.

Aus der Mitte des 11. Jh. stammt auch die **Krypta Longobarda.** Um sie nach den Ausgrabungen zugänglich zu machen, wurde der Kirchenboden angehoben. Die eindrucksvoll ausgeleuchtete Krypta ist durch 36 Säulen unterteilt, deren Kapitelle noch nicht vollständig ausgedeutet sind: Ein gordischer Knoten ohne Anfang und Ende symbolisiert die Unendlichkeit Gottes, das bärtige Gesicht gehört vielleicht dem Langobardenkönig Rachis.

▪ Museo dell'Abbazia Sa/So 10–12/16–19 Uhr, Juli/Aug. Di–So 10–12/16–19 Uhr. Bei der Kirche in der Via del Monastero 42.

Parco Museo Minerario: Der Museumskomplex mit den historischen Anlagen für die Quecksilbergewinnung wurde 2015 wieder eröffnet. Auf dem weiten Minengelände am oberen Ortsrand von Abbadia San Salvatore erfährt man alles Wissenswerte rund um die Mine: Geschichte des Bergbauzentrums, Abbaumethoden und der Alltag der Bergarbeiter, dazu eine Dokumentation zu den Arbeiteraufständen im Ort.

Viele der früheren Fabrikgebäude auf dem Gelände verfallen, nur die Stahltürme, in denen das Metall raffiniert wurde, stehen größtenteils noch. Der industrielle Quecksilberabbau (ital. Mercurio) am Monte Amiata begann in der zweiten Hälfte des 19. Jh.. Das abgebaute Zinnober (Quecksilbersulfid), das früher zum Färben benutzt wurde, wurde auf 750 Grad erhitzt, bis das Quecksilber ausdampfte und als Kondensat gesammelt werden konnte. Die Mine war einst eine der weltweit größten ihrer Art. Als wegen des Verfalls Weltmarktpreise die Förderung unrentabel geworden war, wurde dichtgemacht. Auf dem Gelände des Museo Minerario ist auch eine ehemalige Stollenanlage – die Galleria Livello VII – zu besichtigen.

▪ Tgl. 9.30–12.30 und 15.30–18.30 Uhr. Eintritt inkl. beeindruckender Führung durch die unterirdischen Anlagen 12 €. Anmeldung unter ✆ 0577-778324.

Information Ufficio Turistico, in der Regel Mo–So 10–13 Uhr, zudem 15–17 Uhr (außer Mo und Fr!). Nur spärliche Auskünfte, aber brauchbare Wanderkarten. Via XXIV Maggio 4 (kleine Seitenstraße links von der Comune/Rathaus), ✆ 0577-770361, cittadellefiaccole.it.

Hin und weg Bus: 3-mal tgl. nach Siena, ca.

3-mal Buonconvento (an der Bahnlinie Siena–Grosseto). Zu den Bergorten Arcidosso und Santa Fiora tgl. 6-mal, nach Grosseto tgl. 5-mal.

Markt 2. und 4. Donnerstagvormittag im Monat.

Übernachten ***** Parco Erosa,** am südöstlichen Ortsende, Straße Richtung Piancastagnaio. Das Haus zeigt sich fast im Tiroler Stil, auch innen viel Holzverkleidung. Sehr ruhige Lage, gut ausgestattete Zimmer, etwas ältlich, Garten und Pool, freundlicher Service. In der Saison HP obligatorisch. Via Remedi 108, ✆ 0577-776326, parcoerosa.it. €

***** Italia,** zentral gelegenes, einfaches Hotel mit Gärtchen und großzügigen Zimmern mit Blümchentapete. Viale Roma 30, ✆ 0577-778007, albergoitaliamiata.com. €

Agriturismo Fonte Magria Il Ceppicone, ca. 2,2 km außerhalb von Abbadia; idyllisch an einer Bergquelle gelegenes, im Kastanienwald verstecktes Waldgasthaus mit Zimmervermietung, berühmt für Riesenpizza (abends) und Gegrilltes vom Holzkohlenfeuer. Gemüse und Kräuter kommen aus dem Garten. Im einfachen Gastraum lodert oft der offene Kamin. Lokal nur Fr–So. Strada Vetta Km 2,2. Bislang keine Website. ✆ 0577-778539, ✆ 339-5323586. €

Essen & Trinken **Ristorante Il Cantinone,** Seitensträßchen gegenüber der Esso-Tankstelle, unterhalb der Piazza Gramsci. Hier kann man zu reellen Preisen gut speisen. Hausgemachte Pasta 7–10 €. Mi Ruhetag. Via Asmara 14-16, ✆ 0577-776552.

Ristorante Laccoria, oberhalb der Stadt, ca. 2 km Richtung Siena und mitten im Grünen. Gemütlicher Gasthof mit guter, bodenständiger Küche, abends wird auch Pizza gebacken. Mi Ruhetag. ✆ 0577-777107.

Horto Sapiens, die Mini-Osteria mit leckeren Kleinigkeiten aus Bioprodukten ist eine Bereicherung am Springbrunnen im Zentrum. Tgl. ab 17.30 Uhr, Sa/So auch mittags geöffnet. An der Piazza XX Settembre 32.

Gelateria al numero 20, in Sachen eisige Spezialitäten war Nadias Eisdiele unser Favorit. „Cono o coppa" wenn Tüte oder Becher, dann hier! Via della Pace 20.

Die Zeit steht still im Kaufhaus von Pinzi & Pinzuti

Hier oben auf dem Monte Amiata begegnet man ab und zu bemerkenswerten Mitmenschen, zum Beispiel im Kaufhaus von Marcellina Pinzi & Pinzuti. Diesen Zeitgenossen scheint es gelungen zu sein, sich fernab vom Weltgewirr einen ganz individuellen Anschluss ans Geschehen einzurichten. Signora Marcellina, wer weiß, wie alt sie sein mag, hat sich ihren fast kindlichen Charme bewahrt und betreibt – besser gesagt, bewohnt – seit 1957 hier in Abbadia San Salvatore einen Laden, der ein Zwischending von Feinkost, Basar und Flohmarkt ist. Ihre Bottega ist ein Unikum, vollgestopft mit Uraltzeug, Toastern, Lockenwicklern, Spielsachen, kostbaren Flaschen Brunello di Montalcino und Chateau-Lafite-Rothschild-Jahrgangsweinen, ein Labyrinth von Geschirr und Gewirr von Antiquiertem, aber auch von feinen Käsespezialitäten und selbstgekochten Konfitüren. Marcellina bedient mit Schürze und hortet unter dem Ladentisch in großen Säcken Lakritze und Nusspralinen. Wer zufällig auf der Via Cassia der Frankenstraße nach Rom pilgert: Den Stempel fürs Pilgerbuch bekommt man hier auch. Nichts, was es hier nicht gibt. Es scheint, als ob Marcellina sogar die Zeit anzuhalten vermag. Ihre Adresse: Via Cavour 30 in Abbadia San Salvatore.

Vom Val d'Orcia zum Monte Amiata → Karte S. 72/73

Vivo d'Orcia

400 Einwohner

Der kleine Ort, ca. 8 km nördlich von Abbadia San Salvatore, wird vor allem wegen seiner ehemaligen Einsiedelei aufgesucht, die in romantischer Umgebung neben dem Fluss **Vivo** unterhalb der Ortschaft liegt. Den Wagen lässt man am Hauptplatz stehen und folgt der Ausschilderung in Richtung **Eremo** (Via IV Novembre). Bald überquert man rechts eine steinerne Brücke. Von der Mühle auf der linken Seite sind nur noch Ruinen geblieben. Das in Privatbesitz befindliche Castello lässt man rechts liegen und gelangt durch den Torbogen in den Borgo Principale.

Essen & Trinken **La Tana nel Castagno,** in Ortsmitte. Mehr ein Pub mit guter Wiskey,- und Bierauswahl, der vor allem von den „Locals" geschätzt wird; im Sommer draußen unterm Kastanienbaum. Ab 17 Uhr geöffnet, Di Ruhetag. Via Amiata 129, ✆ 345-8436194.

Pizzeria Flora, schlichtes Lokal, aber köstliche Pizza aus dem Holzofen (Pizza nur abends). Mo Ruhetag. Viale IV Novembre 22, ✆ 0577-776285.

Radicofani

1200 Einwohner

Ein einsames, verschlafenes Bergnest östlich des Monte Amiata, dominiert von einer weithin sichtbaren Burg auf einem Basaltfelsen in 760 m Höhe. Die Burg wurde im 19. Jh. wieder aufgebaut, nachdem 1735 eine Explosion im Pulvermagazin sie hatte einstürzen lassen. In seiner Abgeschiedenheit hat sich das Dörfchen mit ein paar einfachen, guten Einkehrmöglichkeiten entwickelt und lohnt den Besuch.

Der aus Siena vertriebene *Ghino di Tacco* machte sich Ende des 13. Jh. die strategisch wichtige Lage zunutze und betätigte sich als Raubritter, um seinen von den Sienesern hingerichteten Vater zu rächen. Boccaccio (1313–75) verewigte ihn in seinem „Decamerone", das Volk verehrte ihn als eine Art Robin Hood des Monte Amiata. Tacco plünderte nur die Reichen aus, armen Schluckern wurde schon mal eine Brotzeit geschenkt. Besonders amüsant ist die Episode mit dem fettleibigen Abt von Cluny, den Tacco erst nach wochenlanger Abmagerungskur und gegen entsprechende „Gebühr" laufen ließ. Dem Volkshelden spendierten die Bewohner von Radicofani im kleinen Park neben der Kirche S. Pietro eine Statue: Tacco mit Schwert und Schild – und einem abgeschlagenen Kopf in der Hand.

Das kleine Borgo ist äußerst schmuck. Die Hauptstraße zieht sich durch Reihen dunkler Steinhäuser. Im Zentrum steht die romanische Kirche **San Pietro** (13. Jh.) und ihr gegenüber die Kirche **Sant'Agata,** der Schutzpatronin von Radicofani. In beiden Kirchen ist *Andrea della Robbia* mit einer Terrakotta-Altartafel vertreten.

Vom Turm auf ca. 950 Höhenmetern, dem höchsten Punkt im Orcia-Tal, genießt man einen herrlichen Rundblick. Die Wehranlagen und das Ausgrabungsgelände können besichtigt werden (tgl. 10–19 Uhr, die 4 € Eintritt zahlt man am Kassenhäuschen am Parkplatz oder in der Bar). Die Festung ist mit dem Auto über die asphaltierte Straße zu erreichen – oder zu Fuß über die „Scalette", ein 20-minütiger Weg über Treppen (dafür im Zentrum von der Via Roma aus auf die Ausschilderung des Wegs achten und an der Via della Fortezza 10 links den Stufen bergauf folgen). Die ein wenig anstrengende Variante führt über 135 Stufen zur Fortezza hinauf (Achtung: Weg war 2023 gesperrt; im Info-Büro eine Aufstieg-Alternative erfragen). Oben angelangt, schätzt man das Wirtshaus **La Fortezza** (→ Übernachten/Essen) mit Terrasse und frischer Brise, frischen Getränken und ausgezeichneten Fleischspezialitäten, die über Holzkohle zubereitet werden. Den Rückweg zum Ort kann man bequem abwärts über die Asphaltstraße gehen.

Radicofani lag an der Via Cassia, der wichtigsten Verbindung von Rom nach Norditalien und Frankreich. 300 m unterhalb des Orts steht an der SS 478 der **Palazzo La Posta,** Poststation und Zollhaus an der ehemaligen Grenze zwischen dem Großherzogtum Toskana und dem Kirchenstaat. Der imposante Bau aus dem 17. Jh. mit zwei mächtigen Loggien schlummert verlassen vor sich hin und verwahrlost. Einst war der Palazzo ein beliebtes Hotel am langen Weg von Siena nach Rom, viele Berühmtheiten stiegen hier ab, darunter auch *Charles Dickens,* der an einem stürmischen Tag ankam und die Straßen menschenleer vorfand. Vielleicht war das der Grund für seine düsteren Impressionen: Das Hotel mit seinen labyrinthartigen Gängen sei „extremly frightening", notierte er. Dem Palazzo gegenüber steht ein mit dem Medici-Wappen geschmückter Brunnen, an dem einst die Kutschpferde getränkt wurden.

Information Ufficio Turistico, Mitte Juli bis Mitte Sept. tägl 10.30–12.30/15–19 Uhr. Sonst nur Sa/So 10.30–12.30/15–19 Uhr. An der Porta Romana am südöstlichen Ende der Via Roma, Via Fonte Antese 2, ✆ 0578-55684, ✆ 331-4948873.

Einkaufen Forno a Legna, in der winzigen Bäckerei im Ortszentrum (seit über 200 Jahren in Familienbesitz), wird nach wie vor täglich frisches Brot und Pizza im holzbefeuerten Ofen gebacken. Via dei Forni 17.

Malerischer Winkel in Radicofani

Übernachten/Essen ** **Albergo La Torre,** ein paar Meter vom unteren Stadttor entfernt. 10 einfache, ordentliche Zimmer; Frühstück in der angeschlossenen Bar. Via Matteotti 7, ✆ 0578-55943. **€**

Ristorante La Grotta, im oberen Ortsteil (Durchgang bei Sant'Agata); zum Draußensitzen, innen im steinernen Gewölbe eher etwas düster. Bekannt wegen seiner Wild- und Fleischgerichte und der Steinpilzsuppe. Einladend, mit guten Portionen. Di Ruhetag. Via della Piazzetta, ✆ 0578-55866.

meinTipp **Ristorante/Bar La Fortezza,** wem der Sinn nach Auf-Holzkohle-Gegrilltem steht, noch dazu mit Weitblick vom Festungsturm, dem sei hier die Einkehr empfohlen. Eine freundliche Familie hat die Regie übernommen und bewirtet die Gäste mittags mit Köstlichkeiten vom Grill, aber auch mit Pasta und Ravioli. Unsere Empfehlung: Galletto arrosto – sensationell. Tgl. 12.30–15 Uhr, Sa auch abends, mitunter auch unter der Woche abends geöffnet; vorher anrufen! Via G. Marconi, ✆ 339-8283953.

meinTipp **Pane e Companatico,** an der hübschen Piazzetta del Teatro im Borgo; originelles kleines Geschäft mit Käse- und Wursttheke, auch für einen rustikalen Imbiss geeignet. Beliebte Einkehr für Pilger, die auf der Frankenstraße durch die Ortschaft in Richtung Rom wandern. Tgl. 7.30–19.30, Mi nur bis 12.30 Uhr.

La Bottega del Chiú, in Ortsmitte; kleine Tageskarte im rusikal-originellen Mini-Gewölbe auf zwei Ebenen. Neuerdings auch Pizza aus dem Holzofen. An Wochenenden manchmal Livemusik. Mo/Do ab 19 Uhr, Fr–So mittags und abends geöffnet, Di/Mi geschlossen. Via Renato Magi 1, ✆ 334-2846021.

Bagni San Filippo

50 Einwohner

Beschaulicher kleiner Thermalort 8 km nördlich von Abbadia San Salvatore, schon fast unten im Formone-Tal. Bagni San Filippo besteht aus ein paar Häusern, einem altmodischen Kurhotel, das seit 2019 geschlossen ist und auf neue Betreiber wartet.

Immerhin gibt es zwei Einkehrmöglichkeiten und eine wahre Naturattraktion: der idyllisch gelegenen **Fosso Bianco.** Der weiße Sinterfelsen in einer bewaldeten Schlucht mutet unwirklich an. Unterhalb liegen natürliche Becken mit verlockend milchiggrünem Bade-

Fosso Bianco – Warmwasserbadewanne in weißem Sinter

wasser, vor allem das obere Becken gleicht einer Badewanne. Das mineralhaltige Wasser ist, nachdem es die hohe Felswand aus Sinterablagerungen heruntergerieselt ist, auch im Spätherbst noch lauwarm. Unter der Woche verirren sich nicht viele Badegäste in diese Oase, voller wird es am Wochenende. Im Winter 1993 brach ein großer Teil der Galerie ab. Seitdem sorgen Absperrungen für Distanz; dem Badevergnügen mit „Naturdusche" kann man sich aber immer noch hingeben. Die Badeverbotsschilder beeindrucken wenig und halten niemanden vom Baden ab.

▪ Fußweg von der Straße aus ca. 7 Min. Am oberen Ortsausgang (hier auch schattige Parkplätze und die nette **Bar La Cascata** mit Erfrischungen, Mi Ruhetag) weist ein Schild den Weg ins Tal. Dem breiten Weg folgen, bald geht es über eine Holzbrücke, dann nach ca. 100 m links hinunter (Holzgeländer).

Hin und weg **Busse** 4-mal tgl. nach Santa Fiora, gelegentlich Verbindung nach Abbadia San Salvatore.

Übernachten **B & B Bagni di San Filippo,** 5 hübsche Zimmer mit Breakfast in der Miniküche. Von hier sind es zu Fuß nur ein paar Minuten zum Thermalbad und zum Fosso Bianco. Via San Filippo 41, ✆ 347-8900041, bbbagni.it. €

B & B Fosso Bianco, Tiptop-Unterkunft in 4 luftig-hell und frisch eingerichteten DZ. Auch von hier ist der Fosso Biancho nur einen Katzensprung entfernt. Via San Filippo 22, ✆ 392-3449596. €

Essen & Trinken **Osteria Lo Spugnone,** urgemütlicher kleiner Keller neben dem Kirchlein mit Mini-Terrasse. Traditionelle Küche – von Matteo gekocht, von seiner Frau serviert. Di Ruhetag. Via delle Terme 4–6, ✆ 0577-872030.

Da Mimmo e Barbara, einfaches Lokal mit Antipasti-Theke, kleinen Gerichten und netter Terrasse. Mo Ruhetag. Im Zentrum, Via Bagni San Filippo 18-20, ✆ 392-4642405.

Arcidosso

1900 Einwohner

Das mittelalterliche Städtchen thront, gekrönt von der Aldobrandeschi-Burg, auf einem Hügel westlich des Monte Amiata. Im 19. Jh. sorgte hier *David Lazzaretti*, ein politisch-religiöser Heißsporn, für Aufregung (→ Kasten S. 125). An der nach ihm benannten Straße erinnert eine leicht zu übersehende Gedenktafel an den Ort, an dem Lazzaretti einst von Carabinieri erschossen wurde.

Hinter den wuchtigen Mauern der Burg wurde ihm zu Ehren eine Ausstellung, das **Centro Studi David Lazzaretti,** eingerichtet; es gibt einen Überblick über Leben und Werk des Propheten der Amiata: Fotos, Bücher, Handschriften, Zeitungsdokumente.

▪ Nur an Wochenenden geöffnet, Eintritt 8 €.

Etwas außerhalb von Arcidosso befindet sich das **tibetische Zentrum Merigar.** In aller Abgeschiedenheit und wunderschön gelegen, finden hier regelmäßig Veranstaltungen der italienischen (buddhistischen) Dzogchen-Gemeinschaft statt (✆ 0564-966837, dzogchen.it).

Information **Mini-Ufficio Turistico,** an der Piazza Indipendenza in einem Kiosk, nur im Sommer und nur sporadisch.

Übernachten ***** Aiuole,** im Haus des gleichnamigen Restaurants (s. u.). 12 einfache DZ. Loc. Aiuole, ✆ 0564-967300, ristoranteaiuole.it. €

B & B Locanda Thalassa, im Altstadtviertel. Vermietet 5 DZ. Kleine Osteria angeschlossen. Via Talassese 98, ✆ 0564-0564-966299, thalassabeb.com. €

Camping **Lucherino,** rund 10 kurvige Kilometer von Arcidosso entfernt, in Richtung Cinigiano. Terrassenartig angelegter Platz mit alten Bäumen und schönem Blick in die Ebene. Viel Ruhe, Pool, gutes Restaurant. Hunde sind willkommen. Monticello Amiata, Cinigiano, ✆ 0564-1760178, campinglucherino.net.

Essen & Trinken **Bastarda Rossa,** die einheimische Kastanienart ist namensgebend für die urige Taverne mit kleinem Innenhof im düster-strengen Altstadtviertel. Auch Zimmer für die, die bleiben wollen. Mi Ruhetag. Via Talassese 98, ✆ 0564-966314. €

Ristorante Aiuole, eine Adresse für hervorragende lokale Küche, die in keinem Gastroführer fehlt – exzellente Suppen und Polenta aus Kastanienmehl. Schön altmodischer Speisesaal. Mo Ruhetag. In der Nebensaison auch So Abend geschlossen. Loc. Aiole, ca. 3 km in Richung Santa Fiora, ✆ 0564-967300.

Bar **Bar Concerto,** hier an der Piazza Indipendenza sitzt man ganz zentral, auch die Innenräume der Bar sind einen Blick wert.

Parco Faunistico del Monte Amiata

Der 180 ha große Park, etwa 7 km südlich von Arcidosso an den sanften, dünn besiedelten Hängen des Monte Amiata gelegen, ist nur zu Fuß auf markierten Pfaden zu erkunden. Rehe, Hirsche, Dam- und Muffelwild, amiatinische Esel und Wölfe leben hier, sind aber nur mit etwas Glück auch zu beobachten. In den durch Zäune und Gatter abgetrennten Revieren können sich die Tiere frei bewegen. Eine Wanderung zum Monte Labbro (s. u.) beginnt ebenfalls hier am Parkplatz des Parks. Eine Karte mit eingezeichneter Strecke der etwa dreistündigen Wanderung erhält man am Eingang des Parks bei der Parkleitung. Bei unserem letzten Besuch 2023 schien die Anlage sehr vernachlässigt.

Park Anfahrt von Arcidosso Richtung Cingiano, in Serra links ab Richtung Macchie/Zancona. Der Park liegt hinter Zancona. Tgl. 8.30 bis 15.30, Sa/So bis 19 Uhr. Eintritt 3,50 €. Das Bistro am Parkeingang war nur sporadisch geöffnet. ✆ 331-3654927.

Camping Am Eingang stehen Stellplätze für Wohnmobile zur Verfügung.

Castel del Piano

4500 Einwohner

Castel del Piano liegt an der Westseite des Bergmassivs auf einer Hochebene, die sich im Norden zum **Fondo del Lupo** öffnet – ein sanfter Abhang, der nahtlos in die Wein- und Olivengärten der Talregion übergeht.

Der kleine, geschäftige Ort wurde Anfang des 19. Jh. mit weitläufigen Plätzen und schattigen Baumalleen neu angelegt. Nur der Ortskern mit seinen engen Gassen erinnert noch an die mittelalterliche Vergangenheit.

Information **Info Point,** nur sporadisch und spärlich geöffnet: Mi, Sa, So 10–12 Uhr. Via Marconi 9 (an der Piazza Garibaldi), ✆ 0564-965450.

Hin und weg **Bus:** 9-mal tgl. zur Abbadia San Salvatore, 5-mal nach Castell'Azzara, 9-mal Grosseto, je 8-mal Florenz und Siena. Haltestelle am Viale Vittorio Veneto (beim Tennisplatz).

Einkaufen **Pasticceria Corsini,** seit 1921 bekannt für die Produktion guter Backwaren. Zu probieren in der Via Marconi 2, gegenüber dem Info-Büro.

Fahrrad **Amiata E-Bikes,** alles für die Bergumrundung. Ganzer Tag 40 €, halber Tag 25 €. Piazza Guarnieri Carducci 9b, ✆ 339-5635355, amiataebike.it.

Markt Am 1. Mittwoch im Monat.

Übernachten ****** Grandhotel Impero Spa & Resort,** ein wuchtiger Name, aber das beste Haus am Berg, das mit Wellness und gutem 4-Sterne-Komfort überrascht. 38 Zimmer frisch, hell, in modernem, klarem Stil eingerichtet, dabei erschwinglich. Kunstwerke eines lokalen Künstlers dekorieren die Lobby, die raffinierte Küche kann man im angeschlossenen Restaurant genießen. Fahrradtouristen willkommen. Via Roma 7 (hinter der Tankstelle), ✆ 0564-956429, imperoresort.com. €€

***** Stella,** am Ortsende, Richtung Monte Amiata, auffälliges rotes Haus mit schmaler Terrasse zur Straße. Mit Bar und Ristorante. Via Pozzo Stella 24, ✆ 0564-955391, stellahotel.it. €

Mein Tipp **B & B Borgo Tepolini,** 2,5 km in Richtung Seggiano. Zwei nette Männer empfangen und bewirten ihre Gäste im winzigen, von Kastanien umgebenen Weiler. Unterbringung in 4 hübsch eingerichteten Zimmern. Sympathisch und originell und in Abgeschiedenheit mit kleinem Pool im lauschigen Gärtchen. Loc. Tepolini, ✆ 349-4752477, borgotepolini.it. €

Mein Tipp **** Le Macinaie,** in Prato delle Macinaie, der Tipp für Outdoor-Aktivitäten. Schöner Berggasthof auf 1400 m mit 17 renovierten Zimmern und guter Küche. Sauna. Auch Organisation von Trekking-, Fahrrad- und Motorradtouren. Verleih guter Fahrräder, auch E-Bikes. Im Restaurant gibt's im Herbst Pilzgerichte vom Feinsten! ✆ 0564-959001, lemacinaie.it. €€

Essen & Trinken **Antica Fattoria del Grottaione,** ca. 17 km in Richtung Paganico, rechts hoch in die Ortschaft Montenero. Bekannte Adresse für traditionelle gute Küche oben im Ort. Reservierung empfohlen, vor allem für einen Tisch auf der Terrasse mit weitem Blick über die Ebene der Maremma. Mo Ruhetag. Ohne Restaurantbesuch kann man den Panoramablick auch von der „Terrazza" des Parco Pubblico, ebenfalls oben im Ort, genießen! Mo Ruhetag. Via della Piazza, ✆ 0564-1827081, ✆ 320-0636757.

Silene, in Pescina, 6,5 km nordöstl. von Castel del Piano, in Richtung Seggiano, dann rechts ab, ausgeschildert. Spitzenrestaurant mit Michelin-Stern und Hubschrauberlandeplatz! ✆ 0564-950805, ilsilene.it.

Seggiano und der Giardino di Daniel Spoerri

990 Einwohner

Der kleine Ort liegt ca. 7 km nördlich von Castel del Piano. Wichtigster Anziehungspunkt ist der unten beschriebene spektakulär schöne Skulpturenpark von Daniel Spoerri. Aber auch Seggiano selbst mit einer Altstadtidylle vom Feinsten lohnt den Abstecher.

Das wuchtige Schloss **Castello Potentino** aus dem 11. Jh. liegt versteckt in unmittelbarer Nähe. Wer Kastanienwald-Einsamkeit sucht, findet sie hier – Seggiano ist von herrlichen **Kastanienhainen** umgeben. Zur Zeit der Maronenernte im Herbst ist das Betreten und Sammeln der Früchte mit dem nussigen Geschmack streng reglementiert. Die Kastanienhaine sind in Privatbesitz. So mancher Sack Esskastanien, die auf unseren Weihnachtsmärkten geröstet angeboten werden, kommt von hier.

Giardino di Daniel Spoerri

„Spoerri ist ein international bekannter Künstler aus der Schweiz, der schon seit vielen Jahren in der Toskana lebt. Bei Seggiano hat er ein großes Landstück in einen Kunstgarten verwandelt, in dem man stundenlang die Werke vieler Künstler bewundern kann. Ein bleibendes Erlebnis für jeden Kunstfreund", schrieb ein Leser – und er hat Recht: Der Giardino ist wirklich einen Besuch wert. Die Anzahl der Kunstobjekte und Installationen war zuletzt auf 113 Werke gestiegen. Daniel Spoerri (Jahrgang 1930) lebt mittlerweile in Wien, ist aber nach wie vor in seinem Park zeitgenössischer Kunst tätig. Ein kleines Restaurant serviert von 10.30 bis 22 Uhr durchgehend u. a. frische Pasta, Panzanella und Vorspeisen. Auf der Wiese vor dem Eingang zum Kunstpark laden Tische und Bänke zum Picknick ein. Auch geräumige Apartments werden vermietet (ab 3 Tagen Aufenthalt). €€

■ Ostern bis Okt. tgl. 10–17.30, Do–So bis 18.30. Eintritt 12 €, unter 8 J. frei. Infos auch auf Deutsch: ✆ 0564-950553, danielspoerri.org.

Information Kleine **Touristinfo** oben in der Altstadt, engagiert geführt von einem Ortsansässigen. Di–Fr 8–13, Sa/So 14–18 Uhr. Piazza Umberto 2, ✆ 0564-950972, radicintelligenti@gmail.com.

Vom Val d'Orcia zum Monte Amiata → Karte S. 72/73

Mini-Touristinfo auch unten in der Kurve an der SS 323 gegenüber vom Supermarkt Despar und der Café-Bar, noch bevor es hoch in die Altstadt von Seggiano geht: April–Sept. 16–18 Uhr, Mo geschlossen.

Einkaufen Caseificio Seggiano, Käserei im unterem Zentrum (auf das *Vendita-diretta*-Schild achten), ein Tipp für ausgezeichneten Pecorino mit Trüffeln, Ingwer, Nüssen ... hervorragender Ricotta-Käse; alles kann man sich auch vakuumverpacken lassen. Mo–Fr 8.30–13 und 15.30–17.30, Sa 8.30–13 Uhr. Via Privata.

MeinTipp **Stadtführung Fondazione Culturale Le Radici di Seggiano,** zurück zu den Wurzeln! Für die Führung durchs kleine Altstadtviertel sollte man sich unter ✆ 331-3446193 anmelden (englischsprachig). Signor Diego hat die Schlüssel und öffnet Tore und Türen zu schönen Kapellen und Kirchen, zu einer Zisterne mit eigentümlicher Olivenbaumkultivierung („Olivo nel Cisternone"), zum Museo dell'Olio und zur Frantoio Ceccherini – einer uralten Ölmühle, ein Zwischending aus Museum und Lost-Place ... Die spannende Ortsbesichtigung kostet inkl. Ölverkostung 7 €.

Übernachten B & B Taverna Antico Borgo, kleine Zimmervermietung oben in der Altstadt. Liebevoll restaurierte Zimmer, mit Restaurant und Enoteca (→ Essen & Trinken). Schön sitzt es sich auf der Terrasse an der ruhigen Piazza Umberto I, ✆ 0564-950000, anticoborgoseggiano.it. **€**

MeinTipp **Agriturismo Antico Casale Pozzuolo,** direkt neben dem Kunstgarten von Spoerri in herrlichster Kastanienwald-Einsamkeit. Domenico kümmert sich um Haus und Hof, seine Frau kocht das Abendessen. 5 DZ, 2 Apartments, Pool, gepflegter Garten mit uralten Kastanien und herrlichem Panorama. Podere Pozzuolo 1, ✆ 0564-950551, ✆ 328-3910790, anticocasalepozzuolo.it. **€**

**** La Scottiglia,** freundliches Familienunternehmen mit 8 einfachen Zimmern, mit neuen Bädern und Klimaanlagen ausgestattet. Gutes Restaurant (→ Essen & Trinken). Loc. Pescina, ✆ 0564-950993, lascottiglia.it. **€**

Castello di Potentino, ca. 2 km von Seggiano entfernt, mal was Besonderes: übernachten im ungewöhnlichen Ambiente eines wuchtigen Kastells, das im Jahr 1024 erstmals erwähnt wird. Die englische Besitzerin hatte die Burgruine erworben und jahrelang renovieren lassen. Es scheint, als ob hier vor 100 Jahren alles stehen- und liegengelassen wurde. Ein Pool im Olivenhain sorgt für Abkühlung. Manchmal finden interessante Veranstaltungen statt, Platz genug gibt es dafür. Guten Wein gibt's ebenso, Weinprobe nach Anmeldung. Località Potentino 3, ✆ 0564-950643, potentino.com. **€€€€**

Stadtführer Diego

Essen & Trinken La Scottiglia, gute Hausmannskost mit frischer, selbstgemachter Pasta; die hauseigene Bar/Bottega bietet lokale Produkte, Tabak und eine Panoramaterrasse für ein Gläschen mit Blick auf spektakuläre Sonnenuntergänge. Mi Ruhetag. Auch Zimmervermietung (s. o.). Loc. Pescina, ✆ 0564-950993, lascottiglia.it.

Taverna Antico Borgo, im Centro storico (→ Übernachten). Nur abends, Sa/So auch mittags, Di Ruhetag. Piazza Umberto I, ✆ 0564-950000.

Santa Fiora

2500 Einwohner

Einer der hübscheren Orte am Monte Amiata – Mittelalter inmitten üppigen Grüns. Man betritt Santa Fiora über einen Durchgang im **Palazzo Sforza Cesarini** (auch Palazzo del Conte), der heute die Gemeindeverwaltung beherbergt. Besucht man den Ort an einem normalen Nachmittag, hat man die schöne Piazza Garibaldi mit Eisdiele fast für sich allein. Von der zentralen Piazza gelangt man zu Fuß über die Via Carolina in den unteren Stadtbereich. Viele Hauseingänge im hinteren Gassengewirr (z. B. in der **Via del Fondaccio,** dem einstigen jüdischen Viertel) sind mit reliefgeschmückten Balken eingefasst; besonders sehenswert das Relief einer Jagdszene über der Tür der Hausnummer 7. Trotz der überwiegend grauen Häuser wirkt das kleine Centro storico von Santa Fiora ansprechend.

Santa Fiora e Lucilla: In der einst romanischen, mehrfach umgebauten Kirche findet sich eine ganze Kollektion Terrakotta-Reliefs von *Andrea della Robbia*. Die charakteristischen weißen Keramiken auf blauem Hintergrund werden nach ihrem Erschaffer *Robbiane* genannt. Geht man etwas weiter, kommt man zum idyllisch gelegenen Wasserbecken der **Peschiera.**

La Peschiera: Die Quelle des Fiora-Flusses sprudelt im ehemaligen Park des Grafen Sforza. Im 15. Jh. ließ der Graf das kühle Quellwasser aufstauen, um seine Tafelrunde mit einer Fischzucht zu bereichern – im Wasser wimmelt es bis heute von Forellen. Mit etwas Gück kann man über 1 m lange Störe sehen. Im hinteren Bereich des kleinen romantischen Parks gibt es im Sommer Konzerte. In jedem Fall ist ein Besuch der grünen Oase ein „Muss"!

▪ Park April/Mai 9–20 Uhr, Juni–Aug. 9–24 Uhr, Sept. 9–22 Uhr. Im Sommer ist eine kleine Bar geöffnet. Das Eintrittsgeld von 1 € wirft man in die bereitgestellte Box am Eingang zum Park. Anfahrt: Vor dem Palazzo Sforza Cesarini rechts die Via della Peschiera hinunter, der Park liegt ca. 500 m unterhalb des Orts.

Ein Homeoffice in Santa Fiora

Das beschauliche Santa Fiora übt seit dem Lockdown 2021 auf Travel-Nomads eine gewisse Anziehung aus. Fernwehkranke Schreibtischtäter haben sich seitdem hier am erloschenen Vulkan niedergelassen. Die Kombination aus einfachem Leben, tadellosem WLAN, gutem Essen und schönem Wetter stimmt und scheint den Nerv von Teilzeitaussteigern zu treffen. Wo anderenorts in der Region die Aktivitäten pandemiebedingt stagnierten, bot Santa Fiora gute Alternativen. „Homeoffice" bekam hier, in urig ursprünglicher Umgebung, eine neue Bedeutung. An frischer Luft leben und dort smart worken, wo es sich dank Glasfaserkabel auf der Piazza-Terrasse des Barilotto (siehe Essen) so viel schöner arbeiten lässt als im tristen Deutschland ...

Dem Trend kam der Häuser-Leerstand zugute; Start-ups wurden mit Mietzuschüssen der Gemeinde empfangen. Die Ortsansässigen sind fremden Smartworkern wohlgesonnen ...

Vom Val d'Orcia zum Monte Amiata → Karte S. 72/73

Santa Fiora – La Peschiera, erfrischende Oase mit Charme

Chiesa delle Nevi: Neben der Peschiera, direkt über der Quelle. Der Boden der Kirche wurde an mehreren Stellen aufgegraben und mit Glasplatten überdeckt, sodass man – 1 € für die Beleuchtung vorausgesetzt – den steinigen Grund und das Quellwasser sehen kann.

Information **Pro Loco,** in der Saison tgl. 10.30–12.30 und 16.30–18.30 Uhr, Di und Do nur vormittags. Piazza Garibaldi 37, rechts neben dem Uhrturm. ✆ 0564-977142, santafioraturismo.it.

Bergbaumuseum Museo delle miniere, auch hier bekommt man Auskunft: Sa/So 10.30–12.30/16.13-18.30 Uhr, Eintritt 5 €. Piazza Garibaldi 23-24, ✆ 328-1113419, minieredimercurio.it.

Hin und weg **Bus:** Infos zu Verbindungen, Abfahrtszeiten und Tickets im Zeitschriftenladen an der Piazza Garibaldi.

Feste **Festa del Santissimo Crocefisso,** am 3. Mai. Drei riesige Kreuze, die übers Jahr in der Chiesa del Suffragio (Via Carolina) zu sehen sind, werden in einer Prozession durch die Stadt getragen.

Santa Fiora in Musica, Musikfestival mit zahlreichen Konzerten namhafter Ensembles und Solisten. Von Juli bis Anfang Sept. santafiorainmusica.com.

Reiten **Azienda Agrituristica Il Cornacchino,** ca. 20 km südöstlich von Santa Fiora, bei Cornacchino. Reiterferien in einer weitläufigen Azienda am Hang des Monte Penna (Naturpark), in der den Gästen rund 40 Pferde zur Verfügung stehen – für kurze Ausritte bis zu einwöchigen Trekkingtouren. Das Angebot des Reitzentrums richtet sich vor allem an Fortgeschrittene, aber auch Anfänger können hier Stunden nehmen (2 Std. 40 €). Unterbringung in DZ mit und ohne eignem Bad oder in Tipi-Zelten auf dem kleinen Campingplatz (auch für Camper). Mit Bar und Ristorante, wo allabendlich an großer Tafel gespeist wird. Nette, aufgeschlossene Atmosphäre. Geöffnet Ende März bis Anfang Nov. Anfahrt: Loc. Cornacchino, 58034 Castell'Azzara, bei der Tankstelle die Straße hochfahren (Schild). Das Gut ist ca. 3,5 km vom Ort entfernt, ✆ 0564-951582, cornacchino.it. **€**

Übernachten **Hotel Eden,** einfaches Haus im Zentrum. Freundlicher Service, auch in gutem Englisch. Via Roma 1, ✆ 0564-977126, hoteledensantafiora.it. **€**

***** Albergo Il Fungo,** im „Pilz", ca. 4 km in Richtung Piancastagnaio, mit angeschlossenem einfachem Landgasthaus gibt's frische Pasta! 20 kleine, ordentliche, auch behindertengerechte Zimmer. Besonderheit: kleine Wellness-Einrichtung mit Sauna, türkischem Bad und Whirlpool. Via dei Minatori 10, 58030 Bagnolo, ✆ 0564-953025, hotelfungo.com. **€**

Agriturismo Podere di Maggio, auf der Suche nach einer Location für ein Retreat? Die Initative der niederländisch-italienischen Besitzer schaffen den Rahmen für kreative Workshops, ab und zu gibt es Koch- oder Töpferkursen. Übernachten in einem der 4 restaurierten Bauernhäuser oder Glamping in mit Küchen ausgestatteten komfortablen Zelten unter jahrhundertealten Kastanien. Ca. 7 km von Santa Fiora in Richtung Selva, Via delle Vigne 13, ✆ 0564-979060, ✆ 348-3397460, poderedimaggio.it.

David Lazzaretti – Rebell Gottes

An den Abhängen des Monte Labbro agitierte im 19. Jh. der „Rebell Gottes" und „Prophet des Amiata". David Lazzaretti fühlte sich berufen, einen Gottesstaat zu errichten, und stützte sich dabei auf eine Mischung aus christlichem und sozialistischem Gedankengut. Schon als Vierzehnjähriger hatte er Visionen, auch später empfing er regelmäßig göttliche Botschaften. Von Beruf Fuhrmann, gründete er nach einigen Eremitenjahren 1872 die Bruderschaft *Giurisdavidici*, die sich den Wahlspruch „Lang lebe die Republik, Gott und die Freiheit" aufs Banner schrieb. Bei Arcidosso wurde eine landwirtschaftlich geprägte klösterliche Gemeinschaft gegründet und am Monte Labbro eine Kirche gebaut, deren Ruine wohl immer noch Pilgerziel seiner Anhänger ist. Lazzaretti kämpfte für eine Landreform und wurde 1878 während eines Protestmarsches am Ortseingang von Arcidosso von Carabinieri erschossen. Lazzarettis ungewöhnliche christliche Gemeinschaft gibt es bis heute. Jedes Jahr in der Nacht des 14. August wird zur Erinnerung an den Gründer auf dem Monte Labbro ein großes Holzfeuer entzündet.

meinTipp **Essen & Trinken** **Il Barilotto,** vom Wildschwein bis zum zarten Lamm hervorragende amiatinische Küche. Gegrilltes auf Holzkohle, Pappardelle all cinghiale, Acquacotta, im Herbst stehen Spezialitäten mit frischen Steinpilzen oder Kastanien auf der Karte. Die schöne Terrasse auf der kleinen Piazza bietet Platz zum draußen Speisen. Di Ruhetag. Via Carolina 24, ✆ 0564-977089.

La Tana dell'Orso, in Castell'Azzara, ca. 14 km in südöstlicher Richtung. Nur 6 Tische, der Wirt stammt aus Österreich, seine Frau kocht, beide sind nett und kinderfreundlich. Serviert werden nur lokale Speisen mit Käse, Wein, Oliven und Gewürzen aus Castell'Azzara und Umgebung. Die Nudeln sind hausgemacht. Via Veneto 4, ✆ 0564-951547.

Roccalbegna

Südlich des Monte Labbro (1193 m), der im Gegensatz zum Monte Amiata aus Kalkstein besteht, liegt das mittelalterliche Roccalbegna mit seinem charakteristischen Kalksteinfelsen, dem Sasso Pinzuto. Der Ort wurde 1326 von der Republik Siena angelegt, ein frühes Beispiel systematischer Städteplanung. Vom Sasso della Rocca, der früheren Felsenfestung der Stadt, hat man einen guten Blick auf die geradlinigen Straßenzüge. Im kleinen Zentrum ist die Kirche **Santi Pietro e Paolo** mit drei restaurierten Teilen eines nicht mehr vollständigen, mehrteiligen Altarbilds von Ambrogio Lorenzetti zu besichtigen. Den *biscotto salato*, das typische salzige Brezelgebäck mit Anisgeschmack, das erst gekocht, dann gebacken wird und wochenlang haltbar ist, gibt es beim Alimentari am Hauptplatz.

***** Hotel/Restaurant La Pietra,** schlichte, schön eingerichtete Zimmer und einfache, gute Küche. Die Kombination passt hier, in der abgeschiedenen Ecke der Toskana zwischen Maremma und der Monte Amiata. Via XXIV Maggio 69b, ✆ 0564-080111, locandalapietra.it. **€€**

Vom Val d'Orcia zum Monte Amiata → Karte S. 72/73

Von der Maremma zum Monte Argentario

Etrusker-Land: Auf Tuffsteinfelsen zwischen Ausgrabungen und Nekropolen liegen faszinierende Orte, die nicht nur als Fotokulisse dienen – sie sind bewohnt! Entspannung versprechen heiße Quellen in Saturnia. Ursprüngliche wilde Natur durchstreift man im Parco Naturale della Maremma zwischen Wildpferden und gutmütigen Maremma-Rindern. Und dann endlich das Meer! Strahlendes Blau und trubelige, typisch italienische Strände oder weiter südlich die kleinen Buchten am exklusiven Monte Argentario.

Die auf Tuffstein gebauten Orte **Pitigliano** oder **Sorano** ziehen einen hier, im letzen Winkel der Südtoskana sofort in ihren Bann – die Spuren der Etrusker sind allgegenwärtig. Richtung Westen, nach einem Abstecher zum wohltuenden Bad im **Wasserfall von Saturnia** dann die weite Ebene der **Maremma.** Über Jahrtausende ein von Malaria verseuchter Sumpf, ist es heute eine Gegend, die vor allem von uns Individualreisenden geschätzt wird. Nicht nur, aber auch wegen dem ausgezeichneten Rotwein **Morellino di Scansano!**

Steht **Massa Marittima** mit schönem Dom noch auf der Liste der klassischen Sehenswürdigkeiten, ist **Grosseto** der Tipp für eine komplett untouristische Kleinstadt. Der Badespaß am Tyrrhenischen Meer beginnt dann in **Castiglione della Pescaia.** Auf dem **Monte Argentario** sollte man dann gar nicht mehr aufs Geld achten, sondern frischen Fisch zu kühlem Weißwein bestellen und die exklusive Lage genießen. An der Grenze zu Latium setzt der **Kunstpark Giardino dei Tarocchi** dann einen fulminanten Schlusspunkt.

Was anschauen und unternehmen?

Sovana: Von hier geht es zu den etruskischen Tempelgräbern und Hohlwegen. Beeindruckend! → S. 145

Parco Minerario von Gavoranno: alte Fördertürme, verrostetes Bergbaugerät und Stollenanlagen. Park und Museum der einstigen Minenstadt sind heute Unesco-Kulturerbe. → S. 156

Parco Naturale della Maremma: ein Naturschutzgebiet mit Pferden und den

langhornigen, hellgrauen Maremma-Rindern und einem ausgedehnten Netz schönster Wanderrouten. → **S. 183**

Agriturismo Il Gelsomino: Die Maremma gemütlich per Pferd entdecken, ist ideal. Hier eine gute Variante mit Übernachtung und leckerem Essen. Übrigens auch für Reitanfänger. → **S. 185**

Giardino dei Tarocchi: Bereits aus der Ferne schillern die haushohen Figuren in der Sonne. Ein fantasievoll schrilles Kunstspektakel, auch für die Kinder. → **S. 212**

Wo baden?

Saturnia: Beim gepflegten Örtchen mit heimeliger Piazza bietet ein Wasserfall bei 37°C pure, schwefelhaltige Entspannung. Welche Malaise auch immer, ein Bad wird helfen! → **S. 134**

Marina di Alberese: Räder leihen und ab durch die Wiesen und Pinienhaine zum schönsten Strand. Ohne die sonst üblichen Strandliegen und Sonnenschirme! → **S. 183**

Tombolo della Feniglia: Das Verbindungsstück zwischen Festland und dem Monte Argentario bietet die ideale Kombination für einen Tag am Meer: schönster Sandstrand plus schattige Pinienhaine! → **S. 198**

Was und wo essen und trinken?

Mare e Monti: die Formel für ein Primo-Gericht mit Zutaten aus Meer und dem bergigen Hinterland. Vorzugsweise entpuppt sich das auf dem Teller als Pasta mit Meeresfrüchten und frischen Steinpilzen.

Tortelli Maremmani: Und dann gibt es hier noch mit Ricotta und Spinat gefüllte Teigtaschen, dazu ein herzhaftes Ragù – natürlich vom Wildschwein!

Del Ceccottino in Pitigliano: Das Lokal finden Sie an der kleinen Piazza am Dom, eine gediegene Adresse mit wirklich guter Küche. → **S. 144**

Cantina L'Ottava Rima in Sorano: Der Weg in den letzten Winkel des Orts lohnt sich. In der kleinen Weinbar im Tuffsteingewölbe serviert Wirt Nicolà gute Weine, lokale Biere und toskanische Spezialitäten. → **S. 151**

Enoteca Scansanese in Scansano: gut sortierte Weinhandlung mit großer Auswahl an offenen Weinen. Gut für einen Einkauf in Sachen *Morellino* und anderen Gewächsen. → **S. 133**

Le Rocchette nördlich von Castiglione: Am Ende der Stichstraße am Strand gleich links auf der Terrasse der Bar *Fritto Misto* bestellen. Ein köstlicher Genuss mit Meeresbrise! → **S. 169**

Tirli: echte Maremma-Küche? Dann in Kurven hoch nach Tirli! Das Nest mitten im Kastanienwald besitzt gleich mehrere ausgezeichnete Adressen. → **S. 168**

La Porta in Capalbio: noch ein Lokal mit deftige Küche in den Hügeln. Hier steht mit *Arrosto di cianghiale* (geschmortes Wildschwein) ein Maremma-Klassiker auf der Karte! → **S. 211**

Il Frantoio in Capalbio: Restaurant, Bar, Boutique, Wein, Kunst, Insidertreff – all in one in einer ehemaligen Ölmühle und das in „sehr chic!" → **S. 211**

Arezzo
Cavalleggeri
Lumiere
Campíglia Marittima
Massa Marittima
Mte. Arsenti 535
Ghirlanda
Terme
Cafággio
San Lorenzo
Venturina
Casalappi Ruschi
439
Capanne
la Torráccia
Poggio all'Agnello
Banditelle
Valpiana
Populonia
398
Riotorto
Cura Nuova
la Pesta
Vignale
Castello di Pietra
1
Salívoli
Marina di Salívoli
Rondelli
Gavorrano
Piombino
Follónica
Giunca
Scarlino
Puntone
Caldana
Necrópoli Etrusca
Portiglione
Torre Civetta
Vetulonia
Pian d'Alma
Burian
Porto-ferraio
Capanna Civinini
Punta Ala
Rio Marina
322
Elba
Le Rocchette
Riva del Sole
Castiglione della Pescaia
Marina di Grosseto
Principina a
Isola del Giglio
Giglio Ca
Giglio Campese
Giglio
Isola di Montecristo

Mte. Sassoforte 787
Arezzo
Pari
Casale di Pari
Férçole
Gli Angeli
Montalcino
Sassofortino
Roccastrada
Abb. S. Lorenzo al Lanzo
la Pieve
Sant Angelo in Colle
Castiglione d'Órcia
Abbazia di S. Antimo
Civitella Marittima
Poggio alle Mura
San Angelo Scalo
Ansedonia
Sticciano Scala
Sasso d'Ombrone
Montenero
Giardo di Daniel Spoerri
Vivo d'Orcia
Pagánico
Sticciano
Cinigiano
Monticello Amiata
Monte-laterone
Abbadia San Salvatore
Montepescali
Campagnático
Batignano
Braccagni
Zancona
Stribugliano
Parco Faunistico
Rovine di Roselle
Mte. Labbro 1193
Bagno Roselle
Arcille
Ístia d'Ombrone
Santa Catarina
Polveráia
Castello di Cotone
Petricci
rosseto
Semproniano
Grancia
Murci
Usi
Santa Maria di Rispescia
Páncole
Necr. di Pian di Palma
Poggioferro
Sorano
Scansano
pergoláia
Alberese
Marina di Alberese
Saturnia
Montiano
Wasserfall
Sovana
Pereta
Impostino
Montemerano
Pitigliano
Torre Uccellina
Abb. di S. Rabano
Torre della Bella Marsilia
Tomba Etrusca
Magliano in Toscana
S. Bruzio
Manciano
Morelle
Fonteblanda
Talamone
San Donato
Marsiliana
la Campigliola
Albinia
Orbe-tello
Orbetello Scalo
Capálbio
Porto Santo Stefano
Sta. Liberata
Cosa
Carige Alta
Giardino dei Tarocchi
Abbadia
Torre Cala Grande
Terrarossa
Borgo Carige
Nunziatella
Garavicchio
Conv. dei Padri Passionisti
Macchiatorda
Cala Piccola
Porto Ercole
Forte Monte Filippo
Ansedonia
Péscia Romana
Staz. Chiarone
la Rocca
Montálto di Castro
Monte Argentario
Graticciara
Marina di Péscia Romana
Tarquinia
Isola di Giannutri
2,5 km
Maremma
73
223
1
322
323
74
440

Blühender Mohn – immer wieder eine Augenweide

Hügelland der südlichen Maremma

Grüne Hügel ziehen sich von den Ausläufern des Monte Amiata bis zur Maremma-Küste. Alte etruskische Hohlwege, Totenstädte im Tuffstein und die Quellen von Saturnia sind die Hauptattraktionen des Landstrichs.

Das Gebiet südlich des Amiata an der Grenze zu Latium ist mit seinen von tiefen Schluchten unterbrochenen Felsplateaus landschaftlich überaus reizvoll. Zudem locken einige verwegen auf den Tuff gebaute Mittelalterstädtchen.

Touristisch erfuhr die Gegend seit Jahren einen Aufschwung, erst bei Italienern, dann auch bei deutschen Urlaubern. Allerdings steht nur ein begrenztes Angebot an Übernachtungsmöglichkeiten zur Verfügung, so dass man – zumindest an Ostern, Pfingsten und im August – besser vorab bucht.

Magliano

3500 Einwohner

Auf halbem Weg zur Küste und geschützt von sienesischen Mauern (14./15. Jh.), breitet sich Magliano auf einem sanften Hügel aus. Am Dorfrand, hinter der romanischen Kirche **Santissima Annunziata,** steht der vielleicht **älteste Ölbaum der Toskana.** Auf 2000 Jahre wird das Alter des Veteranen geschätzt. Eine Legende erzählt, dass sich bei heidnischen Riten eine Baumhexe in eine fauchende Katze verwandelte, die noch heute in dem knorrigen Geäst auf der Lauer liegt. Also lieber nicht die schnurrende Katze vom Nachbargehöft streicheln ... Zur Besichtigung des Baumes (Olivo della Strega – „Olivenbaum der Hexe") muss der durch einen Zaun mit Gartentor umfriedete Privatgarten hinter der Kirche durchquert werden. Gleich neben dem Ölbaum wurde ein etruskisches Grab entdeckt (Privatbesitz).

▪ Zugang von der SS 323 aus, ca. 100 m nach dem Kirchlein Santissima Annunziata. Der Knopf zum Öffnen des eisernen Gartentors ist innen angebracht.

Zwischen den beiden mittelalterlichen Stadttoren **Porta San Giovanni** (14. Jh.) und **Porta San Martino** führt der Corso Garibaldi durch den kleinen, überschaubaren Ort. Hier, an der Hauptgasse, spielt sich ein Großteil des öffentlichen Lebens ab. Auf ein wenig Tourismus hat man sich mit zwei Önotheken und ein paar überaus empfehlenswerten Restaurants eingestellt – ansonsten liegt Magliano angenehm abseits der gängigen Routen.

Die **Stadtmauer** ist begehbar, und ein Rundgang bietet einen herrlichen Blick über die Maremma-Ebene bis zum Meer.

Information Auskünfte für Besucher gibt es in der **Bibliotheca Communale,** Via Garibaldi 8, ✆ 0564-593443, comune. magliano-in-toscana.gr.it.

Übernachten **Locanda delle Mura,** bei der Porta San Giovanni, mit kleiner Terrasse. 5 geschmackvoll gestaltete Zimmer, auch 3-Bett-Zimmer. Piazza Marconi 5, ✆ 0564-593048, ✆ 333-218044, locandadellemura.it. **€€€**

Il Nespolo di Alice, fast bei der Porta San Giovanni. Alices „Mispel" ist ein Mini-Apartment mit Schlafraum, Kitchenette und Bad. Sichere Unterbringung des Fahrrads, 2 Räder werden vermietet. Corso Garibaldi 7, ✆ 0564-592566, ✆ 349-5241324. **€€**

Giusti, in Richtung Grosseto, 2 km westlich von Magliano; 4 einfache und zweckmäßige DZ. Loc. Poderone dei Frati, ✆ 0564-592169, ✆ 329-4087378. **€€**

Agriturismo **Tenuta dell' Uccellina,** im 400 ha großen Anwesen wohnt man direkt im Parco Naturale della Maremma. Der Biobetrieb mit Wein- und Ölproduktion bietet B & B, Ausritt zu Pferde, Jeepausflüge und Wandertouren, die zu einsamen Stränden an den Koppeln der eigenen Maremma-Rinderzucht vorbeiführen. Das gute **Restaurant** „La Torre del Gusto" ist nur abends geöffnet. Loc. Collecchio 38, Magliano in Toscana, ✆ 0564-597104, tenutauccellina.it. **€€**

Essen & Trinken **Osteria Maremmana,** jenseits der Stadtmauer nahe beim Stadttor Porta San Giovanni, schön zum Draußensitzen. So abends und Mo geschlossen. Piazza Marconi 5.

MeinTipp **Ristorante Da Sandra,** gepflegt und empfehlenswert, einige Tische auch draußen am Platz. Eine Leserin war begeistert von der hausgemachten Pasta, den hervorragenden Wildgerichten und besonders von der netten, zuvorkommenden Art des Wirts. Mo Ruhetag. Via Garibaldi 20, ✆ 0564-592196.

Scansano

4300 Einwohner

Das Städtchen in den Bergen am Rande der Maremma-Ebene erfuhr einen mächtigen Aufschwung, als die Machtzentrale Siena 1333 die sogenannte „Estatur" beschloss. In diesem Verwaltungsakt wurde verfügt, dass alle Beamten die Stadt Grosseto im Juli und August zu verlassen hätten, um ihre Geschäfte von Scansano aus zu erledigen. Zu viele Bewohner hatten sich zuvor in den heißen Sommermonaten in Grosseto mit Malaria infiziert.

Scansano ist vor allem wegen seines Weines bekannt. 1884 züchtete ein Signore mit dem wohlklingenden Namen *Vannuccio Vannuccini* die Rebsorte Morellino. Heute umfasst die Anbaufläche aller genossenschaftlich organisierten

Von der Maremma zum Monte Argentario → Karte S. 128/129

Morellino-Erzeuger ca. 1500 ha. Die Anbaufläche steigt ständig, auch Antinori, Italiens bekanntester Weinproduzent, hat sich hier eingenistet. Die Lagen verteilen sich ziemlich weiträumig bis Manciano. Der rubinrote *Morellino* wird aus der gleichen Sangiovese-Traube wie der Brunello gekeltert, zu etwa 15 % sind aber auch Grinto- oder Alicante-Trauben am trockenen, kräftigen Geschmack beteiligt. Der Wein passt ausgezeichnet zu den in Scansano oft angebotenen Wildgerichten.

Die **Cantina Cooperativa Vignaioli del Morellino di Scansano** befindet sich am Ortsausgang Richtung Grosseto – mit ihren riesigen Stahltanks und der futuristischen Architektur ist sie unübersehbar. Leider ist es der Genossenschaft gelungen, einen Ort mit null Atmosphäre zu schaffen, der den Besuch wenig lohnt. Ein Leser schrieb, er sei über die Umbauten der Einrichtung „erschüttert" gewesen.

▪ Mo–Fr 8.30–13/14.30–19, Sa 8.30–13 Uhr. Loc. Saragiolo. In Sachen Wein ist unser Tipp die Enoteca Scansanese (→ „Wein").

Scansano – der Morellino-Weinort

Archäologisches Museum: Seit 2000 zeigt im Palazzo Pretorio im Centro storico das kleine Museum Fundstücke aus Ghiaccioforte, einem etruskischen Festungsort, der schon im 6. Jh. v. Chr. existierte – ziemlich genau im heutigen Ortsdreieck Scansano, Magliano und Manciano. Im selben Gebäude, im ehemaligen Gefängnis des Palazzo Pretorio, residiert auch das **Museo della Vite e del Vino:** Hier erfahren Sie (fast) alles über Geschichte und Kultivierung des Weins dieser Region.

▪ Di–Fr 10–13 und 16–19, Sa/So 17–19 Uhr. Eintritt für beide Museen 3 €.

Direkt gegenüber dem Palazzo Pretorio steht der Palazzo La Corte. Erklimmt man die steile Treppe, gelangt man zum mittelalterlichen Ortskern, in dem einst die Burg der Aldobrandeschi stand. Der kurze Spaziergang führt durch die Altstadt. Hält man sich hier links, gelangt man wieder auf die Via V. Emanuele II, die zum Hauptplatz von Scansano zurückführt.

Information Das **Ufficio Turistico** war zuletzt geschlossen.

Einkaufen **Feinkost:** Einige Lädchen mit lokalen Produkten finden sich entlang der Straße im Altstadviertel in der Via Vittorio Emanuele II.

Markt Freitag.

Musik Scansano ist Ort eines Musikfestivals, das von Mai bis Oktober im Ort und außerhalb klassische Konzerte mit internationalen Künstlern und Ensembles veranstaltet, teils in Schlössern und auf schönen Anwesen. Info unter morellinoclassicafestival.com.

MeinTipp **Wein** **Terenzi,** „Siamo aperti" – mit Riesenschild an der Straße wirbt das Weingut damit, dass es geöffnet hat – durchgehend von 8.30 bis 19 Uhr. Der Betrieb wurde erst 2001 gegründet und bereits mehrmals für seine Qualität ausgezeichnet. Netter Empfang im schönen Degustationsraum, wo man in wuchtigen Clubsesseln Feines wie den *Purosangue* probieren kann (13 €/Fl.). Morellino-Weinprobe mit Bruschetta und Käse 12 €, für Kellerführungen reservieren. Es gibt auch einige DZ ab 111 € und einen Pool. ✆ 0564-599601, Loc. Montedonico.

Mein Tipp **Enoteca Scansanese,** großzügiges Angebot für die Verkostung von ca. 20 offnen roten und 8 weißen Weinen aus der Region (bislang kostenlos!). Eine spezielle Methode ermöglicht die Degustation auch von teuren Supertuscans und Weinspezialitäten: Mit einer Art Nadel durchbohrt das „Instrument" den Korken, so dass man, ohne die Flasche zu öffnen, eine Kostprobe entnehmen kann. Olivenöle können ebenfalls probiert werden. Sympathisch: Der Weinladen dient auch als Afterwork-Treffpunkt fürs Feierabendbier der Ortsansässigen. Ausgeschenkt wird übrigens ein irisches Lagerbier. Tgl. geöffnet. Via XX Settembre 15–17.

Übernachten **Morelliana 4 Rooms,** B & B im Zentrum, 4 einfache DZ mit ansprechender Einrichtung. Via della Botte 20, ✆ 0564-507208, morelliana.it. **€€€**

******Antico Casale di Scansano,** ca. 4 km außerhalb in Richtung Saturnia. Wer mehr Komfort braucht, ist im großzügigen Hotelanwesen mit recht gutem Service, Restaurant, Pool, großem Garten, Spa-Angebot und Fahrradverleih besser aufgehoben. ✆ 0564-507219, Località Castagneta, anticocasalediscansano.it. **€€€**

Essen & Trinken **Il Rifrullo,** oberhalb der Piazza Garibaldi; toskanische Küche im unkomplizierten Ambiente einer kleinen Osteria. Do Ruhetag. Via Marconi 3, ✆ 0564-507183.

Il Grottone, große Außenterrasse, große Pizzaauswahl. Bei niedrigen Preisen hier sollte man seine Erwartungen aber nicht zu hoch ansetzen. Tgl. geöffnet. ✆ 0564-507641, Via degli Addobbi.

Semproniano

Das reizvolle 1100-Einwohner-Dorf auf einem Hügel in 622 m Höhe ist von größeren touristischen Ambitionen bisher verschont geblieben. Ein Spaziergang durch die steilen, verwinkelten mittelalterlichen Gassen hinauf zur **Rocca Aldobrandesca** (12. Jh.) am höchsten Punkt des Orts öffnet immer wieder schöne Blicke auf das unverfälschte Ortsbild und auf die Hügel der Maremma. Ganz oben, gegenüber der Rocca, stößt man auf die oft verschlossene **Chiesa di Santa Croce.** Auffällig ist das mittelalterliche Holzkruzifix über dem Altar, das wie die Kirche aus dem 12. Jh. stammt.

Mein Tipp Übernachten ***** Locanda La Pieve,** im Zentrum, nette Pension mit 8 Zimmern. Signora Angela und Enrico geben brauchbare Tipps für Wanderungen in der Gegend und legen großen Wert auf gute Küche mit lokalen Produkten. Halbpension ist möglich und lohnt sich hier! Enrico spricht auch Deutsch. Via della Società Operaia 3, ✆ 0564-987252, locandalapieve.it. **€€**

Essen & Trinken **Novecento,** an der Abzweigung zur Hauptstraße ins Dorf. Im gepflegten Speiseraum kommen regionale Küche, saisonales Gemüse und saisonale Früchte auf den Tisch. Auch die *Lunghini novecento* haben gemundet. Mi Ruhetag. Via Toscana 4, ✆ 0564-986334.

Rocchette di Fazio

Erreicht man den 3 km westlich von Semproniano gelegenen mittelalterlichen Weiler mit seinen 35 Einwohnern, ist man auch schon im Zentrum des Orts. Ein Spaziergang führt hoch zur Pfarrkirche aus dem 13. Jh. und zur Ruine der *Aldobrandeschi-Festung*, von der aus man einen schönen Blick auf den **WWF-Naturpark Bosco Rocconi** genießt.

▪ **Trattoria Cacciaconti,** gemütliches Lokal, das allein schon den Ausflug nach Rocchette lohnt: Die neue Wirtin, die einige Jahre in Paris in renommierten Küchen arbeitete, hat sich einiges vorgenommen. Auf jeden Fall bekommt man hier, in der ansonsten fleischlastigen Toskana, auch Fisch auf den Teller. Do–So geöffnet. Ein kleines Kunstwerk ist die Webseite trattoriacacciaconti.com, ✆ 0564-98617369.

Von der Maremma zum Monte Argentario → Karte S. 128/129

Saturnia

300 Einwohner

Spricht man von Saturnia, denkt man an Schwefelquellen und den traumhaften Wasserfall. Von den seit der Antike bekannten Thermen schwärmte schon Dante in seiner „Göttlichen Komödie".

Dank der konstant warmen Wassertemperatur dauert die Saison in Saturnia das ganze Jahr – am Wochenende kommen die Römer in Scharen. Die Thermen zählen zu den Topadressen, was ihre heilsame Wirkung auf Haut, Gelenke und das Wohlbefinden angeht.

Das Dorf Saturnia liegt knapp 3 km nördlich des berühmten Wasserfalls auf einem Hügel. Weder zeigt es die düsteren Reize eines Centro storico noch das schwindelerregende Landschaftsbild der Tuffsteinorte etwas weiter östlich. Das Prädikat „nett" bekommt vielleicht die großzügige **Piazza Vittorio Veneto** im Zentrum: schattenspendende Bäume, schöne Restaurants und eine Ausstellung römischer, am Abend ansprechend beleuchteter Relikte.

Der Ursprung Saturnias geht in die Eisenzeit zurück. Aus etruskischer Zeit sind noch Reste einer Ringmauer (neben der Porta Romana) erhalten. Die Römer nannten Saturnia *Aurinia* („Goldene"), dann *Saturniana Colonia*. Aus römischer Zeit stammen die Grundmauern, die hinter der Boccia-Bahn auf der zentralen Piazza Veneto freigelegt wurden. Das heutige Stadtbild prägen im Wesentlichen mittelalterliche Bauten.

Die **Burg** von Saturnia ist in Privatbesitz und nicht zu besichtigen. Unterhalb der Burg, links neben der Kirche, steht die **Porta Romana,** ein gut erhaltenes römisches Stadttor. Von hier kann man auf der antiken **Via Clodia** (später in einen Trampelpfad übergehend) hinunter zu einer alten Mühle und weiter bis zum Wasserfall laufen (ca. 30 Min.).

Cascate del Mulino: Wer aus Richtung Manciano kommt, sieht den Wasserfall neben dem Gebäude einer restaurierten Mühle schon von der Straße aus. Wer von Saturnia aus anreist, nimmt die Straße nach Montemerano/Manciano; ca. 4 km nach dem Ort geht es an einer Linkskurve rechts ab. Auf dem Weg stößt man zunächst auf ausgewiesene Parkplätze (an Wochenenden im Hochsommer brechend voll!), dann auf die Bar Cascate del Mulino mit einer guten Auswahl an kleinen Gerichten und einem Garten (Selfservice). Gleich daneben stürzt das Wasser mit Wucht die Felswand hinunter, sammelt sich in Strudeln in einem runden Naturbecken und fällt aus einer halboffenen Grotte wieder in die Tiefe, wo sich in stufenförmigen natürlichen Sinterbecken die Badenden aalen – zu jeder Tages- und Nachtzeit.

Vor allem in Vollmondnächten erfreut sich das gemeinsame Bade-Happening großer Beliebtheit, es gilt als besonders kultig, was zur Folge hat, dass sich hier dann recht dubioses Badepublikum aufhält. Der schwefelige Duft, der dem Körper nach dem Bad anhaftet, gibt einem das Gefühl, als sei man just der Hölle entstiegen. Dass bei allem Badespaß die hygienischen Verhältnisse auf der Strecke bleiben, sollte man einkalkulieren. Die Wasserqualität lässt ebenfalls oft zu wünschen übrig. Kostenpflichtige Duschen findet man neben dem Kiosk beim Parkplatz.

Die Thermen bieten eine hervorragende Möglichkeit für kräftige Wassermassagen. Darüber hinaus wird ihnen bei Rheuma, Bronchitis, Arthrose usw. eine Vielzahl von Heilwirkungen zugesprochen. Manche Besucher kratzen die lehmigen, schwefelhaltigen Ablagerungen von den Felswänden und reiben

Von den Cascate del Mulino in Saturnia stürzt das 37,5 °C warme Wasser in die Sinterbecken

Von der Maremma zum Monte Argentario → Karte S. 128/129

sich Gesicht und Oberkörper damit ein. Nicht vergessen: Vorher die Juwelen in Sicherheit bringen, Silber läuft im Saturniawasser schwarz an!

Vorsicht: Das Baden im Thermalwasser beansprucht den Kreislauf mehr als üblich. Ein Bad sollte daher nicht länger als 20 Minuten dauern. Nach einer halbstündigen Pause kann man sich jedoch erneut in die Fluten stürzen. Auch auf Ihre Haut sollten Sie achtgeben, da das Wasser einen Peeling-Effekt hat. Die Haut ist der Sonneneinstrahlung daher intensiver ausgesetzt und bräunt viel schneller als gewöhnlich!

▪ Wenn an Wochenenden die Parkmöglichkeiten erschöpft sind, kann man für 4 € an dem unten erwähnten Wohnmobilplatz (→ Übernachten/Wohnmobil) parken. Kostenloser Shuttlebus zum Wasserfall.

Thermalbad: Das Bad liegt auf halbem Weg zum Wasserfall links in einer gepflegten Parkanlage. Es gehört zum 5-Sterne-Kurhotel Terme di Saturnia, kann aber auch von Nichthotelgästen besucht werden. Der Andrang an Hotelgästen und von denen, die hier die komfortablere (und sauberere) Variante des Badens dem improvisierten Ambiente am Wasserfall vorziehen, hat seit Jahren zugenommen. Der großen Nachfrage am Bad im schwefel- und kohlenstoffhaltigen Quellwasser, in dem sich bereits die Etrusker vergnügten, wurde mit aufwendigen An- und Umbauten nachgekommen. Die Pool-Landschaft verfügt nunmehr über eine Gesamtwasseroberfläche von 3000 m². Das Schwimmbecken, in dem die Mutterquelle sprudelt, ist den Gästen des Hotels vorbehalten. Die Pools für die Tagesgäste sind jedoch großzügig angelegt und erfüllen voll und ganz ihren wohltuenden Zweck. Liegewiesen, Tennisplätze, sanitäre Anlagen und eine Snackbar.

▪ April bis Okt. tgl. 9.30–19 Uhr, im Winter bis 17 Uhr. Eintritt Mo–Fr 26 €, Sa/So 31 €, ab 15 Uhr stets 21 €. Liege 8 €, Sonnenschirm 5 €. Einige Hotels und Agriturismi der Gegend haben mit der Thermalverwaltung spezielle Abkommen, die günstigere Eintrittspreise bieten.

Basis-Infos

Information laltramaremma.it. Informationen bekommt man in den Ausstellungsräumen **Polo Culturale Pietro Aldi** am Hauptplatz, welche nach dem romantischen Maler Pietro Aldi (1852–1888) benannt sind. Di–Sa 9–12.30 Uhr, Sa u. Do auch 17–19 Uhr, So/Mo geschl. Piazza Vittorio Veneto 19, ✆ 342-6199885, ✆ 0564-601259.

Hin und weg **Bus:** tgl. 6-mal nach Manciano; der Bus hält auch bei den Thermen und beim Wasserfall (den Fahrer fragen). Fahrplan in der Touristinformation.

Übernachten

Die Kapazitäten in Saturnia sind begrenzt, in der Umgebung gibt es wenige Ausweichmöglichkeiten – die Preise sind überhöht.

***** **Terme di Saturnia,** luxuriöses und exklusives Kurhotel ca. 2 km außerhalb an den Thermalquellen. Hotelgäste haben neben der öffentlichen Pool-Landschaft ihr eigenes Schwimmbad, das direkt über der Quelle liegt, die mit 800 Liter/Sek. emporschießt. Die Liste der medizinischen Anwendungen ist lang. Zufahrt über den hoteleigenen Golfplatz (18 Loch). Via della Follonata, ✆ 0564-600111, termedisaturnia.it. **€€€€**

*** **Bagno Santo,** an der Straße nach Semproniano. Modernes Haus mit Pool und Garten. Nutzungsvertrag mit dem 500 m entfernten Thermalbad. Loc. Pian di Cataverna, ✆ 0564-601320, bagno-santo-hotel. com.es. **€€€**

mein Tipp *** **La Fonte del Cerro,** beim Thermalhotel ca. 300 m weiter, auf der anderen Straßenseite. Mehrere Gebäude um einen Hof, der zur einen Seite, wo gefrühstückt wird, den Blick in die Landschaft freigibt. Wiese mit Liegestühlen. Auf einem Fußweg erreicht man in 5 Min. den berühmten Wasserfall. Vertrag mit dem nahen Thermalbad (15 % Rabatt). Auch Suiten und Apartments. SP 10 della Follonata, ✆ 0564-602008, lafontedelcerro.eu. **€€€**

Agriturismo **Il Cavallino,** an der Straße nach Semproniano, ca. 4 km zu den Thermen. Renoviertes Landhaus mit 9 Zimmern und Apartments, Pool und neuerdings mit Restaurant. Schöne, gepflegte Anlage, über der meist eine frische Brise weht. Honigverkauf. Loc. Fibbianello, 58055 Semproniano, ✆ 333-8906873, agriturismoilcavallino.it. **€€**

Zimmer Am besten in der nächsten Bar nachfragen; u. a. vermieten:

B & B Villa Garden, ein Lesertipp, 2 Min. außerhalb; reichhaltiges Frühstücksbüfett – im Sommer auf der schönen Panoramaterrasse. Die Zimmer sind etwas altmodisch, aber ordentlich. Loc. Sterpeti 56, ✆ 0564-601182, villagarden.net. **€€**

Le Camere dei Magi, neben der Kirche. Einfache DZ mit Dusche, Teekocher vorhanden. Via Italia 3, ✆ 0564-601034. **€**

Wohnmobil **L'Alveare del Pinzi,** gut ausgestatteter Parkplatz, 1 km vom Wasserfall entfernt. Das großzügige Gelände bietet 400 Stellpätze und 120 Stromanschlüsse. Kaum Schatten, aber Gratis-Shuttle zu den Thermen, zum Wasserfall und nach Saturnia. Strada del Peschiera, ✆ 349-0673294, ✆ 333-9344260, auf Facebook.

Essen & Trinken

I Due Cippi, die Gastro-Institution am Platz, im Zentrum – einst vom Gastro-Pionier Michele gegründet. Romantische Terrasse. Die Preise lassen jedoch zurückschrecken, wohl eher etwas für reiche Römer. Die angeschlossene „Meat-Bar" kann für ein gutes Glas Wein aufgesucht werden. Di Ruhetag. Piazza Vittorio Veneto, ✆ 0564-601074, auf Facebook.

Saturnalia, gleich neben „Cippi" und etwas bescheidener. In der Nebensaison oft die einzige Adresse, um ein warmes Mittagessen zu bekommen. Holzofen-Pizza und Fleisch am Grillspieß. Tische zum Platz. Piazza Vittorio Veneto, ✆ 377-0835263.

Zum gepflegten Aperitivo laden die **Antico Bar Centrale** (Mo Ruhetag) mit Gelato-Theke oder die etwas trendigere Bar **Barakka** an der Piazza Vittorio Veneto ein.

Fürs **Picknick** den besten Platz bietet der Hauptplatz mit viel Schatten unter den Steineichen. Das Wasser des Brunnens am Obelisk hatte Trinkwasserqualität.

Montemerano

500 Einwohner

Auf halber Strecke zwischen Saturnia und Manciano trifft man auf dieses idyllische Städtchen. Ähnlich wie in Capalbio fühlen sich in dem herausgeputzten Bergdorf erholungsuchende Römer zu Hause. Wer es einrichten kann, besucht Montemerano nicht am Wochenende.

In mehreren Bögen führt eine kleine Straße hinauf zum alten Ortskern rund um das Kastell, dessen enge Gassen nur zu Fuß passiert werden können. Die kühle Brise, die auch im Hochsommer über den steilen Bergrücken weht, macht Montemerano zu einer angenehmen Alternative zum Urlaub an der überfüllten Küste. Allerdings lassen die dicken Limousinen erahnen, dass in Montemerano der gehobene Tourismus eine wichtige Rolle spielt. Ein Spaziergang beginnt an der **Bar Il Glicine** am Eingang zur Altstadt und führt in die Via Italia, von der man nach ca. 50 m im spitzen Winkel rechts abbiegt, um zur malerischen **Piazza del Castello** zu gelangen. Abgesehen von einer kleinen Enoteca gibt es hier oben keine Geschäfte, nur alte, meist restaurierte Häuser – in traumhafter Wohnlage. Nachher lässt man sich unter den herrlichen alten Bäumen der Bar am Eingang nieder, um sich mit eisgekühltem Wein zu erfrischen.

San Giorgio: Die romanische Pfarrkirche an der Stadtmauer ist zeigt einige wertvolle Fresken aus dem 15. Jh. *Vecchietta* (1412–1480) hat hier eine holzgeschnitzte, farbig bemalte „Mariä Himmelfahrt" hinterlassen, über dem Sarg wird Maria samt Thron von Engeln gen Himmel getragen. Ein einheimischer Künstler aus dem 15. Jh. schuf die „Madonna della Gattaiola" („Katzendurchschlupf-Madonna"); bei ihrem kreisrunden Loch im Gewand handelt es sich tatsächlich um einen Katzendurchschlupf. Das Tafelgemälde diente einst in einem Montemeraner Gutshof als Tür. Links im Chorbogen posaunen die Engel ins Paradies, während rechts die Teufelchen die Sünder braten.

Einkaufen **Le Macchie Alte,** auf halbem Weg nach Manciano, beim Weiler Poderi di Montemerani, liegt dieses große Landgut, das sich ökologischen Anbaumethoden verschrieben hat. Auf ca. 400 ha (der größte Teil davon Wald) werden Gemüse, Emmergetreide und Oliven angebaut. Die großen Grünflächen beweiden 25 Kühe. Im Hofladen werden all diese Dinge verkauft, dazu noch Nudeln, Öl und anderes. Es gibt auch 15 Gästezimmer, zum Abendessen bekommt man ein Einheitsmenü für 30 € inkl. Wein. Loc. Poderi di Montemerano, ☏ 0564-620470, lemacchiealte.it.

Übernachten ***** Villa Acquaviva,** 2 km außerhalb, an der Straße nach Scansano rechts ab; eine 300 m lange Allee führt zum Anwesen. Tolles Landhaus mit nettem Empfang, das von vielen Stammgästen geschätzt wird. Im Hauptgebäude 7 Zimmer, im Nebentrakt weitere 18, dazu ein kleiner Pool mit Liegewiese im parkähnlichen Garten sowie Tennisanlage. Im Ristorante werden gute hauseigene Weine kredenzt. Strada Scansanese 10/11, ☏ 0564-602890, villacquaviva.com. **€€€**

***** Ciavatta,** gegenüber der Villa Acquaviva. 25 komfortable, meist große Zimmer, verteilt auf moderne, rosafarbene Bauten um ein ehemaliges Landhaus. Es gibt auch Apartments und zwei Pools. Loc. Ciavatta, ☏ 0564-602657, ciavatta.it. **€€**

*** Locanda Laudomia,** 2 km außerhalb, an der Straße nach Manciano. Garten hinter dem Haus. Poderi Di Montemerano, ☏ 0564-620013, locandalaudomia@gmail.com. **€€**

Zimmer **Cacio e Vino,** unterhalb des Ortseingangs. Empfehlenswerte Mini-Osteria mit Tabakladen und 5 bescheidenen Zimmern, alle mit Bad. Frühstück extra – gibt's in der angeschlossenen Bar. Do Ruhetag. Via del Bivio 16, ☏ 0564-602939, ristorantecacioevino.it. **€€**

Von der Maremma zum Monte Argentario → Karte S. 128/129

Mein Tipp **La Piaggia,** in Montemerano nicht ins Centro storico, sondern auf der Hauptstraße weiterfahren, auf der man die halbe Stadt umkreist, dann weist rechts ein Schild den Weg zur schönen Auffahrt ins Landhaus. 5 sehr schöne, gepflegte Zimmer mit Bad, teils mit Direktzugang zum Garten. Auch Apartments. Einladende Terrasse, sehr freundliche Vermieter. Via E. Fermi 21, ✆ 0564-602909, ✆ 330-271846, lapiaggia.com. **€€**

Essen & Trinken **Ristorante da Caino,** im Zentrum; eines der besten, aber auch der teuersten Restaurants in der Maremma: Für die exzellente Zwei-Sterne-Küche reisen die Gäste bis aus Rom an. Do–So geöffnet, Mo/Di nur abends; Mi Ruhetag. Via Canonica 3, ✆ 0564-602817.

Il Giardino di Caino, gleich daneben; hier hat der Sohn von Caino einen Ableger im Garten eröffnet, gut auch für einen Aperitivo und Kleinigkeiten. Tgl. (außer Mi) 18.30–22.30 Uhr. Via della Chiesa 8.

Passaparola Nell'Antico Frantoio, Restaurant im rustikalen Ambiente einer alten Ölmühle. Toskanische Küche. Do Ruhetag. Via delle Mura 21, an der Stadtmauer, ✆ 0564-602835.

Cacio e Vino, kleines Lokal, kleine Karte. Preiswerte toskanische Küche, u. a. auch Acquacotta, und nomen est omen: Das Käseangebot ist gut, der Hauswein stimmt. Via del Bivio 16, ✆ 0564-602939.

Manciano

7300 Einwohner

Auf einem sanften, 444 m hohen Hügel, gekrönt von einem sienesischen Kastell aus dem Jahr 1424, liegt Manciano mit dichtgedrängten Häusern. Die exponierte Lage des einstigen Räubernests erlaubt einen herrlichen Rundblick vom Monte Amiata bis zum Bolsena-See und zur 25 km entfernten Küste.

Der Tourismus spielt hier keine große Rolle, entsprechend ist das Centro storico nicht herausgeputzt wie im nahen Montemerano. Nur einige Römer unterhalten rustikal ausgebaute Ferienwohnungen. Andere Häuser warten noch immer auf Käufer. Die Bevölkerung lebt vor allem von der Landwirtschaft und kleinen verarbeitenden Betrieben am Stadtrand.

Manciano galt einst als ein Ort, an dem sich die legendären Räuber der Maremma herumtrieben. Wie überall in der Region waren vor allem die Spannungen zwischen Arm und Reich der Nährboden für ihr Unwesen.

Am höchsten Punkt des historischen Zentrums steht das mittelalterliche Castello, heute Sitz der Stadtverwaltung. Von hier öffnet sich ein schöner Blick auf die Hügel der Maremma. Das Museum für Vor- und Frühgeschichte – **Museo di Preistoria e Protostoria della Valle del Fiume Fiora** – nebenan zeigt Funde aus der Altsteinzeit bis Eisenzeit aus dem Tal des Fiora-Flusses (geöffnet wie Ufficio Turistico, bislang Eintritt frei, Erhebung eines Eintrittsgeldes war geplant).

Bademöglichkeit: Am Ende der Getreidefelder, wo am Ufer der Bewuchs mit großen Bäumen beginnt, findet sich ein idealer Platz, um ein erfrischendes Bad zu nehmen. Der Fluss Fiora führt an dieser Stelle auch im Frühsommer meist noch ausreichend Wasser, um zu schwimmen. Das Wasser ist sauber, wenn auch etwas „naturtrüb".

Castro: Wenn man schon den Ausflug in die Nachbarprovinz Latium unternommen hat: Nicht weit von hier, zurück auf die Hauptstraße SP 47 Richtung Farnese, zweigt nach ca. 5 km rechts ein Sträßchen zu den Überresten der Stadt Castro ab; der Ort wurde 1649 zerstört und daraufhin verlassen.

Information **Ufficio Turistico,** seit 2022 ein eigenes Büro in der Via Cavour 6, das nur in der Saison offen ist: tgl. (außer Mo) 10–13 und 15–18 Uhr. Ansonsten werden Besucher auch im Museum für Prähistorisches gut mit Infos versorgt (siehe oben), ✆ 0564-620532, mancianopromozione.it.

Hin und weg **Bus:** 5-mal tgl. via Montemerano nach Saturnia, 4-mal Pitigliano, 4-mal Grosseto. Tickets im Zeitungsladen an der Piazza della Pace. Abfahrt an der Piazza della Pace und der Via Circonvallazione Nord (vor der Bank Monte dei Paschi di Siena). Busfahrpläne → at-bus.it.

Einkaufen **La Torre-Casa del Formaggio,** Feinkostladen mit einer guten Auswahl an Käsespezialitäten aus der Region und angeschlossener Enoteca. Via del Ponticino 40.

Fest **Festa delle Cantine,** das Weinfest der Stadt mit Degustation und lokalen Spezialitäten – jährlich am 2. Septemberwochenende; dann werden im Centro storico die alten Probierstuben der Weingüter, die *Cantine,* geöffnet.

Markt Samstag.

Übernachten ***** Rossi,** zentral am Kreisverkehr im unteren Ortsteil. Alles renoviert und mit Klimaanlage. Geschmackvolle DZ und schöner Frühstücksraum. Via Antonio Gramsci 3, ✆ 0564-629248, hotelrossi.it. **€€**

**** Miravalle,** ruhige Lage am Ortsrand. Falls niemand da ist, im violetten Haus gegenüber bei Meloni klingeln. Das angeschlossene **Restaurant** wurde von Lesern empfohlen. Frühstückspreis abhängig davon, ob man sich mit einem Kaffee begnügt oder am Büfett satt isst. Via Antonio Gramsci 42, ✆ 0564-620245, ilmiravalle.it. **€€**

Zimmer **Paolino,** im Süden, direkt gegenüber Stadtmauer, bei der gleichnamigen Trattoria ums Eck. Bescheidene Zimmer, aber alle mit Bad, Aircondition, Kühlschrank und Safe. Via del Mattatoio 3, ✆ 347-4737279, ✆ 336-713893, lecameredipaolino.it. **€€**

Agriturismo **L'Antica Sosta €€,** kleines Anwesen ca. 2 km in Richtung Pitigliano. Die Wirtsleute sind sehr nett, halten Schafe, verkaufen Honig, pflegen Olivenbäume und bauen u. a. Dinkel an. Auch Ausritte werden vermittelt. Mini-Apartments und 6 DZ mit Bad, TV, teils auch mit Kühlschrank. Loc. Mondonovo 8, ✆ 0564-629706, anticasosta.com.

Poggio Foco, ca. 10 km außerhalb; auf der SP 32 Richtung Farnese bis zum Abzweig rechts in Richtung Vulci, dann rechts auf Ausschilderung achten. Atemberaubendes Panorama in alle Richtungen (der Sonnenuntergang, vom „Feuerhügel" betrachtet, ist ein Erlebnis!) und absolut ruhige Lage. Auf dem 550 ha großen zertifizierten Biobetrieb werden Getreide, Wein und Oliven angebaut; auch Schaf- und Rinderzucht. Pool vorhanden. In den Wohnungen erwarten den Gast Präsentkörbe mit hauseigenen Spezialitäten fürs Frühstück sowie Brennholz fürs Feuer im offenen Kamin. Viel Platz für Kinder. In der Hauptsaison nur wochenweise, in der Nebensaison auch ab zwei Tagen buchbar. Loc. Poggio Fuoco, ✆ 0564-620351, ✆ 335-7720059, poggiofoco.com. **€€**

Essen & Trinken Lokale Spezialität ist der **Ciaffagnone,** eine mit geriebenem Schafskäse bestreute Crêpe.

Trattoria Il Rifugio, am Rand des Centro storico. Das Lokal heißt „Zuflucht" – und es ist auch eine: angenehme Atmosphäre und gute Küche, z. B. Wildschwein- und Steinpilzgerichte. Di mittags geschlossen, Mi Ruhetag. Via Trieste 9, ✆ 0564-620029.

Trattoria da Paolino, zwei angenehme Räume, vom oberen wunderbarer Blick in die Landschaft bis bis ans Meer. Nicht billig, aber hervorragende Küche. Wildschwein „alla maremmana" – in würziger Tomatensauce oder mit Fenchel. Als Primo sind die Gnudi zu empfehlen: Teigklößchen mit Spinat und einer Mozzarella-Tomaten-Soße oder mit gehobelten Trüffeln. Einzig der Pecorino-Test verlief negativ: Die Portion war enttäuschend klein. Mo Ruhetag. Via Marsala 41, ✆ 0564-629388.

Pizzeria Osée, in Zirkusmanier wurde der Wirt 1999 zum „Mr. Pizzaiola Italia" gekürt. Die Einrichtung mit Clowns in allen Variationen ist Geschmackssache – über die gute Qualität der Pizza und deren frische Zutaten waren sich unsere Leser einig. Nur abends geöffnet. Reservieren! Mo Ruhetag. Via Circonvallazione Nord 35, direkt bei der Tankstelle, ✆ 0564-628300.

Pasticceria Belvedere, eine Konditorei, die ausgewählte, oft farblich abgestimmte Tortenstückchen in einer Vitrine feilhält. Auch das Eis ist lecker. Ein paar Sitzplätze auf dem Balkon bieten dazu den passenden Augenschmaus. Via Marsala 93.

Einsiedelei von Poggio Conte (Latium)

Südöstlich von Manciano, in der Nähe der Stelle, wo die Straße nach Canino (Latium) den Fiora-Fluss überquert, befindet sich – versteckt hinter einem dichten Vorhang üppiger Vegetation und nur zu Fuß erreichbar – eine archäologische Besonderheit, der **Romito-**

Von der Maremma zum Monte Argentario → Karte S. 128/129

rio del Poggio Conte. Es handelt sich um eine Einsiedelei aus dem 13. Jh. Die Mönche, die sich an diese abgelegene Stelle zurückzogen, trieben nicht nur ihre Zellen ins Tuffgestein, sondern auch eine ganze Kapelle, die sie mit einem gotischen Gewölbe und großflächigen Wandgemälden ausstatteten. Die eindrucksvollen Apostelbilder aus Poggio Conte sind im Museo Civico in Ischia di Castro (Latium) zu sehen.

Anfahrt Etwa 11 km von Manciano. Die SP 32 in südöstliche Richtung nach Farnese (Canino) fahren. „Nach der Brücke Ponte di Pietro geht es Richtung Canino. Nach 1,6 km bei der ersten Abzweigung rechts (verwittertes Schild). Bei der Weggabelung nach 100 m rechts zu Fuß weiter und ca. 2 km dem sandigen Sträßchen nach flussabwärts, bis es in einen schmalen Trampelpfad inmitten üppiger Vegetation übergeht. Von dort sind es noch ca. 500 m bis zu einem Wasserfall. Links oberhalb davon ist durch die Bäume die Kapelle zu erkennen" – so die Wegbeschreibung von Lesern. Wir empfehlen, sich im Museum von Manciano (→ „Information") anzumelden bzw. sich über die aktuelle Begehbarkeit des Wegs zu informieren.

My cave is my castle – die Kapelle der Einsiedelei von Poggio Conte

Pitigliano

3600 Einwohner

Mitten im Tal ragt ein gewaltiger Tuffsteinfels steil in die Höhe, obenauf die Stadt – man meint, sie nur mit langen Leitern erklimmen zu können. Die mittelalterlichen Häuser wirken wie ein wilder Auswuchs des Felsens, im östlichen Ortsteil sind die Reste eines Aquädukts aus dem 16. Jh. auszumachen, dahinter der mächtige Palazzo der Grafen von Orsini.

Den besten Blick auf Pitigliano hat man vom Kirchlein Madonna delle Grazie an der Straße nach Manciano. Wer sich der Stadt abends nähert, kann von hier die einzigartige Kulisse in fast surrealistischer Illumination erleben.

Die Tuffsteinorte im hintersten Winkel der Toskana – Pitigliano, Sovana, Sorano – wurden in den letzten Jahrzehnten touristisch erschlossen, das Angebot an Restaurants und Kunsthandwerksläden ist gestiegen, in Pitigliano stärker als in den Nachbarorten. Das Städtchen zeigt ein intaktes mittelalterliches Ortsbild, zu dem – heute eine Attraktion – auch das ehemalige **jüdische Viertel** beiträgt. Die in den Fels gehauenen Keller unterhalb der Stadt, die einst als Gräber dienten, werden bis heute zur Weinlagerung, als Ställe und Werkstätten genutzt.

Le Macerie, gleich zu Beginn der Via Zuccarelli, der ersten Seitengasse im historischen Zentrum links, ist eine auffällige Baulücke, die an den fatalen Bombenangriff am 7. Juni 1944 erinnert. Ein amerikanisches Geschwader bombardierte die Brücke unten im Tal, einige der Bomben verfehlten das Ziel und zerstörten ein ganzes Wohnviertel. 79 Einwohner des Ortes kamen dabei ums Leben.

Palazzo Orsini/Diözesanmuseum: Der Palast der römischen Adelsfamilie Orsini, zu deren Grafschaft Pitigliano gehörte, überragt die zentrale Piazza della Repubblica. Das Gebäude, das heute als Sitz des Bischofs dient, wurde Ende des 14. Jh. erbaut und 1547 bei einem Volksaufstand geplündert. Für die Museumsgestalter des aufwendig restaurierten Baus war die Ausstattung der 21 Räume anscheinend problematisch – in etlichen Räumen herrscht gähnende Leere, andere sind mit Biedermeiermöbeln vollgestellt. Allenfalls sehenswert sind die alte Bibliothek und die originalen Holzkassettendecken in einigen Sälen.

▪ Mai–Juli und Sept. Di–So 10–13 und 15–18 Uhr, Aug. tgl. 10–13 und 15–20 Uhr, Okt.–April Di–So 10–13 und 15–17 Uhr. Eintritt 5 €.

Synagoge/Jüdisches Museum: 1598 erbaut, wurde die Synagoge in der zweiten Hälfte des 18. Jh. im Rokoko-Stil renoviert und brach 1960 als Spätfolge der Bombardierung im Zweiten Weltkrieg schließlich zusammen. Nach dem Wiederaufbau steht sie seit 1995 wieder für die Allgemeinheit offen, auch die jüdischen Rituale werden hier einmal im Jahr wieder zelebriert. Betrachtet man die aus den Trümmern geretteten Gedenktafeln im Inneren der Synagoge, fallen die futuristischen Jahreszahlen auf. Die jüdische Zeitrechnung beginnt bereits 3761 Jahre vor Christi Geburt; folglich beehrte Leopold II. die jüdische Gemeinde des Orts mit seinem Besuch im Jahre 5589, nach unserer Zeitrechnung im Jahr 1829.

Die Synagoge ist heute Bestandteil des Jüdischen Museums (Museo Ebraico). Zu diesem gehören neben einer Sammlung sakraler Gegenstände auch die Räume der Ritualbäder, ein Schächtraum und ein Keller für koscheren Wein.

▪ Tgl. (außer Sa) 10–13 und 14.30–18 Uhr, Okt.–März 10–12.30 und 14.30–16.30 Uhr. Eintritt 6 €.

Vierhundert Jahre „Piccola Gerusalemme“ – die Juden in Pitigliano

Einst lebte in Pitigliano eine große jüdische Gemeinde, die um 1535 von aus Spanien kommenden jüdischen Siedlern gegründet worden war. Noch um 1880 waren 15 % der 3000 Einwohner von Pitigliano Juden. Es gab eine jüdische Bibliothek, jüdische Schulen und eine Synagoge, die inzwischen wieder hergerichtet wurde. In einem Felsenkeller steht noch der Ofen, in dem die traditionellen Backwaren für das Passah-Fest gebacken wurden. In der Bäckerei **Forno del Ghetto** (Via Zuccaelli 167) gibt es neben *Pane Azzimo*, dem ungesäuerten Brot, das ohne Hefe gebacken wird, auch die jüdische Spezialität *Lo Sfratto* aus süßem Teig mit Nüssen, Honig und Muskat – eine schmackhafte Kalorienbombe. Und in jedem Lebensmittelladen in Pitigliano steht der „Piccola Gerusalemme“, ein koscherer Wein, im Regal.

Ein stilles Zeugnis der Vergangenheit ist der geschlossene Friedhof, der auf einem Hügel im Osten der Stadt liegt. 1938 verließen die meisten Juden die Stadt. 2011 lebten in Pitigliano gerade noch drei jüdische Einwohner.

Von der Maremma zum Monte Argentario → Karte S. 128/129

Museo Civico Archeologico della Civiltà Etrusca: In den drei Räumen des Museums im Innenhof des Orsini-Palasts (gegenüber dem Diözesanmuseum) ist eine kleine Sammlung etruskischer Fundstücke untergebracht.

▪ Fr–So 10–18 Uhr, Febr./März geschlossen. Eintritt 3 €, Kombiticket mit Museo Alberto Manzi 6 €.

Museo Archeologico all'Aperto Alberto Manzi: Das Freigelände auf der anderen Talseite, 2,5 km von Pitigliano entfernt (SP 127, Strada del Pantano), lädt zu einem Besuch ins Etruskerland. Gleich nach dem Eingang steht die Reproduktion eines strohgedeckten etruskischen Wohnhauses aus der Bronzezeit. Als Kontrast daneben eine „moderne", in Lehmblockbauweise errichtete Villa aus dem 7. Jh. n. Chr. Am Gebäude zeigen großflächige Reproduktionen Szenen von Wandfresken, die in Tarquinia gefunden wurden. Der Rundgang führt durch einen tief in den Tufffels gegrabenen Hohlweg ins Tal – unterwegs Ausblicke auf den jüdischen Friedhof auf der anderen Talseite. Die Kapelle weiter unten stammt aus dem 17. Jh. Sehr anschaulich daneben die restaurierten etruskischen Grabstätten – gut ausgeleuchtet liegen dort zwei mit Tüchern abgedeckte „Mumien" auf den Grabbänken, auch die Grabbeigaben fehlen nicht.

▪ Geöffnet wie Museo Civico Archeologico. Eintritt 4 €, Kombiticket mit Museo Civico Archeologico 6 €.

> Wer sich ein Bild von der alten etruskischen Siedlung machen will, findet an der Via Zuccarelli eine schematische Darstellung mit Aufriss: freigelegte Mauern und in Häuser integrierte Mauern.

Spaziergang: Ein ca. 45-minütiger Rundgang führt von der Piazza Petruccioli die Treppe hinunter zum alten Waschhaus von Pitigliano. Von dort

zieht sich ein Schotterweg unterhalb des Stadtfelsens an aufgelassenen Schrebergärten vorbei bis auf die andere Seite der Stadt. Kurz vor dem Ende der Tour kann links bergab (100 m) ein kurzer Abstecher zu einer Aussichtsplattform gemacht werden, von der man einen kleinen Wasserfall durchs dichte Grün erspähen kann.

Wandern: Im Gebiet zwischen Pitigliano und Sovana finden sich mehrere in den Tufffels geschlagene etruskische Hohlwege *(vie cave)*, die schattige Spaziergänge erlauben. Einer der schönsten ist die **Via Cava dell'Annunziata,** die auf ein Felsplateau führt; von dort sind es noch 90 Minuten bis Sovana. Der Spaziergang beginnt an der Straße nach Sovana (linke Seite) knapp oberhalb der Brücke über den Lente-Fluss. Gesamtgehzeit bis Sovana ca. 2 Std.

An der Straße nach Sovana ist 50 m vor der Brücke links der sogenannte **Fratenuti,** ein etwa 7 m hoher Hohlwegabschnitt, zu sehen.

Oben Häuser, unten Fels – Pitigliano wirkt wie aus einem Guss

Von der Maremma zum Monte Argentario → Karte S. 128/129

Basis-Infos

Information **Ufficio Turistico,** Di–Sa 9–12.30 und 15.30–18.30 Uhr, So 9–12.30 Uhr (im Winter reduzierte Zeiten). Kompetente Auskünfte werden mit Engelsgeduld erteilt. Piazza Garibaldi 12, ✆ 0564-617111, comune. pitigliano.gr.it.

Infos zu den Museen auch auf Englisch unter museidimaremma.it.

Hin und weg **Bus:** 4-mal tgl. über Manciano nach Grosseto, 1-mal Saturnia und Sovana, 2-mal Orbetello, 8-mal Sorano. Wer nach Siena oder Florenz will, muss in Grosseto umsteigen. Abfahrt der Busse gegenüber der Bar Il Golosone in der Via S. Chiara.

Ausstellungen Im früheren **Kornspeicher der Fortezza Orsini** bereichern in der Saison Ausstellungen international renommierter zeitgenössischer Künstler das Kulturangebot des Orts.

Einkaufen Die **Via Roma** ist die Straße zum Bummeln. Hier und in der **Via Orsini** gibt es inzwischen viele Kunsthandwerksläden und Delikatessengeschäfte mit Wildschweinwürsten. Mittwochnachmittag bleiben die Geschäfte geschlossen.

Mercatino Country, in der Boutique der Lederwarenwerkstatt gibt es Gürtel, Taschen, Jacken der „Butteri" (der maremmanischen Cowboys) und schöne Strohhütte. Piazza Garibaldi 16.

Kunst & Kurioses Die **Via Zuccarelli** ist die beschaulichere Gasse im Altstadtviertel. Hier trifft man auf kleine Betriebe mit Künstlern, die sich hier und in der Umgebung niedergelassen haben. Auch Originale wie **Adrian Americo Pio,** der ums Eck in einer Nebengasse das „Königreich der Insekten" zeigt. 10.000 verschiedene Arten hat er in seinem Archiv, zu verkaufen gibt es nichts, wie er extra auf seinem Schild am Eingang vermerkt hat. Eigentlich war er die meiste Zeit seines Lebens (*1954) Maler, aber Insekten beeindruckten ihn bereits als Jugendlichen.

Instrumenti Etnici, Instrumente aus aller Welt – insgesamt 500 verschiedene hat Bruno Brunetti in seinem langen Berufsleben als Vertriebsmanager von Haushaltsgeräten bei seinen Reisen in der ganzen Welt gesammelt. Die Ausstellung nahe der Synagoge ist kostenlos und immer geöffnet (im Winter nur nach Vereinbarung). ✆ 0345-9886475, instruments.pitigliano@gmail.com.

Fest **Settembre divino – cantine aperte,** am 1. Wochenende im Sept. werden beim Weinfest in der Altstadt die uralten, in den Tufffels gehauenen Privatkeller geöffnet.

Markt Mittwochvormittag.

Wein Nicht zu verachten sind die Weine aus Pitigliano: Rosso Rubino, Ildebrando Bianco, Sovana Rosso (Sangiovese), Aleatico und vor allem der Bianco di Pitigliano, ein leichter, trockener Weißer, der zu ca. 70 % aus der Trebbiano-Rebe gekeltert wird.

Eine Besonderheit sind die koscheren Weine, die mit einem Zertifikat des Oberrabbiners von Livorno versehen sind. Man bekommt einen weißen und einen roten „Piccola Gerusalemme". Beide Weine sind frei von Konservierungsstoffen (Schwefel).

Cantina Cooperativa, knapp 1 km außerhalb, an der Straße nach Orvieto rechts ab. Hier kauft man am besten größere Mengen; im modernen Verkaufsraum kann man Weine degustieren (ab 10 €) und eine Führung durch die alten Tuffsteinkeller machen. Mo–Do 8–18, Fr nur bis 17 Uhr (Siesta 13–15 Uhr), Sa 9–12.30 Uhr. Die Cantina unterhält auch einen Verkaufsraum in der Via S. Chiara 70 (vor dem Eingang ins Centro storico rechts), der regelrecht in den Fels gehauen ist. Hier gibt es auch Salami, Schinken und Käse. Via N. Ciacci 974, ✆ 0564-616133.

Enoteca Ghiottornia, hier gibt's Weine, Trüffel und Pesto in guter Qualität, schrieben Leser. Via Roma 109.

Übernachten

Le Camere del Ceccottino, am Domplatz; 5 super gepflegte Zimmer, Besitzer ist der Betreiber des Restaurants gegenüber. Frühstück mit Wasserkocher und Gebäck auf dem Zimmer. Via Roma 159, ✆ 0564-614273, ✆ 393-9790069, ceccottino.com. **€€€**

MeinTipp ***** Valle Orientina,** 5 km außerhalb; für ca. 4 km in Richtung Orvieto/Viterbo fahren, dann an einer Tankstelle links abbiegen. Großartige, einsame Lage im bewaldeten Orientina-Tal, Sauna, Fitness-Studio. Zum Hotel gehört auch das einstige jüdische Thermalbadehäuschen mit einer 38 °C warmen Quelle. HP ist empfehlenswert (25 €/Pers.). Via Valle Orientina, ✆ 0564-616611, valleorientina.it. **€€€**

Zimmer Locanda Il Tufo Rosa, gegenüber Hotel Guastini (s. o.). 6 Zimmer, teils klein, aber gepflegt und nett eingerichtet; schöne, moderne Badezimmer. Da fast direkt am Verkehrsknotenpunkt von Pitigliano gelegen, nicht immer ganz ruhig. Frühstück gibt's in der Bar nebenan. Piazza Petruccioli 97, ✆ 0564-617019, ✆ 333-9701148, iltuforosa.com. **€€**

MeinTipp **La Casa dei Carrai,** rosa Haus, 500 m außerhalb des Orts, an der Straße nach Sorano, direkt vor einer Haarnadelkurve. Das ehemalige Haus der Karrenhersteller von Pitigliano wurde mit Sorgfalt zu einem B & B mit 5 Zimmern (für 2–4 Pers.) umgebaut. Küchenbenutzung, Waschmaschine und ein schöner Garten, auch ein Parkplatz für Gäste. Als kurzer Spaziergang mit Picknickmöglichkeit bietet sich der nahe Orsini-Park an. Via S. Francesco 54, ✆ 338-6773242, lacasadeicarrai.com. **€€**

B & B Maremma nel Tufo, 1,2 km außerhalb in Richtung Manciano. 4 Apartments und 4 DZ. Mit Pool. An der SS 74, Km 48,4, ✆ 0564-614122, ✆ 348-3924598, maremmaneltufo.com. **€€€**

Locanda Pantanello, komfortabel ausgestattetes Bauernhaus, ca. 5 km nach Pitigliano, umgeben von einem schönen Garten mit Pool. Insgesamt 5 DZ, Abendessen für die Gäste 35 € inkl. allen Getränken. Località Pantano (Km 6233), ✆ 3200355305, pantanello.it. **€€€**

Camping * Agricamping Poggio del Castagno,** 8 km nach Pitigliano. Kleiner Platz für ca. 20 Zelte und einige Wohnmobile. Auch 4 DZ **(€€),** Frühstück möglich. Die Signora serviert abends einfache toskanische Menüs (25 €). Verkauf von Nüssen, Öl und gerösteter Gerste. Anfahrt: Von Pitigliano 1 km in Richtung Manciano (74), dann links Richtung Viterbo/Orvieto. Dann der Ausschilderung nach San Quirico folgen (SP 127 Strada del Pantano). Nach ca. 4 km auf Ausschilderung zum Agricamping achten. Ganzjährig geöffnet. Poggio del Castagno, ✆ 3393674341, poggiodelcastagno.net.

Essen & Trinken

In Pitigliano kann man vorzüglich speisen. Die Preise sind für die Qualität meist moderat.

La Chiave del Paradiso, „Der Schlüssel zum Paradies" liegt versteckt hinter der Piazza Gregorio VII. Einfache Trattoria im ursprünglichen Sinn, rustikale, bodenständige Küche. Mi Ruhetag. Via Vignoli 209, ☏ 0564-614141.

mein Tipp **Del Ceccottino,** im Centro storico, mit netter Terrasse am ruhigen Domplatz; gehobene Gastlichkeit im renommierten Restaurant mit Auswahl an typisch Toskanischem. Die Chefin spricht Deutsch, bedient und berät ihre Gäste. Do Ruhetag. Piazza S. Gregorio VII 64, ☏ 0564-614273.

Il Tufo Allegro, im Centro storico, über zwei Stockwerke im Tuffstein verteilt. Domenicos Slow-Food-Küche gilt nach wie vor als hervorragende Adresse. Man sollte außer Geld allerdings auch Zeit mitbringen. Die Zubereitung der toskanischen Klassiker erfolgt sorgsam und hat ihren Preis. Di Ruhetag, Mi mittags geschlossen. Vicolo della Costituzione 5, ☏ 0564-616192.

mein Tipp **Il Grillo,** beim Aquädukt im Centro storico. Hervorragende Küche zu moderaten Preisen. Besonders abends ist nur mit Reservierung ein Platz zu bekommen. Man kann auch draußen unterhalb des Aquädukts einen Tisch ergattern; Di Ruhetag. Via Cavour 18, ☏ 0564-615202.

Il Noce, ganz versteckt führt von der rechten, hinteren Ecke der Piazza Garibaldi eine Treppe hinunter. Ein großes Gartenlokal (mit Ausblick), das aber auch einen Gewölbekeller hat. Gute Auswahl an Gerichten, auch die italienischen Trippa (Kutteln) finden sich auf der Speisekarte. Mo geschl. Piazza G. Garibaldi 16/d, ☏ 0564-615125.

Pizzeria La Terrazza, ein Tipp von Einheimischen für gute Pizza; im hellen Saal, auf der Terrasse und in einem Gewölbe kommen hier die Teigfladen dünn aus dem Ofen. Di Ruhetag. Via Unità d'Italia 40, ☏ 0564-607944.

La Corte del Ceccottino, gehört zum o. g. Restaurant, befindet sich allerdings ganz versteckt in einem der hintersten Winkel des Centro storico. Elegant romantisch genießt man in einem hübschen Innenhof toskanische Vorspeisen. Geöffnet April–Okt. von Do bis So abends, im Sommer täglich, auch dann nur abends. Via Vignoli 204b, ☏ 0564-615423.

La Mandragola, die Bar für gute Caffè-Spezialitäten und verschiedene Biersorten, die man sich aus dem Kühlschrank selber nehmen kann; an der Piazza Petrucciolo 11, noch bevor man in die Altstadt hineingeht.

Sovana

150 Einwohner

Ein Museumsdorf aus braunrotem Tuffstein zwischen den Felsschluchten der Flüsse Folonia und Calesina. Früher war Sovana Hauptsitz der Familie der Aldobrandeschi, die große Teile der Südtoskana und Teile des nördlichen Latium ihr Eigen nannten.

Die sorgfältig restaurierten Ziegelbauten des Orts reihen sich entlang einer langen Straße. Das warme Rotbraun der Häuser findet sich im endlosen Zickzack-Ornament des Straßenbelags wieder. Im Zentrum liegt die **Piazza del Pretorio** mit der **Kirche Santa Maria** an der südlichen, dem wappengeschmückten **Palazzo Pretorio** an der nördlichen Längsseite und dem **Palazzetto dell'Archivio** an der westlichen Kopfseite. Der östliche Ortseingang wird von einer mächtigen Burgruine, der **Rocca Aldobrandesca** (nicht zugänglich), beherrscht, neben der die Häuschen von Sovana wie Miniaturen erscheinen. Das Pendant im Westen ist der mit seinem kurzen Turm ebenfalls wie eine Burg wirkende **Dom San Pietro.**

Am Weg zum Dom erinnert eine Marmortafel an das Geburtshaus des Mönchs Hildebrand, der als Reformpapst Gregor VII. den Kampf mit dem deutschen Kaisertum aufnahm und dann in Canossa dem büßenden Kaiser Heinrich IV. im Jahr 1077 die Absolution erteilte.

Palazzo Pretorio mit archäologischer Dauerausstellung: Im liebevoll restaurierten Palast aus dem 12. Jh. schmücken freigelegte Fresken aus dem 16. Jh. die Räumlichkeiten. Hier unterhält das Dokumentationszentrum des

Parco Archeologico (→ S. 147) eine kleine Dauerausstellung über die etruskischen Gräber der Umgebung: Funde, Fotos, Ausgrabungspläne sowie ein Modell der *Tomba Ildebranda* (s. u.). Eine sinnvolle Einstimmung auf den Besuch der etruskischen Gräber.

▪ Tgl. (außer Do) 10–13 und 15–19 Uhr.

Museo di San Mamiliano: Das kleine Museum zeigt einen Teil des Goldschatzes, der hier 2004 bei Restaurierungsarbeiten in den römischen Fundamenten der ehemaligen Kirche San Mamiliano gefunden wurde. In einem Tongefäß aufbewahrt, kamen bei den Grabungsarbeiten 498 Goldmünzen aus dem 5. Jh. n. Chr. zutage.

▪ In der Saison tgl. (außer Mi) 10–13 und 15–19 Uhr. Eintritt 3 €, Kombiticket mit den etruskischen Stätten und der Orsini-Burg in Sorano ca. 10 €.

Kirche Santa Maria: Das Gotteshaus aus dem 13. Jh. zeigt Fresken aus dem 16. Jh. Prunkstück ist jedoch ein vorromanisches Ziborium (8./9. Jh.) aus weißem Marmor – eine fein ziselierte Steinmetzarbeit. Den Baldachin zieren Weinranken, Tauben und Pfauen. Obenauf thront eine achtseitige Pyramide. Neben der Kirche am Platz erfreut ein Brunnen den durstigen Besucher mit erfrischendem Trinkwasser.

▪ Tgl. 9–19 Uhr.

Dom San Pietro: Das Bauwerk aus dem 11. Jh. ersetzte eine frühere Kirche, wurde im Lauf der Jahrhunderte mehrfach umgebaut und angeblich von Papst Gregor VII. seiner Heimatstadt gestiftet. Besonders imposant ist das Seitenportal mit seiner vor- und frühromanischen Ornamentik. Im dreischiffigen Inneren zeigt das zweite Kapitell der linken Reihe biblische Szenen, die restlichen beschränken sich auf abstraktes Dekor. Im linken Querschiff findet sich eine verschnörkelte Urne, die den Blick auf die sterblichen Überreste Mamilianos, des Schutzheiligen von Sovana, freigibt. Die mit einer Skulptur des Heiligen geschmückte Urne steht an der rechten Seitenwand. Zugänglich ist auch die Krypta des Doms, ein erstaunlich heller Raum.

▪ Im Sommer 10–13 und 14–19 Uhr, im Winter 10–13 und 15–18 Uhr. Eintritt 2,50 €.

In Sovanas Gassen dominieren Blumen statt Autos

Information Im Palazzo Pretorio; Ostern bis Ende Okt. tgl. 10–13 und 15–18.45 Uhr; Do (außer im Aug.) geschlossen. Im Winter nur Sa/So. Kompetente Auskünfte auch für die Gegend der etruskischen Gräber des Parco Archeologico in Sorano. ✆ 0564-614074, leviecave.it.

Infos zu den Museen auch auf Englisch unter museidimaremma.it.

Einkaufen Kleine Kunsthandwerks- und Antiquitätenläden bieten reichlich Gelegenheit zum Stöbern. Zudem diverse Feinkostgeschäfte, in denen u. a. auch der *Rosso di Sovana* (Hauptanteil Sangiovese) verkauft wird.

Wein **Azienda Sassotondo,** kleine Kellerei, der auf dem Boden des Tuffsteins ein hervorragender Bianco di Pitigliano gelingt. Sympathischer Biobetrieb (seit 1994!) in herrlicher Lage. Tgl. 10–12 und 15.30–17.30 Uhr auch für Kellerbesichtigung mit Wein- und Ölprobe geöffnet (20 €). Anfahrt: Von Pitigliano auf der SP 46 in Richtung Sovana exakt bei Km 2 links den ausgeschilderten Abzweig nehmen und der Schotterpiste für 1,5 km folgen. Vorher anrufen. ✆ 0564-614218, ✆ 348-9029125, sassotondo.it.

Übernachten ****** Sovana Hotel & Resort,** an der Straße zum Dom. Außen eher unscheinbar, innen luxuriös, mit großem Garten und Pool. Via del Duomo 66, ✆ 0564-617030, sovanahotel.it. **€€€**

***** Hotel Scilla,** im Zentrum neben dem Palazzo Comunale; kleines gepflegtes Haus mit Restaurant, insgesamt 15 Zimmer. Piazza del Pretorio 16, ✆ 0564-614329, albergoscilla.com. **€€**

Mein Tipp **Agriturismo San Giacomo,** ca. 3 km außerhalb, schlecht bzw. gar nicht ausgeschildert. Zwei sympathische Schwestern halten hier 7 DZ und 5 Apartments bereit. Hell und frisch, ansprechende, supergepflegte kleine Anlage mit Minipool im schönen Lavendelgarten. Ausgezeichnete Küche. Für Familien mit Kindern allerdings ungeeignet. Loc. Poggio dell' Olivo, ✆ 347-4060539, ✆ 328-0929962. **€€**

Essen & Trinken **Vino al Vino,** im Ortszentrum. Weinbar mit guter Auswahl an Käse- und Wurstspezialitäten. Durchgehend 10.30–19.30 Uhr, danach nach Voranmeldung. Di geschlossen. Via Duomo 10, ✆ 0564-617108.

Golosofia, der Feinkostladen für den kleinen Imbiss aus der kleinen Karte; man nimmt an einem der Weinfässer Platz und hat die schöne Piazza del Pretorio im Blick. Ebenfalls von 10–20 Uhr durchgehend geöffnet, Mi geschlossen. Piazza del Pretorio 4, ✆ 0564-617103.

Von der Maremma zum Monte Argentario → Karte S. 128/129

Etruskische Gräber bei Sovana

Sovana ist berühmt für seine etruskischen Nekropolen, die teilweise bis auf das 7. Jh. v. Chr. zurückgehen. Auch einige tief in den Tuff gehauene etruskische Hohlwege *(vie cave)* liegen in unmittelbarer Umgebung (→ Pitigliano/Wandern). Nur einige der etruskischen Grabmale rund um Sovana sind ausgeschildert und problemlos zu Fuß zu erreichen. Der **archäologische Park** der Gegend, der **Parco Archeologico Città del tufo,** unterhält hier in Sovana im Palazzo Pretorio ein Dokumentations- und Informationszentrum. Die zum Park gehörenden Grabstätten liegen westlich von Sovana und sind ausgeschildert.

▪ **Sammelticket:** Besichtigung des Geländes mit den Gräbern 7 €, Sammelticket für den gesamten Park, Gänge und Räume im Untergeschoss der Orsini-Burg in Sorano sowie das Museo di San Mamiliano in Sovana ca.10 €. Kind bis 10 J. frei. Im Sommer tgl. 10–19 Uhr. **Ticketverkauf** im Info-Zentrum des Parco Archeologico in Sovana sowie im Infobüro an der Orsini-Burg in Sorano.

> Eine **Wanderung von Sovana zu den etruskischen Gräbern und Hohlwegen** mit Übersichtskarte zur Lage der Gräber finden Sie hier im Buch auf S. 267.

Tomba dei Leoni: Ziemlich zu Beginn des Rundgangs gibt es einen Neuzugang von 2021 zu betrachten – die Tomba dei Leoni. Die Existenz des Grabes war zwar schon länger bekannt, aber es dauerte Jahre, sich mit dem Grundstücksbesitzer zu einigen, um es für Besucher zugänglich zu machen.

Die mächtige Tomba Ildebranda

Tomba Ildebranda: Das nach Hildebrand, dem späteren Papst Gregor VII., benannte Grab ist das spektakulärste. Es handelt sich um ein etruskisches Tempelgrab im hellenistischen Stil aus dem 3. Jh. v. Chr. Vom reich verzierten Fries ist links oben noch ein Stück erhalten. Zwölf Säulen (eine vollständig erhalten, elf nur noch Stümpfe) umgaben das Heiligtum über der Grabkammer, der sich seitlich eine zweite anschließt. In unmittelbarer Nähe der Tomba Ildebranda liegen die **Tomba Tifone** (rechts) und die **Tomba Pola** (links).

■ April–Okt. tgl. 10–19 Uhr, Nov.–März Sa–So 10–17 Uhr. Eintritt siehe oben.

Cavone Etrusco: Beim Parkplatz unterhalb der Tomba Ildebranda nimmt rechter Hand der Cavone Etrusco seinen Anfang, ein langer Hohlweg. Gelegentlich sind hoch oben im Tufffels etruskische Gräber zu sehen.

Tomba della Sirena: Das Grab, ebenfalls aus dem 3. Jh. v. Chr. und im hellenistischen Stil, wird von einem kleinen Raum gebildet, dessen Vorderseite geheimnisvolle Inschriften zeigt und, wenn auch undeutlich, mit der Figur einer Sirene und seitlich mit zwei geflügelten Wesen dekoriert ist. Die Tomba bildet den Anfang einer ganzen Nekropole – wer dem Waldweg weiter folgt, findet weitere Gräber. Eindrucksvoll sind die Zugangsschneisen zu den Grabkammern. Freier Zugang.

Sorano

3300 Einwohner

Mit der Burg der Orsini im Süden konkurriert im Nordosten ein gewaltiger befestigter Tuffsteinblock, der **Masso Leopoldino,** um die optische Vorherrschaft. Von den drei Tuffsteinorten Sorano, Pitigliano und Sovana scheint Sorano mit seiner strengen Ausstrahlung der Ort zu sein, der von den vielbeschriebenen magischen Kräften am meisten bewahren konnte. Der dichten Atmosphäre von düsterer Schönheit kann man sich beim Verirren im Labyrinth des Borgos, des Altstadtviertels, kaum entziehen.

Souvenirläden sucht man vergebens, das erste und einzige Hotel am Ort eröffnete 1998. Dafür lädt der Ort zu einem angenehmen Spaziergang ein; er beginnt bei der **Porta Ferrini** an der Via Giovanni Selvi, dem Eingangstor zur Stadt; dahinter erwartet den Besucher eine ganze Reihe fotogener steinerner Türeinfassungen. Man kommt auch an der restaurierten **Synagoge** vorbei, die an einer Innenwand eine Liste von in Auschwitz ermordeten Juden zeigt. Wer ein Stück weitergeht, gelangt zur **Nikolauskirche** mit der **Capella della Sindone,** in der zwei Fotos das Turiner Schweißtuch in Originalgröße wiedergeben. Von der Kirche aus führt der Spaziergang dann durchs düstere Mittelalter – vorbei am **Masso Leopoldino** zur antiken **Porta dei Merli.**

Terme di Sorano: Etwas abseits des Orts, an der Straße nach Pitigliano, hat die Moderne doch noch einen Platz gefunden. In der 2006 eröffneten Terme di Sorano, einer kleinen Wellness-Oase, gehen vor allem italienische Gäste thermalischen Vergnügungen nach. Das Wasser sprudelt mit 37,5 Grad aus dem Boden und wird in ein riesiges Schwimmbecken geleitet.

▪ April–Okt. tgl. 10–19 Uhr, Nov.–März tgl. 10–18 Uhr. Eintritt 22 €, nach 14 Uhr 18 €, Sonnenschirm 4 €. ✆ 0564-633306, termedisorano.it.

Orsini-Burg: Oft belagert und nie eingenommen, gilt sie als die am besten befestigte Burg der Orsini in der Umgebung. Der Haupteingang liegt an der Straße nach San Quirico. Zwei Eckbastionen und ein Graben schützen die Festung an der offenen Südseite. In einem der nördlichen Gebäudetrakte ist ein Museum für Mittelalter und Renaissance untergebracht. Im Eintritt enthalten ist eine Führung durch die unterirdischen Gänge der Burg, die Zeiten sind angeschlagen.

▪ April–Okt. tgl. (außer Mo) 10–12 und 16–18 Uhr. Eintritt 5 €. Es werden auch geführte Touren angeboten.

Masso Leopoldino: Der glatte Tuffblock, der wie ein gewaltiger Schiffsbug (obenauf mit Uhrturm und Glöcklein als Gallionsfigur) aus den Häusern der Stadt herausragt, wurde Ende des 18. Jh. unter Großherzog Leopold II. bearbei-

Von der Maremma zum Monte Argentario → Karte S. 128/129

Ganz in Tuff: Sorano

tet. Ein großer Teil der Stadt stürzte im Jahre 1801 bei einem Erdrutsch in die Tiefe und begrub viele Frauen, Kinder und alte Menschen unter sich, während die Männer auf dem Feld arbeiteten. Zugang zur Terrasse tgl. 10–19 Uhr.

Parco Archeologico (Chiesa di San Rocco): Vom Gelände bietet sich ein einmaliger Blick auf Sorano, das sich auf der anderen Seite des tiefen Flusstals emporstreckt. Die Grabstätten, die den gesamten Südwesthang einnehmen, stammen aus dem 3. und 2. Jh. v. Chr. Ein kurzer Spazierweg führt durch den schattigen Eichenwald zu einem Aussichtspunkt mit Tischen und Bänken unter schattenspendenden Bäumen (Picknick!). Die **Chiesa San Rocco** ist leider meist geschlossen; von ihr führt der etruskische Hohlweg **Via Cava di San Rocco** nach Sovana.

▪ 2 km außerhalb von Sorano an der Straße nach Sovana auf der rechten Seite. Ganztags geöffnet. Eintritt frei.

Sorano – am vergessenen Ende der Toskana

Vitozza: Die „Città Perduta di Vitozza" in der Nähe von San Quirico, ca. 6 km von Sorano entfernt, ist weniger bekannt als die etruskischen Gräber von Sovana. Über 200 Höhlen wurden auf demim 18. Jh. bewohnt, 1783 wurde offenbar eine Volkszählung durchgeführt. Bei einigen Höhlen sind die Namen der früheren Bewohner vermerkt, andere dienten als Lagerräume oder Ställe. Im hinteren Teil führt der Weg in einer Schlaufe an den Ruinen zweier Kastelle und einer Kirche vorbei. Ein wunderbarer, rund einstündiger Waldspaziergang!

▪ Von Sorano nach San Quirico, dort am nordwestlichen Ortsrand dem Schild „Città Perduta di Vitozza" folgen. Eintritt frei.

Information Direkt vor der Porta Ferrini, dem Eingangstor zum Städtchen. Tgl. 10–13 und 15–19 Uhr, Mi geschlossen (außer im Aug.). Piazza Busatti, ✆ 0564-633099, leviecave.it.

Übernachten **** Agnelli,** Landgasthof im Nachbardorf San Quirico, ca. 6 km entfernt. Geräumige, komfortable, gepflegte Zimmer und das empfehlenswerte Restaurant „La Vecchia Fonte". Tipp von Lesern: Besonders schön sind die Zimmer Nr. 37 und Nr. 38. Piazza della Repubblica 9, San Quirico, ✆ 0564-619015. **€€**

Zimmer/Apartments **Kleines Apartment** in einem Wohnhaus mitten im Centro storico; die Einrichtung spartanisch-romantisch, der Blick aus dem Fenster ein Traum. Chris, der englischsprachige Besitzer, ist Künstler und kümmert sich freundlich um seine Gäste. Er hat schon einige Bücher über seinen über 30 Jahre andauernden Aufenthalt in Sorano veröffentlicht. Info/Buchung über airbnb.com oder conigliera.com. **€€**

Aia del Tufo, Bio-Agriturismo 7 km außerhalb in Richtung Castel Azzara. Begrüßung auf dem Bauernhof durch verschlafene Hunde im einfachen, unkompliziert rumpeligen Familienbetrieb, mit Restaurant und allerlei Getier auf zwei und vier Beinen im Gehege. Mit dem großen Gemüsegarten ist man fast Selbstversorger. Ideal für Familien mit Kindern. Ab und zu kreischt ein Perlhuhn – sonst absolute Ruhe ... Podere Poggio La Mezzadria 8, San Valentino ✆ 0564-634039, aiadeltufo.com. **€€**

Bio-Agritourismo Sant' Egle, die frühere Zollstation aus dem 16. Jh. liegt idyllisch an einem alten Handelsweg, heute ist sie ein trendiger kleiner Biobetrieb mit 7 DZ. Witzige Einrichtungsideen, das Augenmerk auf Nachhaltigkeit. Überschaubarer Bioanbau im Garten, Hofladen, E-Bike-Verleih, Naturpool. Von Sorano aus in Richtung San Quirico, kurz nach dem Ortsausgang rechts an der Ausschilderung auf die Schotterpiste abbiegen. ✆ 348-8884810, santegle.it. **€€€**

MeinTipp ***** Hotel della Fortezza,** in der Orsini-Burg. 16 schöne Zimmer, teils mit grandiosen Ausblicken ins Tal. Die gediegene Atmosphäre und der freundliche Service würden einen vierten Stern rechtfertigen. Piazza Cairoli, ✆ 0564-633549, hoteldellafortezza.com. **€€€**

Essen & Trinken **Ceccaró Café,** etwas verschrobener Gastro-Pub im Zentrum, der von Locals frequentiert wird.

MeinTipp **Hosteria del Borgo,** kleines Wirtshaus im Labyrinth des Altstadtviertels mit guten Portionen lokaler Gerichte. Wer „Pici Cacio e Pepe" (frische Pasta mit Käse und Pfeffer) mag: Hier sind sie besonders gut. Drinnen sitzt man im Tuffsteinfelsen, auf der Terrasse genießt man das Panorama. Mo Ruhetag. Via del Borgo 46, ✆ 0564-638431.

Ansonsten treffen sich die Einheimischen an der Piazza von Sorano im gemütlichen Weinkeller der **Cantina dei Sapori** (oberhalb des Rathauses) mit kleiner Terrasse und gutem Angebot an Feinkost. Di Ruhetag. Via Madonnina 2–4, ✆ 0564-633748.

MeinTipp **Cantina L'Ottava Rima,** urige Osteria im einzigartigen Ambiente eines Tuffsteingewölbes, in dem Wirt Nicolà eine Weinbar betreibt. Zum Wein gibt es ein, zwei Hauptgerichte oder eine Antipasti-Auswahl mit lokalen Produkten (Slow Food). Im Angebot ist übrigens auch Bier lokaler Brauereien. Geöffnet Do–So, im Sommer täglich. Via del Borgo 25, ✆ 349-8024196, cantinaottavarima.com.

Freundliche Fremdenzimmer in der Orsini-Burg

Promenade in Follonica

Küste der Maremma

Der flache Landstreifen südlich von Piombino zählte früher zu den ärmsten Regionen der Toskana. Heute sind Landwirtschaft und Tourismus die wirtschaftlichen Standbeine. Der seit der Zeit der Etrusker über Jahrtausende betriebene Bergbau wurde vor Jahrzehnten fast ganz aufgegeben.

Das geflügelte Wort *Maremma amara* („Bittere Maremma") aus einem Volkslied des 19. Jh. trifft so nicht mehr zu. Moderne, meist hochsubventionierte Landwirtschaft brachte etwas Wohlstand selbst ins entlegenste Dorf. Und der Tourismus boomt nicht mehr nur am Meer, sondern zunehmend auch im reizvollen Hinterland.

Die Maremma war Teil des etruskischen Stammlands. Die Etrusker machten sich den Erzreichtum der Gegend zunutze, sie bauten Städte mit Mauern und Festungen, vorzugsweise auf Hügeln, und errichteten die ersten ausgeklügelten Entwässerungssysteme. Die Römer besannen sich auf die fruchtbaren Böden, machten sie durch Kanäle urbar und verwandelten die Maremma so zur Kornkammer der Toskana. Zu ihrer Zeit war der Küstenstrich vom heutigen Livorno bis nach Tarquinia eine blühende Gegend. Mit dem Niedergang Roms verwilderte die Maremma, das kunstvolle Drainagesystem verfiel, das Land versumpfte, bis schließlich die Malaria ihre Opfer forderte. Beschleunigt wurde der Verfall durch billige Getreideimporte aus Ägypten und Sizilien, die den Anbau in der Maremma unprofitabel machten.

Später, in den feudalistischen Großbetrieben, wurde auf den sauren, ertragsschwachen Böden Weidewirtschaft betrieben. Leibeigenschaft und die Verarmung der Landbevölkerung waren der Nährboden für Räuberbanden, die in der zweiten Hälfte des 19. Jh. die Gegend in Robin-Hood-Manier unsicher machten. Zu den berüchtigtsten

Anführern gehörte *Domenico Tiburzi* (mehr dazu unter Capálbio). Nicht von ungefähr galt die Maremma lange als der „Wilde Westen der Toskana".

Unter den Habsburgern wurde im 18. und 19. Jh. die Trockenlegung der Sümpfe erneut intensivst betrieben. Endgültig erfolgreich waren die Maßnahmen aber erst in den 30er-Jahren unter Mussolini. Eine wirksame Bekämpfung der „schlechten Luft" *(mal aria)* war sogar erst nach dem Zweiten Weltkrieg möglich, als man die Anophelesmücke durch großflächiges Versprühen des Insektengifts DDT ausrotten konnte.

Am Küstenstreifen der Maremma wechseln lange Sandstrände mit felsigen Abschnitten und Sanddünen ab. Das Hinterland ist durch immergrüne Vegetation geprägt: Stein- und Korkeichen, Pinien und Macchia. Die Maremma eignet sich hervorragend für Bike-Touren und Wanderungen.

Follonica

22.000 Einwohner

Früher eine Industriestadt, heute ein Badeort. Im 19. Jh. wurde hier unter den Großherzögen der Toskana eine Eisenhütte gebaut, und bis heute befindet sich in Follonica die Verwaltung der im Hinterland gelegenen, inzwischen stillgelegten Gruben der Colline Metallifere.

Von Norden kommend, erblickt man hinter Neubauten die moderne Silhouette des auf den Fremdenverkehr zugeschnittenen Orts – viele Häuser, selbst Hochhauswohnungen werden hier nur in den Sommermonaten als Feriendomizil bewohnt oder vermietet. Am Stadtrand produziert eine Fabrik aus Mineralgestein Titanoxid-Pigmente für Farben und Zahnpasta. Doch im Stadtzentrum ist der Charakter des alten, lebendigen Geschäfts- und Handelszentrums noch zu spüren – vor allem um die Pfarrkirche San Leopoldo mit ihrem gusseisernen Portal herum; das Portal wurde im 19 Jh. in der örtlichen Eisengießerei hergestellt. Die Gießerei war eher darauf spezialisiert, Maschi-

Die Kirche San Leopoldo schmückt ein Portikus aus Gusseisen

Von der Maremma zum Monte Argentario → Karte S. 128/129

nen zu bauen; umso erstaunlicher ist die künstlerisch-filigrane Struktur der Eisenteile. Heute ist das Gießereigelände **La Città Fabbrica** am Rand der Altstadt ein von der EU mitfinanziertes Sanierungsprojekt. Wer das Gelände von der **Via Bicocchi** durch den gusseisernen Eingang betritt, kommt zunächst in einen Park an einer kleinen Open-Air-Ausstellung mit vor sich hin rostenden Produkten der Gießerei vorbei. Danach gelangt man zu einem als Bibliothek genutzten Gebäude, dessen Gewölbekonstruktion auf gusseisernen Pfeilern ruht. Daneben wurde das Gebäude des früheren Schmelzofens „Forno San Ferdinando" saniert, in dem jetzt das **Museo delle Arti in Ghisa nella Maremma** residiert; das moderne Museum informiert seit 2013 über die Industriegeschichte der Region.

▪ Museum Mitte Sept. bis Mitte Juni Di–So 15.30–19 Uhr, Mitte Juni bis Mitte Sept. Di–So 17.30–23.30 Uhr. Eintritt 5 €, erm. 4 €. Auch Führungen. ✆ 0566-59027, ✆ 0566-59243, magmafollonica.it.

Baden: Der *Strand des Golfo di Follonica* fällt flach ab und ist für Kinder geeignet. Idyllischer ist allerdings der nördliche Strand *Spiaggia Ponente* mit dem Turm Torre Mozza.

Basis-Infos

Information **Touristbüro** mit engagierten, z. T. Deutsch sprechenden Mitarbeiterinnen. Ganzjährig geöffnet: Mitte Juni bis Mitte Sept. tgl. 9.30–13.30/18–20 sowie 21–23 Uhr. Mitte Sept. bis Mitte Juni Di–So 10–12.30/16.30–19. Via Roma 49, ✆ 0566-52012, follonicaonline.it.

Hin und weg **Bahn:** Gute Verbindungen nach Livorno und Grosseto. Nach Rom in nur 2 Std.

Bus: Im Sommer mit *Linea Mare* zu den Badeorten an der Küste. Im Sommer führt diese Busverbindung auch nach Siena und Arezzo.

Parken Großer, zentral gelegener Parkplatz auf der Piazza XXV Aprile. Parken im Stadtgebiet für 0,90 €/Std. Kostenlos parkt man hinter dem Bahnhof und im Bereich Ex Ilva und Fonderia Leopoldo.

Einkaufen **Mercato coperto,** Piazza XXIV Maggio, Mo–Sa 7–14 Uhr (Mitte Mai bis Mitte Sept. auch am Sonntag).

Coop Supermarkt in der Via Chirici. **InCoop,** im Zentrum, Via Giovanni Bovio 14.

Pasticceria La Compagnia del dolce siciliano, noch mehr süße Freuden, auch abends geöffnet. Via Bicocchi 1.

Erlebnisbad **Acqua Village,** großer Wasservergnügungspark für Groß und Klein, nicht billig. 10–14 Uhr 24 €, 14–19 Uhr 19 €. Zona Capannino, Via Sanzio. acquavillage.it.

Fahrrad/Motorrad/Auto **Ricceri,** Verleih (auch Zubehör) in der Via Bicocchi 149, ✆ 0566-44500.

Feste **Carnevale Maremmano,** an vier Sonntagen im Febr., manchmal auch im Jan. und März. Maskenumzug und Karnevalskarren, ursprünglich ein spielerischer Wettstreit der insgesamt neun Stadtteile.

Carnevale Estivo, weils so schön ist: buntes Faschingstreiben auch Mitte Juli; Details im Infobüro.

Jazzfestival Grey Cat im Juli/Aug.

Festival di Musica Italiana, im Aug. Livekonzerte namhafter italienischer Sänger; die Rockröhre Gianna Nannini aus Siena hatte hier auch schon ihren Auftritt. Parco Centrale, Via Massetana 10.

Fuochi d'Artificio, am 14. Aug. Feuerwerk am Strand und auf der Piazza um 23.30 Uhr.

Il Follus, kostümprächtiger Umzug mit Musik alljährlich am 1. So im Mai.

Markt Freitag von 8 bis 14 Uhr im Parco Centrale (auf dem Gelände der ehemaligen Pferderennbahn).

Antiquitäten- und Handwerkermarkt, buntes Treiben mit vielen Ständen, auch das Kulinarische fehlt nicht. Von Frühjahr bis Herbst an mehreren Wochenenden in verschiedenen Zonen und Straßen, z. B. am Lungomare Viale Italia.

Übernachten/Essen & Trinken

Viele Möglichkeiten in jeder Preislage. Beträchtliche saisonale Preisschwankungen bei den meisten Hotels.

Übernachten ****** Bella'mbriana 6**, das frühere Hotel Bologna wurde stilvoll zu einem exklusiven Haus mit kleinem Wellnessbereich umgebaut. Im Zimmerpreis ist der Eintritt in den Wellnessbereich enthalten. Via Marconi 12, ✆ 0566-43168, hotelfollonica.it. **€€**

***** Hotel Orchidea 7**, familiärer Saisonbetrieb mit 10 renovierten Zimmern, vom Zimmer geht's direkt zum Privatstrand. Komfortabel und sauber, empfehlenswert ist auch das Restaurant mit schöner Terrasse. Juni bis Sept. nur mit Vollpension (Strandbad, Liegestuhl und Sonnenschirm sind dann inklusive). Viale Italia 41, ✆ 0566-40334, ✆ 338-2348699. hotelorchideaedesire. it. **€€**

Mein Tipp **B & B Domus Socolatae 4** aus dem erneut restaurierten Palazzo im Liberty-Stil wurde ein Luxus B & B mit Wintergarten, Mini-Schwimmbad samt Whirlpool. Ideal für

Paare; hier wohnt man elegant und zentral (zum Strand 400 m). Ausgesuchtes Mobiliar, z. B. ein prunkvoller Lüster aus Lissabon, vornehm eingerichtete, geräumige Zimmer. Bei schönem Wetter Frühstück im lauschigen Innenhof. Reizende Gastgeber. 2 je ca. 60 m² große Suiten: die „Romantic Suite" und eine originelle Mansardenwohnung. Mit Aufzug. Dieselben Besitzer vermieten in der Via Bovio 4 zwei **Apartments** mit kleinem Garten. Piazza Vittorio Veneto 2, ✆ 338-9368207, ✆ 335-7729407, domussocolatae.it. **€€€–€€€€**

***** Il Boschetto 1**, Entspannung und Natur im Pinienhain, 4 km zum Zentrum, aber nur wenige Meter zum eigenen Strand. Praktischer Fahrradweg. Empfehlenswertes, familiengeführtes, charmantes Hotel mit Restaurant. Kleiner Kinderspielplatz. Juni bis Mitte Sept. nur mit Vollpension. Geöffnet April bis Sept. Viale Italia 309, ✆ 0566-260123, ilboschetto.it. **€€**

Camping An der SS 322 zwischen Follonica und Puntone liegen hintereinander mehrere strandnahe Campingplätze, die alle recht gut ausgestattet sind.

Pineta del Golfo 13, am Ortsausgang nach Punta Ala; kleiner, schattiger Platz im Pinienhain mit eigenem Strand, Restaurant, Animationsprogramm für die Kleinen, Ausflugsprogramm. Fast nur von einheimischen Urlaubern belegt. In der Hochsaison voll und hektisch. 125 Stellplätze, Bungalows. Stellplatz 10–19 €. Geöffnet Mitte April–Sept. Strada delle Collacchie 2, ✆ 0566-53369, pinetadelgolfo.it.

Essen & Trinken **Ristorante Sottomarino 10**, beliebtes Fischrestaurant, das für Qualität steht; dazu eine romantische Terrasse direkt am Meer. Via Fratti 1, ✆ 0566-40772.

MeinTipp **Santarino 5**, Traditionslokal (seit 1918) hinter dem Mercato Coperto; bekannt für exzellente mediterrane Fischküche, die hier nicht mal teuer ist – gutes Preis-Leistungs-Verhältnis. Berühmt der *Polpo lesso*, gesottener, butterzarter und raffiniert gewürzter Tintenfisch. Auch die Spaghetti mit Venusmuscheln mundeten. Große Portionen, freundlicher Service. Historische Stadtaufnahmen zieren die Wände der einfachen, eher altmodischen Gaststube; da wirken die transparenten Plastikstühle geradezu stylisch. Unbedingt reservieren. Di Ruhetag (außer Aug.). Piazza XXIV Maggio 21, ✆ 0566-41665.

John Bistecchino 11, wer Lust auf eine saftige Bistecca hat (z. B. vom Black-Angus-Rind), ist in diesem kleinen Lokal richtig. Köstlich auch die Antipasti und Primi. Dazu ein guter lokaler Wein. Im Sommer tgl. abends geöffnet, einige Tische draußen. Unbedingt reservieren! So Ruhetag. Via Albereta 9, ✆ 366-3234996.

Ristorante/Pizzeria Caribea 2 9, hier gibt's die echte neapoletanische Holzofenpizza, locker von echten Neapolitanern serviert. Via Bruno Buozzi 6, ✆ 0565-42071.

Osteria Marrini 2, alteingesessener Familienbetrieb mit Feinkostladen und Enothek. Klein, charmant, urig, historische Schwarzweißfotos an den Wänden. Feine, kreative, dennoch bodenständige Küche; ausschließlich fangfrischer Fisch und lokale Zutaten. Virgilio ist der Koch, seine Frau Liliana kreiert die Dolci, und Mamma mischt auch noch kräftig mit. So Ruhetag. Via Bicocchi 83-85. ✆ 333-8932217 (Liliana)

Gelateria **Pagni 12**, seit 1931 die erste Adresse in der Stadt und immer noch die besten Rezepturen für rund drei Dutzend Eissorten. Via Bicocchi 21.

Pagni-Filiale 3, in der Viale Italia 50 ist heute besser bekannt als das Stammhaus. Weitere Verkaufsstelle an der Piazza Sivieri 17.

Gelateria Ludo 8, eine leckere Bio-Alternative: Eis aus biologischen, maremmanischen Zutaten. Via Roma 87.

Gavorrano

Die alte Minenstadt, nur wenige Kilometer landeinwärts von Follonica, zieht Touristen an. Geröllhalden und alte Fördertürme zeugen von Europas einst größter Eisen- und Schwefelkiesmine (Pyrit), die von 1902 bis 1983 ausgebeutet wurde. In der Nähe des Dorfplatzes erinnert eine Denkmalwand an die rund 200 Todesopfer des 100-jährigen Abbaus. Unterhalb des Orts findet sich der „Parco Minerario Naturalistico", ein Bergbau-Naturpark, der heute zum UNESCO-Kulturerbe zählt (→ Parco).

Parco Minerario Naturalistico Gavorrano

Die verrosteten Bergbaumaschinen und -geräte auf dem vernachlässigt wirkenden Parkplatz lassen die Bedeutung dieses Ortes zunächst nicht erahnen.

Gavorrano war bis 1953 das größte Pyritbergwerk Europas. In dem modernen Museum werden v. a. die technischen Aspekte des tradionellen Bergbaus dargestellt. Ein Stollen und das frühere kleine Bergwerk „Ravi Marchi" können besichtigt werden. Das riesige „Teatro delle Rocce", errichtet aus den Resten eines Stollens und nur 15 Gehminuten vom Museum entfernt, wird im Sommer (Festival im Juli/Aug.) zu einer ungewöhnlichen Bühne für kulturelle Veranstaltungen. (teatrodellerocce.it).

▪ **Besucherzentrum/Buchladen** Juni–Aug. Eintritt Erw. 6 €. Für Gruppen ab 6 Pers. öffnet der Park ganzjährig nach Voranmeldung. Tipp: Auch im Hochsommer für die Besichtigung eine Jacke mitnehmen! **Information** ✆ 0566-844247, comune.gavorrano.gr.it, parcocollinemetallifere.it.

Frantoio in San Luigi

Eine größere Ölmühle unweit von Gavorrano. Der Sohn des Inhabers spricht Deutsch und erklärt gern die Herstellung des toskanischen Goldes. Die Produkte können verkostet und natürlich erworben werden (s. u.).

MeinTipp **Ölmühle Frantoio San Luigi,** interessante Führungen von Ostern bis Sept. Mo–Sa 17–20 Uhr. Das gute Öl muss natürlich probiert werden. Der nette Signor Luigi serviert nach Voranmeldung auch „toskanische Brotzeit". Auch von Okt. bis Dez. kann man den Betrieb besichtigen, allerdings nur nach Vorbestellung, weil alle mit der Öl-Produktion beschäftigt sind. Das reine Olivenöl kann man in Deutschland auch online bestellen: 0,75 l für 9,50 € (bei Direktkauf, online ist es teurer). Loc. Le Basse di Caldana. Anfahrt ab Gavorrano: über Ravi, Caldana; von dort noch 2,5 km hinunter auf die alte Aurelia – die Mühle befindet sich 50 m vor der Straßeneinmündung, linker Hand. ✆ 0566-81790, ✆ 320-8379726, frantoiosanluigi.it.

Essen & Trinken **Osteria della Miniera,** früher „Le Gazzere", im Zentrum; die Einheimischen loben die Küche und die moderaten Preise. Holzofenpizza. Innen interessante Bilder zum Thema Bergbau. Di Ruhetag. Via Terranova 6. ✆ 379-2756774.

La Vecchia Hosteria, in Bagno di Gavorrano, umgeben von Wiesen und Feldern; serviert wird gutbürgerliche, markönntenemmanische Küche. Mo und Di Ruhetag. Via del Cavallinone 14, ✆ 0566-844980.

Scarlino

Die Fahrt nach Scarlino lohnt allein wegen der Panoramastraße, die bis hoch zum **Castello Aldobrandesco,** einer Wehranlage aus dem 13. Jh., führt. Hier oben hat man einen fantastischen Blick auf das Umland und den Golf von Follonica. Sein mittelalterliches Erscheinungsbild hat sich der kleine Ort bewahrt, zum Einkehren gibt es ein paar Restaurants.

Baden Ein Leser empfiehlt das Baden in der schönen Bucht von Cala Violina (→ Puntone). Die 25 Min. Fußweg lohnen sich; Parken ist gebührenpflichtig.

Übernachten/Essen **Ristorante/Pizzeria La Vecchia Locanda,** in rustikalem, erneuertem Ambiente werden toskanische Pilz-, Trüffel- und andere feine Gerichte serviert. Manchmal längere Wartezeit, doch es lohnt sich – die Dorfbewohner schwärmen ... Piazza Garibaldi 7. ✆ 0566-866096.

Scarlino-Panorama

Von der Maremma zum Monte Argentario → Karte S. 128/129

So schön liegt Scarlino

MeinTipp **Casa di Artista,** Mauro, ein liebenswerter Künstler, wohnt und wirkt hier mit seiner Frau Laura. 2 Zweizimmerwohnungen à 60 m² mit kleiner Küche und Bad. Eigener Eingang, Garten mit Mauros Originalskulpturen. Mauro erzählt den Gäste gern von seinen Kunstideen und bietet Kurse in Malerei, Bildhauerei und Radierung an. G. Via Martiri d'Istia 16, ✆ 0566-37329, ✆ 347-6219319. **€€**

Enoteca L'Osteria, auch hier mundet die deftige maremmanische Küche. Via Generale Citerni 4. ✆ 0566-37060.

Al Convento, in einem früheren Kloster mit grandiosem Ausblick und besonderer Atmospäre, etwas teurer, aber angesagt. Auch für Vegetarier ist was dabei, z. B. Tortelli mit Butter und Salbei. Largo Becani 3, ✆ 0566-37041.

Puntone

Der Jachthafen mit rund 800 Plätzen prägt diesen nichtssagenden Ort südlich von Follonica. Biegt man von der SS 322 im Ort in Richtung **Porto turistico/Portiglioni** ab, gelangt man am Ende der Straße zum kleinen, empfehlenswerten Restaurant Il Cantuccio (→ Essen & Trinken). Ab hier führt ein 4 km langer Weg (ausgeschildert) durch die Macchia und an schönen Badebuchten vorbei bis zu einem – zumindest in der Nebensaison – recht einsamen Quarzsandstrand mit dem klangvollen Namen **Cala Violina,** „Bucht der Geigen". Wem der Weg zu lang ist, der kann mit dem Auto (von Norden kommend) von der SS 322 nach etwa 5 km auf der Höhe von Pian d'Alma rechts in Richtung Cala Violina abbiegen. Nach ca. 2 km folgt ein Parkplatz, von dem aus die Bucht in einem 20-minütigen Spaziergang durch den Wald erreicht ist.

- Parken April–Sept. 8–21 Uhr, Auto 10 €/Tag.

Aktivitäten **Feeldive,** Schnorchel- und Tauchkurse für Kinder und Erwachsene (auch mit körperlichen Einschränkungen). Lungomare Giuseppe Garibaldi, ✆ 348-2482708.

Camping → Follonica.

Essen & Trinken **Il Cantuccio,** in Portiglioni; einfaches, freundliches Restaurant, ausgezeichnete Fischspezialitäten, aber kleine Portionen und etwas teuer. Terrasse mit Golf-Panorama. Am Ende der Straße, die am Hafen vorbeiführt. Loc. Terrarossa 10, ✆ 0566-866149.

Begrünte Mauer in Massa Marittima

Von der Maremma zum Monte Argentario → Karte S. 128/129

Massa Marittima

8800 Einwohner

Von Follonica führt die alte Strada Massetana nach Massa Marittima, das auf fast 400 m Höhe über die Maremma wacht. Bedeutung erlangte die Stadt, als sich der Bischof von Populonia um das Jahr 840 in die malariafreie Luft von Massa Marittima zurückzog und den Bischofssitz hierher verlegte.

Seine Blüte erlebte Massa im 12. und 13. Jh. unter den Sienesern, es entwickelte sich zum Zentrum des toskanischen Erzbergbaus. Im *Codex minerarius,* einem historisch einzigartigen Dokument von 1310, sind die ältesten bekannten Verordnungen für den Mineralienabbau fixiert – u. a. wurden darin die Grubenanteile, die Schürfrechte und die Gewinnverteilung festgeschrieben.

Die **Unterstadt** (Città Vecchia) entstand zwischen dem 11. und 13. Jh. um den Dom herum, in den folgenden Jahrhunderten entwickelte sich die **Oberstadt** (Città Nuova), die vornehmlich von den Bergarbeitern bewohnt wurde. Die letzte Erzmine der Stadt wurde 1994 geschlossen.

Sehenswertes

Piazza Garibaldi: Das malerische Zentrum der **Città Vecchia** ist ein perfektes Beispiel für die Harmonie des Asymmetrischen – kaum ein Besucher kann sich ihrer fast magischen Anziehungskraft entziehen. Man setze sich einmal auf die Stufen, die zum Dom hinaufführen und lasse die mittelalterliche Szenerie auf sich wirken. Die Zeit vergeht im Nu – man sitzt, schaut, unterhält sich, und schon werden die Scheinwerfer eingeschaltet, die zusammen mit den Farben der Abendsonne die Piazza und den Dom aus Travertin golden glänzen lassen. Eingerahmt wird der Platz von dem um 1230 in Travertin erbauten romanischen **Palaz-**

zo Pretorio und dem **Palazzo Comunale,** der von den Sienesern aus zwei mittelalterlichen Turmhäusern geschaffen wurde.

Duomo San Cerbone mit Glockenturm: Die frühromanische Kirche, dem Schutzpatron der Stadt geweiht, dominiert das untere Ende des schräg abfallenden Platzes; gebaut wurde sie im 11. Jh., im 13. Jh. kamen bei der Erweiterung gotische Elemente hinzu.

Besondere Sehenswürdigkeit ist neben zahlreichen Fresken und Freskenresten ein aus Travertin gehauenes **Taufbecken von Giroldo da Como** aus dem 13. Jh. im rechten Seitenschiff. Im Chor hinter dem Altar ist der verzierte Sarkophag des Cerbonius mit Stationen aus seinem Leben zu sehen. Unter anderem melkt er eine Hirschkuh, wird beim Papst verleumdet und einem Bären zum Fraß vorgeworfen. Das Fresko an der Wand daneben zeigt Bischof Antonio von Massa, der vor dem Heiligen kniet. Das geschnitzte hölzerne Chorgestühl geht auf das 15. Jh. zurück.

▪ Mo–So 8–18 Uhr. Während der Gottesdienste ist die Besichtigung nicht erwünscht.

Ein freigelegtes Fresko aus dem Jahr 1265 mit der Darstellung des „Baumes der Fruchtbarkeit" mit vielen Phallussymbolen ist am **Fonte dell'Abbondanza** im Untergeschoss des alten Getreidespeichers zu bewundern (Via Ximenes/Piazzale Mazzini).

Città Nuova: Kurz vor 1300 wurde es innerhalb der Stadtmauern zusehends eng. Als Konsequenz entstand oberhalb der Altstadt die rechtwinklig angelegte Città Nuova. Der schönste Zugang führt von der zentralen Via Moncini über eine steile Treppengasse zur **Fortezza dei Senesi.** Die Festung am Eingang zur Neustadt wurde im Zuge eines Krankenhausbaus teilweise abgerissen. Durch einen wuchtigen Brückenbogen, den **Arco dei Senesi,** ist sie mit dem 74 m hohen Uhrturm **Torre del Candeliere** („Kerzenhalterturm") verbunden, der einen weiten Blick ins Land und auf den Golf von Follonica öffnet.

▪ Turmbesteigung April–Okt. Di–So 10–18 Uhr, sonst Fr–So 10–17 Uhr. Eintritt 4 €, erm. 3 €.

San Pietro all'Orto: Wer die Hauptstraße der Città Nuova entlanggeht, sollte

Piazza Garibaldi mit dem Dom San Cerbone in Massa Marittima

Der kunstvolle Sarkophag des heiligen Bischofs im Dom

Von der Maremma zum Monte Argentario → Karte S. 128/129

einen Blick auf die romanische Kirche aus dem 12. Jh. werfen. Derzeit ist hier ein Instrumentenmuseum untergebracht. An das Gotteshaus schließt sich der Kreuzgang eines früheren Augustinerklosters aus dem 15. Jh. an, in dessen Kirche bis heute die Messe gelesen wird.

Kombiticket für Torre del Candeliere (s. o.), Museo Archeologico, Museo di Arte Sacra und Museo della Miniera 15 €.

Museen in Massa

Museo degli Organi Santa Cecilia – das „Lebende Museum": Hier arbeitet ein Überzeugungstäter. Mit blubbernd-heißem Knochenleim werden hier Blasebälge verleimt und mit einem Hämmerchen die Metalpfeifen einer Standorgel zurechtgedengelt. Dr. Lorenzo Ronzoni, ursprünglich aus Modena, hat hier seine zweite Berufung gefunden. Die ältesten Stücke seiner Sammlung von Chororgeln stammen aus dem 17. Jh.; zum Beispiel reich verzierte barocke Kunstwerke aus dem dekadenten Neapel, aber auch einige moderne Flügel vom dem Ende des 20. Jh. sind dabei. Das Besondere: Die Instrumente dürfen von Besuchern, die musikalische Fertigkeiten mitbringen, bespielt werden. Einen kleinen Exkurs zu den Räumlichkeiten des Museums lässt sich der Dottore gern entlocken. Es handelt sich um die Kirche San Pietro all'Orto, die älteste Kirche von Massa Marittima aus dem Jahr 1197. Dr. Ronzoni hat die ursprünglichen romanischen Fenstereinfassungen freigelegt und Fragmente von uralten Wandfresken entdeckt. Ein Blick aus dem Fenster zeigt den alten Kreuzgang und die Augustinerkirche von 1299. Der Kirchturm war ursprünglich ein Wehrturm der Stadtmauer. Da 1313 die Pest ausbrach, gab es Wichtigeres als einen neuen, „echten" Kirchturm zu errichten.

▪ April–Sept. Mi–So 10.30–13/15.30–19 Uhr, sonst 10.30–12.30/15–18 Uhr, Mitte Jan. bis Ende Febr. geschlossen. Eintritt 4 €, erm. 3 €. ☎ 0566-940282, ☎ 347-0854024, museodegli organi.it. Corso Diaz 28 (in der Città Nuova).

Museo di San Pietro all'Orto (Museum für sakrale Kunst): Bedeutenster Kunstschatz in diesem kleinen Museum ist die berühmte „Maestà", ein Meisterwerk des berühmten sienesischen Malers *Ambrogio Lorenzetti* aus dem Jahr 1335. Dargestellt ist die Jungfrau mit Kind mit den für die Epoche typischen Merkmalen. Zudem sind einige Teile der Originalskulpturen der Fassade des Doms San Cerbone zu bestaunen.

▪ April–Okt. Di–So 9.30–13/15–19 Uhr, sonst Fr–So 9.30–13/15–19 Uhr. Eintritt 5 €, erm. 3 €. In der Città Nuova, Corso Diaz. ✆ 0566-906525.

Museo Archeologico (Palazzo del Podestà): In einer verglasten Mauernische steht eine etruskische Grabstele aus der Bronzezeit, wie sie auch um Lucca herum gefunden wurden. Vermutlich wurde sie für das Begräbnis eines Kindes angefertigt – die Grabplatte aus Sandstein zeigt eine abstrakte Kinderdarstellung. In den beiden Obergeschossen sind zahlreiche weitere etruskische Fundstücke zu entdecken.

▪ April–Okt. Di–So 10.30–13/15–20 Uhr, sonst Fr–So 9.30–13/14–18 Uhr. Eintritt 4 €, erm. 3 €. Piazza Garibaldi, ✆ 0566-906525.

Museo della Miniera – Subterraneo (Bergwerksmuseum): Ein 700 m langer Stollen des ehemaligen Bergwerks wurde zum Museum umfunktioniert und ist nach Restaurierungen erst seit 2023 wieder zugänglich. An diesem auch im Sommer kühlen Ort illustrieren altertümliche Werkzeuge und Maschinen die Geschichte des Bergbaus. Auch eine große Mineraliensammlung ist zu sehen.

▪ Besuch mit Audioguide, Juli/Aug. tgl. um 11, 12, 15, 16, 17 Uhr. April–Juni und Sept.–Nov. tgl. (außer Mo) 11, 12, 15, 16 Uhr, sonst nur Fr–So. Eintritt 8 €, erm. 6 €. Eingang in der Via Corridoni, ✆ 0566-906525.

Basis-Infos

Information **Touristbüro** mit freundlichem Personal. Juli/Aug. tgl. 10–13/16–19 Uhr, April–Juni und Okt. tgl. 10–13/15–17 Uhr, tgl.Nov.–März eingeschränkt geöffnet. Via Todini 3–5, ✆ 0566-906554, turismomassamarittima.it.

Hin und weg **Bahn:** Nächster Bahnhof in Follonica. **Bus:** fast stündl. nach Follonica; tgl. 2-mal nach Siena. Busbahnhof Piazza XXIV Maggio in der Città Nuova, gegenüber vom Museo di San Pietro all'Orto.

Bike Garage & More, ein Tipp für Radbegeisterte; das engagierte, junge Team bietet viele Dienstleistungen rund um den Drahtesel: Garage, Reparatur, Aufladestelle für E-Bikes, Touren, Bike Shop, Verleih von Zubehör – dazu eine Bar, man spricht sogar Deutsch! Via Butigni 4 (gleich beim Dom). ✆ 393-7531446 (Francesco), bikegarageandmore.com.

Parken Die Città Vecchia ist verkehrsberuhigt. Bewachter, gebührenpflichtiger Parkplatz am Eingang zur Altstadt unterhalb des Doms, 1 €/Std. Vorher Autokennzeichen am Automaten eingeben. Wohnmobile parken kostenlos am Viale Risorgimento, Autos in der Via Buozzi, der Via della Rimembranza, der Via Boito und der Via Valle Aspra (Stadtplan mit eingezeichneten Parkplätzen in der Information). turismomassamarittima.it.

Einkaufen **Kunsthandwerk LB Creazioni,** Letizia Bartoli fertigt nicht nur ausgefallenen Schmuck an, Via Marsala 1, ✆ 339-3019845.

Fogliaora Studio d'Arte, ein Künstlerehepaar betreibt dieses Atelier; der Laden ist prallvoll mit Bildern, Rahmen, Schnickschnack, goldenem Dekor und vielem mehr. Stöbern lohnt sich! Via Moncini 11. ✆ 0566-901445.

Coop-Supermarkt, Via Martiri della Niccioleta. **Conad,** Via XXV Aprile.

Feste **Balestro del Girifalco,** mittelalterliches Fest der Stadtteile mit Wettkampf im Armbrustschießen am 4. Sonntag im Mai (tagsüber) sowie am 14. Aug. (abends). Der Umzug in mittelalterlichen Kostümen vor dem Wettschießen ist ein weiteres Spektakel (Objekte, Kostüme, Bilder und mehr sind im ehemaligen Kloster Sant'Agostino in der Oberstadt ganzjährig ausgestellt).

Calici di Stelle („Kelche voller Sterne"), Weinfest am 10. August, wenn andernorts die Sternennacht von San Lorenzo gefeiert wird. Im Centro storico kann man die Weine der Gegend verkosten; man kauft ein Glas, das an den Winzerständen immer wieder nachgefüllt wird.

Lirica in Piazza, Operndarbietungen an drei Abenden Anfang August.

Fest von San Cerbone, die klassische Prozession zu Ehren des Schutzpatrons wird alljährlich am 10. Okt. begangen.

Farina del tuo Sacco, im Oktober, großes Markttreiben mit kulinarischen Spezialitäten, edle Tropfen inbegriffen.

Markt Mi Vormittag im Parco di Poggio (nahe Stadion).

Wein Massa Marittima ist der Hauptort der Weinstraße **Strada del Vino.** Der *Monteregio di Massa Marittima* ist seit 1994 als DOC-Wein zertifiziert – ein meist im Eichenfass gereifter Rotwein mit 80 % Sangiovese-Trauben; auch Weißweine aus Trebbiano-Trauben. Infos über Routen und Weingüter der Region: ✆ 0566-902016, stradadelvino.it.

Vecchia Cantina de Moris Farms, Weingut und Agriturismo außerhalb, Önothek im Ort. Große Auswahl in allen Preisklassen, z. B. Monteregio di Massa Marittima 2014 „Barbaspinosa" für 14 €/Flasche. Oder der typische, kräftige Maremmawein „Morellino di Scansano" als Riserva für ca. 20 €. Via Butigni 1, ✆ 0566-918010.

MeinTipp **Il Bacchino,** ein sympathischer Sommelier und eine stattliche Auswahl hochwertiger italienischer Weine mit Schwerpunkt auf die lokale Produktion. In der Probierstube des Ladens kommt schnell Stimmung auf, zu den Weinen werden Käse- und Aufschnittplatten mit Antipasti gereicht. Eine Flasche DOC Montereggio ab 8 €, der typische Weißwein Vermentino 8–15 €, Schaumweine und das naturreine Olivenöl sollte man auch probieren. April–Okt. tgl. 9.30–22 Uhr. Via Moncini 3, ✆ 0586-940229, ✆ 347-9206574.

Azienda Agricola Le Sedici, ebenfalls gut sortierter Wineshop. Loc. Massa Vecchia, Piazza Garibaldi 19, ✆ 0566 903399, aziendalesedici.it.

Übernachten

***** Duca del Mare 10,** an der Ausfallstraße nach Follonica, zu Fuß 5 Min. ins Zentrum. Die 29 Zimmer (behindertengerechte im EG) sind modern eingerichtet und mit kleinen Balkons ausgestattet (Blick auf die Hügel). Pool und Garten. Freundliches Personal. Neues Ristorante. Piazza Dante Alighieri 1, ✆ 0566-902284, ducadelmare.it. €

MeinTipp **Palazzo Malfatti 6,** ein paar Schritte zur Piazza Garibaldi, ins Herz der Altstadt. In den Räumen des stilvollen Palasts aus dem 13. Jh. fühlt man sich in verflossene Zeiten zurückversetzt – man wohnt geradezu fürstlich – zu erschwinglichen Preisen. Aufmerksame Gastgeber. Insgesamt 8 unterschiedlich große Appartements, die man auch tageweise mieten kann. Via Moncini 10, ✆ 0566-904181, ✆ 334-3941388 (Vittorio), palazzomalfattiresidenzadepoca.com. €

Casa Mater Ecclesiae (früher „Domus Bernardiniana") **1,** hier ist es schlicht; das einstige Priesterseminar wurde 2013 umgebaut und erneuert; eine Art Klostererlebnis in großen, spartanisch eingerichteten Zimmern (vom Einzel- bis zum Vierbettzimmer). Sauber, funktional, ruhig, in luftiger Höhe gelegen. Hüscher Garten. Via San Francesco 10–12, ✆ 0566-266327, E-Mail mater.ecclesiae.massa@gmail.com. €

B & B al 32 9, im Zentrum. Signora Elena vermietet 5 geschmackvolle, romantisch angehauchte DZ, 2 Zimmer mit Blick bis zum Meer. Allein das Frühstück mit frischen Zutaten und selbst gebackenen Kuchen ist ein Grund, sich hier einzumieten. Und die nette Gastgeberin spricht auch noch Deutsch. Via Ximenes 32, ✆ 347-8956290. €

Die Zahl an Agriturismi rund um Massa Marittima ist mit rund 70 beachtlich. Zwei Beispiele:

Podere Riparbella, 3 km außerhalb, an der Straße nach Siena, bei der Straßengabel Volterra–Siena noch 1 km weiter Richtung Siena. Veronica und Christian, beide sympathische Schweizer, haben mit ihrem biologischen Agriturismo vor über 20 Jahren quasi als Pioniere ein Paradies geschaffen und leben Nachhaltigkeit vor. Sorgsam wurden die alten Gebäude umgebaut, wobei ein begnadeter Innenarchitekt die Hand im Spiel hatte: gepflegte, lichtdurchflutete Räume, Fußbodenheizung. Elegante Beleuchtung, sonst bewusst schlicht eingerichtete Zimmer (keine Wohnungen). Zwei Terrassen mit herrlicher Aussicht sind quasi das große Wohnzimmer draußen. Wein, Olivenöl und weitere Produkte sind biologisch zertifiziert, beim Frühstück schätzt der Gast das frisch gebackene Brot und die aus eigenen Früchten gekochte Marmelade. HP ist empfehlenswert: 4-gängiges, köstliches Abendessen, auch vegetarisch, Frühstück. Restaurantbetrieb nur abends, nach Voranmeldung auch für externe Gäste offen. Loc. Sopra Pian di Mucini,

Von der Maremma zum Monte Argentario → Karte S. 128/129

✆0566-915557 (lange läuten lassen), riparbella.com. **€€**

Agriturismo Il Belvedere, ebenfalls ca. 3 km außerhalb, rechts der Straße nach Siena; 8 Apartments, 7 Zimmer, Pool mit neuem Whirlpool. Inhaberin Lucia spricht Deutsch und ist sehr engagiert. Gutes Preis-Leistungs-Verhältnis. Loc. Pian di Mucini, ✆0566-902160, agriturismoilbelvedere.it. **€€**

Camping In unmittelbarer Nähe der Stadt keine Möglichkeit, man muss auf die zahlreichen Plätze an der Küste um Follonica ausweichen (s. o.).

Essen & Trinken

Auf der bezaubernden Piazza Garibaldi herrscht im Sommer buntes Treiben. Wenige Schritte vom Hauptplatz der Stadt gibt's einige empfehlenswerte Restaurants.

Taverna del Vecchio Borgo 8, das kleine Kellerrestaurant gilt immer noch als beste Adresse am Ort, vor allem für „Carne alla brace"(Fleisch vom Holzkohlengrill) und das berühmte Florentiner T-Bone Steak. Mo Ruhetag. Via Norma Parenti 12, ✆0566-902167.

Ristoro Il Gatto e la Volpe 3, in der Altstadt in einer kleinen Seitengasse versteckt, lauschiger kleiner Hof; mittlere Preisklasse. Aus der traditionellen „Küche der Armen" wurden die toskanatypischen deftigen Suppen und Eintöpfe in die Speisekarte übernommen – natürlich auch die Acquacotta. Aber auch die Pastagerichte sind eine Freude, Wildschwein, Ente, Rebhuhn und Kaninchen munden ebenfalls. Wenige, aber schöne Außenplätze. Mo Ruhetag, im Sommer tgl. geöffnet. Vicolo del Ciambellano 12, ✆0566-903575.

mein Tipp **La Tana dei Brilli 4,** im Slowfoodführer Italiens kleinste Osteria mit nur vier Tischen innen und ein paar draußen; winzig und urgemütlich eingerichtet wie bei Mamma im Wohnzimmer, ein kulinarisches Kleinod. Die begnadete Köchin Raffaella verwendet ausschließlich lokale, naturreine und viele biologische Zutaten. Der Gast wird mit frischem Sauerteigbrot, hausgemachter Pasta, Dolci und phantasievollen saisonalen Gerichten verwöhnt. Angenehme Preise, netter Service. Mi Ruhetag. Unbedingt reservieren! Vicolo Ciambellano, ✆ 0566-901274.

Pizzeria Lone Wolf 5, beim „Einsamen Wolf" geht es gesellig zu. Ausgefallene Pizza-Kreationen aus verschiedenen Mehlsorten. Dazu passen die aromatischen, handwerklich gebrauten Biere. Immer vorbestellen! Via Valle Aspra 12. ✆ 0566-1830011.

Osteria Le Fate Briache 2, eine Bereicherung ist dieses Minilokal in der Oberstadt. Caterina macht die Pasta von Hand und bereitet ihre ausgewählten maremmanischen (auch vegetarische) Rezepte gekonnt zu. Vorbestellen ist ratsam. Corso Armando Diaz 3, ✆ 0566-901010.

Bar/Bistrot Le Logge 7, hier treffen sich nicht nur die älteren Bewohner auf einen Caffè oder Aperitif und beobachten das bunte Leben auf der Piazza. Mittags auch Pizza. Piazza Garibaldi 11.

Am Lago dell'Accesa

Der kleine See mit 300 m Durchmesser ca. 8 km südlich von Massa Marittima bietet mit seinem sauberen, frischen Wasser gute Bademöglichkeiten. An den meisten Stellen ist er wegen des dichten Schilf- und Brombeergürtels allerdings nicht zugänglich. Wer zu den Badestellen will, lässt am besten sein Gefährt am Dorfeingang von **La Pesta** beim Parkplatz des Ristorante „La Cingallina" (Via del Lago) stehen und schlägt den Feldweg hinter dem ersten Haus (Kirchenneubau) ein. In 5 Minuten ist man am See, im Wald sind unter hohen Eukalyptusbäumen Tische zum Picknicken aufgestellt. Badestellen finden sich weiter hinten. Am See wurde auf dem Areal einer einstigen etruskischen Siedlung aus dem Jahr 600 v. Chr. ein kleiner Archäologiepark **(Area archeologica dell'Accesa)** um die etruskischen Gräber und Fundamente der früheren Behausungen angelegt.

Aquarium Mondo Marino Hier schwimmen mediterrane und tropische Fische, darunter 6 Haifischarten, auch viele Pflanzenarten

Kult-Wein Sassicaia

sind zu entdecken. Auch Dinosaurier-Abteilung, Führungen und viele Aktivitäten für Kinder. Das Haifischfüttern am Mi und Fr Nachmittag ist natürlich das Erlebnis. Das Aquarium ist Standort für internationale Haifischstudien. April bis Anf. Okt. tgl. 10–13 und 15–18 Uhr, sonst nur Sa/So. Erw. 9 €, 4–15 J. 7 €. Loc. Valpiana. Via della Cava (SS 1 Aurelia bei Follinica Ost verlassen, Richtung Massa M., nach 5 km Richtung Valpiana). ✆ 0566-919529, aquariummondomarino.com.

Mein Tipp Übernachten **Tenuta del Fontino**, ca. 9 km von Massa in Richtung Lago dell' Accesa. Unsere Leser sind so begeistert wie wir! Wunderbare Lage am See und persönliche Atmosphäre. Herrschaftliche Villa mit 23 Zimmern, teils im Nebengebäude; zudem gibt es ca. 400 m entfernt in einem restaurierten Bauernhaus 6 Wohnungen für 2–6 Personen. Insgesamt 700 ha Land, davon 15 ha Rebfläche, gehören zum Landsitz, das sich in den Händen der tatkräftigen Südtirolerin Heidi und ihrer Tochter Sophie befindet. Mit Unterstützung ihres freundlichen Teams (Deutsch sprechend) hält sie Haus und Garten in Schuss. Eigener Weinkeller und kleine Sauna (Degustation und Massagen nach Voranmeldung). Großzügiges, gepflegtes Ambiente. Außer Mo und Do gute Küche (mit 27 € fürs Menü/Pers. empfehlenswert) sowie tolles Frühstücksbüffet. Im Sommer am Di Grillabend mit Musik im Garten oder im Kornfeld. Neben den zwei Pools (einer wird mit Sonnenkollektoren beheizt) sorgt der eigene idyllische Badesee (Fontino-See nur 10 Fußmin. vom Gebäude) für Badefreuden. Eigene Reitschule. Fahrradverleih. Anfahrt: Vom Dorf La Pesta ca. 1,5 km weiter Richtung SS 1, dann links an der Weintraube abbiegen. ✆ 0566-919232, tenutafontino.it. **€€**

Von der Maremma zum Monte Argentario → Karte S. 128/129

Vetulonia

400 Einwohner

Der winzige Ort auf einem 345 m hohen Hügel im Hinterland zwischen Follonica und Grosseto war im 6. Jh. v. Chr. wegen seiner Bodenschätze eine bedeutende etruskische Stadt und für seine Goldschmiedekunst bekannt. Der Bruna-Fluss, der heute östlich des malerischen Orts kanalisiert vorbeifließt, drang damals nicht bis zur Bucht durch und bildete einen größeren See. Erst mit der Versumpfung des Sees, der Vetulonia mit dem Meer verbunden hatte, kam der Niedergang der Stadt. Nach ihrer Zerstörung im 10. Jh. durch die Sarazenen errichteten die Bewohner auf den Trümmern das heutige Bergdorf.

Der Ortsname wurde im Mittelalter in *Colonna di Buriano* umgeändert. Für Jahrhunderte verschwand der Name Vetulonia, der sich aus der etruskischen Bezeichnung *Vatle* oder *Vatluna* ableitet, bis die Siedlung von dem Archäologen Isidoro Falchi wiederentdeckt wurde. Gemessen an dem Wenigen, was heute in den Museen an Funden aus der etruskischen Blütezeit ausgestellt ist, lässt sich nur ahnen, wie viele Schätze in diesen ersten Jahren nach der Entdeckung „verschwanden" und in privaten Besitz gelangten. Einige interessante Sammlungen zeigt das Museo Archeologico in Florenz.

Antike Spuren

In den Ausgrabungsstätten **Costa Murata** im Süden und **Scavi Città** im Norden des Orts wurden Straßen und Überreste von Wohnvierteln aus römischer Zeit freigelegt. Ebenfalls nördlich des Orts (ca. 2 km in Richtung Grosseto, dann abzweigen) befindet sich eine **Ausgrabungsstätte mit etruskischen Gräbern** aus dem 8.–2. Jh. v. Chr. Bis zu 1000 Gräber sollen sich einst in Vetulonia befunden haben. Unter den für Vetulonia charakteristischen Steinkreisgräbern sind vor allem die beiden außergewöhnlich monumentalen Grabmäler aus dem 7. Jh. v. Chr. zu erwähnen – sie zählen zu den größten etruskischen Kuppelgräbern: die **Tomba della Pietrera** sowie die **Tomba del Diavolino II** mit freigelegtem Teil der Erdhügelummauerung. Das Kuppelgrab **Diavolino I** ist im Garten des archäologischen Museums in Florenz zu bewundern, wo es originalgetreu wiederaufgebaut wurde. Im Bereich von Scavi Città wurde zuletzt das Domus Dolia mit einem großen Ölbehälter und bronzenen Statuetten, die die göttlichen Beschützer des Hauses darstellten, gefunden (nun im Ärchäologischen Museum).

▪ Ausgrabungsstätte Costa Murata: März–Okt. tgl. 9.30–13 Uhr. Tomba della Pietrera: tgl. 14.30–18 Uhr. Von Okt. bis März Mo und Do geschlossen. Die Tomba del Diavolino II ist derzeit nicht zu besichtigen (Infos unter ✆ 331-6216340). Scavi Città: wie Archäologisches Museum (s. u.). Eintritt frei, kostenloser deutschsprachiger Begleittext. ✆ 0564-949587.

Archäologisches Museum Isidoro Falchi: Das kleine Museum am Ortseingang zeigt Funde aus der sog. Villanova-Kultur ab dem 9. Jh. v. Chr. sowie aus den folgenden etruskischen, hellenistischen und römischen Epochen.

Ein Spaziergang durch das kleine Dorf führt hoch ins Zentrum und weiter zur **Mura dell'Arce** mit ihren riesigen Steinblöcken; sie ist Teil der wenigen Reste der Stadtmauer aus dem 6. Jh.

▪ Mitte Juni bis Mitte Sept. tgl. (außer Mo) 10–14/15–19 Uhr, im Frühling und Herbst 10–18 Uhr, Nov.–März bis 16 Uhr. Eintritt 5 €. Piazza Vetluna, ✆ 0564-948058, museoisidorofalchi.it.

Übernachten ***** Hotel Vatluna Relais,** ein feines Haus mit Komfortzimmern, Wellnessbereich und Restaurant (auch für Gäste von außen geöffnet). Schöne Panoramaterrasse; Schwimmbad/Garten. Freundlicher Empfang. Piazza Stefani 12, ✆ 0564-949601, hotelvatluna.com. **€€**

meinTipp Essen & Trinken **La Vecchia Cantina,** winziges, uriges Gasthaus gegenüber dem Museum, in dem Gerichte der „Arme-Leute-Küche" serviert werden. Im Sommer schätzt man ein Plätzchen im Schatten unter Olivenbäumen, an kalten Tagen genießt man deftige Suppen. Spezialität ist u. a. eine „etruskische Soße" mit Kichererbsen und Speck. Der Gast kann zu den verschiedenen Soßen zwischen Pici, Tagliatelle und Gnocchi wählen. Pasta und Dolci sind natürlich hausgemacht. Manuela

Im Museum Isidoro Falchi

kocht und bäckt einfach mit Liebe. Ein bisschen wie in alten Zeiten ... Am Samstagabend Pizza. Echt günstige Preise. Unbedingt reservieren. Via Garibaldi 34, ✆ 328-3562463.

meinTipp Bar/Kneipe **Il Ritrovo di Bes,** winzig und urig, außen ein liebevoll gestaltetes Eckchen mit schönem Ausblick, ideal für den spätnachmittäglichen Aperitif und/oder für romantische Sonnenuntergänge; toskanische Vesper (der Brotsalat „Panzanella" mit Tomaten, Zwiebeln, Basilikum geht weg wie nichts) und lokale Weine bei Swing und Jazz, im Sommer von früh bis spätabends. Via Garibaldi 4.

Punta Ala

350 Einwohner

In pinienbeschatteten Gärten verstecken sich Villen und Apartments, diverse Hotels prunken – das Areal von Punta Ala, reizvoll auf der Spitze einer schmalen Landzunge gelegen, ist ein Touristenort der gehobenen Klasse – betuchte Italiener und Ausländer prägen in der Saison das Bild.

Der quasi komplett zubetonierte Jachthafen ist in privater Hand, verströmt Clubatmosphäre und verfügt über 900 Anlegeplätze. Die Hafenpromenade ist nur mit Plastikkarte befahrbar (members only!). Wer sein Auto draußen abstellt, darf den Hafenbereich zu Fuß betreten. Der Jetset reist im Lamborghini oder Gleichwertigem

Von der Maremma zum Monte Argentario → Karte S. 128/129

an und betätigt sich standesgemäß bei Golf, Polo und Tennis. Nach Saisonende fällt der sterile Ort in Winterschlaf – nur die millionenschweren Luxusjachten bleiben.

Information Kleines **Büro** in Punta Ala, Juni–Aug. tgl. 9–13 Uhr, April/Mai und Sept. Sa/So 9–13 Uhr. Loc. Gualdo (im gleichnamigen Einkaufszentrum), ✆ 0564-922396.

Das größere Infobüro findet sich in **Castiglione della Pescaia.**

Arzt **Notarzt für Touristen** (Guardia Medica) nur Juli/Aug. ✆ 0564-921061 und ✆ 0564-483083 (Castiglione della Pescaia).

Camping **Puntala,** 4-Sterne-Platz in schöner Lage inmitten eines schattigen Pinienhains am Meer in einer ansonsten unbebauten Bucht: prämiert für Umwelteffizienz. Riesiges Areal mit 327 ha und knapp 700 Stellplätzen. Bei einer Belegzahl von 3–4 Pers. pro Platz kann man sich vorstellen, in welcher Größenordnung die Massen in der Hauptreisezeit in Erscheinung treten. Geöffnet April–Okt. ✆ 0564-922294, campingpuntala.it.

Essen & Trinken Es gibt fast nur hochpreisige Restaurants, am Hafen z. B. das charmante **Lo Scalino,** bei **Da Buba** gibt's auch Pizza. Am Strand 13 schicke Strandbäder mit Restaurantbetrieb – auch hier gut und teuer!

Tirli

Von der SP 158 (früher SS 322) geht es 8 km in schönen Serpentinen hoch nach Tirli (470 m ü. M.), einem der „hinterwäldlerischen" Dörfer mit Panoramablick oberhalb der Küste. Der 250-Seelen-Ort liegt versteckt und ist von ausgedehnten Esskastanienwäldern umgeben. Das Nest Tirli ist bekannt für seine gute maremmanische Küche, die man in einem der acht Speiselokale probieren kann.

Die Zeit scheint hier oben stehen geblieben zu sein. Auf dem Platz sitzen die Dorfbewohner vor den Häusern – mehr ist eigentlich auch nicht zu tun. Der Reisende, der nach dem Riviera-Rummel ein wenig Ruhe sucht – hier findet er sie.

Übernachten/Essen **La Luna,** renommiertes Restaurant mit Zimmervermietung. Handgemachte Pasta, kreativ zubereitete Wildgerichte. Okt.–März nur Fr–So geöffnet. In der HS Mi Ruhetag. Unbedingt reservieren. Insgesamt 7 schön renovierte, helle DZ. Via del Podere 8, ✆ 0564-945854, locandalaluna.com. **€**

Merenderia La Paguro, außerhalb, direkt am Abzweig von der 322 nach Tirli; rustikal und urig mit nettem Gärtchen. Herzhafte Brotzeiten, Grillteller, saisonales Gemüse und süffiger offener Wein. Geröstetes Weißbrot mit Öl und Knoblauch gratis als Einstieg. Keine Primi. Nur Barzahlung. Tgl. 9.30–16, Fr–So auch 18–23 Uhr. Di Ruhetag. Via delle Collachie 43, Loc. Pian d'Alma, ✆ 347-1847786.

meinTipp **Il Cacciatore,** Familienbetrieb mit bescheidenen, reizenden Wirtsleuten wie in alter Zeit, hausgemachte Pasta und Dolci, Wildschweingerichte, gefüllte Zwiebeln, Pilzsuppe, Gnocchi di Castagne, Zitronen-Tiramisu und anderes zu ehrlichen Preisen. Selbstgemachte Bio-Marmeladen zum Verkauf. Primi bis 9 €. Terrasse. Ganzjährig geöffnet. Im Winter Di Ruhetag. Piazza del Popolo 15, ✆ 0564-945820.

Trattoria Leccio Moro, mitten im Dorf, der Treff der Einheimischen und Gäste; die Tochter spricht Deutsch. Gute maremmanische Kost, gelobt wurden die Tortelli in Wildschweinsoße. Im Sommer abends Pizza. Piazza Popolo 3, ✆ 0564-945836.

Castiglione della Pescaia

7400 Einwohner

Das Städtchen an der Bruna-Mündung ist der schönste Badeort der Maremma. Und auch das Meer um Castiglione bekommt Jahr für Jahr beste Noten in Sachen Wasserqualität.

Im Sommer herrscht an der Strandpromenade italienischer Familientrubel, in der ruhigeren Vor- und Nachsaison sind viele Deutsche und Schweizer anzutreffen. Schade, dass die SP 158 direkt durch den Ort führt. Am Flusshafen wird nicht mehr täglich frischer Fisch angelandet (wenn, dann nach 17 Uhr), denn nur noch eine Handvoll

Kutter gehen hier auf Fang. Die frische Ware geht überwiegend an Händler und Restaurants, doch am Hafen gibt es zwei Verkaufsstände.

Nicht versäumen sollte man den romantischen kurzen Spaziergang durch das mittelalterliche Castiglione hoch zur **Rocca Aragonese.** Der Weg führt an der **Kirche Santa Giulia** vorbei, deren altes Holzportal mit verrosteten Nägeln und Eisenbeschlag noch zur Hälfte erhalten ist. Spätestens hier, kaum fünf Minuten vom geschäftigen Ortszentrum entfernt, hat man sich vom modernen Badeort verabschiedet und taucht ins Mittelalter ein. Das Kastell selbst, eine Pisanerfestung aus dem 14. Jh. mit wuchtigen Türmen, ist in Privatbesitz.

Ganz andere Eindrücke vermittelt ein weiterer Spaziergang: Gleich hinter der Brücke über die Bruna führt links ein Sträßchen auf einem Damm in die Sumpfgebiete der Flussmündung. Hier steht die **Casa Ximenes,** auch **Casa Rossa** genannt, die elegant zwei Kanäle überbrückt. Der Bau stammt aus dem 18. Jh., als die Entwässerungsarbeiten in der Maremma-Ebene in vollem Gange waren. Heute ist darin das **Museo Multimediale Casa Ximenes** untergebracht, ein kleines Museum zum Naturreservat Diaccia Botrona. Neben der Geschichte der Trockenlegungsarbeiten des ehemaligen Sees und diversen Erklärungen zur Flora und Fauna des Naturschutzgebiets kann man die hier lebende Tierwelt live auf Monitoren beobachten. Auch Exkursionen werden angeboten, bei denen man das Naturreservat mit dem Boot erkunden kann.

▪ Unter Vorbehalt tgl. außer Mo geöffnet, im Juli/Aug. 16–20, Fr–So 10–13 und 15–20 Uhr, im Frühling und Herbst 15–18/19, So 10–18/19 Uhr; Nov.–Febr. Do–So 10–16 Uhr. Eintritt 3 €. ✆ 0564-927244.

Bootsexkursion Einstündige Tour, im Sommer tgl. außer Mo, im Winter Do–So. Pers. 12 €. Mindestens 5 Mitfahrer. Nur nach Voranmeldung: ✆ 0564-20298, ✆ 389-0031369. Info: maremma-online.it.

Baden: Beidseits der Bruna-Mündung erstreckt sich ein langer Sandstrand. Wer auf Sonnenschirm und Liegestuhl verzichtet, findet zwischen den gebührenpflichtigen Strandbädern mehrere freie Zugänge zum Meer.

Der besonders bei Italienern beliebte feine Sandstrand **Le Rocchette** nördlich von Castiglione ist teilweise frei und stellt das Ende der Badebucht dar. Hier kann man auch ein wenig auf den Felsen herumkraxeln. Restaurant und Strandbar.

Richtung Südosten zieht sich kerzengerade die **Strada delle Collacchie** (SP 158) durch die **Pineta del Tombolo,**

Die Bucht von Castiglione della Pescaia

parallel dazu ein Fahrradweg. Zwischen dichtem Buschwerk und Stacheldraht führen nur wenige passierbare Feldwege ans Meer, wo ein heller Sandstrand lockt. Bessere Zugänge findet man erst wieder kurz vor Marina di Grosseto.

Basis-Infos

Information **Touristbüro,** ganzjährig geöffnet, Juni bis Ende Sept. tgl. 8.30–19.30 Uhr, im Herbst/Frühling tgl. (außer Di) 9–13 und 15–19 Uhr, im Winter Mi–So 9–13 und 13.30–16 Uhr. Piazza Garibaldi 6, ✆ 0564-933678, visitcastiglionedellapescaia.it.

Hin und weg **Bahn:** Nächster Bahnhof in Grosseto oder Follonica.

Bus: bis 10-mal tgl. nach Grosseto (über Marina di Grosseto), 4-mal Follonica; von dort nach Massa Marittima.

Bootsausflüge Ab Castiglione verkehren im Sommer diverse Ausflugsboote, z. B. mit der *Superba* (→ Livorno) zu den Inseln Elba, Giglio und Giannutri. Tagesausflug kostet je nach Ziel – z. B. nach Giglio mit 4 Std. Aufenthalt ca. 35 €. Im Angebot sind auch geführte Wanderungen. Abfahrt im Hafen 9 Uhr, Rückkehr 19 Uhr. Mittagessen an Bord kann mitgebucht werden. Info und Reservierung ✆ 334-2377941, ✆ 331-6268397, toscanaminicrociere.it.

Einkaufen **Supermercato Coop,** an der Strada Provinciale Padule im Centro Commerciale, Loc. Paduline (von Süden kommend 100 m vor der Umgehungsstraße, noch vor der Esso-Tankstelle links), und **Eurospin,** Strada Provinciale del Paduline.

Carrefour, im Zentrum an der Piazza Pascoli 3.

Wochenmarkt, jeden Samstagvormittag auf der Piazza Ponte Giorgini (Nähe Brücke).

Fahrrad **Easy Bike,** der sympathische Emiliano organisiert Radtouren von leicht bis schwierig, inklusive Weinverköstigungstouren (Letztere kann man locker angehen, denn danach bringt Emiliano seine Kunden samt Rädern im Minivan zurück!). Cityrad 10 €/Tag, Trekkingrad 15 €, MTB 20 €. Via Cesare Battisti 2, ✆ 338-3710101, maremmainbicicletta.com.

Bagnoli Bike verleiht und repariert, Via Marconi, ✆ 0564-939266.

Saletti vermietet neben Rädern auch Roller. Via degli Scalpellini, etwas außerhalb in Richtung Grosseto, ✆ 0564-935494.

Feste **Palio Marinario,** traditionelle Ruderregatta immer am So vor Ferragosto (15. Aug.), den Palio der Frauen kann man bereits im Juli miterleben.

Arzt **Notarzt für Touristen** (Guardia Medica), Mitte Juni bis Mitte Sept. Piazza Orsini, ✆ 0564-483083.

Tierarzt Deutschsprachiger Tierarzt Dr. Richard Holweg, Via Ricci 25, ✆ 328-3030299. Weiterer Tierarzt in der Via Cervi 39, ✆ 0564-936150.

Übernachten

***** Piccolo Hotel,** kleiner, gepflegter Familienbetrieb an der südlichen Flussseite. Schnell ausgebucht. 24 komfortable Zimmer. Im Aug. nur mit HP – nicht zögern, die Küche ist ein Gedicht! Geöffnet Mitte Juni bis Mitte Sept. Via Montecristo 7, ✆ 0564-937081, ✆ 338-8625775, hotel-castiglione.com. **€€**

***** Sabrina,** modernisiertes 37-Zimmer-Haus, entspannte Atmosphäre im grünen Innenhof. Via D. Ricci 12, ✆ 0564-933568, hotelsabrinaonline.it. **€€**

***** Haqua Boutique Hotel,** in dieser neuen noblen Herberge stimmt alles! Modernes Haus mit funktionalem Komfort und Ästhetik; unterschiedliche Zimmerkategorien, auch mit Meerblick. Parkplatz. Zentral an der Piazza Garibaldi 7, ✆ 0564-1950155. **€€€**

***** Mirella,** an der südlichen Flussseite in ruhiger Seitenstraße. Familiäre Atmosphäre; die freundlichen Zimmer sind mit AC ausgestattet. Ausgezeichnete Küche, Obst und Gemüse meist aus eigenem Anbau. Veranda und Parkplatz. Im Juli/Aug nur inkl. HP. Geöffnet Mitte April bis Mitte Okt. Via Sardegna 7, ✆ 0564-933068, albergomirella.it. **€**

**** Aurora,** renovierte Zimmer, Sonnenterrasse auf dem Dach. Der freundliche Besitzer spricht Deutsch. Halbpension mit guter Küche möglich. Geöffnet März–Okt. Via F. lli Bandiera 19, ✆ 0564-933718, aurora-albergo.it. **€**

Nichts los im Winter

Mein Tipp **Agriturismo La Rombaia,** 4 km zum Meer, aus einer ehemaligen Obstplantage entstanden; wunderbar gepflegte Anlage mit 10 rustikal eingerichteten Ferienwohnungen und 5 Zimmern in einem riesigen Park mit Pool. Freundliche Besitzer. Eigenes Olivenöl. Loc. La Rombaia, ✆ 0564-944012, ✆ 339-1179932, agriturismolarombaia.it. **€€**

Camping ***** Sans Souci,** am nördlichen Ortsausgang. Weitläufiges, komfortables Gelände mit über 400 Stellplätzen im Pinienwald, mehrere Strandzugänge. Selfservice-Restaurant, Lebensmittelladen, Frühbucherrabatt. 2 Pers. mit Wohnmobil im Juni/Juli ca. 46 €. Auch Bungalows. Geöffnet April–Okt. Loc. Casa Mora. ✆ 0564-933765, maremmasanssouci.it.

***** Village Rocchette,** ca. 5 km nördlich von Castigliano im Ortsteil Le Rocchette. Gepflegte, ruhige Anlage, ideal für Familien. Neuere, komfortable und geschmackvoll eingerichtete Bungalows; sie stehen – von viel Grün umgeben – zwar recht eng, aber man kommt sich trotzdem nicht ins Gehege. Im Zeltareal viel Schatten unter Eukalyptusbäumen. Neuer, riesiger Pool. Freundliche, deutschsprachige Rezeption. 2 Pers. mit Stellplatz und Auto ab 23 €. Hund gegen Aufpreis erlaubt (2–5 €). Geöffnet Mai–Okt. ✆ 0564-941123, rocchette. com.

Mein Tipp Billiger und ebenso weit vom Zentrum von Castiglione entfernt wie Rocchette sind die Campingplätze in der Pineta del Tombolo knapp vor Marina di Grosseto (→ S. 169).

Essen & Trinken/Nachtleben

Die Auswahl an Restaurants reicht von Trattorien im mittelalterlichen Gemäuer der Altstadt über Mexikaner und gute Fischrestaurants bis zu Pizzerien.

Del Viandante, die rustikale Osteria serviert neben maremmanischen Spezialitäten wie Acquacotta oder *Pappardelle con cinghiale* (Pasta mit Wildschwein) schmackhafte Pizzen aus dem Holzofen. Ortsansässige loben die Fleischgerichte. Mi Ruhetag. Via della Libertà 19, ✆ 0564-933400.

Pizzeria Il Faro, an der Durchgangsstraße in Ortsmitte, gegenüber dem Roten Kreuz. Falls es mal kein Restaurant sein soll – hier gibt es bis ca. 20.30 Uhr (im Sommer bis 21.30 Uhr) u. a. leckere Pizza vom Blech zum Mitnehmen.

Von der Maremma zum Monte Argentario → Karte S. 128/129

Piazza Orsini 5, ✆ 0564-934513.

La Fortezza, romantisches Ambiente unterm Kellergewölbe, nicht nur die Antipasti sind ein Gedicht. Hauseigenes Bier, schneller und freundlicher Service. Auch glutenfreie Speisen. Via del Recinto 1/3, ✆ 333-2102576.

Ristorante da Antonietta, hier kommt frischer, exquisit zubereiteter Fisch und gegrillter Tintenfisch auf den Teller. Via Colombo 24, ✆ 0564-933661.

La Terra di Nello, Landgasthaus im Grünen mit gutem Essen und Flair; wer Lust auf Fleisch hat, ist hier richtig. Loc. Poggetti, ✆ 347-9546258.

Bagno Laura, laut Einheimischen isst man hier am Strand die beste Pizza. Nur im Sommer geöffnet. Via Arenile 7, ✆ 333-5830999.

Eine Alternative ist die **Pizzeria Pic Nic,** die Pizzen sind knusprig, dünn und günstig. Im Sommer besser reservieren! Via F. Turati 4/6, ✆ 329-7892935.

Ristorante/Pizzeria La Scaletta, bodenständige Küche, schöne Terrasse und faire Preise. Via Monte Bello 3, ✆ 353-4142972.

Birroteca Castiglionese, Pizza, Hamburger und dazu die passende Biersorte. Via Montebello (nahe Pizzeria del Viandante), ✆ 0564-934114.

Creperia Civico 7, süße und salzige Crêpes für den kleinen Hunger. Im Sommer ab 17 Uhr bis in die Morgenstunden. Piazza della Repubblica 7.

Nachtleben **Disco La Capannina,** der Klassiker seit Jahrzehnten, ca. 4 km im Hinterland in Poggiodoro. Open-Air-Tanz und Discovergnügen auch für nicht mehr ganz Junge. Geöffnet nur Juni bis Mitte Sept. Fr/Sa ab 24 Uhr.

Marina di Grosseto

3000 Einwohner

Der nur 11 km von der Provinzhauptstadt Grosseto entfernte Ort liegt an einer Bucht, die im Norden von Hügeln und im Süden von der Mündung des **Ombrone** begrenzt wird. Marina di Grosseto sollte zum modernsten Badeort der Maremma werden; entstanden ist jedoch nur eine Siedlung mit starr angeordneten Häuserzeilen – ohne Ortszentrum, ohne jeden Charme. Allerdings bietet der fast mondän anmutende Porto Turistico, der aus einem Hafenkanal entstanden ist, etliche Dienstleistungen und wertet den eher nichtssagenden Ort etwas auf. Wer ungestört von Strandbädern und dem Anblick der langweiligen Neubauten dem Bade frönen will, findet hinter dem Piniengürtel am Ortsausgang Richtung Castiglione einen breiten, feinkörnigen Strand.

Information **Info Point,** im Holzbungalow an der Hauptstraße: April bis Mitte Juni und 2. Sept.-Hälfte Sa/So 9–13 Uhr, Mitte Juni bis Mitte Sept. Mo, Mi, Fr, Sa 8.30–13.30 Uhr, Di, Do, So 16–20 Uhr. Via Grossetana, ✆ 0564-36306, quimaremmatoscana.it.

Fest Am 16. Juli Feuerwerk und Meeresprozession.

Übernachten ****** Lola Piccolo Hotel,** nach Renovierung in die Luxus-Kategorie aufgestiegen. Hoteleigener Strand, familienfreundliches Haus. Schöne Zimmer – und gutes Essen, HP möglich. Via XXIV Maggio 39, ✆ 0564-34402, ✆ 347-8435657, lolahotel.it. **€€€**

***** Rosmarina,** etwa 50 m zum Strand, hoteleigenes Restaurant. Ordentliche, helle, renovierte Zimmer mit Bad, Klimaanlage. Man kann zwischen DZ inkl. reichhaltigem Frühstück und HP wählen. Via delle Colonie 35, ✆ 0564-34408, rosmarina.it. **€€€**

***** I due Pini,** eine empfehlenswerte Urlaubsadresse, das bestätigte auch ein Leser. Insgesamt 7 Apartments, die nur wochenweise vermietet werden. Geöffnet April–Okt. Via IV Novembre 61, ✆ 0564-34607, iduepini.it. **€€**

Camping **Le Marze,** riesiges Gelände im schattigen Pinienhain zwischen Marina di Grosseto und Castiglione, Bushaltestelle vor dem Eingang. Einsame Lage und ein Katzensprung zum eigenen Strand; auch Hundestrand. Gelobt wird das Restaurant. 470 Stellplätze. Erw. 7–18 €, Wohnmobil 10–22 €. Geöffnet Mai bis Mitte Okt. Via della Collacchie, ✆ 0564-35501, lemarze.it.

Die letzten Fischkutter in Marina di Grosseto

Von der Maremma zum Monte Argentario → Karte S. 128/129

Cieloverde Camping Village (zwischen Marina und Castiglione), große Stellplätze im schattigen Pinienhain, bei Familien auch wegen der vielen Spiel-und Spaßangebote für Kinder beliebt. Via della Trappola 181, ✆ 0564 321611, cieloverde.it.

Essen & Trinken **Locanda dei Briganti,** einfach, aber wieder gut, die früheren Pächter haben zur Freude vieler wieder die Leitung übernommen und halten weiter die Stellung. Gelungene toskanische Küche. Via del Brigantino 8. ✆ 0564-34340, ✆ 335-5871790.

Für eine Pause empfehlen wir das urige **Caffe dei Briganti Bistrot,** Via Marradi 47, ✆ 0564-34363.

Gabbiano Azzuro, Strandbad in gepflegtem Ambiente mit Pool, Palmen, Bar und gutem Restaurant. Abwechslungsreiche, ständig wechselnde Karte, die Spaghetti mit Venusmuscheln und Fischrogen bleiben ein Klassiker. Via Leopolo II di Lorena 7, ✆ 0564-35209.

Il Gabbianino, gleich daneben, Livemusik und schöne Stimmung vor der Meereskulisse. Ab 7.30 Uhr bis spät in die Nacht.

Pizzeria La Gabbianella, neu im Ensemble: Abends lässt man sich mit Blick auf die teuren Boote die Holzofenpizza schmecken. Nachmittags gibt's die Pizza auf die Hand. Via Porto Turistico 14, ✆ 339-7765792.

Gelaterie An Eisdielen mangelt es nicht im Ort. Unsere Empfehlungen: **Gelateria Carla** in der Via IV Novembre 48 sowie die **Gelateria Chiccheria,** die als eine der besten Eisdielen in der Toskana gilt. Via Piave 14.

Principina a Mare: Eine moderne Siedlung im Pinienhain und eindeutig schöner als das nördlich gelegene Marina di Grosseto. Noch schöner wäre es, könnte man hier ein Häuschen sein Eigen nennen. Langer Sandstrand, im Süden naturbelassen bis zur Ombrone-Mündung.

Mein Tipp **Ristorante Albatros,** im Pinienwald, aber leicht zu finden, da nach vorne raus an der Straße; kleines Gärtchen mit schönen Strelitzien vor der Terrasse, Fischgerichte zu moderaten Preisen. Der Chef empfiehlt Linguine mit Scampi und Venusmuscheln. Primi 10 €. Mi Ruhetag. Geöffnet mittags und abends. Viale Tirreno 52, nahe beim Strandparkplatz, ✆ 0564-31436.

Im Centro storico von Grosseto

Grosseto

70.000 Einwohner

Der 1200 Jahre alte Hauptort der Maremma zeigt sich an der Peripherie gesichtslos. Wer aber die Außenbezirke hinter sich gelassen hat, entdeckt einen historischen und gepflegten Stadtkern. Der Verkehr wurde großteils vor die Festungsmauern verbannt, das Fahrrad ist ein beliebtes Fortbewegungsmittel.

Grosseto ging wie andere Städte der Toskana aus einer Etruskersiedlung hervor. Bedeutung erlangte der Ort, nachdem 1138 der Bischofssitz aus dem nahen Roselle hierher verlegt wurde. Nach der Eroberung durch die Sieneser wurde Grosseto 1559 Teil des Herzogtums Toskana. Weil das malariaverseuchte Umland ein Bevölkerungswachstum unmöglich machte, zählte die Stadt um 1750 nicht mehr als 700 Einwohner. Mit einer extrem hohen Kindersterblichkeit lag das Durchschnittsalter damals bei 19 Jahren – ein 40-Jähriger war ein alter Mann. Erst im 20. Jh. konnten mit der Entdeckung des DDT als Insektizid die Entsumpfungspläne realisiert werden. Im Zweiten Weltkrieg wurden leider große Teile der Stadt zerstört. Heute ist Grosseto das wirtschaftliche, politische und kulturelle Zentrum der gleichnamigen Provinz, übrigens die flächenmäßig größte der Toskana, die etwa mit dem Gebiet der Maremma identisch ist.

Viele der Altstadtgassen wie auch der Hauptplatz am Dom wurden restauriert und bieten schöne Möglichkeiten zum Flanieren. Ein Altstadtbesuch lässt sich mit der Besichtigung der etruskischen Ausgrabungsstätten in der Umgebung gut verbinden. Paläste und herrschaftliche Bauwerke fehlen im Stadtbild. Dem Centro storico gibt das eine angenehm ungekünstelte Atmosphäre.

Sehenswertes

Stadtmauer: Erbaut wurde sie Ende des 16. Jh. im Auftrag der Medici. Ähnlich wie in Lucca umschließt der Wall die Altstadt in Form eines Sechsecks, was Grosseto den Beinamen *Piccola Lucca* einbrachte. Unter Leopold II., dem letzten, habsburgischen Großherzog der Toskana, wurde die Befestigungsanlage 1835 zu einem Wallgarten umgestaltet. Bei einem Rundgang auf der Mauer stößt man im Nordosten auf die **Fortezza Medicea,** einen Bau aus dem 16. Jh. mit trutzigen Mauern, der von Häftlingen errichtet wurde. Den Eingang schmückt hier das berühmte Medici-Wappen von 1593. Hin und wieder dient die Fortezza als Raum für Ausstellungen.

Piazza Dante Alighieri: Der schönste Platz der Altstadt ist ein beliebter Treffpunkt der Grossetaner. Im angrenzenden **Palazzo degli Aldobrandeschi,** dem imposantesten mittelalterlichen Bauwerk Grossetos, residiert heute die Provinzregierung. Die Statue auf dem Platz wurde 1846 zu Ehren Leopolds II. errichtet, wegen seines blonden Haars von der Bevölkerung *Canapone* (Hanfschopf) genannt. In der Kleidung eines alten Römers hält er in einem Arm eine sterbende Frau mit totem Kind, Sinnbild für die sterbende Maremma. Mit dem Fuß zertritt er eine Schlange, Sinnbild für die Malaria, unter der die Maremma jahrhundertelang zu leiden hatte. Und auch durch den Biss des *Grifonen* (Greif), ein Fabelwesen aus der etruskischen Mythologie, halb Drache, halb Löwe und Grossetos Wappentier, wird das Übel bezwungen. Die Piazza ist heute nach altem Vorbild mit Porphyr-Steinen gepflastert und von Bänken aus Sandstein umrahmt.

Dom San Lorenzo: Um das Jahr 1300 vom Sieneser Architekten *Sozzo di Rustichini* im gotischen Stil erbaut und später mehrfach umgestaltet. Zuletzt wurde Mitte des 19. Jh. die Frontfassade romanisiert. Das reich dekorierte Portal fällt wegen seiner gestreiften Fassade aus rotem und weißem Marmor ins Auge. Die Fassade der Südseite

Taufbecken im Dom San Lorenzo

ist noch original erhalten und kann von der Piazza Dante Alighieri aus bewundert werden. In seiner gesamten Ausführung erinnert der Dom an die Gotik des Doms von Siena – so die mächtigen Vierungspfeiler im Inneren der Kathedrale, die mit bemaltem Stuck dekoriert sind und damit das Bild der gestreiften marmornen Außenfassade wiederholen. Sehenswert ist ein großes Taufbecken von *Antonio di Ghino* (1470) sowie ein Altarbild von *Matteo di Giovanni* (ebenfalls 15. Jh.). Links vom Hauptaltar sieht man San Lorenzo, den Schutzheiligen der Stadt. Er ist mit dem eisernen Rost dargestellt, auf dem der Märtyrer in der Zeit der römischen Christenverfolgungen verbrannt wurde.

▪ Tgl. 8.30–12.30 und 15.30–18 Uhr.

Kirche San Francesco: Der schlichte Backsteinbau an der Piazza Indipendenza stammt aus dem 13. Jh. Im Inneren sind Freskenreste aus dem 14. Jh. zu sehen. Im Sinne des heiligen Franziskus von Assisi, bei dem eine Kirche

Von der Maremma zum Monte Argentario → Karte S. 128/129

nicht mehr als eine *Fienile di Preghiera*, ein „Heuboden des Gebets“ sein sollte, ist der Innenraum einfach gehalten. Die allegorischen Deckenmalereien in der angrenzenden Kapelle des heiligen Antonius von Padua (17. Jh.) sind ein typisches Beispiel barocker Freskenmalerei und erscheinen dagegen fast überladen. In den renovierten Kreuzgang des noch von Mönchen bewohnten Konvents gelangt man durch das eiserne Tor (falls geschlossen: klingeln!).

Museo di Storia Naturale della Maremma: Das Museum mit Eingang an der Piazza Pacciard vermittelt Einblicke in die Naturgeschichte der Maremma und lädt den Besucher ein auf eine faszinierende Reise durch die maremmanischen Landschaften und Lebensräume.

▪ Mi–Sa 15–20 Uhr, So 15–19 Uhr. Okt. bis Mitte Juni, Do–So 10–13/16–19 Uhr. Eintritt 5 €, erm. 3 €, Familie 12 €. ✆ 0564-488571, museonaturalemaremma. it.

Museo Archeologico e d'Arte della Maremma: Das in punkto Archäologie und Kunstgeschichte bedeutendste Museum der Maremma befindet sich an der Piazza Baccarini. In der Eingangshalle – eine tolle antike Landkarte ziert den Fußboden – präsentiert die frühgeschichtliche Abteilung Funde aus etruskischer und römischer Zeit. Die Ausstellung zeigt Grabbeigaben, Münzen, Schmuck und Keramik, die bei Grabungen vor allem in Roselle und Vetulonia gefunden wurden. Wer vorhat, die Ausgrabungsstätte von Roselle zu besuchen, kann sich das anschauliche Modell der einstigen etruskischen Stadt einprägen, um sich so später vor Ort besser orientieren zu können. Die berühmte schwarze *Bucchero-Keramik* der Etrusker (Brand von feinster Tonerde durch Sauerstoffreduktion) kann man hier in ihrer Entwicklung bis hin zur römischen Keramikproduktion verfolgen. Die orangefarbene Keramik der Römer entstand durch das Brennen von eisenhaltiger Tonerde (100 v. Chr. bis 100 n. Chr.). In der 1. Etage beeindruckt neben Prähistorischem, Amphoren und Ankern die Rekonstruktion eines afrikanischen Schiffswracks, das bei Giglio Porto entdeckt wurde.

Im obersten Stockwerk zeigt das Museum für Kirchenkunst eine Sammlung von Silberschmiedearbeiten und Gemälden; zu den Schätzen zählen auch die im Halbdunkel präsentierten Chorbücher mit Miniaturmalereien aus

Antike Landkarte im Archäologischen Museum

dem 13. bis 16. Jh. Außerdem archäologische Funde aus dem Mittelalter.

▪ Leider oft wechselnde Zeiten. Tgl. (außer Mo) 11–19 Uhr, im Frühling und Herbst 10.30–17, Sa/So 10–13/16–19 Uhr, im Winter 9.30–16.30, Sa/So 10–13/16–19 Uhr. Eintritt 5 €. ✆ 0564-488752, ✆ 488750.

Museo Polo Culturale Le Clarisse: Im ehemaligen Kloster Santa Chiara gegenüber vom Museo Archeologico. Zu sehen sind Gemälde, Skulpturen, Majoliken ab dem 14. Jh. bis hin zu zeitgenössischen Werken. Seltene barocke Kunst in der einmaligen Luzzetti-Sammlung.

▪ Ganzjährig Do–So 10–13 und 16–19 Uhr. Eintritt 5 €. ✆ 0564-488067.

Cassero del Sale: Die Gegend um Grosseto verfügte über große Salzvorkommen, bereits im frühen Mittelalter war die Stadt ein Zentrum der Salzgewinnung. Salz war ungemein kostbar, war es doch die einzige Möglichkeit, Speisen zu konservieren und haltbar zu machen. Eines der großen Lagerhäuser, in denen das teure Salz gespeichert wurde, ist an der Piazza Mercato noch erhalten, aber nicht zu besichtigen (Eingang Porta Vecchia).

Basis-Infos

Information Infopoint, ganzjährig geöffnet: Okt.–Juni tgl. 9–13 Uhr, Juli–Sept. tgl. 9–13/16–19 Uhr. Von Juni bis Anfang Sept. kostenlose Stadtführungen. Freundliche, auch deutschsprechende Mitarbeiter. Corso Carducci 5, ✆ 0564-488573, quimaremmatoscana.it (gesamte Provinz).

Hin und weg Bahn: Etwa stündlich Züge nach Orbetello, Livorno, Rom (ca. 2 Std.), Siena und Florenz (ca. 3 Std.). Für viele Verbindungen ins Landesinnere ist eher der Bus zu empfehlen.

Busse starten vor dem Hauptbahnhof praktisch in alle Städte der Provinz, z. B. nach Massa Marittima, Castiglione, Pitigliano, Montepescali, Alberese, auch nach Florenz und Siena sei die Busvariante empfohlen. Im Sommer bis 10. Sept. Busse zu den am Meer gelegenen Orten. at-bus.it.

Auto: Ein Kreisverkehr reiht sich an den nächsten, die Muster überfordern zeitweise das Navi. Nehmen Sie die Ausfahrt „Grosseto centro" und orientieren Sie sich an der Beschilderung „centro".

Fahrrad: Zwischen Grosseto (Beginn an der südlichen Via della Repubblica) und Marina di Grosseto eine asphaltierte Fahrradpiste, die parallel zur Autostraße verläuft, allerdings ohne Schatten! Zwischen Marina di Grosseto und Principina dagegen radelt man schön schattig im Pinienhain, ebenso ab Marina di Grosseto (Loc. Puntefiumara) bis Castiglione della Pescaia. Nach Alberese startet man ab Pian di Barca (hier kein Schatten).

Parken Die Altstadt ist für den Autoverkehr gesperrt. Parkplätze überall entlang der Altstadtmauer (gelbe Parkmarkierung: für Anwohner; blaue: gebührenpflichtig; weiße: frei bzw. mit Parkscheibe). Sobald man die Stadtmauer sieht, am besten einen Parkplatz suchen, meist Mo–Sa 0,60 €/Std. Kostenloser und zentrumsnaher Parkplatz ist der Vallo degli Arcieri nahe beim Gebäude „Cassero Senese". Außerdem kostenlos parken nördlich der Piazza del Popolo, aber außerhalb der Stadtmauer, kostenlos auch in der Via Alfieri. Weitere Parkplätze z. B. an der Piazza Caduti di Nassirya und beim Stadion.

Zugang ins Zentrum Die Porta Vecchia (Piazza de Maria), die Porta Nuova (Ende Corso Carducci bis Anfang Via Fallacci auf der Höhe der Piazza F.lli Rosselli), die Piazza Amiata und die Porta Corsica (nahe Via Gramsci) führen alle ins Zentrum.

Einkaufen Coop, Via Gramsci 3. Supermarkt **Pam,** Via del Sabotino. **Conad,** Viale Senegal 9, **Lidl,** Piazza Marconi 3 (beim Bahnhof).

Der **Corso G. Carducci** verbindet den Altstadtzugang von der Piazza Rosselli und den Hauptplatz am Dom (Piazza Dante Alighieri) und bildet so als Einkaufsstraße die Hauptachse der Altstadt. Schön schlendert man durch die **Via S. Martino.** Viele Geschäfte bleiben Montagvormittag geschlossen.

Großes Einkaufszentrum Aurelia Antica mit 35 Geschäften, auch Supermärkte Conad und Coop, Via Aurelia Antica Richtung Meer.

Von der Maremma zum Monte Argentario → Karte S. 128/129

Noch riesigeres Zentrum „Centro Commerciale Maremà", Loc. Commendone, Via Ecuador (Ausfahrt Grosseto Nord Richtung Livorno und Beschilderung folgen).

Fahrradverleih **Bicilandia** verleiht und repariert auch. Viale Europa 99, ✆ 0564-451323. **Mbm Bici,** Via Senegal 31, ✆ 0564-417858.

Feste/Veranstaltungen Am 9. Aug. abends **Butteri-Spiele und Prozession** für den heiligen Lorenzo in der Altstadt. **„Umweltfest"** Anfang bis Mitte August, außerhalb in Parknähe bei Rispescia. Anfahrt: SS 1 Aurelia-Straße Richtung Rispescia, dann den Schildern folgen. Loc. Enaoli, Rispescia, ✆ 0564-48771.

Markt **Wochenmarkt** am Donnerstagvormittag um die Piazza de Maria vor der Porta Vecchia (gleich neben dem Altstadtkern) und der Porta Corsica. Frisches Gemüse, Fisch und Käse stapeln sich Mo–Sa 8–13 Uhr in der überdachten **Markthalle** *(mercato coperto)* im Viale V. Fossombroni.

Übernachten/Essen & Trinken

Übernachten ***** Nuova Grosseto 1,** beim Bahnhof, komplett renoviert, 40 komfortable Zimmer. Piazza Marconi 26, ✆ 0564-414105, hotelnuovagrosseto.com. **€**

***** San Lorenzo 3,** knapp außerhalb der Altstadt. schlichte Backsteinfassade, aber feudale Eingangshalle, 31 schöne, große Zimmer, einige restauriert, alle mit Du/WC. Spezialangebote machen den Aufenthalt u. U. günstiger. Via Piave 22, ✆ 331-9701065, sanlorenzogrosseto.com. **€**

Zimmer Gemini und Griffo 2, Nähe Bahnhof, früheres Hotel Appennino, in einer kleinen Seitengasse. Schön sanierte, adrette Zimmer, neue Bäder und nette Betreiber. Aufzug, AC, Parkplatz. EZ, DZ mit Bad und neue Apartments. Preisgünstig, Frühstück ist aber nicht im Preis enthalten. Viale Mameli 1, ✆ 0564-23009, ✆ 335-6000987. **€**

meinTipp **B & B Warm Up 12,** das Haus ist wärmstens zu empfehlen: energieeffizienter Neubau mit modernem Interieur in Altstadtnähe, 4 helle, farbenfrohe Zimmer mit Balkon und AC. Morgens lockt gesundes und reichhaltiges Frühstück. Nette Gastgeber Alessandra und Andrea. Parkplatz. Via Tommaso Albinoni 2, ✆ 324-0772243. warmupgrosseto.it. **€€**

Piazza Vittorio Veneto
Piazza Galeazzi
Via Sicilia
Piazza Dalmazia
Via Pola
Via Sardegna
Viale della Pace
Via Senese
Via Mincio
Via Ticino
Via Trento
Via Brenta
Via Aquileia
Piazza Volturno
Via Tolmino
Via Bruno
Via Gorizia
Via Fiume
Via Ombrone
V. Monfalcone
Via Damiano
Via Buozzi
Via Oberdan
Via Roma
Via Corridoni
Via Arno
Via Tevere
G. Cantore
Via Piave
Via F.
Via Po
Piazza Tripoli
Via Matteotti
Piazza F.lli Rosselli
V. Derna
Via Tripoli
V. Cadorna
Via Adige
Piazza del Popolo
Viale Porciatti
Piazza dell' Indipendenza
Via Mazzini
Via Montebello
S. Francesco
Piazza S. Francesco
Corso
Via Aurelio Saffi
V. Ginori
Porta Corsica
Via G.
Museum
Via Fulceri de Calboli
G. Carducci
Via Bengasi
Piazza Martiri d'Istria
Piazza della Palma
Via C. Goldoni
Via Garibaldi
V. Corsini
Fossombroni
Dom San Lorenzo
Piazza del Duomo
Via dell'Unione
Piazza Gioberti
Via S. Martino
V. Solferino
Piazza Dante
Vittorio
Porta Nuova
Via Mazzini
Piazza del Mercato
Viale Ximenes
Cassero del Sale
Viale
Via C. Battisti
Gramsci
V. Amendola
V. dei Lavatoi
Piazza de Maria
Via Alfieri
V. Circondaria Sud
Piazza Lulli
Via de Barberi
Via Ferrucci
Piazza Marmora
Übernachten
1 Hotel Nuova Grosseto
2 Zimmer Gemini und Griffo
3 San Lorenzo
12 B&B Warm Up
75 m
Grosseto

Camping Die nächsten Plätze liegen in Marina di Grosseto (→ S. 172).

Essen & Trinken **Locanda de' Medici 4**, von Grossetanern empfohlene maremmanische Küche. Besonders gut sollen die Wildgerichte sein, und die Preise sind ehrlich. Piazza del Popolo 5, ✆ 0564-410744.

meinTipp **Vineria di Romolo 5**, im historischen Zentrum. Urige, herzliche und folkloristische Atmosphäre; deftige fleichlastige maremmanische Hausmannskost, aber auch gute Gemüsesuppen stehen auf der Karte. Einige Tische draußen. Schnell sehr voll, Reservierung nötig. Im Sommer tgl. mittags und 19–24 Uhr, Di Ruhetag. Via Vinzaglio 3, ✆ 0564-27551. Die hauseigene **Pizzeria** befindet sich direkt gegenüber der „Vineria". Via Vinzaglio 18.

meinTipp **Ristorante Artidoro 11**, hier stimmt alles. Kreativ-innovative Küche vom Feinsten in stilvoll modernem Ambiente. Mo Ruhetag. Via de Barberi 12–14 (5 Min. außerhalb der Stadtmauer), ✆ 0564-410750.

Pizzeria La Piazzetta 10, große Pizzen aus dem Holzofen. Piazza de Maria 23, ✆ 0564-415631.

Einige kleine Lokale mit Flair haben sich in der Via Aldobrandeschi und Via dell'Unione niedergelassen. Zwei Beispiele:

Al Numero 9 8, Via Aldobrandeschi 9, ✆ 0564-427698, oder etwas weiter **Wooden Beershop 7**, Via dell'Unione 11, ✆ 0564-071572.

Gli Attortellati, bei Einheimischen beliebtes traditionelles Landgasthaus. Wenige Gerichte zur Auswahl, aber Top-Küche. Juni–Sept. tgl. ab 20 Uhr, sonst Di–Fr Abend, Sa mittags und abends, So mittags geöffnet. Mo Ruhetag. An der SP 40 (außerhalb Grosseto Richtung Meer), ✆ 0564-400059.

Bars **Bar Il Corso 6**, süße, hochwertige, appetitlich präsentierte Köstlichkeiten; dazu die reizende Kellnerin Elisa. Man sitzt außen in der Fußgängerzone oder in dem stylischen Innenraum mit den tollen Lüstern. Auf die moderne, blitzblanke Toilette sei ausdrücklich hingewiesen. Corso Carducci 4.

Bar Ricasoli 9, hier genießt man tolle Drinks und öfter Livemusik. Via Ricasoli.

Roselle

3000 Einwohner

Der kleine Ort auf dem 300 m hohen Hügel war einst eine der bedeutendsten etruskischen Siedlungen. Im 7. Jh. v. Chr. lag Roselle noch am Priele-See, den die Bruna gebildet hatte (→ Vetulonia). Den Etruskern folgten die Römer, die die Stadt ausbauten.

Roselle zählte zu den zwölf etruskischen *Dodecapoli*, darunter Vetulonia, Populonia, Volterra und Chiusi. Das Wort „rus" bedeutet auf Etruskisch „Wasser", von dem sich vermutlich der Name der Stadt ableitet. Die Grabungsfunde zählen zu den ältesten Etruriens und gehen auf die Zeit um 700 v. Chr. zurück. Um 500 v. Chr. zählte Roselle 5000 Einwohner. Die etruskischen Städte standen sich über Jahrhunderte stets rivalisierend gegenüber. Der Aufschwung der einen hatte den Niedergang der anderen zur Folge. Nach der Eroberung Roselles durch die Römer 294 v. Chr. erlebte die Stadt in den drei folgenden Jahrhunderten einen Aufschwung. Erst die Verlandung des Priele-Sees leitete den Niedergang der gesamten Ebene zwischen den Flüssen Bruna und Ombrone ein. In den küstennahen Sumpfgebieten breitete sich die Malaria aus, und als 1138 der Bischofssitz offiziell nach Grosseto verlegt wurde, zog dies die endgültige Entvölkerung Roselles nach sich.

Der **Rundwanderweg** führt zuerst durch die archäologische Ausgrabungsstätte und nähert sich dem ehemaligen Zentrum der Stadt auf den Resten einer etruskischen Straße, die unter einer 3 m dicken Erdschicht verschüttet lag; erst 1992 wurde die Straße beim Überfliegen der Anlage aufgrund der auffallenden Vegetation entdeckt. Auf den gepflasterten Römerstraßen sind die Spuren der Wagenräder deutlich zu er-

Roselle war vor mehr als 2000 Jahren eine bedeutende Stadt

kennen. Bei den umfangreichen Grabungsarbeiten kamen die Reste einer römischen Stadt mit Forum, Basilika, Straßen, Hauptwegachsen, bürgerlichen Residenzen und Thermen zutage. Im ovalförmigen Amphitheater fanden bis zu 4500 Zuschauer Platz, um dort die Spiele zu verfolgen. Eine Sprechprobe beweist, wie klar und deutlich die Stimmen im freien Raum zu verstehen waren, auch heute sind bei Konzerten und Theateraufführungen Lautsprecher überflüssig!

Auch die unter der Römerstadt verborgene Etruskersiedlung mit Wohnhäusern und Werkstätten wurde inzwischen ans Licht befördert. Die Gebäude aus dieser Zeit sind heute zum Schutz vor Verfall überdacht. Die verwendeten Baumaterialien waren neben Steinen auch ungebrannter Ton, der dank eines Großbrands um 100 v. Chr. Festigkeit erlangte.

Eines der imposantesten Zeugnisse der etruskischen Zeit ist die über 3 km lange und fast vollständig erhaltende Stadtmauer aus mächtigen, bis zu 5 m hohen Steinblöcken; auch ein freigelegtes, restauriertes Mosaik ist zu besichtigen.

▪ Bei der Recherche war ungewiss, ob im Sommer wieder nächtliche Führungen und Touren stattfinden würden. Beim Infopoint in Grosseto nachfragen!

Generell empfiehlt sich ein zusätzlicher Besuch im Archälogischen Museum von Grosseto, das die Funde aus Roselle sehr anschaulich präsentiert.

▪ Ausgrabungsgelände: Ab Ende Okt. (Winterzeit) bis Ende März 8.30–16.30 Uhr; Sommerzeit 9.45–18 Uhr. Eintritt 4 €, erm. 2 €. App „Easytravel" zum Herunterladen. Die Biglietteria macht von 13 bis 14.30 Uhr Siesta. Info: ✆ 0564-402403, archeotoscana. beniculturali. it. Anfahrt: Roselle liegt ca. 11 km nördlich von Grosseto. Von Grosseto erst auf die Autostrada Richtung Siena, Ausfahrt Roselle. Vom heutigen Dorf Roselle der Ausschilderung „parco archeologico" oder „Ruderi Roselle" folgen. Bereits an der Zufahrt zum Eingang des Ausgrabungsgeländes sind links etruskische Gräber zu sehen (Halteverbot).

Information Kleines **Infobüro** im Ort; nur in den Sommermonaten geöffnet. ✆ 0564-403067.

Übernachten/Essen **Bio-Agriturismo Corte degli Ulivi,** produziert seit Generationen Olivenöl und Wein. Weitläufiges Gelände mit Wiese, Olivenhain, Sportanlage und Pool. In der alten Ölmühle *(Frantoio)* wird das Öl von 10.000 Bäumen gepresst. Drei Geschwister teilen sich die drei Standbeine des Familienunternehmens: Wein, Pferde (Reitschule), Vermietung – insgesamt 6 Apartments. 14 neue Zimmer in den ehemaligen Stallungen, alle mit eigenem Eingang. Frühstück nicht im Preis enthalten! Butteri-Aufführungen im Sommer. Anfahrt: Von Bagno Roselle am Restaurant La Parolaccia in die Strada dello Sbirro abbiegen.

Nach 2,5 km auf Ausschilderung rechts achten. ✆ 0564-401217, ✆ 335-6511774, cortedegliulivi.net. **€€**

MeinTipp **Trattoria/Ristorante La Parolaccia,** vielbesuchte, einfache Trattoria mit Lokalkolorit und überzeugendem Preis-Leistungs-Verhältnis. Immer voll mit Einheimischen – laut geht es zu! Hervorragende Primi und Fleischsecondi, große Portionen. Hausgemachte Tortelli mit diversen Soßen je 12 €, geschmortes Perlhuhn 10 €. Am besten fragt man schon vor dem Gelage nach einem **Zimmer** (alle im EG) in dem motelähnlichen Anbau gegenüber. Fr Ruhetag. Loc. Canonica, La Parolaccia (in Bagno Roselle, Via Batignanese, an der Kreuzung am Ortsausgang, wo sich ein verrostetes Windrad dreht, ✆ 0564-402205. **€**

MeinTipp **Ristorante Il Tordaio,** freundlicher, traditionsreicher kleiner Familienbetrieb. Die nette Besitzerin Daniela kocht, ihr Bruder Danilo kümmert sich aufmerksam um die Gäste. Früher trafen sich hier die Jäger. Hausgemachte Pasta und Dolci; Spezialität sind neben den ravioliähnlichen gefüllten Teigtaschen „Tortelli“ sowie die schmackhaften Wildgerichte (Hase, Fasan, Wildschwein). Im Sommer auch Fisch. Gute Weinauswahl. An lauen Abenden isst man im kühlen, hübschen Garten. Mo Ruhetag. Via Batignanese 113, ✆ 0564-402248, ✆ 328-1758655.

Römerstraße bei Roselle

Montepescali

Der stille mittelalterliche Ort ca. 15 km nördlich von Grosseto thront über der Schnellstraße. Ein kostbares Madonnenfresko aus dem 15. Jh. in der **Kirche San Niccolò** ist aus Sicherheitsgründen nur noch während der sonntäglichen Messe zu sehen. Der Festungsturm aus dem 14. Jh. beherbergt ein lokales **Museum** (nur auf Anfrage geöffnet). Es bewahrt die Rekonstruktion einer einst berühmten, im 16. Jh. von Söldnern zerstörten Uhr auf, die mit nur einem Zeiger funktioniert. Auch wenn alles verriegelt sein sollte: Der „Falkenhorst der Maremma“ mit seinen Treppen und Bögen lohnt einen Stopp – und sei es wegen der wunderbaren Aussicht über die Ebene.

Istia d'Ombrone

Wer von Grosseto in Richtung Scansano fährt, passiert nach etwa 6 km unweigerlich dieses mittelalterliche Örtchen am rechten Ufer des Ombrone.

Wein **Fattoria Le Pupille,** im Zuge des Weintourismus hat die renommierte Kellerei hier ihre neue Cantina gebaut, die Weinberge liegen weiterhin in Pereta. Im oberirdischen Barriquekeller reifen u. a. der Maremmawein Morellino di Scansano sowie die Spitzenweine Poggio Valente und Saffredi. Führung nach Anmeldung auf Italienisch und Englisch, Weinverkostung inklusive. Verkauf im Shop. Loc. Piagge del Maiano 92 A, ✆ 0564-409517, fattorialepupille.it.

Essen & Trinken **Osteria del Villano,** von der neuen Brücke flussaufwärts. Einfache, gute regionaltypische Küche mit großen Portionen. Gutes Preis-Leistungs-Verhältnis. Große Terrasse über dem Ombrone-Fluss. Mo Ruhetag. Via Scansanese Ponte 636, ✆ 0564-1794793.

Trattoria La Cantina, freundlicher Empfang, schöne Terrasse. Kleine Karte, aber frische maremmanische Hausfrauenküche. Zutaten sind ausschließlich lokaler Herkunft, Brot und Pasta sind hausgemacht. Piazza del Castello 5, ✆ 0564-408176.

Butteri – Maremma-Cowboys

Parco Naturale della Maremma bei Alberese

Der etwa 90 m^2 große Naturpark zieht sich rund um die Monti dell'Uccellina, deren höchster Punkt 417 m über dem nahen Tyrrhenischen Meer liegt. Im Osten begrenzt die Via Aurelia den Park.

Am Rand des Naturparks, eines der letzten großen Rückzugsgebiete für frei lebende Maremma-Rinder, Pferde, Rehe und Wildschweine, liegt der kleine Ort **Alberese** und das vorgelagerte **Marina di Alberese.** Nur beschwerliche, lange Fußwege führen in die dichten Pinienwälder im Inneren des Naturparks und zur Ruine des **Klosters San Rabano,** das Dante in der „Göttlichen Komödie" verewigte.

Etwa 2 km von der Klosterruine entfernt ragen die Überreste der **Torre della Bella Marsilia** (nicht zu besichtigen) aus dem Boden, um die sich eine berühmte Legende der Maremma rankt: Im Jahr 1543 entführte der aus Algier kommende osmanische Admiral Cheireddin Barbarossa, dessen Raubzüge den christlichen Mittelmeerraum in Schrecken versetzten, die schöne Roxelane, die jüngste Tochter des Burgherrn Marsili. In Konstantinopel wurde Roxelane im Harem des Topkapi-Palasts die bevorzugte Geliebte des Sultans Suleiman I.; ihr Sohn, Sultan Selim II., schrieb 1571 Geschichte, als er mit seiner Flotte die Seeschlacht von Lepanto verlor. Die Legende hat nur einen Makel: Die schöne Roxelane war ukrainischer oder russischer, jedenfalls slawischer Herkunft und hat die Maremma nie gesehen.

Marina di Alberese: Damit die Ruhe der hier weidenden Pferde und Maremma-Rinder nicht allzu sehr gestört wird, ist die einzige, 9 km lange Zufahrtstraße nach Marina di Alberese mit einer Schranke versehen, die sich automatisch schließt. Der ca. 15 km lange, naturbelassene Strand ist gut zum Baden geeignet, die Besucher haben sich aus allerlei hölzernem Strandgut einen malerischen Windschutz gebaut. Schön ist die 2- bis 3stündige Wanderung zu den Sumpfgebieten an der linken Flanke der Ombrone-Mündung (→ „Wanderwege/Foce dell'Ombrone").

Fischreiher, Kormorane und Möwen fühlen sich hier wohl.

▪ Wenn man die Schranke passiert, werden Einfahrtszeit und Autokennzeichen gespeichert, bei der Rückfahrt muss man am Automaten zahlen (falls das Nummernschild nicht erkannt wird, Notruftaste drücken). 1 Std. parken kostet 2 €, nur Scheine bis 50 € und nur von Sonnenauf- bis -untergang. Alternativ fährt von April bis Okt. halbstündlich bis stündlich ein Pendelbus (2 €) vom Besucherzentrum Alberese ab.

Basis-Infos

Information **Centro Visite di Alberese,** architektonisch markantes, hypermodernes Besucherzentrum rechts vor dem Dorfeingang von Alberese (gegenüber dem Großparkplatz). Ganzjährig geöffnet (außer Weihnachten), Nov. bis Mitte März 8.30–14 Uhr, Mitte März bis Ende Okt. 8.30–13/14–16 Uhr. Auskünfte, auch über Wanderwege, sowie die für die interessantesten Rundgänge nötigen Eintrittskarten. Kartenmaterial. Hundeverbot im gesamten Park! Eintrittskarten auch online. ✆ 0564-393238, parco-maremma.it.

Ständig werden weitere Wander- und Radwege eingerichtet; man will die Anfahrt mit Bussen künftig einschränken. Haltestelle der Busse ist nun nicht mehr das zentral im Park gelegene „Pratini", sondern „Pinottolai" an der Zufahrtsstraße zum Strand. Tipp: Fahrrad mieten, damit zu den vorgesehenen Ausgangspunkten fahren und auf den Bus verzichten!

> Ob das legendäre **Torneo dei Butteri** am 15. August wieder stattfindet, bei dem die Butteri die alte Reitkunst der Kuhhirten vorführen, stand bei der Recherche noch nicht fest. Private Varianten dieser Reiterspiele gibt es aber noch, z. B. im Agriturismo Corte degli Ulivi. Aktuelles erfährt man im Proloco-Büro, prolocoalborensis@gmail.com, ✆ 392-4963809. Eine private Variante des Reiterspiels veranstaltet der Bio-Agriturismo Corte degli Ulive ab Mitte Juni bis Mitte Sept. jeweils mittwochs. Eintritt 20 €. Anschließend Barbecue. Info auf cortedegliulivi.net.

Fahrrad Es gibt drei private Verleihe, z. B. **Fabrizio,** ✆ 339-4609310, oder **Bar Magi,** beide im Ort.

Führungen Mitte Juni bis Ende Sept. nur geführte Touren (außer im nordwestlich gelegenen Gebiet Torri e Grotte und Spiaggia di Collelungo, betrifft die Wanderwege A 2, A 3, Collelungo). Führungen auch in Deutsch, am Mittwoch zur Abbazia San Rabano (Romanische Abtei, 4 Std., wenig Schatten). Uhrzeit vorher erfragen. Wetterbedingte Änderungen oder Absage von Touren wegen geringer Teilnehmerzahl sind möglich. Genaue Infos im „Centro Visite". Geblieben sind die Kutsch- und Kanufahrten.

Reitausflüge Für geführte Ausflüge in den Park (für Ungeübte wie anspruchsvolle Reiter) seien die Pferde des **Agriturismo Il Gelsomino** empfohlen (→ Übernachten). Außerdem: **Tenuta Agricola dell'Uccellina Scuderia di Maremma** (Pony), neben Agriturismo auch Ristorante. Loc. Collecchio, Magliano in Toscana, ✆ 0564-597104.

Wanderwege Der Park ist das ganze Jahr für Wanderer geöffnet. Eintritt 10 €, erm. 5 €.

Weg „Foce dell'Ombrone" (A 7): Ganzjährig auch ohne Führung und mit Fahrrad bzw. Rollstuhl möglich (ca. 2,5 km Teerstraße; im Sommer raten wir ab, da pralle Sonne!). Etwa 3-stündige leichte Rundwanderung von Marina di Alberese zur Mündung des Ombrone (6 km). Tour-Ticket 5 €, bis 14 J. 2 €.

Weg „Forestale e Faunistico" (A 6 mit Anschluss A 5): Kurze Rundwanderungen, die ebenfalls ohne Führer und mit Rollstuhl ab Alberese gemacht werden können (im Sommer von 8 Uhr bis Sonnenuntergang). Die Touren dauern 2–3 Std. (5,4 km). Ticket 5 €, 12 J. 2 €.

Nachtwanderung: Nur im Sommer, geführte Tour auf Anfrage (mind. 8 Pers.), ein besonderes Erlebnis! Start ist eine Stunde vor Sonnenuntergang, gegen 19.30 Uhr. Erw. 15 €, bis 14 J. 12 € (unter 8 J. nicht empfohlen).

Andere Wanderrouten: Bei den meisten anderen Routen wird grundsätzlich zwischen Sommersaison (Mitte Juni bis Sept.), in der wegen Waldbrandgefahr größtenteils (→ „Führungen") nur geführte Touren möglich sind, und dem Rest des Jahres unterschieden. Außerhalb der Sommersaison ist ein Besuch deshalb reizvoll, weil dann mehr Wege ohne Führung zugänglich sind. Von Alberese startend, gehen die wichtigsten Touren zu Torre di Collelungo, Torre Castel Marino, Abbazia San Rabano. Die Route zur Cala di Forno bleibt weiter gesperrt. Drei Touren starten vom südlichen Küstenort Talamone (T1, T2, T3 → Talamone) und zwei ab Colecchio (C1, C2). Die interessanteren Touren kann man allerdings nur mit Führer unternehmen (im Winter auch ohne Führer).

mein Tipp Die Vereinigung **Le Orme** vermittelt zertifizierte Wanderführer nicht nur für den Park, sondern für die gesamte Maremma und darüber hinaus. Info ✆ 0564-416276, ✆ 340-5137908 (Giovanna spricht Deutsch), leorme.com.

Übernachten/Essen & Trinken

In und um Alberese gibt es Agriturismi wie Sand am Meer, Hotels und Campingplätze dagegen sind rar.

Agriturismo Giuncola Granaiolo, schöne Zimmer. Im Juli/Aug. nur inkl. HP. Pool, Garten. Saisonbetrieb April–Okt. Fraglich, ob die Butteri-Reiterspiele wieder aufgenommen werden. Loc. Giuncola 61 (5 km vom Besucherzentrum), ✆ 334-3960272, giuncola.it. **€**

Azienda Regionale Agricola Alberese, mit knapp 45 km² Waldbestand, Olivenhainen und Rebflächen. Die Azienda ist für die Landwirtschaft im Park verantwortlich und bietet Ausritte mit den Butteri an (Reiterfahrung vorausgesetzt): tgl. um 7 Uhr vor der Azienda (Anmeldung nötig). Spezialitätengeschäft mit guten Produkten wie Käse, Brot, Wein, Pasta, Öl und Biofleisch (tgl. 8.30–13/16–19 Uhr). Übernachtungsmöglichkeiten in der ehemals großherzoglichen Villa Granducale oder in Apartments. Laden im Ort Alberese neben der Kirche. ✆ 0564-407100, ✆ 329-2603794, alberese.com. **€**

mein Tipp **Il Gelsomino,** ein Agriturismo wie aus dem Bilderbuch: Mamma und Tochter Cristina kochen, Cristinas Mann Mario kümmert sich um das Gemüse im Garten des Bauernhofs, Margherita ist die Pferdefrau. Einen Ausritt auf einem der 15 Pferde können unter ihrer Aufsicht auch Anfänger wagen (der 2-Std.-Ausritt ist seine 45 € wert); die Kinder werden behutsam an die Pferde herangeführt. Herzliche Gastfreundschaft, Schwimmbad, Hunde, Katzen, Öl, Wein, Obst ... Landleben pur, besonders schön für Kinder! Die Unterkunft in einem der 7 Zimmer ist einfach, das Abendessen köstlich. Die Familie isst manchmal mit den Gästen zusammen. Mindestaufenthalt 2 Nächte. Strada del Barbicato 4, ✆ 0564-405133; ✆ 347-2990789 (Cristina), ✆ 347-7746476 (für Ausritte Margherita), ilgelsomino.com. **€**

Bio-Agriturismo la Pulledraia, Bio-Hof mit Schafen, Ziegen, Hühnern, Schweinen, Kaninchen ... Dazu ein großer Gemüsegarten, Wein- und Olivenfelder. Schwimmbad. Direktverkauf der hauseigenen Produkte Olivenöl, Wein und Bier. 12 einfache DZ inkl. Frühstück. Mitte Juli bis Ende Aug. HP obligatorisch! Vermietung nur wochenweise. Via del Molinaccio 10, 58100 Alberese, ✆ 0564-1886110, ✆ 348-7120615. pulledraia.it. **€**

Essen & Trinken Es gibt einige Möglichkeiten, sich vor oder nach der Wanderung im Park zu stärken:

mein Tipp **Osteria Il Mangiapane,** etwa 500 m in Richtung Grosseto; von wegen, der Gast isst hier, entgegen dem Namen, nicht nur Brot: Das „Mangiapane" ist eine Adresse für gutes, maremmanisches Essen mit frischen, lokalen und saisonalen Zutaten. Wechselnde Karte, mittags kommt anderes auf den Tisch als abends. Schöner Garten. Herzliche Atmosphäre. Im Sommer Do Ruhetag. Strada Cerretale, ✆ 0564-407263, ✆ 340-5345770.

La Scafarda (so heißt der maremmanische Sattel): Wer gern Fleisch zwischen den Zähnen hat, ist hier richtig; gute Grillspezialitäten, ausgezeichnete Pizza. Schön sitzt man im Garten. Im Sommer kein Ruhetag. Gutes Preis-Leistungs-Verhältnis. Via del Fante, ✆ 0564-412587, lascafarda.com.

La Bottega Maremmana mit Tante Emma Lädchen: unkompliziert – außen rohe Tische und Fässer aus Holz; der junge Mann hat Esprit und serviert flott Panini mit Wildschweinsalami, Bio-Käseplatten und phantasievolle, kleine Salate (meine leckere Variante bestand aus Kichererbsen, Cocktailtomaten, Sellerie und Melone, dazu eine Scheibe knusprig gebackene Vollkorn-Schiacciata). Gleich gegenüber dem Besucherzentrum.

Kioske und sanitäre Anlagen kurz vor dem Strand von Marina di Alberese, links an der Straße.

Von der Maremma zum Monte Argentario → Karte S. 128/129

Talamone

400 Einwohner

Das hübsche Fischerdorf mit einer wegen ihres grauen Steins wie ein Betonklotz anmutenden Burg und einem Jachthafen liegt einsam auf einer Halbinsel an den südlichen Ausläufern der Monti dell'Uccellina. In den Sommermonaten ist Talamone bei den Italienern ein beliebter Fleck.

In alter Zeit stritten sich Etrusker, Gallier, Römer, Umbrier und Venetier um den Ort, dessen Name der Sage nach auf *Telamon* zurückgeht, einen der Argonauten, die das Goldene Vlies wieder nach Griechenland zurückholen sollten. Telamon soll hier gestorben sein, und der große Hügel, auf dem Talamone heute liegt, soll die dem Helden errichtete Grabstätte sein. Soweit die Mythologie. Belegt ist, dass auf dem Hügel auf der anderen Seite der Bucht das etruskische **Tlamu** lag, bei dessen Ausgrabung Teile eines größeren Tempels und Grabbeigaben aus dem 6.–5. Jh. v. Chr. gefunden wurden. Auch der berühmte Giebelfries von Talamone konnte geborgen werden; derzeit in Florenz zur Restaurierung.

Rocca Aldobrandescha

Nicht nur die Piazza Garibaldi mit Garibaldi-Statue erinnert in Talamone an den großen italienischen Freiheitshelden, der u. a. Sizilien von den Bourbonen befreite. Am 7. Mai 1860 legte *Giuseppe Garibaldi* auf dem Weg nach Sizilien mit seinem Schiff mit seinen 1000 (mille) freiwilligen Helfern am Hafen von Talamone an, um sich und seine Kameraden mit Waffen zu versorgen; das Unternehmen ging als „la Spedizione dei Mille" in die Geschichte ein.

Rocca Aldobrandescha: Die rechteckige, mittelalterliche Wehranlage mit vier Türmen dient im Sommer als Schauplatz für verschiedene kulturelle Veranstaltungen. Von oben grandioser Ausblick!

▪ Unter Vorbehalt: Juni–Sept. 9.30–12.30 und 15.30–19.30 Uhr.

Baden: In Talamone ist der Felsstrand größtenteils unzugänglich. Möglichkeiten zum Baden findet man eher südlich der Ortschaft in der **Bucht von Talamone** auf der Höhe des Campingplatzes, wo der Strand flach ist. Die Winde sorgen für optimale Bedingungen für Surfer (Infos beim Talamone Camping s. o.). Strände findet man auch in der **Bucht von Bengodi** noch weiter südlich.

Wandern: Auch von Talamone aus (beschilderter Einstieg zwischen Campingplatz und dem Ort auf der rechten Seite) lassen sich Wanderungen und Radtouren in den Naturpark der Maremma unternehmen. Da diese Strecken noch nicht so bekannt sind, wird man hier weniger Touristen begegnen.

Der Giebelfries von Talamone

Das beeindruckende Kunstwerk wurde bei Talamone in den Resten eines etruskischen Tempels entdeckt. Es zeigt Szenen aus dem Mythos der „Sieben gegen Theben" und entstand wahrscheinlich im 2. Jh. v. Chr. Der plastische Terrakotta-Fries befindet sich seit Jahren zu Restaurierungszwecken in Florenz.

Infos und Eintrittskarten sind im Museo Acquario in Talamone (s. o.) oder im Besucherzentrum des Parks erhältlich. Die kürzeste Variante T 1 ist ein angenehmer, zweieinhalbstündiger Spaziergang, der sich im oberen Teil mit festem Schuhwerk auf die längere Variante T 2 ausdehnen lässt (dann 5 Std.). Am Wegesrand duftet Rosmarin, sogar Alpenveilchen wachsen hier. Gelegentlich öffnet sich der Blick über die Ausläufer des Naturparks bis zur Küste hinunter. Der Weg T 3 beschreibt eine anspruchsvollere Wanderung von 16 km Länge durch waldiges Gebiet bis zu einer Grotte, die einst als Räuberversteck diente. Von Juli bis September sind die Wanderungen T 1 und T 2 aus Sicherheitsgründen verboten (Waldbrandgefahr).

- Auskünfte im Besucherzentrum des Parks: ✆ 0564-407098.

Information In einem Container gegenüber der Stadtmauer, an der Piazza del Porto. Ostern bis Mitte Juni Fr–So 10–12/16–18 Uhr, Mitte Juni bis Mitte Sept. tgl. 10–12/16–18 Uhr. ✆ 0564-1768177; für Whats-App: ✆ 348-5874644.

Fest **Sagra del Pesce Fritto,** im Juli oder Aug. Sommerfest rund um den frittierten Fisch mit viel Speis und Trank.

Hin und weg **Bahn:** Bahnhof im 3 km entfernten Fonteblanda (Linie Genua – Rom).

Bus: Verbindung nach Albinia, Porto Santo Stefano, Grosseto, Orbetello.

Bootsausflug Fragen Sie im Ort nach *Paolo il Pescatore*, im Ort eine Institution – man kennt ihn; braungebrannt, mitreißend und durchaus geschäftstüchtig, veranstaltet er mit seinem Kutter „Sirena" mit WWF-Flagge Ausflüge in die Gewässer vor der Küste und betreibt eine Art sanften Meerestourismus. Er ist ein Vorreiter des nachhaltigen „Fischtourismus" und Umweltaktivist gleichermaßen. Vor Jahrzehnten ließ er durchlöcherte Betonklötze, die den Fischen Brutstätten und Schutzräume bieten, im Meer versenken. Er kennt die besten Buchten und nimmt die Gäste mit zum Fischen und Angeln. Der Fang wird an Bord gegrillt. Der ca. 4½-stündige Bootsausflug inkl. Frühstück, Getränke, Antipasti kostet 70 €/Erw. und 50 €/Kind. Wer beim Verspeisen der Beute lieber festen Boden unter den Füßen haben möchte, geht abends zu Paolos **Ititurismo Pescato e Mangiato** in Fonteblanda, Via Montianese 41. Vorher reservieren! Stefan Ulrich, Korrespondent der „Süddeutschen Zeitung", hat dem Fischer in seinem Buch „Arrivederci Roma" eine Anekdote gewidmet. Abfahrt bei gutem Wetter um 7 Uhr. Infos und Reservierung für *Pescaturismo* ✆ 335-7069603 (auf Englisch) und Paolo direkt ✆ 333-2846199, paoloilpescatore.it.

Übernachten ***** Capo d'Uomo,** kleines Hotel mit Flair oberhalb des Orts (rechts an der Stadtmauer hoch), in Toplage mit gepflegtem Garten. Komfortable, aber sehr kleine Zimmer mit Balkon. Den spektakulären Blick auf Burg und Meer zahlt man mit. Die DZ mit zwei getrennten Betten kosten etwas weniger als die mit französischen Betten. Geöffnet April bis Mitte Okt. Via Cala di Forno 7, ✆ 0564-887077, hotelcapoduomo.com. **€€€**

Mein Tipp **B & B Garibaldi** ist das kleine Schmuckstück von Gastgeberin Marina mit 3 geschmackvollen Zimmern, stets mit eigenem Bad, Modernes mischt sich mit alter Ausstattung. Schöner Garten, tolle Lage mit Meerblick. Ganzjährig geöffnet. Piazza Garibaldi, Eingang del Cannone 1, ✆ 393-2283540, bebgaribaldi.com. **€€**

Bio-Agriturismo La Selva, *der* Pionier in Sachen Bio, inmitten von Feldern. Frisches Obst, Gemüse, Oliven, Öl, Wein und andere

Von der Maremma zum Monte Argentario → Karte S. 128/129

hochwertige Feinkost aus biologischem Anbau. Engagierter deutscher Besitzer. Loc. San Donato, Albinia (Gr), ✆ 0564-88481, laselva-bio.it. **€**

Camping **Talamone Camping Village,** ca. 500 m vor dem Ort. Weitläufiges, gepflegtes Gelände mit 300 Stellplätzen und Bungalows (schöner Blick), inmitten von Palmen, Olivenbäumen, Stein- und Korkeichen in den Hang integriert. Auf der anderen Straßenseite, ca. 500 m entfernt, wurde ein eigener Kiesstrand geschaffen. Tennis, Beach-Volleyball, Swimmingpool, Restaurant, neuer Grillbereich und Hundebar. Freundliche Mitarbeiter an der Rezeption, man spricht Deutsch. Stellplatz Wohnmobil und 2 Erw. 26-48 €. Ein Chip für 5 € berechtigt Auswärtige zum Parken am Strand. Geöffnet Mitte April bis Mitte Sept. Via Talamone, ✆ 0564-887026, talamonecampingvillage.com.

Mehr als ein halbes Dutzend Campingplätze findet man weiter südlich im schmalen Pinienwaldstreifen zwischen der Via Aurelia und der Küste. Alle haben einen Zugang zum schmalen Sandstrand (die Plätze liegen übrigens auf dem blutgetränkten Boden des legendären Schlachtfelds *Campo Regio*, wo die Römer erfolgreich die Kelten schlugen).

Essen & Trinken **Buratta, Agriturismo, Ristorante** (Selbstbedienung), außerhalb und schön gelegen. Ob Pasta, Wildschwein oder hausgemachte Dolci – es schmeckt bei fairen Preisen! Der Speiseraum ist eine grün bewachsene Pergola schräg gegenüber vom Hof. Viele Bio-Produkte. Geöffnet Ostern bis Mitte Juni nur am Wochenende, Mitte Juni–Okt. tgl. abends, Sa/So auch mittags. 6 Zimmer und eine Ferienwohnung. Anfahrt: Von Talamone kommend Richtung Fondebranda, vor der Brücke links Richtung Colecchio (enge Asphaltstraße), nach 1 km dem Schild „Gastronomia Burrata" folgen. Etwa 4 km, mitten in der Natur. Via delle Casacce 31, ✆ 0564-885614 (Adriana). **€**

La Buca, alteingesessener Generationenbetrieb, die taffe Signora steht seit den 80ern in der Küche und kocht nach bewährten Rezepten. Unter der Pergola, gleich bei der Garibaldi-Treppe, findet der Gast ein romantisches Plätzchen. Mo Ruhetag. Via Porta Garibaldi 1, ✆ 339-3880235.

Agripub Maremmana, Anfahrt wie zum „Burrata", nach der Brücke an der Kreuzung aber *links* abbiegen: Toskana-Feeling zwischen knorrigen Olivenbäumen, duftendem Oleander, blühendem Rosmarin, einer riesigen Agave und weitem Panoramablick; aromatische, handwerklich gebraute Biere, dazu Hausfrauenküche. Ausschließlich lokale und auch Bio-Produkte. Pizza nur abends. Das „Birramisù", eine bierische Variante des klassischen Tiramisus, schmeckt etwas nach Lakritz. Lasagne und Gemüsesoufflé waren prima, die Signora freundlich, die Preise okay. Geöffnet Mai–Okt. Strada Viccinale delle Casacce 7, ✆ 335-6445596.

Trattoria Cupi in Magliano, Wirtshaus mit Lokalkolorit, immer voll, riesige Portionen, *die* Spezialität ist Bistecca Fiorentina. Reservierung nötig. Strada di Cupi 1, ✆ 0564-589811.

Ich habe fertig ...

... war der legendäre Schlusssatz auf einer Pressekonferenz 1997, auf der Giovanni Trapattoni, damals Trainer des FC Bayern, die desolaten Leistungen seiner Spieler gegeißelt hatte. „Trapp", wie die Italiener den Star-Trainer nennen, ging mit seinem Satz in die deutsche Sprachgeschichte ein und inspirierte Werbetexter und Zeitgeistanalytiker.

Ein Jahr später hatte „Trapp" auch mit seinem Job in München fertig und ging zurück nach bella Italia, wo er die Nationalmannschaft trainierte. Er kommt seit vielen Jahren nach Talamone, wo er ein Haus sein eigen nennt. Wenn man den beliebten Ehrenbürger dort zufällig auf der Straße trifft, gibt er sich so, wie man ihn kennt – offen, sympathisch und humorvoll.

Vom Monte Argentario erspäht man die Lagune von Ortobello

Am Monte Argentario

Die Halbinsel war einst wie die Inseln Giglio und Giannutri vollständig vom Meer umgeben. Durch Sandablagerungen bildeten sich im Lauf der Zeit drei schmale Verbindungen zum Festland, dazwischen breitet sich die Lagune von Orbetello aus.

Der Argentario ist ein felsiges Vorgebirge. Macchiabewachsene Hänge bestimmen den südlichsten Teil der Maremma. Fast der gesamte Baumbestand fiel 1981 einer Brandkatastrophe zum Opfer, eine Rundfahrt um das Felsmassiv lohnt dennoch. Die Küste bietet abwechslungsreiche Ausblicke auf kleine Inseln und einsame Buchten, die jedoch meist schwer erreichbar sind – das Gebirge fällt zum Meer hin steil ab. Die vielen in die Hänge gebauten Villen sind meist Sommerresidenzen von betuchten Italienern.

Nähert man sich dem Monte Argentario auf der Verbindungsstraße von Orbetello, fallen links oben in den Bergen zwei eigentümliche Türme auf, die als eine Art Industriedenkmal stehen gelassen wurden: Sie stammen aus der Zeit der Pyritförderung in den 1960ern und dienten seinerzeit als Aufzüge. Mit Silbervorkommen *(argento)* hat der Name der Halbinsel nichts zu tun, er rührt vielmehr von einer Bankiersfamilie her, die sich einst hier lebte und über Silberreichtümer verfügte.

Die 26 km lange Route auf der kurvenreichen **Strada panoramica** ist nicht durchgehend asphaltiert und erfordert im südlichsten Teil ein geländegängiges Fahrzeug, zu manchen Zeiten ist sie gar nicht passierbar. Daran soll sich nach dem Willen der Villenbesitzer auch nichts ändern.

Strände am Monte Argentario

Bei Porto Santo Stefano

Relativ groß ist der Kiesstrand **Il Pozarello** (Hotel Baia d'Argento), einige Kilometer vor Porto Santo Stefano, nicht so schön allerdings wegen der daran vorbeiführenden Straße.

Wer am westlichen Ende des Strandes rechts abbiegt (kein Schild) stößt auf die alte Bahntrasse nach S. Stefano. Der schmale Fahrweg führt durch Tunnels (abgesetzter, gesicherter Fußgängerbereich, für Autos verboten!) an zwei netten Badebuchten vorbei:

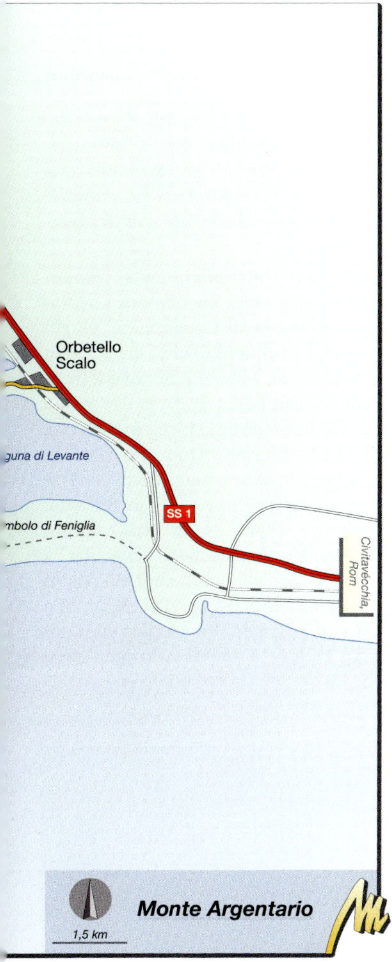

La Bionda: winzig, von der Straße nicht einsehbar, mit kostenpflichtigem Parkplatz il Calvello (1,50 €/Std., 9 €/Tag). Zubringerservice von Porto Santo Stefano Juli bis Anfang September.

La Cantoniera: großzügiger, z. T. sandiger Strand, nettes Strandcafé/Trattoria Da Eva e Filippo mit tollem Blick auf Porto S. Stefano. Empfehlenswert! (Auch hier im Sommer Zubringerservice.)

Die Badeplätze direkt am felsig-kargen Monte Argentario sind rar. Oft noch rarer sind Parkplätze an den bekannten Stellen.

Außerhalb

Bis zu 10 km von Porto S. Stefano entfernt liegen die beiden „Geheimtipps" (im Sommer Zubringerservice auf der Strada Panoramica).

Cala Grande: der schönste Strand mit drei Buchten. Anfahrt: Von S. Stefano auf der Küstenstraße in Richtung Westen. Nach einigen Kilometern hält die Straße direkt auf ein mächtiges schwarzes Tor zu. Jetzt noch acht Kurven weiter, bis auf der rechten Straßenseite ein Sackgassenschild zu sehen ist. Hier parken und dem schmalen Fahrweg nach unten folgen. Kurz vor einer Schranke rechts über ein paar Stufen in den meist trockenen Bach und hinunter zum gut besuchten, groben Strand. Hinunter läuft man 20 Min.; hinauf etwas länger (100 m Höhenunterschied). Der Weg ist von Steineichen gut beschattet.

Le Canelle: Die Straße von Porto S. Stefano ins Inselinnere nehmen, dann Richtung Südküste. Nach ca. 10 km extrem kurviger Straße fällt die **Torre delle Canelle** ins Auge. Der Straße noch etwas folgen, bis rechts der Straße ein braunes Tor mit offenem Personendurchgang auftaucht. Der Durchgang durchs Tor ist gestattet; von hier ca. 10-minütiger Spaziergang zum Strand. Am Strand ein respektables Bauwerk mit etwas Patina (Ferieneigentümergemeinschaft, meist Römer) – und was wichtiger ist: mit Barbetrieb! Toll ist der auch im Sommer manchmal noch nicht ganz versiegte Bach, der sich dann über den groben Schotterstrand ins Meer ergießt.

Cala del Gesso: ebenfalls schön an einer Bucht gelegen, aber etwas schwierig zu erreichen, zudem keine Parkmöglichkeiten. Die Ausblicke sind toll. Mehr Infos im Touristbüro.

Von der Maremma zum Monte Argentario → Karte S. 128/129

Porto Santo Stefano

9000 Einwohner

Der Hauptort des Argentario liegt an einem schönen Naturhafen. Am langen Kai machen Fischerboote und Luxusjachten fest. Seit sich in den 60er-Jahren Susanna Agnelli, Enkelin des Fiat-Gründers, in Porto Santo Stefano ihre Sommerresidenz bauen ließ, hat sich der Ort zu einem Refugium der italienischen Großverdiener entwickelt. Die spätere Außenministerin Agnelli verdiente sich als Bürgermeisterin im Kampf gegen Bauspekulanten ihre ersten politischen Sporen, 87-jährig verstarb sie im Jahr 2009. Einige VIPs, z. B. der italienische Popmusiker Renato Zero, haben sich hier niedergelassen und den Ort aufgewertet. Die beliebten Ehrenbürger Bud Spencer und Raffaella Carrà werden auch nach ihrem Tod von den Bewohnern weiterhin in Ehren gehalten.

Massentourismus, wie er nördlich und südlich des Argentario herrscht, blieb der Halbinsel erspart. Keine tristen Feriensiedlungen, keine Hotelburgen, keine überfüllten Strände. Das Angebot an Unterkünften ist entsprechend gering – nichts für Low-Budget-Touristen.

Auf der Hafenpromenade flaniert man sonntags und abends am ansprechend gestalteten Lungomare, vorbei an großen Palmenkübeln, bis zu den Fischerbooten. Mit seinem nostalgisch-eleganten Stil hat sich Porto S. Stefano trotz der Betriebsamkeit seinen Charme bewahren können. Und das Hafenstädtchen, benannt nach dem Schutzheiligen der Seefahrt, lebt nicht vom Tourismus allein. Noch ein knappes Dutzend Kutter stechen zwischen 3 und 4 Uhr in See, um am späten Nachmittag mit dem Fang zurück in den Hafen zu kommen. Versteigert wird der Ertrag an lokale und auswärtige Fisch-

Lungomare in Porto Santo Stefano

händler und Restaurants zwischen 16 und 20 Uhr an der Banchina Toscana. Auch einige kleinere Bootswerften sorgen für Arbeit, wenngleich ihre Erzeugnisse eher sportlichen Zwecken dienen. Durch die Fährverbindungen nach Giglio und Giannutri geht es in Santo Stefano im Hafen tagsüber turbulenter zu als in Porto Ercole.

Fortezza Spagnola: In der wuchtigen Festung oberhalb der Altstadt, im 16. Jh. von den Spaniern erbaut, ist eine Ausstellung über den antiken Bootsbau zu sehen; daneben auch interessante Funde, wie Amphoren, Anker etc., die seit 1960 vor der Küste des Argentario gefunden wurden (Legenden auf Italienisch).

■ Juli/Aug. tgl. 18.30–23.30 Uhr, Juni/Sept. 10.30–12.30/16–19 Uhr, April/Mai und Okt. Sa/So10–12.30/16–19 Uhr. Eintritt 2 €. Infos unter ✆ 0564-810681.

Acquario Mediterraneo: In dem rosafarbenen Bau am Lungomare dei Navigatori 44/48 (Promenade westlich des Hafens) präsentiert das Acquario präparierte Fische, Tauchausrüstung und lebendige einheimische Wassertiere, z. B. Mondfische, Schwarzspitzenriffhaie, Moränen, Seeanemonen, Seeigel …

■ Juli/Aug. tgl. 10.30–12.30 und 17–20 Uhr, Juni/Sept. tgl. (außer Mo) 10.30–12.30/15–19 Uhr, Mai/Okt. tgl. (außer Mo) 15–19, Sa/So auch 10.30–12.30, sonst nur Sa/So. Eintritt 5 €, erm. 2 €, bis 5 J. frei. ✆ 0564-815933, acquarioargentario.org.

Basis-Infos

Information **Touristbüro,** Juni–Sept. tgl. 9.30–12.30/16–19 Uhr, im Frühling und Herbst Sa/So10–12.30/15.30–18 Uhr. Anna und Elena sind nett und kompetent. Piazzale del Valle, neben dem Kiosk gegenüber den Fähren. ✆ 0564-332075, comune.monteargentario.gr.it (die Seite der Gemeinde, hier auch aktuelle Ausstellungen), prolocomonteargentario. it.

Hin und weg **Bahn:** Nächster Bahnhof in Orbetello Scalo, der offiziell Orbetello-Monte Argentario heißt.

Bus: Regelmäßige Verbindungen.

Boot: Im Sommer und Winter tgl. Boote nach Giglio (auch als Tagesausflug). Ticket für die Fähren gegenüber der Einschiffung auf der anderen Straßenseite.

Parken Es gibt vier große Parklätze, auch für Langzeitparker, z. B. *Campo Sportivo*, im Sommer bis 6. Sept. 7–20 Uhr, Auto 10 €/Tag, bei längerem Aufenthalt 8 €; Wohnmobil 15 €/Tag, bei längerem Aufenthalt 12 €.

Am Hafen 2 kleinere Parkplätze (jeweils 10 €/ Tag) neben den Ticketbüros der Fähren: *bei Asiamel*, ✆ 327-7908556, oder bei *Fanciulli* an der Bianchina Toscana, ✆ 329-4283201.

Arzt **Guardia Medica** im Poliambulatorium, Lungomare dei Navigatori 36, ✆ 118 (nationale Notfallnummer).

Bootsbau Wer sich für traditionellen Bootsbau interessiert, kann die Via del Campone ins Landesinnere fahren. Die Werkstatt **Fratelli Mileo** repariert, baut im alten Stil Schiffe aus Holz und verleiht neuerdings Boote. Via del Campone 51. Restaurierung von „Oldtimer"-Booten im Cantiere Navale d'Argentario.

Bootsausflug **Crociera del Sole,** von April bis Mitte Okt. Minikreuzfahrt durch die Gewässer des Toskanischen Archipels mit Landgängen auf der Insel Giannutri und Giglio sowie Frutti-di-Mare-Risotto-Mittagessen an Bord der 40 m langen „Revenge" (bis zu 300 Passagiere!): Abfahrt 9.45 Uhr, Aufenthalt auf den Inseln je ca. 90 Min., Rückkehr 18.30 Uhr im Hafen von Santo Stefano. Preis inkl. Mittagessen ca. 60 €. Fährlinie Maregiglio. ✆ 0564-818022, ✆ 348-6264314, maregiglio.it.

Beschaulicher ist der Ausflug im kleineren Boot bei **La Favorita sul Mare,** mit Mittagessen ab 60 €/Pers., ✆ 320-1898902.

Einkaufen Inzwischen mehr Shopping in der Via Roma und der Via del Molo als auf dem Corso Umberto.

Pescheria Marevivo, daneben **da Roberto,** hier gibt's tgl. außer Mo fangfrischen Fisch – von der Makrele bis zum 2 m langen Schwertfisch.

In der lebendigen **Via Roma** bummelt man an Feinkost- und Gemüseläden vorbei. Das Preisniveau ist allgemein hoch, die Qualität der Produkte jedoch sehr gut.

Von der Maremma zum Monte Argentario → Karte S. 128/129

Fahrradverleih/Roller **CarBike,** Verleih in der Via degli Atleti 17, ✆ 0564-813749, carbike.it.

Roller gibt's in der Via degli Atleti 17, ✆ 335-7426563.

Feste **Fest des Schutzpatrons** am 3. August. **Palio Marinaro** am 15. August – ein Seeturnier in historischen Kostümen zur Erinnerung an den Angriff der Sarazenen auf Porto S. Stefano.

Markt **Wochenmarkt** jeden Dienstag auf dem Parkplatz direkt am Hafen, in der Nähe der Touristinformation. Piazzale Sant Andrea.

Mercato della Frutta e del Pesce, kleiner Markt von 8 bis 13 Uhr an der Via Scarabelli (unterhalb vom Hotel Da Alfiero): günstiges Obst, Gemüse, Blumen, Fisch und Käse.

Übernachten

**** **La Caletta,** schönes, familiäres Haus mit hellem Interieur, nach Renovierung strahlen die Zimmer in neuem Glanz, die Bäder sind mit Whirlpools ausgestattet. Strand und Restaurant. Schöne Terrasse bietet tolle Aussicht. Geschlossen Nov.–April. Am südlichen Ende der Mole, Via Civinini 6, ✆ 0564-812939, hotelcaletta.it. **€€€**

**** **Boutique Hotel Torre di Cala Piccola,** an der Westseite der Halbinsel; wenn man den Weg über die enge und kurvige Strada Panoramica erst mal geschafft hat (30 Min. ab dem Ort), ist man überwältigt von der einzigartigen Lage und der Atmosphäre. Zweifellos eines der besten Hotels: Luxus pur mit edler Ausstattung – natürlich hochpreisig! Panoramablick, Garten, Pool, eigener Felsstrand und alter Wehrturm. Für den Sonnenuntergang auf dem Argentario – die Insel Giglio ist zum Greifen nah – wohl der schönste Ort: schlichtweg ein Traum. Drei Locations für Frühstück, Mittag- und Abendessen und eine Außenbar auf feinstem englischem Rasen. Geöffnet April–Sept. Infos unter ✆ 0564-825111, torredicalapiccola.com. **€€€€**

Mein Tipp *** **Belvedere,** familiär, nett, sauber, an der SS 440, knapp vor der Ortseinfahrt; kleines, einladendes Haus in Hanglage, umgeben von Olivenbäumen, Pinien, Palmen. Betischte Terrasse, kleiner Park, nur 50 m zum Strand. 12 einfache DZ mit und ohne Balkon, alle mit Aircondition. Kein Restaurant, aber Bar. Geöffnet Ostern bis Mitte Okt. ✆ 0564-812634, belvedereargentario.it. **€€**

** **Alfiero,** über dem Hafen. Mutter und Tochter betreiben den teilweise renovierten Familienbetrieb. Freundlich-heller Eingangs- und Frühstücksbereich, herzliche Gastgeber. Die Zimmer haben Aircondition. Hotelgäste bekommen eine günstige Parkberechtigung für den Ort. Fahrradverleih für Gäste, neuerdings auch Bootsausflüge. Via Cuniberti 12, ✆ 0564-814067, hotelalfiero.com. **€€**

Mein Tipp **B & B Villa Flora,** eine Oase in Traumlage über dem Meer, mit Privatstrand. 5 gepflegte Zimmer mit Bad, das Frühstück mit frischen Produkten und selbstgemachten Köstlichkeiten, von süß bis herzhaft, ist ein Genuss, auf Wunsch Lunchpakete für den Strand. Airconditon, eigener Parkplatz. Loc. Punta Nera (ca. 1 km vor Porto S. Stefano, dem Hinweisschild folgend, rechts abbiegen, dann noch ca. 100 m). ✆ 0564-646210, ✆ 334-1979981 (Marco), villafloraargentario.com. **€€€**

Camping An der SS 1 Aurelia in Albinia gibt es direkt am Meer viele gut ausgestattete Plätze, z. B. den kleinen **Campo Reggio,** (campingcamporegio.it) oder den größeren **Il Gabbiano Village** im schattigen Pinienhain (ilgabbianocampingvillage.com).

Essen & Trinken

Rund um den Hafen gibt es jede Menge Fischrestaurants und Trattorien.

Trattoria da Corrado, mit kleiner Terrasse am Hauptplatz. In der offenen Küche kann man Corrado beim Zubereiten der einfachen, aber köstlichen Gerichte der Meeresküche zuschauen. Corso Umberto 1, ✆ 0564-813954.

Pizzeria/Trattoria Il Foro, hier essen nicht nur die Einheimischen ihre Pizza aus dem Holzofen. Mo Ruhetag. Via Banchina Toscana, ✆ 0564-814138.

Mein Tipp **Trattoria Il Moletto,** Antipasti mit Polpo, Garnelen, Auberginen-Sardellen-Mus ... Danach Pasta mit Meeresfrüchten und Fischrogen oder ein Steak vom Schwertfisch? Man speist im verglasten Raum oder außen an der kleinen Mole. Das mittlere bis höhere Preisniveau wird der Qualität gerecht. Via del Molo 52, ✆ 0564-813636.

Lo Sfizio, über eine einladende Treppe geht es in die kleine Trattoria/Pizzeria. Stefano ist bekannt für gute Meeresküche, dazu netter Service, süffiger Wein – und gute Preise! Mo Ruhetag. Lungomare dei Navigatori 26, ✆ 0564-812592.

Trattoria Al Ponte, voll mit italienischen Gästen, die sich Pici mit Venumuscheln, Fischrogen und ein zartes Filet vom nicht so grätigen Pfaffenfisch schmecken lassen. Von Pinien gesäumte hübsche Location mit Blick auf den Kanal; die Frische der Meeresspezialitäten ist garantiert (eigener Fang). Primi 14–18 €. Loc. Santa Liberata, ✆ 0564-810008.

Trattoria Dai Frati, wer Lust auf Fleisch und Wildgerichte in rustikal-charmantem Ambiente hat, sollte hier einkehren; hausgemachte Pasta. Hübsche Terrasse. Gleiche Besitzer wie „La Sorgente" mit viel Erfahrung in der Gastronomie. Mi Ruhetag. Via Panoramica 149. ✆ 0564-818193.

Osteria La Sorgente, außerhalb gelegene rustikale Waldschänke auf 280 m Höhe mit Selbstbedienung und Biergartenatmosphäre; im Sommer kühl und schattig unter alten Steineichen. Die am Tresen bestellte Hausmannskost genießt man zwanglos an Holztischen im Freien. Spezialitäten sind Fleisch und Wild. Verdauungsfördernd ist nach dem Essen der Kräuterschnaps „Argentarium", dem mit 40 % Alkohol 100 % Heilwirkung zugesagt wird (gemischt wird die „Medizin" auf der gegenüberliegenden Seite im **Convento dei Padri Passionisti;** einige Ordensbrüder leben noch hier und bilden Novizen aus). Geöffnet nur April bis Mitte Sept., Mi Ruhetag. Anfahrt: Noch vor dem Damm nach Orbetello rechts der Beschilderung „Convento dei Padri Passionisti" weit hoch ins Inselinnere folgen (kurvenreiche und schmale Strecke). Strada Provinciale 77, ✆ 0564-818770.

Gelateria Le Rose, hervorragendes Eis in der weißen Bude. Piazzale Candi 1 (an der Fährstation) und Via del Molo.

Bar Giulia, an der Hafenmeile, mit großer Terrasse, der Treff zur „Bella Figura". Reichhaltiges Buffet zum abendlichen Aperitif und gute Eisauswahl. Via del Molo 16.

Von der Maremma zum Monte Argentario → Karte S. 128/129

Porto Ercole

4000 Einwohner

Der zweite wichtige Ort der Halbinsel liegt an der Ostküste des Monte Argentario. Beidseitig eingefasst von spanischen Festungsanlagen, die einst die Bucht überwachten, wirkt das kleinere Porto Ercole noch idyllischer als Porto Santo Stefano.

Vom Hafen, in dem nicht wenige Nobeljachten dümpeln, führen steile Treppen hinauf zur südlichen Festung; dann geht es weiter auf schmalem Weg an den kleinen Gärten der Dorfbewohner vorbei zum Leuchtturm. Der Weg ist teilweise anstrengend, aber die tolle Aussicht versöhnt.

Beide Festungsanlagen sind heute von betuchten Mietern und Besitzern in Beschlag genommen. Wer hier keinen Wohnsitz hat, muss draußen bleiben. Es sei denn, man besorgt sich im Rathaus eine Besuchserlaubnis; wir haben darauf verzichtet und uns – nicht ohne Neid – mit dem Anblick des imposanten Mauerwerks begnügt. Die **Rocca** südlich von Porto Ercole, die älteste Festung der Spanier aus dem 15. Jh., kann derzeit nicht besichtigt werden.

▪ Derzeit geschlossen.

Die dritte spanische Festung, die **Fortezza Stella** – im 16. Jh. in Sternform errichtet – ist nur von der „Strada Panoramica" (Richtung „Hotel Pellicano") aus zu sehen.

Neben der **Kirche Sant'Erasmo** waren bis 2014 die sterblichen Überreste des berühmten Barockmalers *Caravaggio* beigesetzt, bis diese in ein eigens für den Meister geschaffenes Mausoleum auf den örtlichen Friedhof überführt wurden. Der geniale, aber auch gewalttätige Künstler war am 31. Juli 1610 am Strand von Feniglia bei Porto Ercole unter mysteriösen Umständen im Alter von 36 Jahren gestorben. Er befand sich auf der Rückreise nach Rom, das er vier Jahre zuvor fluchtartig hatte verlassen müssen, weil er einen Mann im Streit erschlagen hatte.

Baden: Das Infobüro hält eine Übersichtskarte der Strände bereit. Die schönen Buchten mit feinen Sand- und Kieselstränden rund um Porto Ercole – Le Viste, Spiaggia Lunga und L'Aqua Dolce – sind nur zu Fuß zu erreichen. Man fährt das erste Stück mit dem Auto (bzw. im Sommer mit dem kostenlosen Zubringerservice) auf der engen, kurvigen Strada Panoramica (SP 66) Richtung Hotel Pellicano, dann geht's zu Fuß weiter.

Anfahrt zu le Viste: Mit dem Auto ca. 1 km auf der SP 66 fahren, dann Auto abstellen und 10 Min. Fußweg.

Anfahrt zu Spiaggia Lunga: am längsten und am schwierigsten zu erreichen: auf der SP 66 bis Km 1,55 fahren; ab hier führt linker Hand ein steiler, stufiger Pfad dem Schild folgend in etwa 20 Min. zum Strand. Für den Rückweg Wasser mitnehmen!

Acqua Dolce ist etwas einfacher zu erreichen. Mit dem Auto fährt man auch hier von Porto Ercole auf der Strada panoramica (SP 66) in Richtung *Hotel Pellicano,* bis man ca. 200 m vor der Hotelanlage einen ausgeschilderten Parkplatz rechter Hand erreicht. Hier das Auto abstellen, zu Fuß weiter und dann wenige Meter vor dem Eingang des Pellicano den steinigen Pfad auf der linken Seite hinunter zum Strand gehen (10 Min.). Ein kühles Getränk oder ein Eis entschädigt für die Anstrengung (Bar vorhanden!).

> Die Pfade zu den Stränden sind mitunter steinig und unwegsam. Weite Teile wurden zum Glück gegen Stein- und Geröllsturz von oben gesichert.

Ein bequem zu erreichender, überaus schöner, langer Sandstrand befindet sich am **Tombolo di Feniglia** (→ S. 198). Die Straße bis zur Absperrung beim Camping Feniglia fahren.

Blick auf die Festung von Porto Ercole

Fahrradweg: Ein ca. 10 km langer Fahrradweg führt zum Feniglia-Strand (s. u.; Strecke von Porto Ercole bis zum Bahnhof Orbetello). Weitere Routen sind in Planung.

Information **Ufficio informazioni,** Juni–Sept. tgl. 9.30–12.30 und 17–20 Uhr, im Frühling und Herbst nur Sa 10–12.30/16–18.30 und So 10–12.30 Uhr. Piazza Strozzi 18, ✆ 0564-833507.

Einkaufen Coop, Via Caravaggio 11.

Feste Buntes **Piratenfest** am 1. Wochenende im Mai. **Palio und Meeresprozession** zu Ehren des Schutzpatrons Sant'Erasmo Anfang Juni.

Tauchen **Argentario Divers,** nach Aussagen Einheimischer die beste Tauchschule. Kurse in Englisch. Am Hafen; Lungomare Andrea Doria 103, ✆ 339-1376411, argentariodivers.com.

Übernachten ******* Il Pellicano,** etwas außerhalb von Porto Ercole an der Strada panoramica. Eines der luxuriösesten Hotels der Toskana in Traumlage am Meer, elegant ausgestattet, aber nicht pompös, mit dezentem Sinn für Stil und Ästhetik. Der Gast wohnt in einem der edlen Cottages auf dem weitläufigen Areal, auch Charlie Chaplin war schon hier! Die Geschichte des außergewöhnlichen Hauses reicht in die 1960er zurück. Ein Liebespaar des US-Jetsets entdeckte den Ort und gab ihm den Namen „Pelican Point". Danach entstand ein Hotel, das illustre Gäste anzog. Ein Wellness-Center ist selbstverständlich; in Ermangelung einer eigenen Bucht wurde für die Gäste eine Badeplattform gemauert. Die Felsküste bietet herrliches Wasser, das über Treppen und Aufzüge zu erreichen ist. Eines der beiden Restaurants trägt einen Michelin-Stern. Diverse Zimmerkategorien (auch Suiten), selbst in der Nachsaison zu astronomischen Preisen. Geschlossen in den Wintermonaten. Loc. Scarbatello, ✆ 0564-858111, pellicanohotel.com. **€€€€**

***** Bi Hotel,** an der Hafenpromenade, kleines Albergo mit angenehm kühler Ausstrahlung. Kleiner Wellnessbereich. Viel italienisches Publikum. 12 DZ mit und ohne Meerblick, jeweils mit AC. Lungomare A. Doria 30, ✆ 0564-833055, bi-hotel.it. **€€–€€€**

***** Hotel Conchiglia,** aus zwei Sternen wurden drei: nettes, familiär geführtes, frisch saniertes Haus, Via della Marina 4, ✆ 0564-641949. **€€**

Essen & Trinken **El Pirata,** historisches, grün umranktes Ristorante, einladende Terrasse, netter Wirt. Es gibt Pizza aus dem Holzofen und ein leckeres Vorspeisenbüfett. Lungomare Doria 24, ✆ 0564-831178.

Hosteria Alicina, kleines, beliebtes Restaurant, liebevoll zubereitete Fischgerichte und frische Zutaten, faire Preise. Im Sommer unbedingt vorbestellen! Via S. Sebastiano 54, ✆ 0564-832630.

meinTipp **Il Ristorantino,** gegenüber der Kirche; klein, hell und apart, es gefiel uns sofort. Pasta und Dolci hausgemacht, Spezialitäten sind Fischgerichte und Meeresfrüchte (Primo 15 €). Freundliches Personal. Via S. Paolo della Croce 6, ✆ 0564-835352.

La Grotta del Pescatore, Einheimische empfehlen die urige, familiär geführte Trattoria wegen der guten Fischküche und der fairen Preise. Via delle Fonti 9, ✆ 333-2149881.

El Merendero, Pizzeria-Selfservice, einfach, gut und preiswert – dazu unkompliziert und humorvoll! Plätze zum Draußensitzen. Mi Ruhetag. Via Caravaggio 61a.

meinTipp **Sandwich Club,** *die* Panini-Adresse. Der Andrang in dem Imbiss ist enorm. Brötchen und Focaccia, immer frisch mit verschiedenen Zutaten belegt, gehen weg wie die sprichwörtlichen Semmeln (Focaccia 2,50, Panino 3,50 €). Im Sommer tgl. 8.30–21, im Winter 8–20 Uhr, Mo/Di bis 16 Uhr. Via Caravaccio 50.

Caffè Antico Borgo Caffetteria, oberhalb des Hafens vor dem Eingangstor ins Dorf. Hier sitzt man nett und mit Panoramablick bei Panini und Aperitivi ... und das junge Team ist motiviert. Piazza Ricasoli 8, unterhalb vom Hotel Don Pedro.

meinTipp **Bar Centrale,** hier bequatschen die Einheimischen die Neuigkeiten des Tages bei einem Caffè oder Eis; keine große Auswahl beim Eis, aber das beste im ganzen Ort. Wir empfehlen ganz klar „Nocciola" (Haselnuss); ganzjährig geöffnet. Viale Caravaggio.

Bi Bar, die hübsche Bar mit Gelateria ist nun vom Bi Hotel (s. o.) getrennt, hier sitzt man schön auf der Terrasse und genießt die Aussicht. Lungomare A. Doria 30.

Von der Maremma zum Monte Argentario → Karte S. 128/129

Tombolo della Feniglia

Die östlichste der drei Verbindungen zwischen dem Festland und dem Monte Argentario ist eine schmale Sanddüne, die unter Naturschutz steht aber frei zugänglich ist. Von hier aus in Richtung Campingplatz die erste Weggabelung nach links in den unasphaltierten Weg in Richtung **Le Dune** abbiegen. Spätestens hier am Tor zur **Riserva Naturale Duna Feniglia** das Auto stehen lassen. Der Spaziergang auf dem federnden Boden durch die schöne, schattige Pineta ist eine Wohltat. Mit dem Fahrrad kann man die gesamte Nehrung bequem abfahren und zwischendurch an einem der zum Baden idealen Strände eine Pause einlegen. Am Ende der geteerten Straße gibt es touristische Einrichtungen, z. B. einen Campingplatz, zwei Restaurants und eine Strandbar; auch Katzenliebhaber kommen auf ihre Kosten ...

Camping **Feniglia,** von Porto Ercole aus am Ende der befahrbaren Straße zum Tombolo. Bescheidene Einrichtung, aber einladendes Plätzchen. Gleich hinter dem Pinienhain beginnt der Strand. Fahrradverleih, Bungalows, Restaurant. 142 überwiegend schattige Stellplätze. Erw. 7–16 €, Zelt/Wohnmobil 9–22 €. Geöffnet Anfang April bis Mitte Okt. ✆ 0564-831090, campingfeniglia.it.

Wohnmobil **Area sosta Le Miniere,** von Porto Ercole kommend gleich nach dem Abzweig zum Tombolo di Feniglia. Gepflegte Anlage mit ca. 120 Stellplätzen für Wohnmobile direkt an der Lagune. Elektrizität, Licht, Wasser und warme Dusche. Zu Fuß 10 Min. zum Feniglia-Strand. Wem das zu lange dauert, der steigt in den Pendelbus, den die Betreiber unterhalten. Geöffnet ab April. ✆ 334-1556285. Loc. Strada Provinciale.

Parkplatz da Renzo, neben Le Miniere: Camper-Service, Duschen, Stellplätze, Fahrradverleih. Auto 10 €/Tag, Wohnmobil 25 €/Tag. Geöffnet Ostern–Okt. ✆ 335-7123173.

Insel Giglio

1400 Einwohner

Isola del Giglio – die „Insel der Ziegen" – ist mit 21 km² nach Elba die zweitgrößte der insgesamt sieben Inseln des Toskanischen Archipels. Nach der Havarie der Costa Concordia im Jahr 2012 erlangte sie traurige Berühmtheit.

Auf den ersten Blick ist sie nur ein großer Granitfels im Meer, doch gedeihen hier über 700 verschiedene Pflanzenarten, darunter auch eine Handvoll endemische. Etwa die Hälfte der Insel ist unberührt und gehört zum Nationalpark, dem „Parco Nazionale Arcipelago Toscano", der überwiegend im Südwesten der Insel liegt (→ Elba). Nur 6 km sind es vom idyllischen Hafen **Giglio Porto** mit seinen bunten Häusern, wo die Fähren aus Porto S. Stefano ihre Ladung ausspucken, bis hinauf nach **Giglio Castello,** doch überwindet die Straße in engen Serpentinen über 400 Höhenmeter. Der Ort, prämiert als eines der schönsten mittelalterlichen Dörfer Italiens, ist von einem Labyrinth enger Gassen durchzogen. Die mächtigen Festungsmauern stammen noch aus pisanischer Zeit. Steil geht es von Castello hinab zum Touristenort **Campese,** der an einer schönen Bucht mit langgezogenem Sandstrand liegt – überragt von einem Rundturm der Medici aus dem 18. Jh.

Auf Giglio gibt es neben vielen Felsen und malerischen Buchten auch schöne familienfreundliche Sandstrände, alle sehr sauber und mit glasklarem Wasser. Der größte liegt in der **Bucht**

Zauberhaftes Giglio Porto

von Campese. Für viele sind die schönsten Strände jedoch **Arenella, Cannelle** und **Caldane** (Cannelle und Arenella sind mit dem Auto gut erreichbar, zum Caldane-Strand läuft man von Cannelle etwa 20 Min.). Außer im August, wenn die Insel aus den Nähten platzt, ist Giglio eine Oase der Ruhe, nicht zuletzt, weil sich wegen der begrenzten Kapazitäten kein Massentourismus entwickeln kann. Und weil Giglio ein Juwel der Natur und ein Paradies für Taucher und Schnorchler ist, haben sich in Campese und Porto einige Tauchschulen angesiedelt (→ Basis-Infos).

Ins Blickfeld der Öffentlichkeit rückte Giglio, als das Kreuzfahrtschiff **„Costa Concordia"** am 13. Januar 2012 vor dem Hafen von Giglio auf Grund lief. Im September 2013, 17 Monate später, gelang es, den Koloss in einer in der Geschichte einzigartigen Aktion wieder aufzurichten, am 23. Juli 2014 glückte schließlich der Abtransport nach Genua – eine Meisterleistung der Schiffsingenieure!

Basis-Infos

Information **Pro Loco/Infopark,** Via Provinciale 9, in Giglio Porto. Neben allerlei Infos Buchungen der Ausflüge nach Giannutri, Fahrpläne für Busse und Fähren, Wanderkarten und mehr. Ostern bis Okt. tgl. 9–13 und 14–18 Uhr, ✆ 0564-809400, visitgiglioisland.com.

Hin und weg In Giglio Porto gibt es **Wassertaxis,** die die entlegenen Strände (z. B. Caldane Strand) anlaufen (hin/zurück je ca. 15 €, 2-stündige Inselrundfahrt 30 €), z. B. mit **Taxiboat** (Alberto ✆ 335 5616623). Darüber hinaus kann man auf **Taxis** (z. B. Adriano, ✆ 330-731424, oder Antonio, ✆ 347-1941888 (zum Campese-Strand ca. 20 €), sowie auf den Inselbus zurückgreifen, der zwischen den drei Inselorten pendelt (in der Hochsaison alle 20–40 Min., einfach 2 €).

Fähren Zwei Reedereien verkehren zwischen Porto S. Stefano und Giglio Porto. In der Hochsaison tgl. bis zu 12-mal hin und zurück. Man sollte sich überlegen, ob man das Auto mitnehmen will – besonders im Juli und August mangelt es an Parkplätzen, und die Busverbindungen sind gut. Wer dennoch in der Hochsaison mit dem Auto übersetzen will, sollte reservieren. **Toremar** am Hafen in Porto S. Stefano,

✆ 0564-810803; **Toremar Isola del Giglio,** ✆ 0564-809309, toremar.it; **Maregiglio,** ebenfalls am Hafen von Porto S. Stefano, ✆ 0564-812920; **Insel Giglio,** ✆ 0564-809309, maregiglio.it. 1-stündige Überfahrt je nach Saison ab 15 €, Auto (bis 4,5 m) ca. 50 €.

Arzt **Guardia Medica,** neben Pro-Loco-Büro, Via Provinciale 45, ✆ 0564-450053 (Inselärztin ✆ 335-1839854). In Giglio Campese, Juni bis Mitte Sept., am Strand neben der Trattoria „Zio Meino".

Ausflüge **Maregiglio** organisiert im Sommer donnerstags Ausflüge nach Giannutri mit zertifizierten Wanderführern des Parks (ca. 30 €/Pers.). Abfahrt ca. 10.30 Uhr, in Giannutri 16 Uhr. Überfahrt 70 Min. Infos unter ✆ 0564-809309 (Maregiglio) und ✆ 0565-908231 (Parco Nazionale). Buchen kann man im Proloco/Infopark Isola del Giglio, ✆ 0564-809400 (→ *Giannutri*).

Boots-/Zweiradverleih Z. B. gegenüber der Apotheke: **Andrea Ansaldo,** ✆ 333-4135507, Via Provinciale. **Giragiglio,** Roller ca. 50 €/10 Std. Via Thaon de Revel 1, ✆ 393-2020993.

MeinTipp **Einkaufen** **La Scabbica** (das ist eine traditionelle Fischereitechnik) bietet große Vielfalt an handgemachten Baumwoll- und Segeltuchtaschen. Via Thaon de Revel 5.

Medici-Turm am Caprese-Strand

Feste **Palio Marinaio,** Festa San Lorenzo am 10. August in Giglio Porto: ein Wettbewerb mit Ruderbooten, bei dem die drei Viertel Rione Saraceno, Rione Chiesa und Rione Moletto gegeneinander antreten. Abends großes Fest mit Feuerwerk.

Palio dei somari, Festa San Mamiliano am 15. September in Giglio Castello: Mit einer Prozession und Tänzen wird an das 2000 Mann starke nordafrikanische Seeräuberheer erinnert, das 1799 Giglio überfallen wollte. Als man den als Reliquie verehrten Arm des heiligen Mamiliano den Angreifern entgegentrug, kam Wind auf und trieb die „Turchi" zurück ins Meer. Noch heute sind in der Kirche von Castello die erbeuteten Waffen der Piraten zu sehen. Eine weitere Prozession zu Ehren des Inselpatrons findet am 18. November statt.

Festa di San Rocco, am 16. August, also ein Tag nach Ferragosto, geht das Fest gleich weiter; Campese feiert seinen Schutzpatron!

Cantine aperte, kulinarisches Fest am letzten September-Wochenende in Giglio Castello. An drei Abenden zieht man von Keller zu Keller; man isst einen Gang, streift weiter zur nächsten Cantina, wo der nächste Gang wartet. Getrunken wird der typische Gigliowein *Ansonaca*, ein sehr trockener, alkoholstarker Weißwein. Ein Riesenbüffet von Kuchen und Torten in der Rocca bildet den grandiosen Abschluss der Schlemmerei – dulcis in fundo! Die „Cantinate" sind auch außerhalb der Insel sehr beliebt und ziehen viele Besucher an.

Jacht Nur wenige freie Liegeplätze für Gastjachten, Segel- und Motorboote; wer im Hafen von Giglio anlegen will, muss sich bei den Ormeggiatori anmelden: Stefano Orlandini, ✆ 338-8191555.

Kunsthandwerk Unterhalb des Hotels Saraceno: Argentino, Kapitän und Ex-Skipper von Pirelli, zeigt seine filligranen Schiffsmodelle aus Holz – ein liebenswerter Seebär und einer der letzten Meister seines Handwerks. Im Hochsommer tgl. 10–12.30 und 21.30–23.30 Uhr.

Tauchschulen Mehrere in **Porto,** in **Campese** erfahrene und umweltbewusste deutsche Tauchschule von Reiner Krumbach, Ausbildung nach Barakuda. Kurse auf allen Niveaus, „Schnuppertauchen" ab 50 €, auch Unterkunftvermittlung. Ganzjährig geöffnet. Campese Diving Center, Via di Mezzo Franco 14, Campese, cdc-giglio.de.

Enge Kooperation mit dem **Institut für Meeresbiologie** (Flensburg, 0049-461-4902160): meeresbiologische Kurse, Biologen tauchen mit. Artenschutz unter Wasser und Umweltbewusstsein stehen ganz oben.

Wandern Wanderwege führen in den menschenleeren Südwesten der Insel (Nationalpark) und zum Nordkap mit Leuchtturm. Insgesamt gibt es mehr als 30 markierte Routen – von kurzen bis langen, einfachen bis schwierigen Strecken mit herrlichen Ausblicken. Karten im Pro Loco-Büro. Geführte Touren bietet die authorisierte Führerin der Insel, Marina Aldi, in Englisch an; Via Roma 35, 0564-806096, 328-0244996, islepark. it und parcoarcipelago.info.

Übernachten

Ferienhaus/Wohnung Brandagli, Vermietung von Ferienhäusern und Wohnungen; die österreichische Gründerin und ihre Tochter sprechen Deutsch. Giglio Porto, Via Thaon de Revel 21, 0564-809245, brandaglia.com.

Ohne frühzeitige Buchung hat man auf Giglio in der Hochsaison keine Chance auf eine Unterkunft – und teuer ist es überall!

In Giglio Porto ***** Castello Monticello,** schönes, teures und komfortables Haus mit 26 Zimmern, hoteleigener Tennisplatz, Bocciabahn. Restaurant mit Fischspezialitäten, nette Terrasse. 1,5 km oberhalb von Giglio Porto (Straße nach Castello) an der Abzweigung zum 1,5 km entfernten Arenella-Strand. Transfer zu den Stränden Arenella und Cannelle sowie nach Porto im Zimmerpreis enthalten. Außerhalb der Saison Spezialangebote. Geöffnet April bis Ende Okt. Via Provinciale, 0564-809252, hotelcastellomonticello.com. **€€€€**

**** Hotel Bahamas,** freundliches, schlichtes 27-Zimmer-Haus oberhalb des Hafens. Großer Parkplatz, kleine Terrasse. Geöffnet April–Okt. Via C. Oreglia 22, 0564-809254, 393-9892289, albergoisoladelgiglio.com. **€€**

MeinTipp ***** Il Saraceno,** direkt am Meer hinter dem Hafen, eines der schönsten Hotels auf der Insel, terrassenförmig in den Fels gebaut. 44 komfortable Zimmer mit allen Extras, einige mit Balkon – angesichts des Preisniveaus auf Giglio gutes Preis-Leistungs-Verhältnis. DZ mit und ohne Meerblick, die mit Meerblick kosten mehr. In der Hochsaison HP möglich. Geöffnet Ostern bis Okt. Auch Restaurant. Via del Saraceno 69, 0564-809006, saracenohotel.it. **€€**

MeinTipp **B & B La Rosada,** ganzjährig (!) geöffnetes Gästehaus mit 6 unterschiedlich großen Zimmer, 3 mit Terrasse und Blick auf Porto; die Camere sind nach den Winden benannt, inseltypisches Dekor, meeresblaue Türkistöne – „Libeccio" (Südwestwind) mit großem Bad, „Tramontana" (Nordwind) mit modernem Bett. Das reiche Frühstück mit Selbstgemachtem genießt man auf der Terrasse; der Blick streift über die Dächer bis zur Fähre, die am roten Leuchtturm in den Hafen gleitet. Man hat das gute Gefühl, am richtigen Ort zu sein. Via dell'Asilo 42, 0564-809079, 349-4319563. **€€**

In Castello Es gibt kein Hotel, aber einige Übernachtungsmöglichkeiten, zwei liegen nebeneinander oberhalb der modernen Piazza Gloriosa:

B & B Airone, 6 einfache Zimmer, einige mit Meerblick, im Sommer nur wochenweise. Via Santa Maria 12, 348-3538085, isoladelgiglio.org. **€**

Affittacamere Landini, DZ mit Bad und auch mit vista mare (sowie Apartments in Campese, 0564-804135). Piazza Gloriosa, 0564-806074, affittacamereisoladelgiglio.it. **€**

In Campese **B & B Casa Giovanna,** jung, engagiert und polyglott ist der nette Betreiber

Nettes Haus in Giglio Campese

Filippo. 4 moderne, funktional-hübsche Camere mit künstlerischem Touch. Wunderbares, tgl. wechselndes Gourmetfrühstück, phantasievoll und appetitlich präsentiert, viele Zutaten aus eigenem Garten. Filippo hat von seiner Zeit als Koch in Australien viele Anregungen mitgebracht, nicht nur kulinarisch setzt er auf seiner Heimatinsel neue Impulse. Der Preis stimmt auch, nur der Meerblick fehlt! Via Provinciale 18, ✆ 347-6408003. **€€**

**** Da Giovanni**, am Strand, familiär, vom Frühstücksraum im 1. Stock toller Blick aufs Meer. Eher kleine Zimmer (nur drei mit Meerblick, teils kleiner Terrasse), aber hübsch. Freundlicher Empfang. Via di Mezzo Franco 10, ✆ 0564-804010, albergodagiovanni.com. **€€**

MeinTipp **B & B Poste di Simplicio,** gleich daneben, ein Plätzchen zum Verlieben, tolle Gemeinschaftsterrasse, 6 Zimmer mit eigenem Eingang, Frühstücksterrasse und AC. Die traumhaften Sonnenuntergänge über der Campese-Bucht bleiben im Gedächtnis. Via di Mezzo Franco 12, ✆ 347-1744809, lepostedisimplicio.it. **€€€**

MeinTipp Camping **Baia del Sole,** an der Straße kurz vor Campese. Der einzige Platz der Insel, schön über dem Meer, im Hochsommer schnell belegt: nur 45 Plätze. Terrassenförmig angelegt und ausreichend Schatten. Eigener Felsstrand, Mini-Market, Snack-Bar, neue Sanitäranlagen, Restaurant mit guter Küche und herrlicher Terrasse (auch für externe Gäste). ✆ 0564-809019. Man kann auch Holz- und Steinbungalows mieten (57–72 €/Tag, im Sommer nur wochenweise). Camping 9,50–13 €/ Pers., kleines Zelt 8–10,50 €, großer Stellplatz 19,50–25 €. Hundeverbot im Aug. Geöffnet Mai bis Anfang Okt. Loc. Sparavieri ✆ 0564-804036, ✆ 346-7490650, campeggiobaiadelsole.com.

Essen & Trinken

In Giglio Porto Einige hochwertige, im Hochsommer stets volle Restaurants am Hafen, abends wird turnusmäßig zweimal serviert; wer für 19.30 Uhr vorbestellt hat, muss um 21 Uhr den Platz für die nächsten freimachen. Rechtzeitiges Reservieren nötig! Preisniveau ist durchgängig hoch, die Qualität sehr gut.

Handgemachte Pasta aus Hanf in Giglio Campese

La Vecchia Pergola, allseits geschätzt, hier gibt's ausgezeichneten frisch gefangenen Fisch und gekonnt zubereitete Krustentiere; empfehlenswert auch die Restaurants **Doria** und **La Margherita** (quasi nebeneinander am Hafen).

MeinTipp **La Grotta del Pescatore,** für die „Fischergrotte" holte der Besitzer die Köstlichkeiten eigenhändig aus dem Meer und bereitet diese gekonnt nach Inselart zu. Köstliche Primi (z. B. Spaghetti frutti di mare) sowie Vorspeisen mit Meeresfrüchten. Netter Service. Man sitzt romantisch und eng im Kellergewölbe oder draußen. Via Thaon de Revel 11, ✆ 0586-809409.

MeinTipp **Gelateria di Nilo,** das beste Eis auf der Insel! Etwas versteckt am Hafen, in der Via Diaz.

In Castello **Ristorante Da Santi,** kein Zweifel: eines der besten und schicksten Restaurants der Insel, phantastische Lage mit spektakulären Ausblicken bis zur Insel Montecristo, hervorragende Küche mit garantiert frischem Fisch und Meeresspezialitäten, die ihren

Nationalpark Toskanischer Archipel

Der 1996 gegründete „Parco Nazionale Arcipelago Toscano" umfasst alle sieben größeren Inseln des Archipels. Zu seinen etwa 17.900 ha Landesfläche (und 61.500 ha Meeresfläche) gehören etwa 50 % des Inselterritoriums von Elba (v. a. der Inselwesten, der Nordosten zwischen Rio nell'Elba und Cavo sowie der südliche Bereich der Halbinsel Calamita), 80 % der Insel Capraia und rund 40 % von Giglio. Montecristo, Giannutri, Pianosa und Gorgona stehen komplett unter Naturschutz, wobei Montecristo und Giannutri in die strengen Schutzzonen A und B fallen. Für Elba und Giglio gelten die moderateren Zonen C und D, die im Interesse ihrer Bewohner landwirtschaftliche und bauliche Tätigkeiten zulassen.

▪ **Info-Büro Parco Nazionale in Portoferraio (Elba):** tgl. 9–19 Uhr, Nov.–März 9–15 Uhr (So bis 13 Uhr). Calata Italia 4 (Ecke Viale Elba), ✆ 0565-908231, islepark.it, parcoarcipelago.info.

Preis haben – Fabrizio führt die bewährte Linie des verstorbenen Chefs Santi fort. Via Santa Maria, ✆ 327-8799982.

Da Maria, eines der ältesten Restaurants der Insel, hat in den letzten Jahren etwas an Beliebtheit verloren, aber immer noch empfehlenswert. Hausgemachte Pasta und Fischspezialitäten, große Portionen. Via Casamatta 12, ✆ 0564-806062.

In Campese **Trattoria Zio Meino,** Familienbetrieb direkt am Strand; regionaltypische Küche, auch gut für den Aperitif. Piazza Mezzo Franco, ✆ 0564-1836231.

meinTipp **Pizzeria Capitan Beppino,** herzlich und unkompliziert. „Lo sfilatino del Giglio", eine Art Calzone (nur länger und dünner), gefüllt mit Schinken, Käse, Mozzarella und Cocktailtomaten, ist *die* Spezialität; zudem klassische Pizza, gute Biere und hausgemachte Dolci. Via Provinciale Campese, ✆ 371-1857470, ✆ 340-8774857.

La Miniera, allumfassendes Speis-und-Trank-Angebot am westlichsten Rand des Campese-Strandes; vom morgendlichen Cappuccino bis „after cena" spät in die Nacht. Eis, Dolci, Aperitivi, Antipasti (Crostino mit Polpo sollte man probieren!), Primi, Secondi, Pizzen … Via Mezzo di Franco 34, ✆ 0564-183699.

meinTipp **Tukul Beach Bar,** die schönste und sonnenverwöhnteste Terrasse der Insel, gut besucht, musikbeschallt und direkt am Strand. Nirgendwo ist der Sonnenuntergang so romantisch und spritzig wie hier – zum Aperol werden Oliven, Mini-Mozzarella und Focaccia-Häppchen gereicht. Dolce Vita kann so schön sein! Via di Mezzo Franco 2.

Sonnenuntergang in Giglio Campese

Von der Maremma zum Monte Argentario → Karte S. 128/129

Naturschutz auf Montecristo: Baden strengstens verboten!

Inseln Montecristo und Giannutri

Die beiden Inselchen gehören wie Elba und Giglio zum Toskanischen Archipel, einer der Maremma vorgelagerten Inselgruppe.

Montecristo: Die kleinste und wegen ihrer Gebirgsformation sicher ungewöhnlichste toskanische Insel verdankt ihre Berühmtheit der Literatur. *Alexandre Dumas* (der Ältere), so heißt es, sei zu seinem Roman „Der Graf von Montecristo“ durch einen in Livorno lebenden französischen Kaufmann angeregt worden. Dieser hatte Dumas von dem geheimnisvollen Felsbrocken 29 Meilen westlich von Giglio erzählt und ihm so einen idealen Schauplatz für seine Phantasien geliefert. Auf dem von Meer und Sonne zerfurchten Granitfelsen hatten sich Eremiten und Piraten getummelt, bis 1889 mit *Marchese Carlo Ginori* ein echter Graf die Insel mietete. Ginori war ein Exzentriker: Er fuhr das erste Auto in Italien, umsegelte mit seiner Jacht die Welt und schenkte Montecristo schließlich König Vittorio Emmanuele III., nachdem sich dieser bei einem Jagdausflug in die Insel verliebt hatte.

Seine Unwirtlichkeit hat Montecristo bis heute vor Besiedlung und Tourismus bewahrt. Seit 1971 ist das Eiland Naturschutzreservat und gehört seit 1996 – im Gegensatz zu den anderen Inseln – vollständig zum Nationalpark **Parco Nazionale dell'Arcipelago Toscano.** Es ist verboten, die Insel zu betreten (Ausnahme → Auskünfte); Boote dürfen sich nur auf höchstens 1000 m nähern, andernfalls riskieren sie ein Bußgeld, das schnell in die Tausende gehen kann. Einzig der Leuchtturmwächter und seine Frau wohnen auf der Insel und wachen über den Frieden der Natur.

▪ Inselbesuch: Alljährlich werden Tagesausflüge nach Voranmeldung organisiert, mit Überfahrt und Führung 130 €/Pers. Die Anzahl der Plätze ist begrenzt, leider kaum Führungen auf Deutsch. Auskünfte beim Parco Nazionale dell'Arcipelago Toscana, 57037 Portoferraio (LI), Elba, ✆ 0565-908231, islepark.it und prenotazioni.islepark.it.

Giannutri: Auch dieses Eiland hat eine Besonderheit – als einzige der toskanischen Eilande ist sie in Privatbesitz. Für die halbmondförmigen 2,6 km² im Tyrrhenischen Meer war dies ein Glücksfall, denn nur einige Villen, ein paar Häuschen und eine Bar liegen in der Macchia versteckt. Bis jetzt blieb die Insel vom Tourismus fast ganz verschont.

Im 2. Jh. n. Chr. errichteten reiche römische Familien auf der damals „Dianum" genannten Insel eine Sommerresidenz. Überreste bei **Cala Maestra** (Villa, Wohnungen der Diener, Thermen und Lagerhaus) wurden vor einigen Jahren freigelegt. Die Villa ist nur für geführte Besichtigungen zugänglich (Erw. 8 €, unter 11 J. und über 65 J. frei). ✆ 0565-908231 und Infopark Isola del Giglio, ✆ 0564-809400, info@parcoarcipelago.info.

▪ Die Schiffe der Fährgesellschaft Maregiglio (→ Isola del Giglio/Fähren) nehmen im Sommer von Porto S. Stefano (Mi und Sa) und von Giglio Porto (Do) zu Ausflugsfahrten Kurs auf Giannutri (→ Isola del Giglio/Ausflüge).

Orbetello

7000 Einwohner

Das lebendige Städtchen auf dem mittleren der drei schmalen Landstreifen, die den Monte Argentario mit dem Festland verbinden. war schon im 8. Jh. v. Chr. von den Etruskern besiedelt. Wegen des Fischreichtums und der Salzgewinnung war Orbetello auch für die Römer und Sieneser interessant.

Mitte des 16. Jh. wurde der Ort von den Spaniern zum Flottenstützpunkt ausgebaut. Aus dieser Zeit stammt auch die Stadtmauer mit ihren drei Torbauten, durch die man bis heute in den Ort gelangt, sowie der **Palazzo di Spagna,** der mit seinem wuchtigen Glockenturm die Piazza di Due Mondi (ehem. Piazza Garibaldi) ziert. Erst 1824 wurde der kurze Verbindungsdamm zum Monte Argentario erbaut. An der Stelle, wo er Orbetello verlässt, stehen noch die Reste der alten etruskischen Hafenmauer aus dem 4. Jh. v. Chr., die aus mächtigen Steinquadern errichtet wurde.

Geschichtsträchtig zeigt sich die Piazza IV Novembre. An der Fassade des östlichen Gebäudekomplexes prangt die verblichene Aufschrift *Aeroporto*. Kurz hinter der Tordurchfahrt endet unser Erkundungsgang an einem unüberwindlichen Zaun. Von dem Militärflugplatz, der an die Laguna di Orbetello angrenzt, startete 1933 *Italo Balbo* mit seinem Wasserflugzeug zum ersten Transatlantikflug zur gerade stattfindenden Weltausstellung in Chicago.

Die 2000 Hektar große Lagune von Orbetello wird heute von einer Fischer-Kooperative bewirtschaftet, hauptsächlich Goldbrassen und Seebarsch werden durch Reusenfischerei abgefischt. Bis in die 1990er flossen die Abwässer ungeklärt in die Lagune und ließen eine bis zu 1 m dicke Schlickschicht zurück, die bis heute für ein übermäßiges Wachstum von Wasserpflanzen und Algen sorgt. Neben der Fischereigenossenschaft sind die Gerätschaften zu sehen, die die Grünmassen regelmäßig „abernten".

Dom: Das dreischiffige Gotteshaus wurde 1376 auf den Grundmauern einer älteren Kirche errichtet. Noch früher stand an dieser Stelle vermutlich ein römischer Tempel. Das eindrucksvolle gotische Portal und die kunstvolle Fensterrosette mit zehn „Blütenblättern" prägen die Fassade. Im Inneren befindet sich die Kapelle des Schutzpatrons der Stadt, des Heiligen Biagio. Einen Blick wert sind auch die modernen Fresken aus dem Jahre 1996.

Dom von Orbetello

Riserva naturale ed Oasi della Laguna di Orbetello: Der Naturpark des WWF ist von September bis Mai jeweils Sa/So und an Feiertagen geöffnet von 9.30 bis 13.30 Uhr (Eintritt 6 €). Auskunft unter ✆ 0564-898829, ✆ 338-4231098, ✆ 320-8223972, wwf.it/oasi.

▪ Geführte Besichtigung (ca. 2½ Std.) im Juli/Aug. am Di und Sa um 17.30 Uhr; Eintritt mit Führung 10 €. Wer an einer Führung in Deutsch interessiert ist, das Team, vorzugsweise Alessandra, unter obiger Nummer kontaktieren. Unbedingt vorbestellen!

Information Touristbüro, ganzjährig Mitte Juni bis Mitte Sept. tgl. 9.30–13.30/17–21 Uhr, 2. Sept.-Hälfte bis 1. Juni Hälfte tgl. 10–12 und 16–18 Uhr. Veranstaltungskalender. Piazza della Repubblica 1, gegenüber dem Dom. ✆ 0564-860447, orbetelloturismo.it.

Hin und weg Bahn: Der Bahnhof Orbetello Argentario liegt weit außerhalb, mit dem Bus von *Autolinee Toscane* geht's in die Stadt: direkter Anschluss ins Zentrum.

Einkaufen Simply-Supermarkt in der Via Gramsci 10, **Conad City** an der Piazza della Repubblica.

meinTipp **Coop,** außerhalb; großer, gut sortierter Supermarkt mit Bio-Ecke in Richtung Aurelia-Straße SS 1, Via Paolo Borsellino.

La Casareccia, zum Mitnehmen hausgemachte Tortelli, Ravioli, Lasagne und Kuchen. Via Lenzi 40, ✆ 0564-867001.

Fahrrad Girobike, Verleih von Kinder-, City-, Mountain- und E-Bikes, auch Reparatur und Radausflüge. Signor Mauro ist nett und kompetent. Via Dante 7, ✆ 0564-865717, ✆ 342-3234564; girobike.net.

Feste Im Mai ein Fest zu Ehren des Stadtpatrons San Biagio.

Markt Samstagvormittag an der Via Lungo Lago Buozzi.

Übernachten Nur wenige Möglichkeiten, dagegen großes Angebot an Campingplätzen nördlich der Lagune (→ Talamone).

****** Sanbiagio,** nach dem Stadtpatron Orbetellos benannt; das Stadthaus einer Adelsfamilie aus dem 19. Jh. wurde in ein vornehmes Hotel mit spanisch anmutendem Patio umgebaut. Teils modern, teils mit schönen Deko-Stoffen und originalem Interieur nobel und gediegen eingerichtet. 41 komfortable Zimmer, freundlicher Empfang, Alessandra spricht Deutsch. Ab Ostern geöffnet. Via Dante 40, ✆ 0564-860543, sanbiagiorelais.com. **€€€**

**** Verdeluna,** einfache Pension in Nebengasse, nur ein paar Schritte zum Corso Italia. 9 DZ mit Bad und Klimaanlage, aber ohne Frühstück. Freundliche Betreiber. Geöffnet April–Okt. Via Banti 1, ✆ 0564-867451, albergoverdeluna.tk. **€**

Essen & Trinken Ristorante/Pizzeria La Bersagliera, einfach mit Veranda. Fleisch- und Fischgerichte, saisonales Gemüse, Holzofenpizza; hier kocht Mamma selbst – die Preise passen. Mi Ruhetag. Via Roma 22, ✆ 0564-867319.

Trattoria/Pizzeria La Taverna, Tonis Pizza kommt natürlich aus dem Holzofen. Diverse Suppen (Gemüse- oder Dinkelsuppe, auch mit Zutaten aus Bioanbau) sowie die Fischgerichte sind die Pizza-Alternativen. Netter Service. Di Ruhetag. Via Roma 48, ✆ 0564-867969.

Cooperativa I Pescatori, östlich der Altstadt, durch den Torbogen, dann scharf links. Die Adresse für frischen Fisch (Aal, Wolfsbarsch, Goldbrasse), der von den Fischern in der Lagune gefangen und später mit Lokalkolorit im Selfservice serviert wird. Lautstark werden die Abholnummern der Bestellungen ausgerufen – und auch, wie viele Minuten es noch bis Sonnenuntergang sind. Immer noch eine Institution mit guten Portionen, ein bisschen Spektakel muss schließlich sein! Geöffnet erst ab 19.30 Uhr, im Sommer täglich, im Winter nur Fr/Sa/So. mittags. Via Leopardi 9, ✆ 0564-860611.

Ristorante Il Cavaliere, die Fischalternative in Bahnhofsnähe; auf den ersten Blick unscheinbar, doch die gute Auswahl lokaler Spezialitäten überzeugt. Am besten mit den Fisch-Antipasti beginnen. Mi Ruhetag. Via Pantini 3, ✆ 0564-864342.

La Stazioncina, atmosphärisch schöne Location; innen genießt man die raffinierte Gourmetküche unter eindrucksvollem Holzgebälk, durch das Bullauge blickt man in das lauschige Gärtchen nach hinten; hier, neben der Stadtmauer, ist es im Sommer kühl und nett allemal, wenn auch nur auf einen Vorspeisenteller und ein Glas Roten. Via Lungolago dei Pescatori 2, ✆ 0564-648036.

Von der Maremma zum Monte Argentario → Karte S. 128/129

Ansedonia

100 Einwohner

Der südlichste Badeort der Maremma ist ein Treffpunkt der römischen VIPs und eher eine Ansammlung feiner Villen, die sich versteckt hinter Gartenmauern auf einem Hochplateau der felsigen Halbinsel verteilen. Ein Ortszentrum ist nicht auszumachen.

Ansedonia liegt über der 273 v. Chr. von den Römern gegründeten Stadt *Cosa*, die im frühen Mittelalter von den Franken erobert und den Benediktinern als Lehen übergeben wurde. Ende des 10. Jh. folgten die Sarazenen und 1330 die Sieneser, die Cosa zerstörten. Die Reste der römischen Kolonie sind im oberen Ortsteil zu besichtigen (→ **Museo Nazionale di Cosa**).

Am Strand von Ansedonia befindet sich hinter dem mittelalterlichen Puccini-Turm (der Komponist lebte hier für kurze Zeit) der einstige Hafen Cosas und die **Tagliata Etrusca,** ein Meisterwerk etruskischer Ingenieurskunst: ein in den Felsen geschlagener Kanal, der die Wasserzufuhr und -rückfuhr regeln sollte, um das Hafenbecken vor dem Versanden zu schützen. Über einen kleinen Steg des parallel zum Meer ver-

Reste einer römischen Kolonie

laufenden Kanals kommt man zum Eingang einer engen und tiefen Felsschlucht. Der **Spacco della Regina** ist eine teils natürliche, teils von Menschenhand erweiterte Felsspalte von 260 m Länge, deren Funktion weitgehend ungeklärt ist. Der Legende nach soll die Spalte von den Etruskern in den Fels gehauen worden sein, um ihrer Königin einen freien Blick aufs Meer zu sichern, damit sie vor Feinden rechtzeitig fliehen konnte ...

Museo Acheologico Nazionale di Cosa: Das Museum knapp oberhalb von Ansedonia zeigt Funde aus Cosa und eine Dokumentation über die Grabungen. Sehr interessant ist ein Spaziergang im uralten Olivenhain hinter dem Museum, bei dem beeindruckende Reste der römischen Siedlung zu sehen sind: Festungsmauern aus riesigen, fugenlos aufeinander gesetzten Kalksteinblöcken, die Porta Romana und Porta Fiorentina, das Forum, Thermen, zwei Villen, Domus Diana und Domus dello Scheletro sowie verschiedene Wohnhäuser. Der Naturpfad zur ehemaligen Akropolis mit einem Capitolinischen Tempel ist von Mastixsträuchern, Myrthen, knorrigen Olivenbäumen und Steinlinden gesäumt.

▪ April–Okt. Sa/So 9.45–18 Uhr, Nov.–März unklare Zeiten. Eintritt 2 €, ✆ 0564-881421.

Baden: Der Strand an der kleinen Bucht an der Tagliata Etrusca (leider fehlen Hinweisschilder am Strand) ist frei, seicht und flach, gegen Gebühr bekommt man an der Imbissbude sogar eine Liege. Weitere freie, flache Sandstrände findet man links und rechts des Puccini-Turms.

Lago di Burano (Riserva Naturale del Lago di Burano): Der Burano-See ist Teil eines großen, mit dem Meer verbundenen Sumpfgebiets und steht als Naturschutzgebiet unter der Obhut des WWF. Er ist eines der letzten Refugien der Maremma, das Wasservögeln einen Lebensraum bietet. Das Centro Visite liegt ein paar hundert Meter südlich der Stazione di Capalbio.

▪ Führungen nur 1. Sept. bis 1. Mai jeweils So um 10 und 14.30 Uhr; vorher anrufen empfiehlt sich, im Juli/Aug. ohnehin nur nach Anmeldung am Mo, Mi und Sa. Eintritt 10 €, 6–14 J. 8 €, WWF-Mitglieder 4 €. Anfahrt über die Via Aurelia in Richtung Süden: Ausfahrt Marina di Capalbio bei Km 133. In Richtung Norden: Ausfahrt Capalbio Scala bei Km 131. Eingang an der Strada Provinciale del Chiarone 35. ✆ 0564-898829, ✆ 320-8223972, wwf. it.

Capalbio

ca. 4300 Einwohner

Eine wohlerhaltene Mauer umgibt das mittelalterliche Städtchen, das am südlichsten an der Grenze zu Latium liegt. Die Mauer ist größtenteils begehbar und gibt auf die Umgebung schöne Blicke frei.

Wer Capalbio aus der Adlerperspektive sehen möchte, besteigt den Turm des **Castello dei Collacchioni,** das den Ort überragt und mehrmals den Komponisten Giacomo Puccini beherbergte. Das Castello selbst bietet nur ein paar spartanisch eingerichtete Räume. Turmbesteigung (118 Stufen) nur bei schönem Wetter (zusammen mit Castello 2 €/Pers., Kind unter 12 J. frei).

Viele betuchte Römer haben das hübsche Städtchen entdeckt, sich eines der alten Häuser gekauft und es zum Feriendomizil umgebaut. Capalbio wurde in den letzten Jahren zum „Wohnzimmer“ römischer Intellektueller und linker Politprominenz, die sich besonders in den Sommermonaten hier tummelt. Außerhalb der Stadtmauern machen Immobilienhändler ihr Geschäft im großen Stil. Capalbio ist dennoch ein beschaulicher, ruhiger Ort geblieben. Dies war nicht immer so. Im 19. Jh. war hier *Domenico Tiburzi* aktiv, eine Art Robin Hood der Maremma, dessen Konterfei in jeder anständigen Wirtschaft im Ort die Wand schmückt (→ „Der Robin Hood von Capalbio").

Viele deutsche und schweizerische Besucher des berühmten Tarot-Gartens von Niki de Saint Phalle unweit von Capalbio (→ „Kunst im Giardino dei Tarocchi", S. 212) machen gern einen Abstecher in dieses Städtchen. Vielleicht wurde deshalb ein weiteres Werk der Künstlerin direkt vor den Stadteingang gestellt: Der Brunnen mit der farbenfrohen, aus allen Gliedern spritzenden „Nana" ist nicht zu übersehen.

Südlich von Capalbio (und schon in Latium) ragt das **Kraftwerk Montalto** monströs in den Himmel. Ursprünglich war es als Atomkraftwerk geplant, nach einer Volksabstimmung wurde es zum Öl-Gas-Kraftwerk umgerüstet.

Information **Infobüro** im Palazzo Collachioni (beim Turm), Juni–Sept. tgl. 10–13 und 16–20.30 Uhr, Juli/Aug. bis 23 Uhr, Mai/Okt. Sa/So 10–17 Uhr. Im Sommer nach den vielen Veranstaltungen fragen! ✆ 0564-896611, comune.capalbio.gr.it. oder destinationcapalbio.com.

Feste **Sagra del Cinghiale,** das Fest rund um das Wildschwein lockt alljährlich in der 2. Septemberwoche von Mi bis So viele Gäste an.

Einkaufen Das Städtchen Capalbio war bekannt für schicke, hochwertige Countrymode, u. a. für die traditionellen Jacken und Westen der maremmanischen Butteri (berittene Hirten). Dazu gehörten auch Lederwaren und andere handwerklich hergestellte Accessoires. Geblieben ist nur noch der Laden **Il Buttero** in der Via IV. Novembre.

Mein Tipp **Dedo' Art,** der sympathische Pop-Art-Künstler Dedò bringt mit seinen bunten und geometrischen Bildern Farbe und gute Laune in den Ort. Andy Warhol und Nicki de Saint Phalle haben seine Kunst inspiriert. April–Sept. 11–18 Uhr. Via Gaeta 2, ✆ 338-6040506.

Markt Mi auf der Piazza della Provvidenza.

Übernachten **B & B La Casetta,** in **Torre Palazzi.** 3 gepflegte Zimmer in restauriertem Natursteinhaus, kleines Frühstück. 10 Min. zum Meer. Via Valmarina 36 b, ✆ 0564-896762, ✆ 334-8232809. **€**

Agriturismo Rosaspina, in **Vallerana;** angenehmer Aufenthalt in den modernen Zimmern des gepflegten Bauernhofs mit Schwimmbad. Das Grundstück ist weitläufig;

Von der Maremma zum Monte Argentario → Karte S. 128/129

Festungsstadt Capalbio

selbstgebackener frischer Kuchen am liebevoll hergerichteten Frühstücksbüffet. 10 Zimmer, 2 Suiten und 4 Apartments. Geöffnet Ostern bis Okt. 18 km zum Meer; Strada della Sgrilla, Loc. Vallerana, ✆ 0564-892014, ✆ 333-6495511, agriturismo-rosaspina.com. **€**

MeinTipp **Antica Pinciana,** Agriturismo in idyllischer Lage, 6 gepflegte, geschmackvolle Zimmer und großer Garten. Der Gast wird von Francesca und Alessandro mit maremmanischer Küche und eigenen Produkten verwöhnt. Restaurant auch für Nichtgäste offen. Reitkurse für Kinder und Erwachsene, geführte Wanderungen. Ganzjährig geöffnet. Strada di Villa Pinciana 2, ✆ 0564-896281, ✆ 335-6251182 (für Restaurant und Zimmer), anticapinciana.com. **€€**

MeinTipp **Agriturismo Ghiaccio Bosco,** zwischen hohen Zedern, Zypressen, Pinien, Stieleichen, Oliven- und Orangenbäumen kann der Urlauber stilvoll „dolce vita" genießen. Schwimmbad mit Whirlpool und Bar. Die Zimmer sind komfortabel und das Frühstück ist eher ein Brunch. Tipptopp gepflegtes Ambiente. An der Straße Richtung Valeriana, Strada della Sgrilla 4, ✆ 0564-896539. **€€**

Camping Costa d'Argento Club, gepflegter Platz mit Pool. 2024 wiedereröffnet, April bis Mitte Okt. Via Aurelia (Km 134), ✆ 0564-893007, ✆ 338-7762569. costadargento.it.

Campeggio di Capalbio, ca. 10 km östl. von Ansedonia bei Chiarone Scalo, direkt an einem weiten, weißen Sandstrand oder im Wäldchen. Gut organisierter Platz mit Bar, Pizzeria, Minimarkt, Tennis, Segelschule, Spielplatz. Über 200 Stellplätze, teils mit Sonnendach. Preisbeispiel Sommer: 2 Erw. und großes Zelt ca. 54 € in der Strandzone. Geöffnet Mai–Sept. Strada Litoranea del Chiarone, ✆ 0564-890101, ilcampeggiodicapalbio.it.

Der Robin Hood von Capalbio

In den engen Gässchen, die immer wieder überraschende Ausblicke auf die Küste und das hügelige Hinterland zulassen, herrscht noch immer das Flair des Räubernests, das Capalbio in der zweiten Hälfte des 19. Jh. war. Damals gewährten die Bewohner des Orts dem Briganten *Domenico Tiburzi* Unterschlupf, als er wieder einmal auf der Flucht vor der Justiz war. Tiburzis Karriere begann, als er beim Heudiebstahl ertappt wurde und daraufhin den Aufseher erschoss. Ein Jahr später wurde er gefasst, doch glückte ihm nach einem weiteren Jahr der Ausbruch aus dem Kerker, bei dem er den Wärter mit einer Sense bedrohte. Tiburzi wurde bald zu einem italienischen Robin Hood, der den Armen gab, was er den Reichen nahm.

Erst nach einer 25 Jahre dauernden Jagd wurde er aufgespürt, verraten von eigenen Bandenmitgliedern. Am 23. Oktober 1896 starb er im Alter von 60 Jahren bei einer Schießerei mit Carabinieri aus Marsiliana und Capalbio. Zur Abschreckung wurde sein Leichnam mit durch Holzstöckchen offen gehaltenen Augen an einen Pfahl gebunden. Doch noch als Toter machte Tiburzi Probleme, denn die Bevölkerung wollte ihn in geweihter Erde begraben, wogegen sich die Behörden wehrten. Dem Pfarrer gelang es schließlich, den Streit salomonisch zu schlichten: Er ließ die Friedhofsmauer durchbrechen und den Rumpf des Räubers innerhalb, den gefährlicheren Rest aber außerhalb des Friedhofs begraben. Dabei vergaß er nicht, eine Zypresse zu Füßen von Tiburzi zu pflanzen, die seinen unruhigen Geist einfangen sollte.

Essen & Trinken Gleich zu Anfang drei empfehlenswerte Familienbetriebe mit langer Tradition:

Mein Tipp **Ristorante La Porta,** eine Institution im Ort; die Wände zieren Jagdtrophäen, im Holzofen der Gaststube schmort das Wildschwein. Neben Wildschweinvariationen maremmanische Küche – wie wär's z. B. mit einem geschmorten Perlhuhn mit Oliven? Francesco, der hier seit Jahrzehnten kocht, serviert zu fortgeschrittener Stunde mitunter einen „Grappa forte" aus eigener Produktion – nach dem Mahl wärmstens zu empfehlen.

Trattoria la Torre di Carla, alteingesessen und gediegen, gute maremmanische Küche und fangfrischer Fisch, hausgemachte Pasta, hübsche Veranda. Do Ruhetag. Saisonbetrieb April–Okt. Reservieren ist ratsam. Via Vittorio Emanuele, ✆ 0564-896070.

Osteria Toscana, rustikal, auf zwei Ebenen; drei nicht mehr ganz junge Brüder kümmern sich ehrlich und unaufgeregt um das Wohl der Gäste. Die Tortelli sind hausgemacht und zergehen auf der Zunge, die klassische Acquacotta mit Ei mundet klassisch wie früher. Authentisch – und die Preise passen! Oft voll (und laut). Reservieren erforderlich! Mi Ruhetag. Via IV Novembre 2, ✆ 0564-896028.

Bar/Ristorante Il Frantoio, unterhalb am Platz von Capalbio, noch bevor man in die Altstadt hochfährt oder läuft; mittlerweile elitär und „radikal chic". Hier speist die römische Politprominenz. Wie der Name andeutet, aus einer Ölmühle entstanden; geschmackvoll und beeindruckend. Große Bar mit Marmortresen, zwei Speisesäle. Kleine Karte für die Gäste der Bar unten. Terrasse. Dazu eine Weinhandlung mit über 900 Weinen sowie Kunstausstellungen. Via Renato Fucini 10, ✆ 0564-896484, frantoiocapalbio.com.

Mein Tipp **L'Angolo di Capalbio,** die „Ecke von Capalbio" ist ein kleines kulinarisches Paradies. Familiär, herzlich und alles mit Liebe gekocht. Ob Gourmetpizza (aus diversen Mehlsorten, besondere Beläge), Antipasti, Fisch- oder Fleischgerichte – alles schmeckt! Papa, gebürtiger Neapolitaner, ist der erfahrene Pizzabäcker, Mamma bereitet die köstlichen Dolci zu – nicht nur ihr Ricottakuchen mit Feigen ist ein Gedicht! Sohn Francesco wohnte jahrelang in Stuttgart und kümmert sich aufmerksam um die Gäste. Große Weinauswahl, man sitzt auch draußen. Reservieren ratsam! Piazza della Provvidenza 3, ✆ 327-1363127.

La Magenta 7, charmantes Bistro mit schöner Terrasse und Restaurantbereich, ideal auch für eine Zwischenmahlzeit oder ein frisch gezapftes Bier – natürlich handwerklich gebraut. Mi Ruhetag. Via Magenta 7.

Trattoria La Vallerana, in **Vallerana;** auf der SP 101 nach Norden in Richtung Sgrillozzo, nach ca. 10 km taucht links die Trattoria auf. Das einfache Landgasthaus ist in der Gegend für gute Fleischqualität bekannt. Die Preise der Trattoria scheinen trotz neuer Leitung weiterhin angenehm und bezahlbar zu sein. Im Sommer und am Wochenende besser reservieren. Geöffnet mittags und abends, Di Ruhetag. Via Monte Forcato 1, ✆ 340-5336126.

Eine passende Bleibe gibt es in der Nähe: → **Übernachten/Agriturismo Rosaspina,** nur 1 km entfernt (s. o.).

Gässlein in Capalbio

Die „Brunnen-Nana“ von Niki de Saint Phalle

Kunst im Giardino dei Tarocchi

Der Kunst-Garten von *Niki de Saint Phalle*, 10 km von Capalbio entfernt, liegt auf einem kleinen Hügel. Niki de Saint Phalle war berühmt für ihre „Nanas“ (riesige, fast bedrohlich wirkende, bunt bemalte weibliche Polyester-Skulpturen). Zusammen mit befreundeten Künstlern, darunter ihr Lebensgefährte *Jean Tinguely*, stellte sie hier ein auf 22 Stationen verteiltes Tarot-Spiel aus überlebensgroßen Figuren mitten in die Maremma-Landschaft. 1979 begannen die Arbeiten, 1994 wurde die Eröffnung des Giardino dei Tarocchi gefeiert.

Mancher mag sich fragen, warum das spektakuläre Open-Air-Museum seinen Standort gerade hier in den kunstfernen Hügeln der Maremma gefunden hat. Zum einen fand sich im Herausgeber der liberalen Tageszeitung *La Repubblica* ein Mäzen, der das Gelände zur Verfügung stellte. Zum anderen ist die Maremma „die Region der Etrusker, die nicht nur für das emanzipierte Auftreten ihrer Frauen bekannt waren, sondern auch für ihre magisch-skurrile ‚religiöse‘ Kunst“ (Süddeutsche Zeitung). Den Ausflug in den Garten der phantasievollen, schrillen Polyesterfiguren, die man betrachten, anfassen und teilweise auch begehen kann, hat nichts mit einem üblichen Museumsbesuch gemein – und ist auch ein tolles Erlebnis für Kinder. Niki de Saint Phalle starb 2002 in San Diego/Kalifornien.

Open-Air-Museum April bis Mitte Okt. tgl. 14.30–19.30 Uhr; Nov.–März am 1. Sa im Monat (ist dies ein Feiertag, am folgenden Tag) 9–13 Uhr – an diesen Tagen ist der Eintritt nach dem Willen der Künstlerin frei; sonst Erw. 14 €, 7–16 J. 9 €. ✆ 0564-895122, giardinodeitarocchi.it.

Anfahrt Von der Via Aurelia Ausfahrt Chiarone Scalo, dann Richtung Pescia Fiorentina. Knapp hinter der Abzweigung nach Carige links hoch. Man sieht die riesigen Kunstwerke schon im Sonnenlicht glitzern.

Essen & Trinken **Il Tortello,** unscheinbar am Dorfplatz von Pescia Fiorentina, unweit des Parks – *der* Trattoria-Tipp für die maremmanische Raviolispezialität Tortelli, gefüllt mit Spinat & Ricotta, serviert mit Wildschwein- oder Pilzsoße, sowie für gegrillte Fleischgerichte. So muss die maremmanische Küche schmecken, sagen Einheimische. Deshalb ist es auch meist voll. Mi Ruhetag. ✆ 0564-895133.

Mittelalterliche Stadtmauer
in Capalbio

Madonna in Castiglione della Pescaia

Nachlesen

& Nachschlagen

Wilde Erosion – die Crete beim Kloster Monte Oliveto Maggiore

Klima und Reisezeit

Das Klima in der Toskana wird als gemäßigt bezeichnet, doch tatsächlich kann es im Sommer vor allem in den Tallagen fast unerträglich heiß werden.

Auch an der Küste herrschen bisweilen extrem hohe Temperaturen, und wenn dann noch der Wind ausbleibt, bleibt einem oft nichts anderes übrig, als die Siesta um die eine oder andere Stunde zu verlängern. Merklich frischer ist es dagegen auch im Sommer in den höheren Lagen, beispielsweise in der Region um den Monte Amiata im Süden der Toskana. Dort ist es bereits tagsüber wesentlich erträglicher, und abends kann es vorkommen, dass das T-Shirt allein nicht mehr ausreicht.

Die Regenwahrscheinlichkeit ist im Sommer gering, entsprechend wird die Landschaft nach und nach immer ausgedörrter. Wer die Toskana blühend sehen will, kommt im Mai, wenn sich die Landschaft am üppigsten präsentiert; Unerschrockene können dann auch schon ein Bad im Meer einplanen. Kommt man dagegen schon im März oder April, muss man mit ausgiebigen Regenfällen und oft noch kühlen Temperaturen rechnen, selbst Nachtfrost oder gar kurze, heftige Schneestürme sind – in höheren Lagen – keine Rarität. Schön kann es im September und manchmal noch in der ersten Oktoberhälfte sein: Die Touristenströme haben sich weitgehend aufgelöst, das Wetter ist meist noch beständig, und das Meer durch die Sommerhitze gut aufgeheizt. Unbeständig bis unfreundlich ist das Wetter dann in den Monaten November bis Februar. Allerdings kann es auch in dieser Zeit durchaus sonnige Perioden geben. Wärmende Pullover, Regenjacken und warme Schuhe sollten im Winter dennoch Bestandteil des Reisegepäcks sein.

Fauna

Verglichen mit zu Hause ist die Toskana ausgesprochen artenreich. Wildkatzen, Wölfe und Stachelschweine sind die wohl spektakulärsten Wildtiere. Daneben gibt es aber auch beeindruckende Haustiere wie die riesigste Rinderrasse der Erde.

Säugetiere: Am eindrucksvollsten präsentiert sich die Tierwelt der Toskana wohl in der Maremma, dem „Wilden Westen" der Region, wo sich die frei lebenden Maremma-Rinder mit ihren langen Hörnern und die aus Lybien stammenden Maremma-Pferde die Ehre geben und von den Cowboys der Toskana, den **Butteri,** seit Jahrhunderten gehütet werden. Im Inland trifft man auf die größte Rinderrasse der Welt, das **Chianina-Rind,** dessen zartes Fleisch die Basis für die *Bistecca fiorentina* liefert. Das toskanische Schwein „par excellence" ist die Rasse **Cinta senese** mit dem typischen weißen Streifen *(cinta)* über Nacken und Brustkorb, die schon Ende des 14. Jh. von Ambrogio Lorenzetti im Rathaus von Siena abgebildet wurde.

Das scheueste Tier der Toskana ist der **Wolf,** der sich seit er in den 1970ern unter Naturschutz gestellt wurde, in den abgelegenen Bergen und Mittelgebirgen wieder verbreiten konnte und mittlerweile bei Weidetieren wie Schafen und Ziegen viel Schaden anrichtet. Zu sehen bekommt man ihn nie, nur selten findet man seine Spuren, und dann kann nur eine Analyse im Labor bestimmen, ob es sich wirklich um einen Wolf oder nur um einen verwilderten Hund handelte. Ein weiteres Tier, das man nur schwer zu Gesicht bekommt, ist die **Wildkatze.** Sie lebt als Einzelgänger in den Wäldern der Mittelgebirge. Die Wildkatze ist größer als unsere Hauskatze, grau oder gelblich getigert, das Bauchfell meistens creme- oder haselnussfarben und ihr

Straßenblockade im Schafspelz

Schwanz, buschiger und kürzer als bei der Hauskatze und fällt durch breite dunkle Streifen auf.

Einfacher ist es, auf den **Fuchs** zu treffen, der bei seinen Streifzügen tagsüber den leise dahinschreitenden Wanderer zunächst oft nicht bemerkt. Zahlreiche Kotmarkierungen auf Steinen längs der Wege stammen von **Baum- oder Steinmardern** oder dem **Iltis,** dem europäischen Stinktier, das bei Bedrohung ein übelriechendes Sekret verspritzt, mit dem es den Feind in die Flucht schlägt. In der Nähe bewohnter Gegenden trifft man oft auf das **Mauswiesel,** ein kleiner, aber recht wehrhafter Verwandter des Marders, der auch tagsüber zu sehen ist. Wer am Abend unterwegs ist, bekommt manchmal den **Dachs** zu Gesicht. Nahe den Gewässern, aber auch mitten in Florenz am Arnoufer, trifft man auf den **Sumpfbiber,** der eigentlich aus Südamerika stammt. Haselmäuse und Siebenschläfer zählen weiterhin zu den Tieren, die man nur selten zu sehen bekommt.

Unter den Großwildarten finden wir in abgelegenen Gegenden des Apennins sowie in großen Naturschutzgebieten wie dem vom Monte Labro den **Rothirsch.** Weit verbreitet hingegen und oft zu sehen ist das **Reh,** das Waldrandgebiete in der Nähe von Wiesen und Feldern bevorzugt. Auch der aus Vorderasien und Afrika eingeführte **Damhirsch** ist in den Wäldern nicht selten, doch nur am frühen Morgen oder bei Einbruch der Dunkelheit zu beobachten.

Das heimische **Wildschwein** ist heute von den Jägern fast gänzlich durch das ungarische Wildschwein, eine größere Art mit mehr Nachkommen, ersetzt worden, das allerdings große Schäden bei den Bauern anrichtet.

Das kurioseste Tier der Toskana ist wohl das **Stachelschwein.** Als Leckerbissen von den Römern aus Afrika eingeführt, scheint es sich in der Toskana richtig wohl zu fühlen und steht unter Naturschutz. Das stachelige Tier hat mit dem Schwein nichts gemein – es ist

Die junge Generation beim Fressen

ein großes Nagetier, das größte der Toskana. Es ist nachtaktiv und deshalb selten zu sehen. Die beste Gelegenheit bietet sich im Frühjahr, wenn die Tiere sich paaren und auch tagsüber, besonders aber am frühen Abend auf Partnersuche unterwegs sind. Besonders längs der Straßen ist das für sie lebensgefährlich, denn wie der auch hier vorkommende Igel meint sich das Stachelschwein mit seinen Stacheln schützen zu können und wird deshalb oft überfahren. Dass das Stachelschwein seine Stacheln „abschießt“, ist eine Legende. Aber es rüttelt sie stark, und dabei fallen auch Stacheln ab. Diese Stacheln kann der aufmerksame Wanderer oft entlang der Waldwege finden.

In Höhlen oder oft in verlassenen Bauernhäusern findet man auch verschiedene **Fledermäuse.** Man kann sie oft am späten Abend beobachten, wenn sie im Schein von Lampen auf Insektenjagd gehen.

Vögel: In der Toskana trifft man auf viele Vögel, die auch im nordeuropäischen Raum leben: Amseln, Stare, Meisen und der allgegenwärtige Spatz, Tauben, Lerchen, Distelfink, Grasmücken, Kleiber, Grün- und Buntspecht, Elstern, Dohlen und Nebelkrähen sind auch hier verbreitet. Wer in ländlicher Umgebung übernachtet, kann im Frühjahr oft der Nachtigall lauschen, während tagsüber mehr der Kuckuck zu hören ist. Unter den Vögeln, die man in Nordeuropa selten oder gar nicht zu Gesicht bekommt, finden wir im Inland den Eisvogel, den gesellig lebenden Bienenfresser, die Blauracke, den leuchtend gelben Pirol und den Wiedehopf. Im Winter gesellen sich Grau-, Silber- und Seidereiher dazu, mit viel Glück stößt man längs der Wasserläufe auch auf den kleinen Nachtreiher.

Im Küstengebiet, besonders in den Lagunen, leben Flamingos, Löffler, Kraniche, Brachvögel und Kormorane. Spektakulär ist der Flug der Sturmtaucher, der auf dem offenen Meer dicht über dem Wasserspiegel nach Futter jagt. In den Feuchtgebieten des Inlands trifft man wieder auf viele der genannten Reiherarten, aber auch auf Stock-, Löffel- und Krickenten, Haubentaucher, Blässhühner und Bekassinen.

Unter den Raubvögeln sind Mäuse- und Wespenbussard heute wieder zahlreich vertreten, wie auch der Turmfalke. Seltener trifft man auf den Wanderfalken, den Rotmilan, den Schlangenadler, den Feldeggsfalk und im Küstengebiet auf die scheue Rohrweihe.

Unter den Eulenvögeln finden wir, wenn auch selten, den Uhu, zahlreich hingegen, besonders in der Nähe kleinerer Ortschaften, die Schleiereule, den Steinkauz, die Zwergohreule, in einsameren Gebieten die Waldohreule und den Waldkauz.

Reptilien: Die **Mauereidechse** ist wohl das Reptil, auf das man am häufigsten trifft – sie lebt auf Trockenmauern und in lichtem Gestrüpp. Seltener entdeckt man die bis zu 40 cm große **Smaragdeidechse,** deren Rücken smaragdgrün und deren Kehle leuchtend blau gezeichnet ist. Dem Menschen gegenüber sehr scheu, nimmt sie es im Ernstfall auch mit dem Mauswiesel auf, gegen dessen Angriff sie sich mit Bissen und wilden Schwanzschlägen oft erfolgreich verteidigt.

In feuchten Waldgebieten findet sich der ca. 10 cm kleine **Brillensalamander,** dessen Oberseite dunkelbraun bis schwarz erscheint, während die Unterseite bei erwachsenen Tieren leuchtend rot bis orange ist. Bei Gefahr stellt er sich gerne tot oder rollt seinen Schwanz so auf, dass die leuchtende Unterseite zu sehen ist. Recht häufig trifft man auf die **Blindschleiche.** An warmen Mauern, besonders im Küstengebiet, ist der **Mauergecko** zu finden.

Auch die Welt der **Schlangen** ist in der Toskana noch recht intakt, wenn sie auch in der Regel erschlagen oder überfahren werden, da man sie immer wieder für **Aspisvipern** hält. Diese einzige Giftschlange, die man in der Toskana findet, ist gut an ihrem gedrungenen Körper und dem eindeutig dreieckigen Kopf zu erkennen; sie erreicht eine maximale Länge von 75 cm, ist aber meist kürzer und bewegt sich wie fast alle Giftschlangen recht langsam. Ihr Gift ist für den Menschen normalerweise nicht tödlich, wenn auch der Biss schmerzhaft ist. Falls man gebissen wird, sollte man das nächste Krankenhaus aufsuchen. Dort wird die Reaktion des Körpers beobachtet und nur in ernsten Fällen das Gegengift verabreicht. In der Regel sucht die Aspisviper allerdings, wie alle Schlangen, das Weite, ehe der Mensch ihr zu nahe kommt.

Häufig trifft man im Wald und auf offenen Flächen auf die gelbgrüne **Zornnatter,** eine große, aber harmlose Natter, die sich ihren Namen verdient hat, weil sie sich, in die Enge getrieben, wie eine Kobra aufrichtet, faucht und notfalls auch zubeißt.

In der Nähe von Gewässern lebt die **Ringelnatter,** und in Flüssen und Seen kann man die seltene **Würfelnatter** beobachten. Auch die bis zu 2 m lange **Äskulapnatter,** eine der größten Schlangen Europas, ist in der Toskana zu Hause.

Insekten: Die Insektenwelt der Toskana ist so reich, dass man darüber ein Buch füllen könnte. Wer die Toskana im Sommer besucht, trifft immer wieder, besonders in den Gariguen (→ Flora), auf Schmetterlinge. Besonders groß und gut zu erkennen sind **Segelfalter** und **Schwalbenschwanz,** die im Inland immer noch häufig anzutreffen sind. An der Küste findet man auch, gerne im Wind stehend, den großen **Erdbeerbaumfalter,** der bis nach Afrika fliegt, um dort zu überwintern.

Im Hinterland von Quercianella

Unter den großen **Käfern** ist der Hirschkäfer und sein kleinerer Verwandter, der Zwerghirschkäfer, wie auch der Nashornkäfer zu erwähnen, auch der Maikäfer ist noch häufig zu entdecken. Angsteinflößend ist immer wieder der kleine **Italienische Skorpion,** den man oft unter Steinen oder Blumentöpfen findet. Wenn der heiße Sommer beginnt, sucht er sich auch gern eine dunkle Ecke in der Wohnung. Sein Stich ist aber relativ harmlos, mit einem Bienenstich vergleichbar und nur bei allergischer Überreaktion gefährlich. Skorpione gehören ins Reich der Spinnentiere, sind also nicht wirklich „Insekten".

Zwei echte Insekten sollen noch erwähnt werden. An den Stränden der Toskana kann man häufig den heimischen **Dungkäfer** beobachten, wenn er die für ihn riesige Dungkugel, in der sich die Eier des Käfers befinden, über den Strand rollt und dabei genau von seiner Frau beobachtet wird. Es ist ein wirklich kurioses Schauspiel.

Wirkliche Faszination geht von der **Gottesanbeterin** aus – auf Wiesen und an Waldrändern ist sie häufig zu finden. Die bis zu 7 cm langen Tiere sind grün oder bräunlich gefärbt, um sich so zu tarnen. Mit den großen Augen auf dem beweglichen Kopf beobachten sie ihr Umfeld und können blitzschnell mit ihren Vorderbeinen zuschlagen, wenn ein geeignetes Opfer vorbeifliegt. Die Ansicht, die weiblichen Tiere fräßen die Männchen nach der Paarung auf, ist allerdings ein Gerücht.

Farbenpracht: Geflecktes Knabenkraut, gelber Ginster und Feuerlilie

Flora

Sanfte Hügel, wohlgeordnete Zypressenreihen und in der Ferne ein silbrig flimmernder Olivenhain, davor ein frisch eingesätes Feld, daneben eines, das schon grün sprießt: Die Toskana ist in weiten Teilen eine Kulturlandschaft, in der sich der jahrhundertelange Einfluss der Menschen sofort bemerkbar macht.

Einen großen Einfluss hatte das seit dem Mittelalter praktizierte System der *Mezzadria*, eine Form der Halbpacht, bei der der Grundbesitzer dem Pächter den Boden und die Produktionsmittel (Saatgut, Dünger usw.) zur Verfügung stellte und dafür einen Teil der Ernte in Naturalien erhielt. Die *Mezzadri*, die Halbpächter, waren es, die der Landschaft im Laufe der Zeit ihren Stempel aufdrückten. Dennoch: Die von Menschen gestaltete Kulturlandschaft ist nur eine Seite der Medaille.

Daneben gibt sich die Toskana oft wild: 44 % des Landes sind von *Wald* bedeckt. Wenn er auch heute fast wie Urwald erscheint, ist er doch das Resultat menschlicher Planung, denn jeder Wald hatte für den *Mezzadro* seine spezielle Funktion. In den Höhen ab 1000 m wachsen Buchenwälder, Fichten, Tannen, und fast könnte man meinen, im heimischen Wald unterwegs zu sein, wenn nicht immer wieder typisch toskanische Ausblicke das Bild berichtigen würden. Unterhalb dieser Höhen weichen die Buchen den Esskastanien, Zerr-, Flaum-, Stiel- und Traubeneichen, Hainbuchen, Erlen, Feldahorn, Wacholder und Stechpalmen. Ab 500 m beginnt der mittelmeerländische Wald, die *Macchia mediterra-*

Betörender Glyzinienduft

nea (sprich: mackia). Diesen Bewuchs findet man bis auf Meereshöhe, doch je nach Untergrund, Lichteinfall und Niederschlagsmengen kann die gleiche Pflanze immer wieder andere Wuchsformen aufweisen. Typisch sind hier die immergrünen Eichen – die Steineiche und die Korkeiche – außerdem der Mastixstrauch, die Myrthe, die Blumenesche, die Baumheide, Ruscus oder auch Mäusedorn, Ginster sowie verschiedene Bäume, die früher als Obstbäume genutzt wurden – unter ihnen der Speierling, die Germanische Mispel und nicht zuletzt der Erdbeerbaum, dessen Früchte den Wanderer im späten Herbst erfreuen.

Der bekannteste Baum der Toskana, die Zypresse, ist ein Einwanderer. Wahrscheinlich wurde sie von den Etruskern oder Phöniziern eingeführt. Viele Toskaner behaupten, die säulenförmig wachsende Zypresse sei der männliche, die breit ausladende Variante der weibliche Baum – es handelt sich aber einfach um zwei verschiedene Arten.

Die Welt der **Wildblumen** ist in der Toskana, dank selten eingesetzter Unkrautvernichtungsmittel, noch recht intakt. Im Frühjahr schmückt sich der Waldboden mit Schlüsselblumen, Alpenveilchen, Märzenbechern und März-Veilchen. Der in den Wäldern der Mittellage reichlich wachsende wilde Spargel ist bei den Italienern ein beliebter Leckerbissen. Sobald es im April wärmer wird, explodiert die Natur: Lungenkraut, Pfingstrosen, auf kalkhaltigem Untergrund viele seltene Orchideenarten wie auch die Ragwurz sind zu finden. Am Feld- und Straßenrand stehen Knabenkraut, Klatschmohn, Adonisröschen, während Schlehen und Weißdorn weiße Tupfen in die Landschaft setzen. Der Krokus zeigt sich und der Italienische Aronstab, Habichtskraut, Akelei, Doldiger Milchstern und mit wachsender Wärme Flockenblume, Wasserdost und versteckt in den Wäldern die prächtige Feuerlilie – die Liste ließe sich unendlich fortführen.

Weit verbreitet ist die **Garigue,** eine häufig vorkommende Vegetationsform auf steinigen, trockenen und sonnenbeschienenen Flächen, auf denen niedrige Sträucher wachsen. Neben der Besenheide findet man auf diesen Trockenflächen viele aromatische Pflanzen wie Thymian, Majoran, das gelb blühende Katzenpfötchen oder die Mittelmeer-Strohblume mit intensivem Currygeruch, deren Blüten früher im Haus als Duftstrauch aufgehängt wurden, sowie die Zistrose in drei Varianten: die Salbeiblättrige, die Montpellier-Zistrose mit weißen Blüten und die lila blühende, graubehaarte Zistrose. Die Blüten der Zistrose ähneln den Heckenrosen, die in der Toskana ebenfalls stark vertreten sind.

„Alt stazione" – hier wird bezahlt

Anfahrt

Die klassische Variante bleibt das Auto, trotz Parkplatznot vor Ort (zumindest in den größeren Städten). Wer seinen Aufenthalt auf die großen Städte und die Küste beschränken will, kann die Bahn als Alternative im Auge behalten. Für Streifzüge durch das Hinterland und die toskanische Provinz ist das Auto dagegen fast unverzichtbar.

Die gängigste und bequemste **Route durch Österreich** führt über die Brennerautobahn mit der 820 m langen und 190 m hohen Europabrücke. Hinter der österreichisch-italienischen Grenze schließt sich eine zügige Fahrt durch die lang ausgleitenden Südtiroler Täler bis in die Po-Ebene an. Begleitet Bei Modena wechselt man von der A 22 auf die A 1 nach Bologna, die als berühmte „Autostrada del Sole" von Milano kommt und sich über Rom bis Neapel fortsetzt. Seit ein paar Jahren hat man ab Bologna zwei Möglichkeiten, um nach Florenz zu gelangen: über die alte, kurvenreiche „Panoramica" oder die neue, bequeme „Direttissima" mit vielen gut beleuchteten Tunnels. Empfehlenswert ist letztere Variante.

Wer aus dem Westen Deutschlands **über die Schweiz** anreist, fährt durch den über 16 km langen St.-Gotthard-

Höchstgeschwindigkeit			
	auf Landstraßen	auf Schnellstraßen	auf Autobahnen
Pkw	90 km/h	110 km/h	130 km/h, bei Regen 110 km/h
Pkw mit Anhänger	70 km/h	70 km/h	80 km/h
Wohnmobil über 3,5 t	80 km/h	80 km/h	100 km/h
Motorrad ab 150 ccm	90 km/h	110 km/h	130 km/h

Tunnel (alternativ gibt es zwei Passstraßen) und weiter auf malerischer Strecke über den Luganer See zum schweizerisch-italienischen Grenzübergang Chiasso. Von dort geht es über Milano, Modena und Bologna weiter nach Florenz. Die Gotthard-Route ist allerdings der meistbefahrene Alpentransit. Entsprechend häufig sind trotz der bequemen, kostenlosen Tunneldurchfahrt Staus und andere Behinderungen.

Vignetten und Maut **Österreich:** Alle Autobahnen und Schnellstraßen sind gebührenpflichtig. Die Tagesvignette für Pkw kostet 8,50 €, für 10 Tage 11,50 €, die Zweimonatsvignette 28,90 €, die Jahresvignette 96,40 €; Motorrad 3,30 €/4,60 €/11,50 €/38,40 €). Die Vignetten sind bei Automobilclubs, an grenznahen Tankstellen und an der Grenze erhältlich (für die Rückreise erst nach der italienischen Grenze, aber noch vor Innsbruck). Außerdem online auf adac.de und asfinag.at.

Wohnmobile und andere Fahrzeuge ab 3,5 t müssen statt der Vignette eine sog. Go-Box für 5 € kaufen – Verkauf ebenfalls an grenznahen Raststätten oder online bestellen – und montieren, die die Gebühren elektronisch ermittelt. Die Verrechnung erfolgt per Prepay oder hinterher per Abbuchung (Postpay). Infos unter go-maut.at oder ✆ 0800-40012400.

Auffahrt zum Brenner: Die Auffahrt über die eindrucksvolle Europa-Brücke muss an einer Mautstelle hinter Innsbruck zusätzlich bezahlt werden (Kraftfahrzeuge und Gespanne bis 3,5 t 11 €, über 3,5 t Bezahlung per Go-Box). Man kann die Brennerüberquerung bereits vor der Reise beim ADAC oder an einer der grenznahen Tankstellen (z. B. zusammen mit der Vignette) bezahlen und wird dann an der Zahlstelle vor Ort per Video registriert und freigeschaltet. Spartipp: Die kostenfreie **alte Brennerstraße** (B 182) führt von Innsbruck durchs reizvolle Wipptal zum Brenner hinauf (für Gespanne verboten).

Schweiz: Hier kauft man sich die für ein Kalenderjahr gültige Jahresvignette zum Preis von 44 € (Stand Jan. 2024), die alle Kfz bis zu einem Gesamtgewicht von 3,5 t einschließt, Anhänger benötigen eine zusätzliche Vignette, für Fahrzeuge über 3,5 t gelten Staffelpreise. Erhältlich bei Automobilclubs, an der Grenze oder online (z. B. bei tolltickets. com).

Bitte langsam fahren

Italien: Hier werden die Gebühren nach gefahrenen Kilometern berechnet; pro 100 km sind für einen Pkw etwa 8 € fällig. Kontrollstellen sind an jeder Autobahnauffahrt eingerichtet, dort sorgt ein Automat für die Ticketausgabe. Beim Wechsel der Autobahn und bei Ausfahrten wird man dann zur Kasse gebeten. Bezahlen kann man bar oder mit Kreditkarte.

Autobahngebühren bis Florenz (Süd): Für einen Pkw sind ab der schweizerisch-italienischen Grenze in Como 31 € zu zahlen, vom **Brenner** an der österreichisch-italienischen Grenze 37,80 €. Fahrzeuge über 1,30 m Höhe an der Vorderachse zahlen geringfügig mehr, Gespanne mit drei Achsen liegen 15 % darüber. Aktuelle Tarife auf adac.de oder autostrade. it.

Mobil vor Ort

Zwar sind die größeren Orte sowie die Küste gut an das öffentliche Verkehrsnetz angebunden, doch werden die Nebenstrecken von Bus und Bahn teilweise nur selten befahren. Wirklich flexibel ist man auf dem Land nur mit einem eigenen oder gemieteten Fahrzeug.

Parken: In kleineren Orten im Chianti kein Problem, in größeren Ortschaften wie z. B. Greve gibt es im Zentrum meist gebührenpflichtige Parkplätze. Beim Parken sollte man in Italien generell (vor allem in Florenz) auf den Boden schauen: **weiße Linien** signalisieren freie Parkzonen, **blaue Linien** gebührenpflichtige (Parkscheinautomat). Flächen mit **gelben Markierungen** muss man meiden: Hier herrscht Parkverbot oder die Parkplätze sind für öffentliche Fahrzeuge reserviert. Falschparken kostet in Italien zwischen 35 und 143 €.

Autodiebstahl: Selbst in größeren Orten ist das Risiko relativ gering. Wenn gestohlen wird, interessiert mehr der Inhalt als das Auto. Wer auf Nummer sicher gehen will, lässt – wie überall – keine Wertsachen im Auto liegen.

Verkehrsschilder Häufig trifft man auf Schilder mit der Hinweisen wie: **accendere i fari** – Licht einschalten; **attenzione uscita veicoli** – Vorsicht Ausfahrt; **deviazione** – Umleitung; **divieto di accesso** – Zufahrt verboten; **inizio zona tutelata** – Beginn der Parkverbotszone; **lavori in corso** – Bauarbeiten; **parcheggio** – Parkplatz; **rallentare** – langsam fahren; **senso unico** – Einbahnstraße; **strada interrotta** – Straße gesperrt; **strada senza uscita** – Sackgasse; **temporamente limitato al percorso** – Durchfahrt vorübergehend verboten; **tutte le direzioni** – alle Richtungen; **zona a traffico limitato** – Bereich mit eingeschränktem Verkehr; **zona disco** – Parken mit Parkscheibe; **zona pedonale** – Fußgängerzone; **zona rimorchio** – Abschleppzone.

Kraftstoff Es gibt *benzina senza piombo* (Bleifrei), *super senza piombo* (Super bleifrei) und *gasolio* (Diesel). Die italienischen Benzinpreise sind um einiges höher als in Deutschland. **Tankstellen** sind an den Autobahnen 24 Std. durchgehend geöffnet, in Ortschaften meist Mo–Sa von 7 bis 12.30 Uhr und von 15 bis 19.30 Uhr. Manche Tankstellen haben einen Ruhetag, meist Sonntag. An vielen Zapfautomaten können Sie aber dann mit einem unzerknitterten Geldschein im Selfservice-Verfahren tanken. Kredit- oder Bankkarten werden häufig, aber nicht immer akzeptiert (z. B. in abgelegenen Gegenden auf dem Land).

E-Mobilität Das Netz an Ladestellen in Italien lässt zu wünschen übrig. In kleinen Orten kann man Pech haben, gute Planung ist geboten! Eine Übersicht finden Sie u. a. auf goingelectric.de.

Pannenhilfe/Notruf **Notrufsäulen** stehen in Abständen von 2 km an den Autobahnen. Der **Straßenhilfsdienst** des italienischen Automobilclubs ACI (aci.it) ist in Italien rund um die Uhr unter ✆ 803116 zu erreichen (aus den Mobilfunknetzen mit ✆ 800-116800). Die Pannenhilfe ist kostenpflichtig, auch für Mitglieder von Automobilclubs. Weitere Informationen bei den heimischen Automobilclubs. **Euronotruf (Polizei)** ✆ 112, **Straßenpolizei** ✆ 113, **Unfallrettung** ✆ 118, ADAC-Pannenhilfe ✆ 0049-089-22 22 22.

Unfall An der Windschutzscheibe eines in Italien zugelassenen Wagens ist ein Aufkleber mit der Adresse der Versicherungsgesellschaft und der Versicherungsnummer angebracht. Diese im Schadensfall unbedingt notieren. Außerdem unbedingt das Formular **Unfallbericht** im Auto mitführen, auf Italienisch **CID** genannt.

Verkehrsvorschriften **Abblendlicht** ist auch tagsüber auf allen Autobahnen und Landstraßen vorgeschrieben, für Zweiräder gilt generell „Licht an". **Privates Abschleppen** auf Autobahnen ist verboten. **Straßenbahnen** haben grundsätzlich Vorfahrt. Die **Promillegrenze** liegt bei 0,5 (auch bei Alkoholverstößen drohen drastische Geldstrafen sowie sofortiger Führerscheinentzug). Es besteht **Gurt-/Helmpflicht.** Das Telefonieren während der Fahrt ist nur mit einer **Freisprechanlage** gestattet. Im **Kreisverkehr** gilt: Ist der Kreisverkehr mit Verkehrsschild als solcher ausgewiesen, hat der im Kreis Fahrende Vorfahrt vor den Einfahrenden – fast alle Kreisverkehre sind deshalb mit Stoppmarkierungen für die Einfahrenden versehen. Generell ist am Kreisverkehr erhöhte Vorsicht anzuraten. **Motorräder unter 150 ccm** sind auf italienischen Autobahnen verboten. **Parkverbot** an schwarz-gelb markierten Bordsteinen und gelb markierten Flächen. **Dachlasten** und Ladungen, die über das Wagenende hinausragen, sind mit einem reflektierenden, 50 x 50 cm großen, rot-weiß gestreiften **Aluminiumschild** (kein Kunststoff!) abzusichern (erhältlich im deutschen Fachhandel, in Italien an Tankstellen. Fahrrad- oder Lastenträger mit Heckleuchten und Nummernschild, die im Kfz-Schein eingetragen sind, sind von dieser Regelung ausgenommen). Das Fahrzeug muss mit **reflektierenden Sicherheitswesten** (DIN 471) ausgestattet sein, die Fahrer und/oder Beifahrer anzuziehen haben, wenn sie das Fahrzeug wegen Panne oder Unfall verlassen. Diese Regelung gilt außerhalb geschlossener Ortschaften, nachts sowie bei schlechter Sicht auch innerhalb von Ortschaften. Erhältlich sind die Westen in Tankstellen, Baumärkten etc.

Die Bußgelder in Italien wurden in den letzten Jahren wiederholt angehoben. Besonders Geschwindigkeitsüberschreitungen werden mit hohen Geldbußen (350–1400 €) geahndet. Bei stark überhöhter Geschwindigkeit kann es Fahrverbot geben! Mit Radarkontrollen ist überall zu rechnen. Es werden auch Radarfallen benutzt, die die Geschwindigkeit mit dem Abstand zwischen zwei Blitzern und der für diese Strecke benötigten Zeit ermitteln – Bremsen und wieder Gas geben funktioniert hier nicht. Die hohen Strafen haben Wirkung gezeigt, die Unfälle sind zurückgegangen. Bußgeldbescheide werden übrigens auch ins Heimatland nachgeschickt.

Versicherung Anzuraten ist bei neuen Fahrzeugen eine vorübergehende **Vollkaskoversicherung,** da die Deckungssummen italienischer Haftpflichtversicherer lächerlich niedrig sind. Bei Diebstahl springt die Vollkasko (und Teilkasko) ebenfalls ein. Auch einen **Auslandsschutzbrief** kann man in Erwägung ziehen, alle Automobilclubs und Autoversicherer bieten ihn an.

Schön museal – Triebwagen bei Siena

Durch ein junges Zypressenspalier zum Agriturismo

Übernachten

Der Standard in Italien ist hoch, die Preise bewegen sich auf entsprechendem Niveau. Vorsicht im Juli und August oder gar zu Ferragosto, dem Höhepunkt der Saison am 15. August: Wer dann ein Zimmer sucht, sieht sich häufig vor einem „tutto completo"-Schildchen.

Wer bereits einen bestimmten Ort im Auge hat, kann enit-italia.de konsultieren oder sich direkt an das jeweilige Touristenbüro wenden (Adressen im Reiseteil unter dem Stichwort „Information") bzw. die Übernachtungstipps im Buch durchforsten. Bleibt schließlich noch die Recherche im Internet, so gut wie alle Hotels haben eigene Websites, dazu gibt es zahlreiche Vermittlungsportale.

Preisgruppen im Buch

Für ein Doppelzimmer mit Frühstück (ermittelt im Referenzmonat Juli)

€	bis 100 Euro
€€	100–150 Euro
€€€	150–200 Euro
€€€€	über 200 Euro

Hotels

Die italienischen Hotels und Pensionen werden von den Tourismusbehörden der Provinzen in fünf Kategorien unterteilt (1–5 Sterne).

******* Luxusklasse:** Selbstverständlich sind Aircondition, Kühlschrankbar, (gutes) Restaurant, Spa und Wellness, Swimmingpool, am Meer Privatstrand, Tennisplatz. Oft residiert das Hotel in einer altehrwürdigen Villa oder in einem historisch bedeutsamen Gebäude. DZ ca. 500–900 €.

****** First-Class:** Ebenfalls für gehobene Ansprüche, Preise ab mindestens 200 € fürs DZ, meist aber 250–300 €.

***** Mittelklasse:** Sauber, mit ordentlicher Ausstattung und eigenem Bad. Qualitätsunterschiede sind durchweg festzustellen. DZ ca. 90–180 €.

**** Untere Mittelklasse:** Das Spektrum reicht von vernachlässigt bis gut. Manchmal gibt es viel persönliche Atmosphäre, manchmal fehlt sie ganz. In einigen Häusern gibt es noch Zimmer mit Etagendusche. DZ mit Du/WC ca. 60–90 €, ohne Dusche 50–60 €.

*** Einfache Locande** und **Pensionen:** Meist in älteren Häusern im Hinterland sowie in größeren Städten, an der Küste eher selten. An die Ausstattung sollte man in den Hochburgen des Tourismus bei den Preisen schon Ansprüche stellen. DZ mit Du/WC ca. 60–80 €, mit Etagendusche meist ab 50 € aufwärts. In der Provinz zahlt man meist deutlich weniger.

Ferienwohnungen, Apartments, Spezialreiseveranstalter

Ferienwohnungen sind eine interessante Alternative zu den oft teuren Hotels und werden von vielen Reiseveranstaltern angeboten (mit individueller Anfahrt). Wer kein eigenes Fahrzeug hat, sollte sich bei der Buchung unbedingt nach der genauen Lage des Objekts bzw. der Entfernung zum nächsten Ort erkundigen. Die Mindestaufenthaltsdauer beträgt meist eine Woche, im Juli/August liegt sie oft bei zwei Wochen. In der Hauptsaison ist frühzeitige Buchung unbedingt anzuraten. In der Vor- und Nachsaison (April bis Juni bzw. Sept./Okt.) kann man dagegen auch vor Ort fündig werden, entweder über Maklerbüros in den größeren Orten (Auskunft in den Touristbüros) oder durch Erkundigung auf eigene Faust. Meist weiß der Pächter der nächsten Bar Bescheid.

Anbieter Casa Feria, die Online-Agentur für Ferienhäuser und -wohnungen auf Agriturismi und Weingütern, in Meernähe und im Hinterland. ✆ 069-74305100 (Agentur E-Domizil), casa-feria.de.

Toscana Forum, großes Angebot für Ferien in Villen und auf Weingütern. ✆ 089-12392998, toscana-forum.de.

Terra Antiqua, gute Beratung und maßgeschneiderte Aufenthalte in Burgen oder Villen auf dem Land. ✆ 0841-4936508, terra-antiqua.com.

Idea Toscana, individuelle Beratung für Feriendomizile in der Region durch die gebürtige Toskanerin Carlotta Carrai. ✆ 030-39742447, ideatoscana.de.

To Toskana, Hunde erlaubt – die Adresse für Reisen mit Vierbeinern. ✆ 030-21783668, totoskana.de.

Toscana Reisedienst, toskanische Küste und Inland sowie Elba. Menterstr. 125, 81247 München, ✆ 089-8545521, toscanareisedienst.de.

Toscana à la carte, Vermittlung von Ferienwohnungen, Häusern, auch in Agriturismi, mit persönlicher Beratung. Etwa 30 Objekte rund um Siena. Wilhelm-Hertz-Str. 9, 72762 Reutlingen, ✆ 07121-3825854, toscanaalacarte.net.

Ferienhäuser/Wohnungen in der Südtoskana, maremma-toskana.de.

laMar-Reisen, mit Meeresbiologen auf dem Katamaran Delfine beobachten oder auf einem Landgut bei Florenz einen Kochkurs belegen. lamar-reisen.de/toskana.

Agriturismo

Jedem Toskanareisenden sind sie schon aufgefallen, die Hunderte von Wegweisern mit der Aufschrift „Agriturismo". Meist führen sie zu netten, zum Teil aufwendig renovierten Bauernhäusern, deren Betreiber mit einer breiten Palette touristischer Annehmlichkeiten um die Gunst der Gäste buhlen: Vom Sat-TV über Jacuzzi und Spa bis hin zu Swimmingpool und Tennisplatz wird oft alles geboten, was einen Aufenthalt angenehm macht. Die Preise sind entsprechend hoch, vor allem wenn der Agriturismo in einer „In"-Gegend liegt wie etwa im Chianti, in der Umgebung von Montepulciano oder im Val d'Orci: Dort kostet ein Doppelzimmer in der Hochsaison satte 90–180 € pro Nacht.

■ Online buchen kann man z. B. über die Websites 4tourist.net, agriturismo. net, agriturist.it.

> Mit der ursprünglichen Idee „Ferien auf dem Bauernhof" und dem Gast einen Einblick ins bäuerliche Leben zu geben (z. T. sogar mit der Möglichkeit mitzuarbeiten), hat der Agriturismo kaum noch etwas zu tun. Das Gesetz schreibt zwar vor, dass die Höfe landwirtschaftlich produktiv sein müssen. Um dem zu genügen, beschränkt man sich meist auf etwas Oliven- oder Weinbau (vereinzelt auch Viehzucht). Doch in der Regel hat sich das Tourismusgeschäft, ursprünglich als zweites Standbein gedacht, zur Haupteinnahmequelle der Betriebe entwickelt. Wer es ursprünglicher haben will, findet hier und da doch noch einen Hof, auf dem biologische Landwirtschaft betrieben wird und der Hahn in der Morgendämmerung Bauer und Gäste aus den Federn holt.

Privatzimmer | Bed & Breakfast

Bed & Breakfast gibt es mittlerweile in vielen Orten und Städten, oft in guter, teils sogar hochwertiger Qualität. Die Informationsbüros verfügen meist über einschlägige Listen und geben nähere Auskünfte, oft vermitteln sie auch Zimmer. Ansonsten kann man sich vor Ort umhören, vielleicht in der nächsten Bar oder im Alimentari-Laden um die Ecke. Oft sieht man auch Schilder mit der Aufschrift **affitta camere.** Diese Unterkünfte sind meist einfacher ausgestattet und auch preislich um einiges günstiger als die B & B, die einen guten Hotelstandard bieten. Man zahlt fürs DZ zwischen 60 und 100 €, gelegentlich wird ein Mindestaufenthalt von mehreren Tagen verlangt.

■ Online buchen kann man z. B. über bed-and-breakfast.it oder bbitalia.it.

Jugendherbergen

Ostelli per la gioventù gibt es derzeit in Florenz, Siena, Volterra. Eine Übernachtung mit Frühstück kostet meist 18–22 € pro Person. Auch für Familien sind Jugendherbergen zu empfehlen: Oft gibt es Familienzimmer mit bis zu sechs Betten, zudem haben viele Zimmer ein eigenes Bad und unterscheiden sich kaum von einfachen Hotels. Die meisten Herbergen sind dem Internationalen Jugendherbergsverband angeschlossen, einige werden auch privat geführt.

Pilgerherbergen

Besonders entlang der sog. Frankenstraße schießen diese **Ostelli** gerade wie die Pilze aus dem Boden. viefrancigene.org.

Camping und per Wohnmobil

Vor allem an der Küste gibt es ein riesiges Angebot an großen und kleinen Campingplätzen *(campeggi)*. Fast alle veranstalten zumindest in der Hauptsaison (Mitte Juli bis Ende August) ein – bisweilen lautstarkes – Animationsprogramm, das nicht jedermanns Sache ist. Eine besonders für Familien empfehlenswerte Variante sind sogenannte Ferienparks, also Campingplätze, die in ihrer Ausstattung einer riesigen Freizeitanlage gleichen und von Sport- bis zu Ausflugsmöglichkeiten alles bieten. Darüber hinaus wohnt man dort wahlweise in kleinen Bungalows mit Bad und komplett ausgestatteter Küche, was eigene Zelte und Campingausrüstung überflüssig macht und noch dazu sehr komfortabel ist. Einige Plätze werben mittlerweile auch mit der Luxusvariante „Glamping“ („Glamorous Camping“). Das Landesinnere ist nicht so gut mit Campingplätzen bestückt, wer sich ein wenig umschaut, wird aber auch hier fündig. In der Hochsaison sind leider viele Plätze komplett ausgebucht. Und was die Kosten anbelangt, sollte man sich keine großen Illusionen machen: Campen ist in Italien schon lange nicht mehr sonderlich günstig, und die Toskana macht da keine Ausnahme. Ein Campingurlaub am Monte Argentario beispielsweise kann für eine dreiköpfige Familie mit Zelt durchaus mit 40–55 € pro Tag zu Buche schlagen. Die meisten Plätze sind von Mitte April (bzw. Ostern) bis Ende Oktober geöffnet.

Information Eine gute Übersicht bietet die Internetseite **camping.it.** Auch unter **campeggi.com** erhält man übersichtliche Informationen rund um Camping in Italien. Auf **eurocamp.de** findet man Campings in ganz Europa und gelangt über ein benutzerfreundliches Suchsystem schnell zu Italien und zur Toskana.

Buchtipp für Wohnmobilisten Ralf Gréus, „Mit dem Wohnmobil durch die Toskana und nach Elba“, WOMO-Verlag, 98634 Mittelsdorf/Rhön, womo.de.

Essen & Trinken

Italien ist kulinarisch ein Paradies, da macht die toskanische Küche keine Ausnahme, dazu ist sie noch sehr bekömmlich: Gekocht wird traditionell mit wenig Fett und viel Gemüse. Das Fleisch wird oft über Holzkohle gegrillt.

Im Land, wo die Zitronen blühn, begnügt man sich nicht mit einem Hauptgericht. Der Magen wird durch diverse *antipasti* (Vorspeisen) und am besten noch durch einen Aperitivo auf das Hauptgericht vorbereitet. Als *primo piatto* (erster Gang) folgt dann Suppe oder Pasta (Teigwaren), wobei in der Toskana Nudelgerichte eigentlich nicht zur traditionellen Küche zählen. Der *secondo* (Hauptgang) besteht in der Regel aus Fleisch oder Fisch (teuer), die Beilagen *(contorni)* müssen meist extra bestellt werden.

In Touristenorten werden häufig sog. Festpreismenüs *(menù a prezzo fisso* oder *menù turistico)* angeboten – oft die einzige preiswerte Art, seinen Magen mehr oder weniger angenehm zu füllen. Wer es liebt, à la carte zu speisen, muss tiefer in die Tasche greifen – und auf den Listenpreis werden oft noch 2–4 € für *coperto* (Gedeck) aufgeschlagen.

Die Unterschiede zwischen den einzelnen Lokalgattungen verwischen zusehends. Gemeinsam ist ihnen, dass sie fast alle einen Ruhetag in der Woche haben (an der Tür angeschlagen).

Ristorante: Das (auch preislich) gehobene Speiselokal, wohin man Freunde und Geschäftspartner ausführt. Reiche Auswahl an Antipasti, die oft fein säuberlich auf einer Theke in der Nähe des Eingangs aufgereiht sind. Geboten werden überregionale italienische Küche und regionale Spezialitäten, die je nach geographischer Lage ihren Schwerpunkt auf Fleisch oder Fisch haben.

Trattoria: Ursprünglich die einfachere, bodenständigere und auch preiswertere Variante. Typische Trattorie werden meist seit Generationen als Familienbetrieb geführt, auf dem Speisezettel stehen hauptsächlich Gerichte der regionalen Küche. Inzwischen hat sich manches geändert. So nennen sich viele Ristoranti Trattoria, sei es, um eine gewisse „Volkstümlichkeit" vorzuspiegeln, sei es, weil man sich dieser Tradition wirklich verpflichtet fühlt und entsprechend arbeitet. Die Bezeichnung Trattoria sagt nichts über die Preise aus, meist isst man dort genauso oder fast genauso teuer wie im Ristorante.

Osteria: Traditionell das Gasthaus um die Ecke, wo der kleine Angestellte seine Mittagspause verbrachte und seinen *quartino* (Viertelliter Wein) trank. Die echte Nachbarschafts-Osteria hat heute in ganz Italien Seltenheitswert. Die Bezeichnung besagt gar nichts mehr, dahinter kann sich auch ein gestyltes Restaurant verbergen. Zuerst mal einen Blick hinein (und auf die Speisekarte) werfen, bevor man sich setzt.

Pizzeria: Wer auf Nummer sicher gehen will, preislich wie kulinarisch, kehrt hier ein. Das Angebot ist wenig exotisch, und es ist durchaus üblich, auf die Vorspeise zu verzichten und nur ein Gericht zu bestellen, sei es Pizza oder eine Nudelspeise mit Salat. Nicht von ungefähr trifft man hier meist die Dorfjugend, die in den teuren Ristoranti höchstens im Familienverband auftaucht.

Birreria: Der Name täuscht, denn man trifft sich hier nicht nur zum Biertrinken, sondern auch zum Essen. Es werden vollständige Mahlzeiten serviert.

Enoteca, Vineria oder **Vinaio:** Weinlokal mit meist großem Angebot regionaler und überregionaler Weine. Man nimmt ein paar der oft sehr leckeren Snacks zu sich und probiert sich genüsslich durch die Weinkarte.

Tavola Calda/Rosticceria: Den ganzen Tag warm gehaltene Speisen, viele Salate, Sandwiches etc. Meist relativ preiswert, Speisen oft zum Mitnehmen.

Paninoteca: die Fastfood-Variante, bei der man auch das am Nachmittag aufkommende Hungergefühl mit lecker belegten Brötchen stil-

Die Köchin nach getaner Arbeit

len kann, klassisch mit toskanischem Schinken oder Pecorinokäse.

Bar: An jeder Straßenecke – hier kehrt man tagsüber im Vorübergehen ein, um am Tresen morgens einen Cappuccino, tagsüber einen Caffè oder abends eine Grappa zu schlürfen, ein paar Worte zu wechseln und sich von der Arbeit zu erholen. Abends fungiert die Bar als Treffpunkt. Auch dann spielt Alkohol hier nur eine sympathische Nebenrolle. Sitzgelegenheiten sind rar, man diskutiert im Stehen. Inzwischen haben viele Bars aber Stühle und Tische im Freien aufgestellt, an denen man oft deutlich mehr zahlt als am Tresen.

Caffè: Die Übergänge zur Bar sind fließend. Entspricht unserem Café, meist mit ausgedehnter Freiluftzone an exponierten Plätzen und Straßen. Wenn man Platz nimmt, steigen die Preise!

Frühstück (prima colazione)

Kann man sich in Italien abgewöhnen. Kaum ein Italiener frühstückt ausgiebig, meist reicht ein *cornetto* (Hörnchen) oder eine *pasta* (Gebäck) in der nächsten Bar, dazu ein hastig heruntergekippter Cappuccino. Auch in den Hotels fällt das Frühstück in der Regel bescheiden aus.

Hat man sich erst an den morgenlichen Ritus gewöhnt, werden die köstlich mit Aprikosenmarmelade gefüllten Brioche und der sorgfältig zubereitete Cappuccino genau das sein, was man zu Hause vermissen wird – stehend, in der Bar, am Morgen!

Vorspeisen (antipasti)

Meist sind sie sehr individuell nach Art des Hauses zusammengestellt. Typisch sind z. B. *prosciutto con melone* (geräucherter Schinken mit Melone) oder toskanische Hartwurstsorten, garniert mit Oliven und manchmal etwas Salat. Manchmal gibt es auch *frutti di mare*, einen leckeren Meeresfrüchtesalat, oder *finocchiona*, eine mit Fenchel gewürzte Salami. Der toskanische Klassiker sind *crostini neri*, kleine geröstete Weißbrotscheiben mit Hühnerleberpastete.

Wer das Mahl fleischlos beginnen möchte: *crostini* gibt es natürlich auch als Vegi-Variante mit Pilz- oder Olivenpaté; *sottoli* sind eingelegte, gegrillte Gemüsesorten wie Zucchini, Paprika, Auberginen, Kapern oder getrocknete Tomaten. Oder wie wäre es mit einer

Die perfekte Reifung

insalata di ceci, ein Kichererbsensalat, oder mit frittierten Zucchiniblüten oder einer *panzanella*, dem schmackhaften toskanischen Brotsalat? Auch die toskanischen Schafskäsesorten sind ausgezeichnet: den *pecorino* gibt es je nach Reifegrad von mild bis würzig-pikant. Last but not least ist die *bruschetta al pomodoro* – geröstetes Weißbrot mit Knoblauch, Tomate, Basilikum und Olivenöl – der Inbegriff einer einfachen wie köstlichen Vorspeise.

Erster Gang (primo piatto)

Minestre: Dazu zählen Suppen, aber auch Teigwaren und Reisgerichte.

Zuppa: Am bekanntesten ist Minestrone, eine dicke Gemüsesuppe mit allem, was der Garten zur entsprechenden Jahreszeit hergibt. Typisch für die Toskana ist die *minestrone lunigianese* mit Bohnen, Kastanien, Reis und diversen Kräutern. Eine reichhaltigere Abart ist *minestrone alla casalinga* mit Kartoffeln, Sellerie, Tomaten, Kohl, pürierten Bohnen und Nudeln. In einer einfachen Trattoria kommt auch häufig *consome* (Fleischbrühe) mit Hühnerfleisch und Nudeln auf den Tisch.

Pasta: Teigwaren werden als Vor-, aber auch als Hauptgericht serviert. Es gibt einige hundert verschiedene Nudelarten, die sich durch Rezeptur, Form oder Füllung unterscheiden. Eine gute Trattoria verzichtet auf industriell hergestellte Teigwaren; man macht sie selber oder kauft sie beim Nudelbäcker ein.

Hauptgerichte (secondi piatti)

Ob Fisch oder Fleisch entscheidet die Gaumenlust und nicht zuletzt der Geldbeutel: In der Toskana wird viel Wert auf Qualität gelegt, und die ist auch hier teuer. Eine Alternative sind die Klassiker der toskanischen Bauernküche, der sogenannten „Arme-Leute-Küche“, die die Auswahl an Hauptgerichten preiswert und sättigend mit Pflanzlichem bereichern – da kann der Fleischfresser glatt zum Vegetarier werden. Beispielsweise mit einer *pappa al pomodoro*, einer Tomaten-Brot-Suppe, einer *ribolitta*, dem herzhaften Eintopf aus Schwarzkohl, oder der bereits erwähnten *panzanella*, dem deftigen Brotsalat. Als *contorni* (Beilagen) kommen häufig weiße Bohnen, Mangold oder Spinat auf den Tisch; sie müssen, wie gesagt, normalerweise extra bestellt werden.

Fleischgerichte: Bekanntestes toskanisches Gericht ist wohl die *bistecca alla fiorentina*. Das Beefsteak wird ohne Fett und ungesalzen auf den Holzkohlegrill gelegt, damit der Saft nicht verlorengeht. Es soll mindestens 500 Gramm schwer sein. Probieren Sie es einmal in einem Restaurant, billig ist das allerdings nicht.

Fischgerichte: Wegen der Meeresnähe ist die Auswahl an Fisch und Krebsgetier groß. Auf jeden Fall mal *cacciucco* versuchen, die Livorneser Fischsuppe – ein duftendes Allerlei aus Krabben, rosig-zarten Tintenfischchen, Aal, Langusten und Ähnlichem mehr in einem fein abgeschmeckten Sud.

Pizza: Für Budget-Touristen ist sie neben den vegetarischen Gerichten (→ Kastentext) oft die einzige Möglichkeit, eine preiswerte Mahlzeit zu bekommen. Die italienischen Pizzabäcker bei uns im Exil gehen oft verschwenderisch mit dem Belag um: dicke Schinkenscheiben, viel Käse ... In Italien dagegen fällt der Belag sparsamer aus, dafür ist der Boden unnachahmlich knusprig.

Eis (gelato)

Das italienische Eis gilt als das beste der Welt, seine Herstellung ist (fast) eine Kunst – *gelato artigianato*, wie man oft liest, heißt nicht künstlich hergestellt, sondern kunstfertig. Die präsentierten Sorten gehen meist in die Dutzende. Mittlerweile gibt es mehrere Ketten, die vorwiegend biologisch angebaute Zutaten verwenden. Herrlich erfrischend und aromatisch ist auch *granita*, ein flüssig-körniges Eisgemisch, das in großen Rührgeräten den Tag über frisch gehalten wird. Häufige Geschmacksrichtungen sind *menta* (Minze), *limone* (Zitrone), *aranciata* (Orange) und *caffè*.

Forno a legna – die beste Pizza kommt aus dem Steinofen

Toskanischer Gaumenschmaus ...

... mit Fleisch oder Fisch

Arista alla fiorentina: Deftige Rinderlende (die würzigste kommt aus dem saftig grünen Chiana-Tal), das Fleisch wird mit Öl und Knoblauch eingerieben, mit Rosmarin gewürzt und dann auf Holzkohle gegrillt. Serviert wird das Fleisch mit zerlassener Butter, Spinat, Gemüse oder Pilzen.

Calamari ripieni: Tintenfische, gefüllt mit Ei, Knoblauch, Petersilie und Semmelbröseln, kräftig gewürzt und in Öl gebraten. Dazu Tomatensoße.

Lombatine di vitello con funghi: Kalbslende, in Butter gebraten und mit Champignons und Tomatensoße weichgeschmort.

Pollo alla fiorentina: gewürzte Hühnerfleischstückchen, in einem Ausbackteig goldbraun frittiert.

Polpette: Hackfleischbällchen mit Petersilie, Schinkenstückchen, Ei, Muskatnuss und geriebenem Parmesan.

Trippa alla fiorentina: gekochte Kutteln mit Zwiebeln, Tomatenmark, Petersilie, Salbei und Parmesan.

... für vegane und vegetarische Gourmets

Finocchi in tegame: Fenchel, in Öl gedünstet mit Knoblauch und Zwiebeln.

Pappa al pomodoro: kalte Tomatensuppe, die mit Weißbrot angedickt und mit Olivenöl, Knoblauch und frischem Basilikum abgeschmeckt wird.

Panzanella: gilt als klassisches „Arme-Leute-Gericht": Salat aus Brot vom Vortag, angereichert mit frischen Tomaten, Stangensellerie, Zwiebeln, Olivenöl und Basilikum. Köstlich besonders an heißen Sommertagen.

Panzanella – Brotsalat

Polenta alla toscana: gerösteter Maisbrei mit Zwiebeln, Petersilie, Rosmarin und schwarzen Oliven, überstreut mit geriebenem Parmesan.

Ribollita: die „Wiederaufgekochte", ein Eintopf-Klassiker aus weißen Bohnen, Brot von gestern, allerlei Gemüsesorten, darunter oft *cavolo nero*, eine herzhafte Schwarzkohlsorte.

Salsa d'erbe all'uso toscano: toskanische Kräutersoße mit in Olivenöl eingeweichtem Weißbrot, Knoblauch, Oliven, Estragon, Oregano und Essig.

Horizontale Flaschenlagerung in einer Enoteca in Montalcino

Wein

Noch bis in die 1970er-Jahre hatte das Wort „fiasco" eine Doppelbedeutung, bezeichnete es doch die traditionelle Korbflasche für den Chianti und zugleich die meist haarsträubende Qualität ihres Inhalts. Damals war der Chianti – lange das Synonym für jeden toskanischen Wein – zu einem unbekömmlichen Massenprodukt verkommen.

Doch Anfang der 1980er-Jahre entwickelte sich etwas, was man ein wenig blumig, aber gar nicht falsch als das „italienische Weinwunder" bezeichnet hat. Vorreiter dieser önologischen Revolution waren die Produzenten der Toskana.

Kraftvoll, mit hohem Alkohol- und Tanningehalt versehen, körperreich und tief – so präsentiert sich der toskanische **Rotwein** heute. Das Tannin macht ihn gut lagerfähig – 10 bis 20 Jahre bei Spitzengewächsen! In dieser Zeit entwickelt er immer mehr Komplexität und Tiefe in Geschmack und Bouquet. Ähnliche Charakteristiken besitzen, abgesehen vom Tanningehalt, auch die **weißen Sorten.** Einer der Wegbereiter der neuen toskanischen Weinkultur war neben den Traditionshäusern Antinori, Biondi Santi und Ricasoli der Marchese Mario Incisa della Rocchetta, einer der Mitbegründer des WWF. Als im Zweiten Weltkrieg die in italienischen Adelskreisen geschätzten französischen Weine knapp wurden, pflanzte er – zunächst nur für den Eigenbedarf – auf seinem Weingut Tenuta San Guido bei Bolgheri die Rebsorte Cabernet Sauvignon an. Erst ab

Brunello-Traube kurz vor der Lese

1968 brachte er diesen Wein mit der Bezeichnung *Sassicaia* in den Handel (benannt nach den vielen Steinen = *sassi* im Boden). Hochkompetenter Macher dieses Weines und vieler weiterer Spitzenprodukte des toskanischen Weinwunders war der legendäre Önologe Giacomo Tachis († 2016), der jahrzehntelang für Antinori arbeitete (Marchese Piero Antinori war ein Neffe des Marchese Mario Incisa della Rocchetta), sich für eine Beschränkung der Erntemengen einsetzte und das Barrique in Italien hoffähig machte. Weitere große Erfolge hat er in den Jahren seiner Pensonierung auf Sardinien erzielt. Weinmacher ähnlicher Statur sind auch die Gebrüder Riccardo und Renzo Cottarella – Riccardo, der Ältere, berät zahlreiche Weingüter in Mittel- und Süditalien, und Renzo, der Jüngere, ist Nachfolger von Giacomo Tachis bei Antinori. Mit ihrem Können, das sie auch in Frankreich und Deutschland erworben hatten, sind diese Experten der Motor der Entwicklung. Dazu kommen als großes Potential die phantastischen Böden und Pflanzgründe der Toskana (oft muschelkalkdurchsetzter Gallestro), eine große Vielfalt autochthoner Traubensorten (zuallererst Sangiovese in seinen verschiedenen Varietäten) und die Unternehmungs- und Innovationsfreude der Weingutbesitzer – das Haus Avignonesi als leuchtendes Beispiel.

Entstanden sind so **zweierlei Qualitätslinien:** zum einen die nach dem italienischen Weingesetz definierten DOC- und DOCG-Weine bestimmter Anbaugebiete und zum anderen die sog. *Supertoskaner*, die nach diesem Gesetz nur als VDTs *(Vini da Tavola)* eingestuft werden, weil sie aufgrund ihrer Rezepturen gegen die DOC- bzw. DOCG-Regeln verstoßen. Aber gerade die Supertoskaner sind in der Mehrheit Spitzenweine von internationalem Format geworden, z. B. der *Sassicaia* (Tenuta San Guido), der *Vigna L'Appartita* (Castello di Ama) und aus dem Hause der Marchesi Antinori der *Solaia*, der

Tignanello und der *Guado al Tasso*. Bei den DOCG-Spezifikationen sind allerdings ebenso Weine von größter Statur zu finden: großartige Vertreter des *Chianti*, des *Brunello di Montalcino*, des *Vino Nobile di Montepulciano*, des *Morrellino di Scansano* oder des *Vernaccia di San Gimignano* (um nur einige zu nennen). Die Zentren der neuen Weinkultur sind in der nördlichen wie südlichen Toskana zu finden, u. a. in Castellina, Greve, Gaiole, Panzano, Radda in Chianti, Barberino und im Val d'Elsa.

Leider haben die toskanischen Weine, die international Furore gemacht haben, seit Jahren eine nahezu hysterische Preisexplosion erlebt. So wurde im Jahr 2001 der sog. „Jahrhundertjahrgang" 1997 vermarktet. Der *Solaia '97*, als größter italienischer Wein des 20. Jh. gepriesen, ließ damals seinen Einstiegspreis von 60 € schnell hinter sich. Wer ihn dann ein wenig später noch sichtete und für umgerechnet 200 bis 350 € erstehen durfte, konnte sich glücklich schätzen.

Ein wesentlicher Ratschlag für Weinfreunde mit normalem Budget ist daher, sich in kompetenten Weinhandlungen beraten zu lassen, und zwar bezüglich ähnlich hochwertiger, aber noch nicht so bekannter Weine. Denn das Weinwunder ist beileibe nicht an sein Ende gelangt, und jedes Jahr kommen neue wunderbare Tropfen dazu. Außerdem ist es sehr lohnenswert, sich auch in der Nachbarschaft der Spitzenlagen umzusehen und dort zu verkosten. Zu empfehlen sind z. B. der *Montescudaio* (in der Nähe von Bolgheri), der auch als *Tignanello di Poveri* bekannt ist, der *Chianti Rufina Riserva DOCG* (Fattoria Selvapiana in Pontassieve) oder der *Poggio ai Chiari* (Casa Emma in Barberino Val d'Elsa).

Es gibt allerdings auch Fehlentwicklungen zu verzeichnen, wie etwa ein zu großzügiger Einsatz neuer kleiner Eichenfässer (Barriques), der zu einem Einheitsgeschmack von allesübertönenden Vanillenoten führen kann. Dabei ist das Potential der Reben, der Böden, des Klimas und der Sonne so groß, dass sanft gesteuerte Weine, die ohne große Kellertricks sich selbst und ihrer Natur überlassen werden, wunderbare Ergebnisse zeitigen. Oft sind diese Weine „biologisch", ohne dass dies besonders angestrebt oder betont werden muss. Schönstes Beispiel ist der *Brunello Paradiso di Manfredi* mit seiner großen Individualität, was die einzelnen Jahrgänge anbelangt. Auch der *Brunello von Gianfranco Soldera* ist Ergebnis einer Weinphilosophie von großem Einfühlungsvermögen in die Kräfte der Natur.

Rubinrotes Fiasco

Der rote *Chianti* spritzte nur so; die „fiaschi" (Flaschen), dickbauchig und bastumhüllt, flogen nach der Theatervorstellung auf die Bühne. Nicht, weil der Wein nicht mundete, er machte die Gemüter impulsiv – doch was die Schauspieler boten, sprengte die Grenzen des Erträglichen. Das passierte irgendwann im 13. Jh. und wurde *fiasco* genannt – das Wort für ein missglücktes Unternehmen war geboren. Heute wird der Chianti, der wohl bekannteste italienische Wein, nicht mehr in den bauchigen Ballonflaschen abgefüllt, sondern kommt wie alle Qualitätsweine in Bordeaux-Flaschen.

Talamones alte Festungsmauern

Reisepraktisches von A bis Z

Ärztliche Versorgung

Ärztliche Hilfe im EU-Ausland erhält man mit der Europäischen Krankenversicherungskarte (EHIC), die sich auf der Rückseite der Versichertenkarte befindet. Sie gewährleistet eine kostenlose Behandlung in Krankenhäusern und bei Ärzten, die dem staatlichen Gesundheitssystem angeschlossen sind. Die meisten niedergelassenen Ärzte behandeln allerdings nur gegen Barzahlung. Die heimische Krankenkasse erstattet diese Kosten gegen detaillierte Rechnung ganz oder anteilig zurück. Privatversicherte können sich vom Arzt generell nur gegen Barzahlung behandeln lassen. Der Abschluss einer zusätzlichen privaten **Auslandskrankenversicherung** ist sinnvoll, wenn Sie sich gegen die hohen Kosten eines unfall- oder krankheitsbedingten Rücktransports absichern wollen.

Diplomatische Vertretungen

Deutschland, Österreich und die Schweiz unterhalten in Florenz jeweils eine Vertretung. Im Notfall – z. B. beim Verlust sämtlicher Reisefinanzen – kann man sich an diese Vertretungen des Heimatlandes wenden. In erster Linie erhält man dort Hilfe zur Selbsthilfe, z. B. die Vermittlung von Kontakt zu Verwandten oder Freunden und Informationen über schnelle Überweisungswege. Nur wenn keine andere Hilfe möglich ist, bekommen Sie Geld für die Heimreise vorgestreckt. Es werden aber keine Schulden übernommen (z. B. Hotelkosten) oder Mittel für die Fortsetzung des Urlaubs zur Verfügung gestellt.

Honorarkonsulat der Bundesrepublik Deutschland (Consolato Onorario della Repubblica Federale di Germania), Honorarkonsulin Renate Wendt, I-50122 Firenze, Corso dei

Tintori 3, Mo–Fr 9.30–12 Uhr, ✆ 055-2343543, 📠 2476208, florenz@hk-diplo.de, auswaertiges-amt.de.

Österreichisches Honorarkonsulat (Consolato Onorario d'Austria), I-50123 Firenze, Lungarno Vespucci 58, ✆ 055-2654222, 📠 057-47337779, cons.austria@lpiworld.com, bmeia.gv.at.

Schweizer Konsulat (Consolato di Svizzera), I-50125 Firenze, c/o Hotel Park Palace, Piazzale Galileo 5, ✆ 055-222434, 📠 220517, firenze@honrep.ch, eda.admin.ch.

Geld

Mit Bankkarte müssen Sie keine einzige Bank betreten, um an Geld zu kommen, denn in allen größeren Orten sind Geldautomaten *(Bancomat)* installiert, wo man mit der **EC-/Maestro-Karte** und Geheimnummer rund um die Uhr täglich bis ca. 400 € erhält (Bedienungshinweise meist auch in Deutsch). Pro Abhebung zahlt man allerdings mind. 6 €. Kunden von Citibank, Commerzbank, Comdirect, Deutsche Bank, SEB und HypoVereinsbank können bei ausländischen Zweigstellen kostenlos Geld abheben, bei Ing-DiBa sind euroweit Abhebungen an allen Automaten mit Visazeichen gratis, mit der Postbank SparCard sind es bis zu zehn Abhebungen im Jahr.

Wer nicht allzu viel Bares mit sich herumtragen will, kann auch auf alle gängigen **Kreditkarten** zurückgreifen, die als Zahlungsmittel weithin akzeptiert werden (Hotels, Restaurants, Läden, Autovermietungen, Bahn- und Flugtickets etc.). Tankstellen lehnen die Kreditkarte manchmal ab, man sollte deshalb beim Tanken immer Bargeld dabeihaben. Wenn die Tankstelle aber den Kreditkarten-Aufkleber zeigt (was meist der Fall ist), können Sie darauf bestehen, mit der Karte zu zahlen.

Bei Verlust der Geldkarte, Kreditkarte etc. diese sofort **telefonisch sperren lassen.** Gebührenfreie Vermittlung zum Sperrdienst für Bankkarten von Sparkassen, Landesbanken, Raiffeisenbanken und zahlreichen Privatbanken unter ✆ 0049-116116. Auch verlorengegangene Handys können so gesperrt werden (Sie benötigen dafür die Handyrufnummer, SIM-Kartennummer, eine Kundennummer oder ein Kennwort). Bei nicht teilnehmenden Banken die jeweiligen Notrufnummern vor der Reise erfragen.

Kreditkarteninhaber können bei Verlust ihrer Karte über Banken, die ihre Karte akzeptieren, ein Notfallgeld erhalten.

Bei einem **Totalverlust von Geld** kann man sich über Western Union Money Transfer (westernunion.de) von einer Kontaktperson zu Hause innerhalb weniger Minuten Geld überweisen lassen. Einzahlung u. a. bei allen Postbank-Filialen. Die Gebühr für eine Überweisung von 100 € beträgt ca. 6 €, für 500 € ca. 11 €. Dieses Verfahren funktioniert auch ohne einen eventuell abhanden gekommenen Ausweis. Auszahlung bei Postfilialen, ausgewählten Banken, Reisebüros und Shops. Auch über Money Gram (moneygram.com) kann man Geld transferieren.

Gesetzliche Feiertage

An den folgenden Feiertagen bleiben Geschäfte, Banken, Behörden und Schulen geschlossen.

Die Widder-Contrade in Siena

Capodanno: Neujahrstag, 1. Januar.

Epifania: Dreikönigstag am 6. Januar.

Pasqua/Lunedì dell'Angelo: Ostersonntag/Ostermontag; der Karfreitag, **Venerdì Santo,** ist kein Feiertag.

Festa della Liberazione: Tag der Befreiung vom Faschismus am 25. April.

Festa dei Lavoratori: Tag der Arbeit, 1. Mai.

Pentecoste: Pfingsten; der Pfingstmontag ist kein Feiertag!

Festa della Repubblica: Tag der Gründung der Republik am 2. Juni.

Assunzione di Maria Vergine/Ferragosto: Mariä Himmelfahrt am 15. August. Dieses Hauptfest der Marienverehrung ist ein großes Familienereignis in Italien und Höhepunkt der Urlaubssaison.

Ognissanti: Allerheiligen am 1. November.

Festa dell'Immacolata: Mariä Empfängnis) am 8. Dezember.

Natale: Weihnachten am 25. Dezember.

Santo Stefano: Tag des hl. Stephanus am 26. Dezember.

Hunde

Seit ein paar Jahren sind Hunde auch in Hotels und Restaurants gesetzlich erlaubt, ebenso auf den meisten Campingplätzen. Sicherheitshalber aber immer vorher fragen, denn mitunter wollen die Betreiber keine – oder nur kleine – Hunde.

> Generell gilt in Italien **Leinenpflicht!** Ein **Maulkorb** muss immer mitgeführt werden, in öffentlichen Verkehrsmitteln ist Anlegen Pflicht.

Für die Einreise muss das Tier durch einen **Mikrochip** gekennzeichnet und gegen **Tollwut geimpft** sein (frühestens zwölf Monate, spätestens dreißig Tage vor Reiseantritt), bei der Impfung muss es mindestens drei Monate alt sein. Der EU-Heimtierpass muss mitgeführt werden.

Bedenken Sie, dass wie in vielen Mittelmeergebieten auch in der Toskana Parasitenbefall droht, vor allem die von Sandmücken übertragene **Leishmaniose.** Um der Krankheit vorzubeugen, kann man sich vor Ort in der Apotheke oder in einem Geschäft für Hundebedarf ein chemisches Halsband mit Namen „Scalibur" kaufen, um den Hund zu schützen. Mittlerweile gibt es auch eine Impfung.

Wenn Sie mit der **Bahn** anreisen, darf ein Hund bis 6 kg im geschlossenen Transportkörbchen auf dem Schoß mit. Wiegt er mehr, wird es kompliziert: Hund und Halter dürfen nur in einem gesonderten Abteil reisen (i. d. R. im letzten Waggon, extra ausgewiesene Plätze), der Hund muss an der Leine sein und einen Maulkorb tragen. Das Hundeticket kostet 50 % des regulären Fahrpreises, Blindenhunde fahren kostenlos. Während der Hauptpendlerzeiten Mo–Fr 7–9 Uhr sind Hunde nicht gestattet.

Information

Wenn Sie sich schon daheim mit Prospektmaterial eindecken wollen, wenden Sie sich am besten an das staatliche italienische Fremdenverkehrsamt **ENIT** (enit-italia.de). Wegen der angespannten Haushaltslage gibt es seit 2011 in Deutschland und in Österreich nur noch ein einziges Informationsbüro, das ENIT-Büro in der Schweiz wurde geschlossen. Dort können Sie brieflich, telefonisch, per Fax oder E-Mail Material zu allen Provinzen der Toskana anfordern (Adressen bzw. Nummern s. u.).

In der Toskana selbst hat fast jeder größere Ort ein Informationsbüro, genannt **IAT** oder **UIT** *(Ufficio Informazioni e di Accoglienza Turistica)*, ansonsten übernimmt oft das Rathaus *(municipio)* diese Funktion. Ausgegeben werden kostenlose Unterkunftsverzeichnisse und Stadtpläne, in größeren Städten auch Listen mit Öffnungszeiten von Sehenswürdigkeiten und Museen. Gelegentlich spricht jemand hinter dem Schalter Deutsch, immer aber zumindest Englisch. Ein Zimmervermittlungsservice wird nur selten angeboten, aus Wettbewerbsgründen dürfen die Mitarbeiter der Touristen-Büros keine Empfehlungen geben. In vielen kleineren Ortschaften gibt es **Pro-Loco-Büros,** die oft ehrenamtlich betrieben werden. Diese Büros sind auf touristische Belange unterschiedlich eingestellt; manche machen ihren Job gut und engagiert und stellen kostenlos Unterkunftsverzeichnisse zur Verfügung.

ENIT-Informationsbüros Deutschland: Schaumainkai 87, 60596 Frankfurt/M., ✆ 069-237434, enit-italia.de. Mo–Fr 9.15–17 Uhr.

Österreich: Mariahilferstr. 1b/XVI, A-1060 Wien, ✆ 0043-1-5051639, enit.at. Mo–Do 9–17, Fr 9–15.30 Uhr.

Schweiz: Anfragen aus der Schweiz werden von ENIT in Frankfurt bearbeitet.

Internet

Aus der Fülle an Websites zur Toskana hier eine kleine Auswahl an interessanten Seiten, auf denen man Nützliches für die Reisevorbereitung entdecken kann.

enit.it ist die offizielle Seite des italienischen Fremdenverkehrsverbandes.

deutschesinstitut.it informiert über Veranstaltungen und Sprachkurse.

Kartenmaterial

Das Angebot an Toskanakarten im Buchhandel ist umfangreich. Bei vielen Informationsbüros vor Ort sind **regionale Karten** kostenlos erhältlich, vor allem **Stadtpläne** bekommt man überall, gelegentlich auch kleine Wanderkarten.

Beim Einsatz von **Apps und digitalen Karten** sei darauf hingewiesen, dass ein flächendeckendes Netz nicht überall existiert. Apps sollten daher im Offline-Modus funktionieren und vorab zu Hause bzw. im Hotel im WLAN installiert werden. Einige Automobilclubs bieten für Mitglieder kostenlos Karten an. Google Maps ermöglicht eine Offline-Navigation für Routenberechnungen sowie die Navigationsfunktion ohne Internetverbindung. In der App **mmtravel** aus dem Michael Müller Verlag erhalten Sie außerdem gratis die GPS-Daten der Wanderungen aus diesem Buch.

Straßenkarten Empfehlenswert sind die detaillierten Karten **Toskana – Auto- und Freizeitkarte** (1:150.000) von Freytag & Berndt, die Karte **Local 358** von Michelin (1:200.000)

und die Karte von **Kümmerly & Frey** (1:200.000).

Wer ein größeres Umfeld bereist und auch auf der Anreise kartografisch informiert sein will, nimmt z. B. die Karte **Italien Nord** (1:500.000) von Freytag & Berndt oder die gleichnamige Karte von Kümmerly & Frey (1:650.000).

Die Karte **Regional 563** (1:400.000) von Michelin umfasst die Regionen Toskana, Umbrien, Marken, Latium, Abruzzen sowie den Kleinstaat San Marino.

Wanderkarten Gut für Wanderer sind die Karten vom **Kompass-Verlag** im Maßstab 1:50.000. 18 Blätter decken die gesamte Toskana ab und eignen sich für selbst zusammengestellte Wanderungen.

Die topografischen Karten des **Istituto Geografico Militare Italiano (IGM)** können online bei maps-store.it bestellt werden. Es gibt sie in den Maßstäben 1:25.000, 1:50.000 und 1:100.000. Die Blätter der derzeitigen Serie 25 kosten ca. 10 € plus Versandkosten. Die Kartenblätter wurden z. T. schon vor langer Zeit erstellt und sind teilweise nicht mehr aktuell; trotzdem sind sie bis heute im Einsatz, weil sie sehr detailliert sind.

Edizioni Multigraphic: Der kleine Kartographieverlag aus Florenz hat einige Wanderkarten im Maßstab 1:25.000 bzw. 1:50.000 im Programm. Die zum Teil eingedeutschten Produkte sind im örtlichen Zeitungshandel erhältlich, vom Kartenbild her allerdings etwas anstrengend. edizionimultigraphic.it.

Literaturtipps

Aus der Fülle der Literatur über die Toskana als altes Kultur- und Reiseland haben wir eine kleine bunte Auswahl zusammengestellt, die zum Schmökern anregen will.

Böckler, Michael, Wer stirbt schon gern in Italien (Droemer/Knaur). Ein erfolgreicher Münchener Herzchirurg hat den Stress satt: Er steigt aus und sucht Entspannung in der Toskana. Mit der schönen Witwe Carlotta kommt überraschend die Liebe ins Spiel. Doch bald fallen erste Schatten auf des Chirurgen Paradies – der Glückliche muss um sein Leben fürchten.

Brilli, Attilio, Italiens Mitte – Alte Reisewege und Orte in der Toskana und Umbrien (Wagenbach). Der Autor lädt ein zu einer Reise abseits der touristischen Hauptattraktionen – und zu einem imaginären Trip in eine versunkene Zeit. Nur noch antiquarisch erhältlich.

Dante Alighieri, Commedia (Fischer TB). Der Klassiker mit präziser und rhythmischer Sprache, von Kurt Flasch ins Deutsche übersetzt, begleitet beim Wiederentdecken des großen Florentiner Dichters.

de Mars, Barbara, Lesereise Florenz: Rendezvous mit einer eigenwilligen Schönen (Picus). Wer es geschafft hat, die Uffizien und den Ponte Vecchio hinter sich zu lassen, trifft das wahre Florenz. Zum Beispiel bei Pasta-Machern, Modeschöpfern, Handwerkern, Biobauern ... Barbara de Mars nimmt uns mit auf ihre Streifzüge durch eine Stadt, die bezaubert und süchtig machen kann.

Flasch, Kurt, Einladung, Dante zu lesen (Fischer). Spannend und kenntnisreich wird der Leser durch Dantes Meisterwerk geführt. Eine gute Einstiegshilfe für alle, die sich bislang nicht an Dantes „Göttliche Komödie“ gewagt haben.

Fruttero, Carlo & Lucentini Franco, Der Palio der toten Reiter (Piper). Die Werke der beiden Turiner sind witzig und mitunter bitterbös. In diesem Buch dreht sich alles um das berühmte Pferderennen auf der Piazza del Campo in Siena: Die Welt des Fernsehens und Konsums prallt hier mit uralten Traditionen aufeinander. Nur noch antiquarisch erhältlich.

Gernhardt, Robert, Toscana mia (Fischer). Die Sehnsuchtslandschaft eines Deutschen, der diese Gegend schon in den 1970ern erlebte. Ein Muss für Toskana-Fans.

Gernhardt, Robert, *Die* Toskana-Therapie (Fischer). Der Satire-Klassiker rechnet in Form eines Theaterstücks mit der Toskana-Romantik der 80er-Jahre ab.

Kohl, Christiane, Villa Paradiso: Als der Krieg in die Toskana kam (Goldmann). Die Italien-Korrespondentin der Süddeutschen Zeitung verarbeitet in ihrem Roman ein Massaker, das Angehörige der Fallschirm-Panzer-Division Hermann Göring 1944 in der Ortschaft Civitella in Val di Chiana verübten. Nur noch antiquarisch erhältlich.

Malvaldi, Marco, Im Schatten der Pineta, Die Schnelligkeit der Schnecke, Eine Frau für den Barista u. a. (Piper). Die toskanische Krimireihe des Barbesitzers Massimo Viviano ist eine wortwitzig amüsante und leicht zu lesende Urlaubslektüre.

Maté, Ferenc, Die Hügel der Toskana (Piper). Aussteigen und Neuanfangen in der Toskana. Ein heiterer Erlebnisbericht mit netten Anekdoten. Auch Folgebände dazu.

Mayall, Felicitas, Nacht der Stachelschweine (Rowohlt TB). In einem aufgelassenen Kloster bei Montalcino wird die Teilnehmerin einer deutschen Selbsterfahrungsgruppe ermordet.

Nabb, Magdalen, Tod in Florenz (Diogenes). Anspruchsvoller und interessant zu lesender Krimi einer Engländerin und Wahlflorentinerin. Die Fälle des einfachen sizilianischen Wachtmeisters Maresciallo Guarnaccia, der seinen Dienst in Florenz ausübt, sind ein Kleinod der Kriminalliteratur.

Origo, Iris, Im Namen Gottes und des Geschäftes – Lebensbild eines toskanischen Kaufmanns der Frührenaissance (Wagenbach). Eine wahre Fleißarbeit, die aus ca. 300 Geschäftsbüchern und unzähligen Briefen des erfolgreichen Textilhändlers Marco Datini (1335–1410) die Lebensart und Geschäftspraktiken der Frührenaissance rekonstruiert. Nur noch antiquarisch.

Stone, Irving, Michelangelo (Rowohlt). Fesselnde Künstlerbiographie des Bildhauers, Malers, Dichters, Ingenieurs und Baumeisters – und zugleich ein bewegendes Porträt der italienischen Renaissance.

Tozzi, Federico, Mit geschlossenen Augen (Wagenbach). Historischer, autobiographisch geprägter Roman des Ende des 19. Jh. in Siena geborenen Schriftstellers der Moderne, der das Leben in der damaligen Toskana beschreibt. Nur noch antiquarisch.

Vollenweider, Alice, Die Küche der Toskana (Wagenbach). Eine kulturhistorische und vor allem kulinarische Reise durch die Region mit 52 passenden Rezepten.

> Mehr Literatur aus und über Italien finden Sie bei **Dante Connection.** Buchhandlung mit kompetentem Service und Team. Oranienstr. 165 a, 10999 Berlin, ✆ 030-6157658, danteconnection. de.

Notruf

Seit März 2020 gilt ausschließlich die europäische Notrufnummer ✆ 112 für alle Arten des Notrufs, also für Ambulanz *(pronto soccorso)* und Polizeinotruf. Polizei ✆ 113, Feuerwehr *(pompieri oder vigili del fuoco)* ✆ 115, Pannenhilfe *(soccorso stradale)* ✆ 803116.

Öffnungszeiten

Grundprinzip ist die Mittagspause, die Siesta. Dafür ist abends oft länger geöffnet, wenn die Hitze nachgelassen hat.

Geschäfte: In den Städten bleiben viele Geschäfte am Montagvormittag geschlossen! In kleineren Orten sind die kleinen *Alimentari* (Lebensmittelläden) jeweils am Mittwochnachmittag zu.

Supermärkte haben meistens Mo–Sa ca. 8/8.30–12.30/13 und 16.30/17–19.30/20 Uhr geöffnet. Viele Supermärkte sind auch am Sonntag zumindest vormittags offen. Vor allem Souvenirläden und andere Geschäfte mit touristischem Bedarf schließen ihre Pforten erst spät abends.

Kirchen: Von 7 bis 12 Uhr mittags, dann wird unbarmherzig geschlossen und nicht vor 15 Uhr, oft erst gegen 17 Uhr wieder aufgemacht;

geöffnet bleiben die Kirchen dann bis 19 oder 20 Uhr. Sonntags während der Messen ist keine Besichtigung möglich. Leider werden mehr und mehr Gotteshäuser nur noch zur Messe geöffnet aufgrund der Kunstdiebstähle.

Museen: Mitunter verwirrend, oft werden die Zeiten mehrmals jährlich geändert. Immerhin zeichnet sich landesweit eine Tendenz zu durchgehenden Öffnungszeiten von 9 bis 19 Uhr ab (kleinere Museen oft nur 9–13 Uhr). Staatliche Museen wie die Uffizien sind am Montag immer geschlossen.

Restaurants: In der Regel geschlossen von 14.30 bis 19 Uhr – wer etwa um 18 Uhr essen gehen will, muss sich gedulden. Die meisten Betriebe kennen einen wöchentlichen Ruhetag (am Eingang als „giorno di chiusura/riposo" angeschlagen), in der Hochsaison entfällt er meist.

Post

Mittlerweile werden Briefe und Postkarten ins Ausland mit „Posta Prioritaria" verschickt, damit liegt die Versanddauer bei nur noch etwa drei Tagen. Das **Porto** für den Brief in ein europäisches Land kostet 1,30 €.

Öffnungszeiten: regional verschieden, meist Mo–Fr 8.30–14, Sa 8–13 Uhr. In Städten oft auch nachmittags offen, meist 16–20 Uhr.

Briefmarken (francobolli): Sie kann man nicht nur bei der Post erstehen, sondern auch in vielen Tabacchi-Läden und Souvenirshops, die Postkarten verkaufen.

Reisedokumente

Für den Aufenthalt in Italien benötigen Deutsche, Österreicher und Schweizer einen gültigen Personalausweis oder Reisepass. Auch für Kinder ist ein eigener Kinderausweis bzw. Reisepass mit Lichtbild erforderlich, Eintragungen im Reisepass der Eltern werden nicht mehr anerkannt. Noch gültige Kinderausweise nach altem Muster ohne Foto werden akzeptiert. Eine Kontrolle der Ausweise findet für deutsche und österreichische Ankömmlinge in der Regel nicht mehr statt (Schengener Abkommen), im Zuge der Flüchtlingsproblematik kann es aber Ausnahmen geben. Bei der Anreise über die Schweiz muss man nach wie vor einen Ausweis vorzeigen.

Kinder und Jugendliche, die ohne Erwachsene reisen, sollten außer ihrem Ausweis eine schriftliche Vollmacht der Erziehungsberechtigten mitnehmen, sie könnten sonst an der Grenze zurückgewiesen werden (Formular unter forium.de/redaktion/jugendreisensicher-im-urlaub-ohne-eltern).

Sprache/Sprachschulen

Die meisten deutschen Urlauber sprechen kein Italienisch und die meisten Italiener kein Deutsch, zumindest in den großen Binnenstädten. Anders an der Küste, wo jeder, der im Tourismusgeschäft tätig ist, wenigstens einige Brocken Deutsch kann. Wer etwas Italienisch üben will, findet am Ende dieses Buchs einen kleinen Sprachführer. Ansonsten gibt es viele Sprachschulen und Universitätsinstitute, die vor Ort Italienischkurse für Ausländer anbieten, z. B. in Florenz und Siena – eine interessante Möglichkeit, Ferien und Lernen miteinander zu kombinieren.

Sprachreiseveranstalter Eine umfangreiche Broschüre über Sprachreiseveranstalter für Schüler und Schüleraustausch gibt es bei der **Aktion Bildungsinformation (ABI):** Die Broschüre heißt „Italienisch lernen in Italien" und kostet 14,70 €. Lange Str. 51, 70174 Stuttgart, ✆ 0711-22021630, jugendnetz.de.

Telefon

Die Zeit von Münz- und Kartentelefonen ist vorbei. Bis Ende 2023 wurden die silbermetallenen Apparate in ganz Italien abgebaut.

Mobiltelefon: Sobald sich das Handy in eines der italienischen Handynetze eingebucht hat, kann man fast überall problemlos telefonieren und Anrufe entgegennehmen, Funklöcher gibt es nur noch vereinzelt in den Bergen. Man zahlt den Tarif des jeweiligen italienischen Netzbetreibers, die Roaming-Gebühren Ihres Mobilfunk-Providers sind 2017 weggefallen. Achtung: Wenn Sie in Italien angerufen werden, zahlen Sie immer die Weiterleitungsgebühren – selbst wenn der Anrufer in Italien ist, wird das Gespräch über Deutschland umgeleitet. Auch für Anrufe auf Ihre Mailbox zahlen Sie doppelt: den Anruf aus Deutschland und die Umleitung auf die Mailbox in Deutschland (Tipp: absolute Rufumleitung Ihres Handys deaktivieren).

Für alle, die viel telefonieren oder längere Zeit in Italien bleiben, lohnt eventuell der Kauf einer wieder aufladbaren SIM-Karte von einer der vier italienischen Mobiltelefongesellschaften: TIM = Telecom Italia (tim.it), Vodafone (vodafone.it) und Wind (wind.it). Man bekommt damit eine italienische Nummer und muss Gespräche, die aus dem Ausland kommen, nicht mitfinanzieren. Beim Kauf muss man den Personalausweis vorzeigen und eine Adresse (auch Hotel o. Ä.) in Italien haben. Das Aufladen ist auch an Bankautomaten möglich. Prepaid-Karten von Vodafone und Wind können bereits von Deutschland aus bestellt werden.

Telefonieren ...

- **... von Italien nach Hause:** Vorwahl Deutschland: 0049, Vorwahl Österreich: 0043, Vorwahl Schweiz: 0041, dann die jeweilige Ortsvorwahl ohne die Null.
- **... von zu Hause nach Italien:** Italien-Vorwahl in Deutschland, Österreich und der Schweiz: 0039. Wichtig: Hier muss die **Null der Ortsvorwahl** immer mitgewählt werden!
- **... innerhalb Italiens:** Hier müssen Sie die jeweilige Ortsvorwahl immer mitwählen – auch bei Gesprächen innerhalb einer Stadt!
- **Italienische Handynummern** beginnen stets mit einer „3"; es wird keine „0" vorgewählt.

Zoll

Innerhalb der EU dürfen Waren zum eigenen Verbrauch unbegrenzt ein- und ausgeführt werden. Es existiert allerdings ein Katalog über Richtmengen von Waren. Überschreitet man diese, muss man im Fall einer Stichprobenkontrolle glaubhaft machen, dass diese Mengen nicht gewerblich genutzt werden, sondern nur für den persönlichen Verbrauch bestimmt sind. Erfreulich: Für den Import von Wein aus anderen EU-Mitgliedstaaten wurde in Deutschland keine Richtmenge festgelegt. Man kann also den toskanischen Chianti in unbegrenzter Menge für die Verwendung zu privaten Zwecken mitbringen ...

- **EU-Richtmengenkatalog** (Warenmenge pro Person ab 17 Jahre): 800 Zigaretten, 400 Zigarillos, 200 Zigarren, 1 kg Rauchtabak, 10 l Spirituosen, 10 l alkoholhaltige Süßgetränke (Alkopops), 20 l Zwischenerzeugnisse (z. B. Sherry, Portwein), 60 l Schaumwein, 110 l Bier, 10 kg Kaffee, 10 kg kaffeehaltige Waren.

Die Schweiz ist nicht in der EU. Bei der **Einfuhr von Waren in die Schweiz** sind die dortigen Einfuhrgesetze zu beachten, die Grenzbeamten haben jederzeit das Recht, Warenkontrollen vorzunehmen. Zu beachten sind folgende Limits:

- **Schweizer Richtmengen:** 5 l alkoholische Getränke bis 18 % Vol. und 1 l alkoholische Getränke über 18 % Vol.; 250 Stück/Gramm Zigaretten, Zigarren oder andere Tabakprodukte; Der Gesamtwert darf den Wert von 300 CHF nicht übersteigen, andernfalls wird er mehrwertsteuerpflichtig. Für die Einfuhr von Alkohol und Tabak gilt eine Altersgrenze von 17 Jahren.

Beim **Transit durch die Schweiz** ist eine freiwillige Deklaration der mitgeführten Waren fällig, wenn die in der Schweiz geltenden Freimengen für die Einfuhr (siehe oben) überschritten werden. Für Waren mit einem Gesamtwert über 5000 CHF muss eine Kaution in Landeswährung hinterlegt werden, die man bei der Ausreise zurückerhält.

Pinienallee in der Maremma

(Rad-)Wandern

in der Südtoskana

GPS-kartierte Touren sind mit dem Symbol GPS gekennzeichnet. Download der GPS-Tracks inkl. Waypoints unter mmv.me/51848

Kleiner Wanderführer

Der Süden der Toskana ist ein ideales Revier für Wanderer, die keine alpinen Ambitionen hegen. Es geht durch liebliche Landschaften, in denen sich Wald- und Bauernland angenehm abwechseln. Ein Gebiet mit dünner Besiedlung und noch viel italienischer Ursprünglichkeit. Höhepunkt sind die tief in die Hügel aus Tuffstein eingeschnittenen Hohlwege ganz im Süden um Pitigliano, die schon von den Etruskern benutzt wurden.

Aber auch schattige Pinienwanderwege entlang der Küste fehlen nicht: Auf ihnen geht es z. B. zur wenig besuchten Badebucht Cala Violina, deren Sand man beim Durchstapfen einen eigentümlichen, an den Klang einer Violine erinnernden Ton entlockt. Burgen, Weingüter und beeindruckende alte Klosterkomplexe gehören natürlich auch zu unserem Wanderprogramm im schönen Süden der Toskana – viel Spaß!

GPS-Wanderung 1

Durch den Montagnola-Wald zum Ponte della Pia

→ Karte S. 250

Charakteristik: Durch den „rauen" Montagnola-Wald mit etwas anstrengendem Einstieg (200 Höhenmeter ohne Schatten) zum verträumten Weiler Tonni. Beim Abstieg ins Tal durch schöne Waldlandschaft kann einem schon mal ein Wildschwein über den Weg laufen. Man genießt schöne Ausblicke auf Montarrenti, den ehemaligen Vorposten von Siena, kommt an einer verlassenen Einsiedelei vorbei und wird schließlich mit der steinernen Bogenbrücke Ponte della Pia belohnt, die über den Fluss Rosia führt, an dem noch ein Fußbad eingeplant werden könnte. Einkehrmöglichkeiten gibt es auf der Strecke nicht. **Länge/Dauer:** ca. 12 km/ca. 3 Std. (reine Gehzeit). **Wege:** Schotterwege, teilweise matschige Waldwege, befahrende Asphaltstraße. **Schwierigkeitsgrad:** nur die ersten 1,8 km (ca. 0:30 Std.) sind etwas anstrengend, der restliche Verlauf ist leicht und mit viel Schatten. **Ausgangs- und Zielpunkt:** Parkplatz vor dem Muzik Pub an der SP 73 (ca. 650 m südwestlich von Rosia).

Wegbeschreibung: Von der IP-Tankstelle in Rosia fährt man mit dem Auto etwa 650 m in südwestliche Richtung auf der SP 73 und stellt den Wagen vor dem Muzik Club links an der Straße ab. Man läuft ca. 250 m weiter auf der asphaltierten SP 73 und lässt den Ort Rosia hinter sich. Hinter zwei Straßenschildern (u. a. Wildwechsel) geht es dann weg vom Asphalt rechts hoch in den Wald hinein. Hier beginnt die eigentliche Wanderung. Man orientiert sich an dieser Stelle an einem Strommast **1**. Ab hier nun dem Schotterweg stetig in Serpentinen bergauf folgen. Diese erste Etappe von ca. 1,8 km ist nur spärlich mit rot-weißer Markierung gekennzeichnet. In 30 Minuten reiner

Ponte della Pia bei Rosia

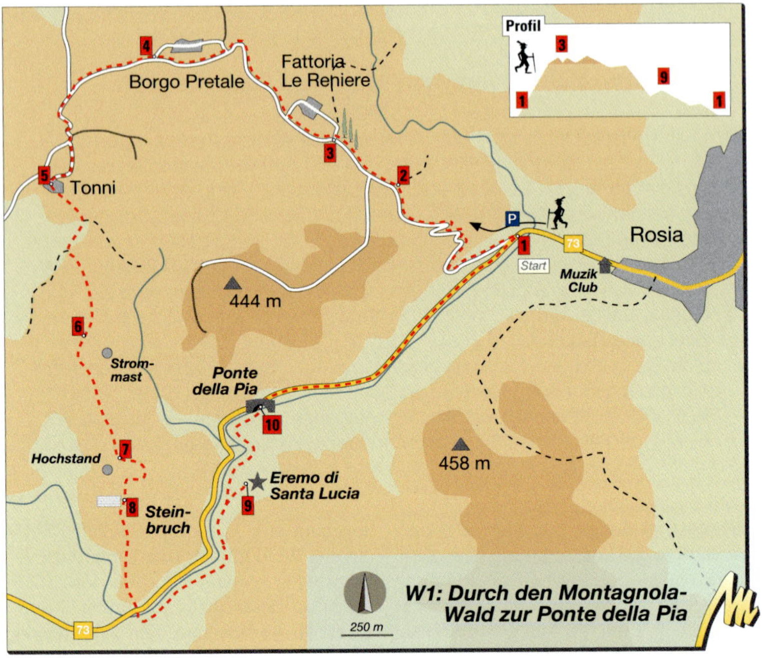

Gehzeit werden ca. 200 Höhenmeter überwunden.

Die Schotterstraße mit dem Schild *Strada di Meleto* **2** wird erreicht, man folgt hier der deutlichen rot-weißen Markierung. Die Wanderstrecke ist ab nun eben und schattig. Weiter geht es auf diesem Weg bis an eine Weggabelung mit Zypressen **3**. Rechts sieht man die Fattoria Le Reniere. Das Weingut rechts liegen lassen und der „118" weiter folgen. Das nächste Anwesen Borgo Pretale **4** rechter Hand (mittelalterlicher Weiler, heute ein Hotel) wird ebenfalls passiert. Weiter geht es auf unserer Schotterstraße. An der nächsten großen Weggabelung hält man sich jetzt links. Die Wanderstrecke heißt nun „100" und ist für ein kurzes Stück asphaltiert.

An der Ausschilderung nach Tonni links in diesen kleinen, malerischen Ort abbiegen. Am Ortseingang wird man von freundlich bellenden Hunden begrüßt. Die Piazza von Tonni **5** mit Brunnen und Kirche eignet sich bestens für eine Pause. Bis hierher wurden ca. 5 km Wegstrecke bewältigt.

Am Ende der Dorfstraße geht es auf steinigem Weg zwischen den Häusern rechts wieder aus dem Ort heraus. Die rot-weiße Wegmarkierung findet sich linker Hand auf einem Zählerkasten aus Ziegelstein. Der Weg führt abwärts in den Wald hinein. Nach Tonni hält man sich an der ersten Weggabelung rechts. Man gelangt an eine Lichtung mit Wegverzweigung **6**, an der man nun links abwärts einbiegen muss. (Achtung: der Weg geradeaus ist ebenfalls rot-weiß markiert!) Man wandert nun immer auf dem Hauptweg weiter. Der Waldboden ist hier oft aufgeweicht, und es lohnt sich, nach Fährten von Wildschweinen und anderen Waldbewohnern Ausschau zu halten.

Man passiert ein moosbewachsenes, vom Verfall bedrohtes Mäuerchen **7** links am Wegrand, wandert auf ansteigendem Weg weiter und stößt nach einiger Zeit auf einen Weg, in den man links einbiegt. In jedem Fall stets auf die deutliche rot-weiße Wegmarkierung achten!

Bald wird ein ehemaliger Steinbruch **8** erreicht. Von hier hat man einen fantastischen Blick auf Montarrenti, einen mittelalterlichen Vorposten Sienas. Eine Pause sollte man sich hier gönnen! Weiter geht es nun stets bergab, bis die Asphaltstraße SP 73 erreicht wird. Rechts unten liegt ein Marmorsägewerk. Die Straße überqueren. Nur 10 m weiter links geht es wieder in den Wald hinein. Man orientiert sich sogleich an einem schlecht sichtbaren Wegweiser in Richtung Eremo di Santa Lucia, einer Einsiedelei. Ein Bachlauf wird überquert. Man folgt dem alten Pilgerpfad, der parallel zum Bach bzw. zur SP 73 verläuft und unterhalb der verlassenen Einsiedelei vorbeiführt. Diese lohnt einen Abstecher: Hierzu muss man an dem alten Turm aus Backstein rechts ca. 100 m von der Hauptstrecke abzweigen. Die Funde der dortigen Ausgrabung reichen bis in die Zeit der Etrusker zurück. Bei der letzten Wanderüberprüfung war die Ruine der Eremo **9** fast vollständig von Efeu- und Brombeergestrüpp überwuchert.

Danach geht es wieder zurück zum Hauptweg. Die Ponte della Pia **10**, eine mittelalterliche Bogenbrücke aus dem 13. Jh., wartet auf uns. Nach dem Überqueren der schönen Brücke erreicht man erneut die SP 73. Hier nun rechts weiterwandern. Die letzte Etappe der Wanderung geht für ca. 1,9 km auf Asphalt weiter (Achtung: Straßenverkehr!), bis man seinen Ausgangspunkt **1** wieder erreicht.

Mitten im Wald – Landgüter wie kleine Festungen

Wanderung 2

Von der Abtei San Galgano nach Monticiano

Charakteristik: Der Weg führt von San Galgano über den Fluss Merse auf meist schattigem Weg durch bewaldetes Gelände in das Dorf Monticiano. Im typischen Bergdorf der Montagnola erwarten den Wanderer die historische Altstadt und gute Einkehrmöglichkeiten in Bars oder im Restaurant Da Vestro. **Länge/Dauer:** ca. 7 km, ca. 2–2:30 Std. (reine Gehzeit). **Wege:** Feld- und Waldwege (größtenteils im Schatten). **Schwierigkeitsgrad:** mittel. **Ausgangs- und Zielpunkt:** Abtei von San Galgano.

Wegbeschreibung: Die Wanderung beginnt direkt links an der Abtei von San Galgano auf einem Sandweg **1** in Richtung Cappella Monte Siepi. Noch bevor der Weg zum Anstieg zur Cappella beginnt, folgt man direkt vor einem Weinberg rechts dem Pfad **2**. Den Weinberg zur Linken, eine Böschung aus Hecken zur Rechten, wandert man auf diesem schmalen Pfad und lässt die Abtei hinter sich. Dem Wegverlauf durch die Wiese nach rechts folgend, erreicht man den Fluss Merse. Den Fluss zur Linken, folgt man für weitere 100 m dem Weg rechts entlang und erreicht eine Brücke **3**, über die man das andere Ufer des Merse erreicht (siehe Kasten oben).

Schilderwald

Von dort läuft man bis zum Wald und folgt links dem Hauptweg, der ab hier rot-weiß markiert ist. Am ersten Wegweiser geht man in Pfeilrichtung geradeaus nach Monticiano **4**. Man passiert zwei mit Holztischen und Bänken ausgestattete Rastplätze (**5** + **6**), an denen man sich jeweils rechts hält. Am zweiten Rastplatz folgt man dem Schild „Monticiano“, der Weg steigt an.

An der nächsten Gabelung **7** hält man sich erneut rechts und folgt dem ausgeschilderten Weg. Man läuft an einer Pferderennbahn **8** vorbei, der Trainingsstrecke für das Palio-Rennen in Siena. Die Bahn entspricht dem Profil des Campo in Siena. Immer auf dem Hauptweg bleibend, erscheint links der Ort Monticiano. An den Neubauten des Ortes geht es an der Kreuzung auf einer Asphaltstraße links in Richtung Ortszentrum. An der nächsten Straße hält man sich erneut links (Ortsschild Monticiano). Am Dorfplatz, der Piazza S. Agostino, gibt es eine klassische Bar sowie die Enoteca Benedetto Vino, die durchgehend einen Imbiss aus Bio-Produkten anbietet. Ziel

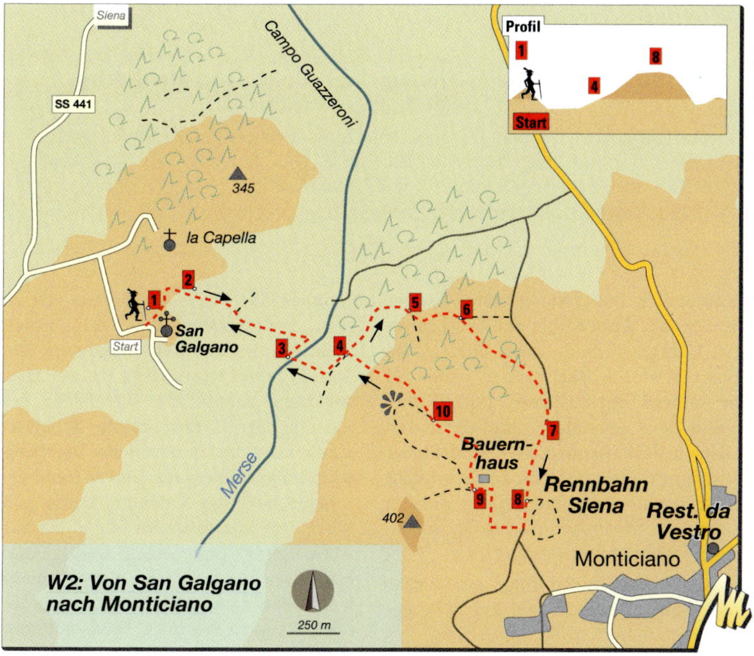

der Wanderung ist aber die Kirche der unweit gelegenen Altstadt. Man läuft ins ausgeschilderte Centro storico, kommt dabei an der Piazza Cavour (mit Kriegsdenkmal) vorbei und erreicht schließlich die Piazza Garibaldi, an der die Chiesa Pietro e Paolo in S. Agostino steht. Hinter der Kirche befindet sich ein Aussichtspunkt – der ideale Platz fürs Picknick. Die Altstadt lädt zu einer Besichtigung ein.

Der Rückweg beginnt wieder an der Piazza S. Agostino und führt links am Supermarkt Coop vorbei. Man verlässt den Ort wieder auf der Asphaltstraße und orientiert sich an den Schildern für Wanderer, die den Weg nach San Galgano zurück weisen. Zunächst wandert man auf derselben Strecke wie auf dem Hinweg, bis man am Anfang der Pferderennbahn rechts auf einen Wegweiser stößt. Dieser weist den Weg links nach San Galgano, eine schöne Variante zum Hinweg (kürzer, aber etwas schwieriger). Man umläuft einen eingezäunten Bauerngarten und orientiert sich vor dem Bauernhaus am nächsten Hinweisschild nach San Galgano links.

Nach ca. 150 m kommt man zu einer Gabelung mit drei Wegen **9**: Der rechte führt leicht bergab nach San Galgano, der mittlere ist eine empfehlenswerte Variante über eine Bergkuppe mit sehr schönem Blick auf die Abtei. An der Stelle, an der sich die beiden Varianten treffen **10**, führt ein schmaler Pfad bergab, bis man wieder auf den Weg der Hinstrecke trifft. Hier links einbiegen. Am Feld angekommen, rechts dem Wegweiser aus dem Wald hinaus folgen. Die Brücke über den Merse erneut überqueren, sich rechts halten und gleich links auf den direkten Weg zurück zur Abtei.

Fahrradtour 1

Durch das Brunello-Anbaugebiet südlich von Montalcino nach Buonconvento

Ausgangspunkt: Mit dem Zug zunächst von Buonconvento bis zum Ausgangspunkt der Tour nach Monte Antico (ca. 15 Min., Abfahrtzeiten: 12.41 und 13.53 Uhr). **Dauer der Radtour:** 3–4 Std. Natürlich ist die Strecke auch gut zu Fuß zu machen, dann sollte man ca. 5–6 Std. veranschlagen.

Nordöstlich (ca. 100 m) vom Bahnhof von Monte Antico über den beschrankten Übergang, dann sofort links in die Schotterstraße. Nach 200 m endet sie an einem Agriturismo. Dort linker Hand dem schmalen, parallel zu den Gleisen verlaufenden Pfad in östlicher Richtung folgen. Nach ca. 800 m erreicht man eine alte Eisenbahnbrücke, die den Ombrone überquert (Achtung: mehrmals täglich Bummelzüge).

Nach der Brücke folgt ein Eisenbahnhaus (Beschriftung: km 233), gegenüber führt ein kurzer Feldweg zu einem verlassenen Haus mit einem Weinfeld. Dieser Weg mündet in die Einfahrt eines renovierten Hauses. Hier beginnen bereits die Weinfelder der Azienda Banfi. Eine breite Schotterstraße führt nun in nördlicher Richtung 2 km langsam bergauf. Linker Hand erscheint bald das Castello Poggio alle Mura. Der Straße weiter folgen bis zur Abzweigung links nach Camigliano. Für einige hundert Meter bietet sich ein weites Panorama über die Banfi-Ländereien bis nach Paganico. Nach weiteren 3 km liegt auf der rechten Seite die Pieve Poggio al Muro.

Nach weiteren ca. 2 km stößt man auf eine asphaltierte Straße und die Abzweigung nach Camigliano. Dieser nicht folgen, sondern Richtung Montalcino fahren. Einige Zeit später durchquert man den Weiler Tavarnelle, dann geht es nach einer Steigung links nach Castiglione del Bosco, rechts nach Montalcino. Man orientiert sich hier Richtung Castiglione und gelangt nach 200 m auf eine Schotterstraße, die ca. 9 km am Waldrand entlang nach Castiglione führt (mit weiten Panoramablicken in die Colli Senesi und nach Montalcino). Von Castiglione sind es noch ca. 8 km bis nach Buonconvento. Nach der Abfahrt von Castiglione ins Tal – Vorsicht beim Bremsen auf der kurvenreichen Schotterstraße – folgt im Tal ein Eisenbahnübergang. Von hier verbleiben 3 km asphaltierte Straße.

GPS-Wanderung 3

In den Crete Senesi zur Abtei von Monte Oliveto Maggiore

Charakteristik: Schöne Kammwanderung mit tollem Blick in die schroffen Erosionsschluchten der wilden Crete Senesi mit anschließendem Abstieg ins Tal der Trüffel. **Länge/Dauer:** ca. 5 km, ca. 1:45 Std. (reine Gehzeit). **Wege:** Feldwege, Waldboden, ein kurzes Stück Asphalt. **Einkehrmöglichkeiten:** Restaurant La Torre an der Abtei (Di geschlossen), Besichtigung des Klosters Monte Oliveto Maggiore täglich 9.15–12 Uhr und 15.15–18 Uhr. Die Mittagspause von 12 bis 15.15 Uhr sollte bei der Tagesplanung einkalkuliert werden. **Schwierigkeitsgrad:** mittelschwer (wasserfeste Wanderschuhe sind erforderlich, nicht nur nach Regenfällen). **Ausgangs- und Zielpunkt:** Chiusure, 8 km südlich von Asciano.

Wegbeschreibung: Die Wanderung beginnt im Ort Chiusure auf der Piazza del Pozzo **1**. Man verlässt den Ort in westlicher Richtung und gelangt sogleich an die Hauptstraße, der man ein kurzes Stück geradeaus folgt. Man passiert die Müllcontainer und erreicht die Stelle, an der links der Wanderweg „513" beginnt (gekennzeichnet durch einen Aufsteller mit Wanderkarte). Nach ca. 20 Min. kommt man am Gehöft Pioca vorbei. Das Gut liegt oberhalb der Wanderstrecke und ist kaum zu sehen. Kurz danach zweigt der Wanderweg „542" im spitzen Winkel rechts ab. Diesen ignorieren und zunächst weiter auf dem Feldweg „513" durch den Olivenhain wandern.

Erst nachdem man am nächsten Gehöft Le Caldesi **2** vorbeigewandert ist, biegt man nach ca. 100 m rechts in

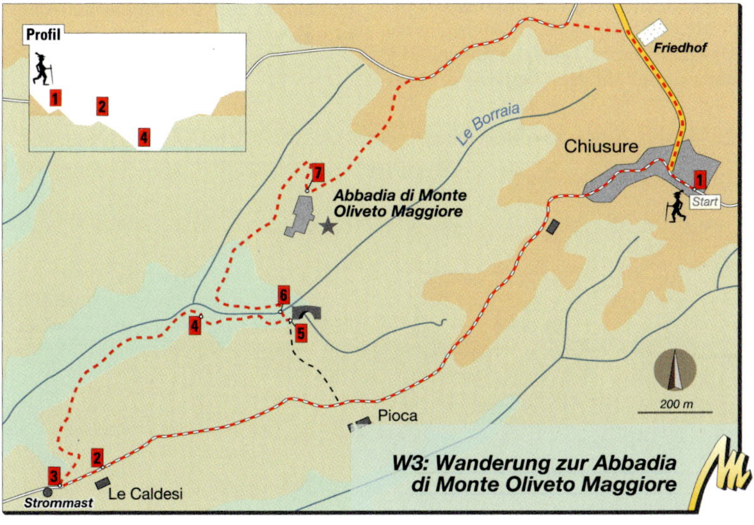

W3: Wanderung zur Abbadia di Monte Oliveto Maggiore

einen etwas versteckten Feldweg **3** ein (vor einem Strommast). Ab jetzt ist die Wanderstrecke nicht mehr markiert. Unwetter der letzten Jahre hatten in dieser Gegend Erdrutsche zur Folge. Die an dieser Stelle den Weg versperrende Kette dient dazu, Fahrzeugen den Weg zu blockieren. Zu Fuß ist die Strecke aber gut zu erkennen und durchaus passierbar. Wir folgen diesem Weg. Er führt uns in die sumpfigen Gräben der Talsenke, in denen im Herbst der kostbare weiße Trüffel wächst (die Suche nach der Knolle ist nicht erlaubt!). Unten angelangt, folgt man dem Weg, der einen zunächst rechts an einem Eichenwald vorbeiführt, der allmählich in ein Pappelwäldchen übergeht. Der lehmige Boden kann hier vor allem im Herbst nach Regenfällen ziemlich rutschig sein. Nach ein paar Hundert Metern passiert man in Reihe gepflanzte, den Weg säumende Pappeln **4**. Noch vor einer Viadukt-Konstruktion aus Zement **5** biegt man nun links ein und passiert die Talsenke durch den Sumpf des Bachlaufes Le Borraia. Man erreicht somit die andere Seite der Talsenke. Auf dem Hohlweg aus Lehm **6** geht es in Richtung der Badia di Monte Oliveto Maggiore empor. Teilweise können hier Bäume quer auf dem Weg liegen, die es zu überwinden gilt. Man erreicht ein Backsteingebäude (rechts am Weg) unterhalb der eigentlichen Abtei. Die Abtei liegt oberhalb, und unser Weg führt weiter hoch. Man erreicht schließlich ein Zauntor und geht hindurch (falls verschlossen, hilft nur drübersteigen). Endlich ist das Ziel erreicht, die beeindruckende Abtei di Monte Oliveto Maggiore **7** (von 12 bis 15.15 Uhr herrscht in der Abtei Mittagsruhe).

Auf dem mit Zypressen gesäumten Fußweg und (mit Backsteinen gepflastert) beginnt der Rückweg nach Chiusure. Durch den Torbogen mit Zugbrücke am Restaurant La Torre entlang links am Parkplatz vorbeilaufen und an der Asphaltstraße rechts in Richtung Siena/Asciano. Nach einem kurzen Stück hält man sich erneut rechts und folgt der Straße bis zu einem roten A.N.A.S.-Häuschen (Straßenwacht), das rechts an der Straße steht. Dort folgt man dem Hinweisschild „Sentiero Le Piaggiarelle“ eine Sandtreppe empor und weiter, bis man am Friedhof von Chiusure an der Asphaltstraße am Ortseingang herauskommt. Hier nun rechts und zurück zum Ausgangspunkt Chiusure **1**, wo das Auto abgestellt wurde.

Zwischen Zypressen und Oliven – das Kloster Monte Oliveto Maggiore

GPS-Wanderung 4

Von Montalcino zur Benediktinerabtei Sant'Antimo

→ Karte S. 259

Charakteristik: Vom Weinort Montalcino geht es im Auf und Ab an Weingütern und Weinbergen der Brunello-Reben vorbei, bevor der Weg durch teilweise dichten Steineichen-Macchia-Wald führt. Am Ziel wird man mit der wunderschön gelegenen Abtei von Sant'Antimo belohnt, die besichtigt werden kann (3 €). Ein eindrucksvoller Abschluss, bevor man den Bus zurück nach Montalcino nimmt. **Start- und Zielpunkt:** Die Wanderung ist keine Rundwanderung! Start ist in Montalcino, das Ziel Sant' Antimo. Der Rückweg von Sant'Antimo nach Montalcino erfolgt mit dem Bus. Die Bushaltestelle befindet sich oberhalb der Abteil von Sant'Antimo. Der Fußweg von der Abtei bis zur Bushaltestelle beträgt ca. 15 Minuten. In Montalcino hält der Bus am Kreisverkehr, also dort, wo man die Wanderung begonnen hat. Die Abfahrtszeiten von Sant'Antimo: Mo–Fr 14:26 und 16:56 Uhr, Sa nur 14:26 Uhr, So keine Verbindungen. Die Fahrt dauert ca. 15 Minuten. Fahrscheine gibt es im Bus. **Dauer:** 3:30 Std. **Länge:** ca. 11 km. **Wege:** Rot-weiß markierte Wanderstrecke, Schotterwege – teilweise recht steinig – wechseln mit Waldboden ab. **Schwierigkeitsgrad:** Die An- bzw. Abstiege sind recht kurz und mittelschwer. **Einkehrmöglichkeit:** zwei Restaurants oberhalb von Sant'Antimo (Osteria Bassomondo und Locanda Sant'Antimo). Der Ort fürs Picknick: unter den Olivenbäumen an der Abtei Sant'Antimo.

Wegbeschreibung: Das Auto parkt man auf dem gebührenfreien Parkplatz unterhalb vom Kreisverkehr (mit modernem Denkmal) in Montalcino. Die Wanderung beginnt in Montalcino genau an diesem Kreisverkehr **1**. Man läuft zunächst ein Stück auf der Straße in Richtung Grosseto und biegt nach ca. 50 m rechts hinter der Apotheke in die Via del Poggiolo ein. Am Friedhof vorbei geht es aus dem Ort hinaus. Am Schild mit der Aufschrift „Palazzone" hält man sich links und folgt dem Schotterweg hoch. An der folgenden Weggabelung nun rechts. Noch vor dem Weingut Palazzone zweigt ein durch eine Mauer begrenzter Fußweg links ab. Man orientiert sich am Wegweiser nach Sant'Antimo **2** an einer Zypresse und folgt nun diesem Fußweg weiter.

Man verlässt hier also die Schotterstraße und taucht in einen Macchia-Wald ein. Der tunnelartige Steineichenwuchs spendet herrlichen Schatten. Auf dem Weg überquert man zwei Bachläufe. Dann wird eine Gabelung erreicht, an der man links einbiegt. Es geht bergauf. Der Weg wird nun rechts von einem Zaun begrenzt, der einen Weinberg schützt. Man erreicht das Weingut Poggiolo **3**. Auf Schotterstraße wird an der Kellerei vorbeigewandert. Schließlich erreicht man die Asphaltstraße SP 103. Hier nun nach links auf Asphalt weiter. Kurz darauf erreicht man eine Kreuzung **4**, an der es nach Tavernelle/ Camigliano geht. An dieser Stelle wird der Weg links eingeschlagen, der uns über einen freien Platz (zur Lagerung von Baumaterial und Holz) laufen lässt. Der Weg führt in den Wald hinein (Wegweiser linker Hand). Der Weg geht recht steil hoch und ist steinig! Er lässt einen schließlich erneut die SP 103 erreichen. Die Asphaltstraße wird

Weinkenner kennen auch Montalcino

hier überquert und es geht erneut in den Wald (Wegweiser linker Hand). Sogleich an einer Weggabelung angelangt, geht es hier nun weiter hoch geradeaus (rot-weiße Markierung auf einem Stein beachten). An einem Eisentor **5** biegt man links in den Schotterweg ein.

Eine weitere Asphaltstraße (Traversa dei Monti) wird erreicht. Dieser nun rechts entlang ca. 250 m folgen, bis man das Gut Le Ragnaie **6** erreicht. Hier wird die Schotterstraße in Richtung Villa a Tolli eingeschlagen. Bald lässt man den Wald hinter sich, und die Landschaft öffnet sich über Felder und Wiesen mit Blick auf den Monte Amiata und ins Orcia-Tal. Am Agriturismo Il Cocco wird vorbeigewandert. Bald erreicht man Borgo Villa a Tolli **7**. Unsere Wegstrecke führt an dem hübschen Weiler vorbei. An der nächsten Weggabelung, noch vor dem Weingut La Magia, weist ein Schild nach Sant'Antimo, dem nun links gefolgt wird. Ab hier geht es nun recht steil und steinig bergab. Endlich ist unser Ziel in Sicht, die Abtei von Sant'Antimo. An der T-Kreuzung geht es jetzt links entlang. Bald schon wird die schöne Kirche **8** inmitten von Olivenbäumen erreicht. Für die Rückfahrt mit dem Bus läuft man nun (nur noch!) 15 Minuten die Asphaltstraße bis zur Kreuzung hoch, an der sich die Bushaltestelle und zwei Restaurants befinden.

W4: Montalcino - Sant' Antimo
400 m
Montalcino
Poggio Osticcio 625
C. l'Albatreti
Weingut Poggiolo
Bellaria
V. la Greppo
SP55
P103
Villa Secordio
Naturschutzgebiet Val d'Orcia
Casino
Poggio Civitella 559
Le Ragnaie
Piombaia
Querce Grosse
Lume Spento
Podernoviono
Podere Sefagiolo ex Convento Cuppuccini
Le Scampate
Poggio Cocco 610
Podere Aiole
Palazzina
Agriturismo Il Cocco
592
Podere Pin di Moggio
Poggio delle Macioe 557
Podere Ribus
SP14
Villa a Tolli
Poggi
Podere M. Caprili
Cassaccia
La Magia
Poggio alle Forche 556
Poggio Castagnini 528
Fosso Schiaccione
Poggio Castellare 478
Casello
Capannacce
Colombaiolo
Saporoia
Ventolaio
Poggio D'Arna 503
Abbazia di S'Antimo
Podere la Torre
Fosso del Cassero
Castelnuovo dell'Abate

GPS-Wanderung 5

Von Bagno Vignoni über Castello Ripa d'Orcia hinab ins Orcia-Tal

Charakteristik: Steiler, schattenloser Aufstieg, der durch den Panoramablick zu beiden Seiten des Weges bis nach Montepulciano und Montalcino belohnt wird. Reizvoller Abstieg durch Mischwald. **Länge/Dauer:** ca. 11 km, ca. 3:30 Std. (reine Gehzeit). **Wege:** Schotterstraßen, steinig-schottrige Waldwee. **Schwierigkeitsgrad:** erste Etappe bis zum Weiler Vignoni Alto ansteigender Weg ohne Schatten, zweite Etappe bis zur Burg Castello di Ripa d'Orcia leicht und ohne Schatten, dritte Etappe schattiger Waldweg durch Macchia-Wald, etwas anstrengend durch starkes Gefälle, wofür gute Wanderschuhe und ggf. Wanderstöcke vorteilhaft sind. **Ausgangs- und Zielpunkt:** Ortseingang von Bagno Vignoni, Schotterstraße rechts hinter der ehemaligen Touristen-Info.

Wegbeschreibung: Die Wanderung beginnt auf dem Parkplatz **1** am Ortsausgang in Bagno Vignoni hinter der ehemaligen Touristen-Info. Man folgt der breiten Schotterstraße bergauf. Etwa 40 Min. geht es aufwärts durch Olivenhaine und Weinberge, bis man den Friedhof **2** (links am Weg) des Weilers Vignoni Alto erreicht. Hier biegt man rechts auf einen sehr schmalen Trampelpfad ein und erreicht so Vignoni Alto durch den alten Torbogen. Man wandert an der kleinen Kirche des Weilers vorbei. Im Dorf kann man die Kirche besichtigen und gelangt am Ortsausgang wieder auf die Schotterstrecke – weiter am Gutshof Podere Bellaria vorbei, bis man an eine T-Kreuzung gelangt. Rechts unten liegt die Ortschaft S. Quirico d'Orcia.

An der T-Kreuzung links in die breite Schotterstraße einbiegen, so kommt man zunächst links an einem Bauernhaus, dann an der Azienda Poggio Grande vorbei. Gleich darauf folgt man dem Weg in Richtung Castello

Landschaft aus grünem Samt im Orcia-Tal

Ripa d'Orcia. Nach ca. 30 Min. (ab T-Kreuzung) erreicht man den Gutshof Podere San Savino, wo man sich an der Gabelung mit dem Hinweisschild in Richtung Castello di Ripa d'Orcia links bergab hält. An der Cantina Ripa d'Orcia und an der Azienda Poderuccio vorbei wird die nächste Weggabelung erreicht, an der man auf einen Trinkwasserbrunnen **3** stößt. Rechts geht der Weg zum Castello di Ripa d'Orcia, einer Vier-Sterne-Herberge, die keine Möglichkeit zur Besichtigung oder Einkehr bietet (falls man den Abstecher von ca. 500 m dennoch machen möchte, gelangt man an die verschlossene Pforte der Burg).

Zurück am Wegpunkt **3** (Trinkwasserbrunnen), kann man im Schatten der Pinien und mit dem Blick auf einen Weinberg eine erste Rast einlegen. Weiter geht es auf dem Weg in Richtung Bagno Vignoni. Man gerät unmittelbar an eine Gablung, an der man sich links hält und auf steinig-schottrigem Weg durch den schattenspendenden Macchiawald bergab läuft. Zur Orientierung dient die rot-weiße Markierung. Im Tal angelangt, überquert man einen Bachlauf **4**. Rechts ist der Fluss Orcia mit einer eingestürzten Brücke. Der Haupt-

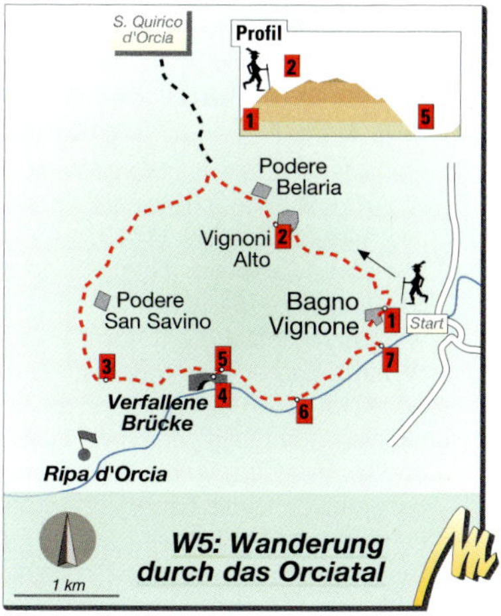

weg führt weiter bergauf bis zu einem Feld **5**. An diesem Feld wird an der Weggabelung dem Weg rechts bergab gefolgt. Rechter Hand begleiten einen der Fluss Orcia und das Panorama des Turms Rocca di Tentennano. Man wandert weiter, nun ansteigend, bis man ein weiteres Feld erreicht, dem man rechts entlang folgt. Man trifft auf eine Kreuzung (die Angaben auf einem hölzernen Wegweiser ignorieren!), an der man die rechte Variante bergab wählt. Immer dem rot-weiß markierten Weg folgend, passiert man einen Steinbruch **6**, läuft durch das verlassene Fabrikgelände und kommt kurz darauf an den Thermalwasserfällen **7** von Bagno Vignoni heraus. An den Sinterwasserfällen und natürlichen Thermalwasserbecken (Bademöglichkeit) führen Treppenwege (teilweise mit Geländer) wieder zum Dorf empor. Man orientiert sich an den Ruinen der ehemaligen Wassermühlenanlage (Parco dei Mulini) und trifft auf ein Wasserbecken. Hier hält man sich nun rechts hinauf und erreicht das Dorf. An der Bar Il Barrino vorbei folgt man der gepflasterten Straße rechts zurück zum Parkplatz hinter der Touristen-Info, wo der Wagen steht.

GPS-Wanderung 6

Vom herrschaftlichen Anwesen La Foce ins Naturreservat von Pietraporciana

Charakteristik: Die Panorama-Wanderung beginnt beim herrlichen Anwesen La Foce mit Villa und wunderschönen Gartenanlagen (geführte Besichtigung des Gartens ab Mitte März bis Anfang November Mi um 15, 16, 17 und 18 Uhr sowie Sa/So um 11.30, 15 und 16.30 Uhr) und führt durch die Bilderbuchlandschaft des Orcia-Tals mit schönen Ausblicken auf den Monte Amiata und ins Chianatal. Im Naturreservat Pietraporciana taucht man in eine zauberhafte Buchenwaldlandschaft mit moosbewachsenen Felsen ein. Auf einer Höhe von 850 m bietet sich an einem Panoramapunkt ein herrlicher Ausblick. das verträumte Bergdörfchen Castiglioncello del Trinoro liegt ebenfalls auf unserer Wanderung, die schließlich am berühmten Fotokalendermotiv „Serpentinenstraße mit Zypressen" vorbeiführt. **Ausgangs- und Zielpunkt:** Parkplatz des Anwesens La Foce (bei Chianciano Terme). **Dauer:** ca. 4 Std. **Länge:** ca. 16 km. **Schwierigkeitsgrad:** Die recht lange, aber abwechslungsreiche Tour verläuft ohne besondere Schwierigkeiten auf teils sonnigen, teils schattigen, gut begehbaren Wegen. **Einkehrmöglichkeit:** in der Hütte Podere Pietraporciana (2018 geschlossen) und am Ziel der Wanderung im Ristorante Dopo Lavoro, Località La Foce (Mo geschlossen).

Wegbeschreibung: Die Wanderung beginnt auf dem Parkplatz **1** des Landgutes La Foce. Von hier wird gleich links der Schotterweg nach oben eingeschlagen (das Gut liegt rechter Hand). Beim Anstieg verlässt man den Steineichenwald und hat zum ersten Mal einen Blick auf den Monte Amiata und den Turm von Radicofani. Weiter geht's auf dem Weg durch eine Anpflanzung von Zypressen. Man erreicht eine Art Wegkreuzung, die durch ein Schild mit der Aufschrift „Palazzone" gekennzeichnet ist. Man beachte die hier kreuzende uralte Steineichenallee! Man folgt demselben Weg weiter und passiert einen Picknickplatz **2** mit Holztischen und Bänken links. Kurz darauf kommt man an einem künstlichen Teich vorbei. Die Aussicht ins Chiana-Tal reicht über Chianciano Terme zum Lago di Chiusi bis hin zum Lago di Trasimeno. Nun steigt der Weg an.

Eine Schranke **3** linker Hand wird erreicht, an der man links nach Pietraporciana abzweigt. Man wandert weiter bis zum gelben Haus, dem Podere Pietraporciana **4**, einst Rückzugsort von Partisanen, heute Einkehrmöglichkeit für Wanderer. Gleich hinter dem Haus geht es an einem steinernen Wasserbecken links hoch in das Naturreservat der Faggeta (ein Buchenwäldchen). Man folgt hierbei dem von einem Holzzaun gesäumten Weg. Die Nordausrichtung sowie die vor warmem Wind schützende Kalkfelsenwand begünstigt hier ein kühl-feuchtes Mikroklima, in dem sich ein für diese Gegend ungewöhnlicher Buchenwaldbestand bilden konnte.

An der nächsten Kreuzung zweigt man rechts in Richtung Grotta del Bruco ab. Kurz darauf wird der Hügel Poggio di Pietraporciana **5** auf 850 m Höhe erreicht. Der Ort mit Panorama ins

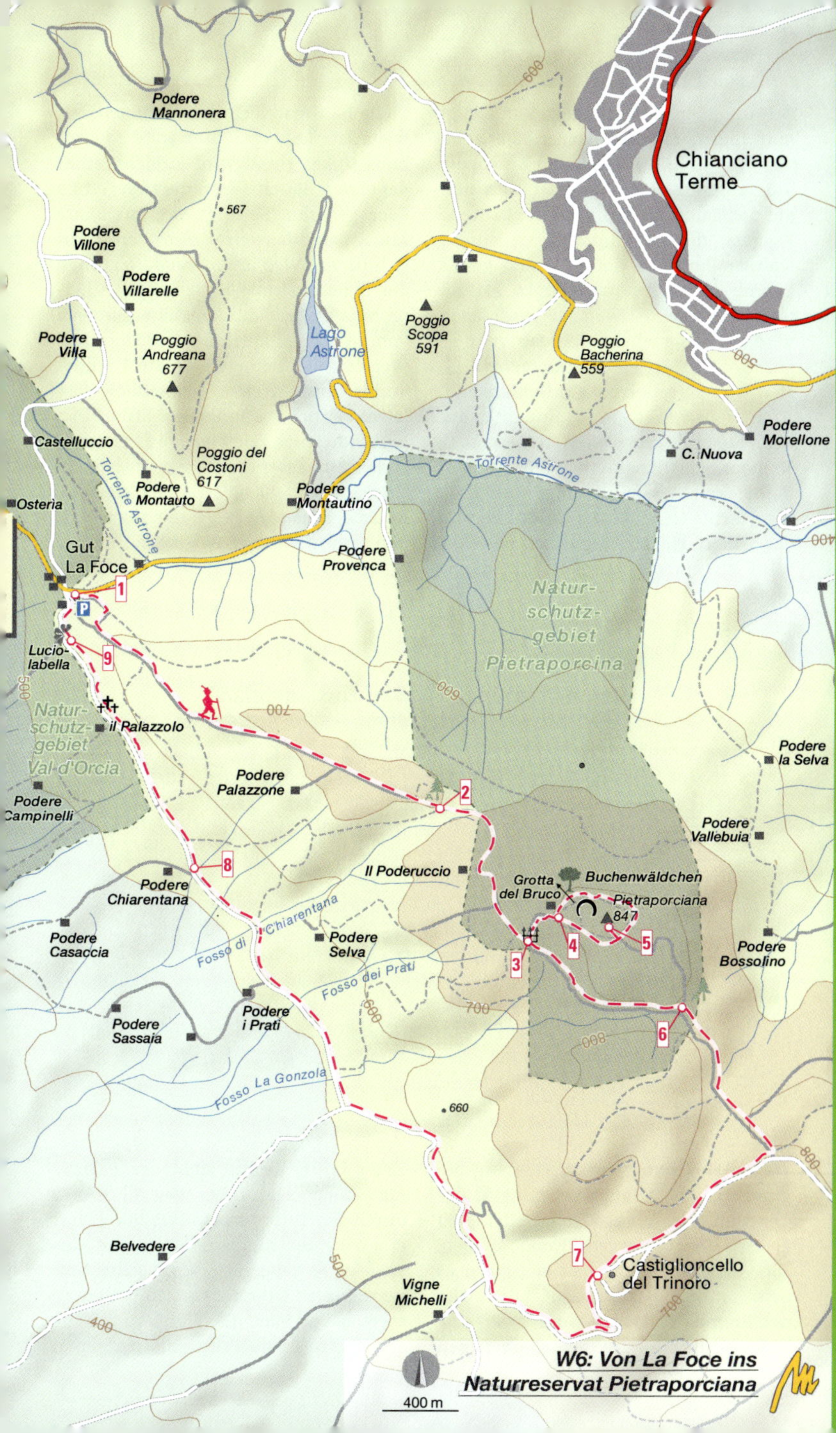
Podere Mannonera
Chianciano Terme
567
Podere Villone
Podere Villarelle
Podere Villa
Poggio Andreana 677
Lago Astrone
Poggio Scopa 591
Poggio Bacherina 559
Castelluccio
Poggio del Costoni 617
Podere Morellone
C. Nuova
Torrente Astrone
Podere Montauto
Podere Montautino
Osteria
Gut La Foce
Podere Provenca
1
Natur-schutz-gebiet Pietraporcina
Lucio-labella
9
Natur-schutz-gebiet Val-d'Orcia
il Palazzolo
Podere Campinelli
Podere Palazzone
2
Podere la Selva
Podere Vallebuia
8
Podere Chiarentana
Il Poderuccio
Grotta del Bruco
Buchenwäldchen
Pietraporciana 847
Podere Casaccia
Fosso di Chiarentana
Podere Selva
3
4
5
Podere Bossolino
Fosso dei Prati
Podere Sassaia
Podere i Prati
6
Fosso La Gonzola
660
Belvedere
7
Castiglioncello del Trinoro
Vigne Michelli
400 m
W6: Von La Foce ins Naturreservat Pietraporciana

Orciatal lädt zu einer Rast ein. Folgt man hier dem Holzzaun, erreicht man nach ca. 50 m die Grotta del Bruco, die Raupengrotte. Man befindet sich nun auf der Kalkfelswand und blickt auf die Faggeta, die man kurz zuvor durchwandert hat. Von der Felswand geht's zurück beim Panoramapunkt **5**, wo nun der rechte Weg eingeschlagen wird. In angenehmen Bergab geht es zurück zum Podere Pietraporciana **4**. Hier weiter zurück bis zur Schranke **3**. An diesem Punkt geht es nun links auf dem Schotterweg weiter. An einer T-Kreuzung gelangt man an einen Picknickplatz **6**. Hier folgt man dem Weg rechts in Richtung Castiglioncello del Trinoro **7**. Der Weg durch das Dorf führt zu einem Parkplatz. An dieser Stelle hält man sich links und wandert weiter stetig bergab. Das erste Bauernhaus linker Hand wird erreicht, eines der ersten Bauerhäuser, die zum Gut La Foce gehören. Es folgt das Gut Santa Maria. Den Wegweiser zum Torre Tarugi links am Weg ignorierend, folgt man der Schotterstraße bis zum Gut Chiarentana **8**, wo das kostbare Olivenöl von La Foce produziert wird. Stets dem Weg folgend, kommt man am Friedhof vorbei und erreicht schließlich den letzten Panoramapunkt, der Strada San Bernardo, auch Luciolabella **9** genannt – das Zypressenmotiv, das in keinem Fotokalender fehlen darf. Durch eine malerische Häuserzeile gelang man endlich zum Anwesen La Foce **1** zurück.

GPS-Wanderung 7

Von Vivo d'Orcia zu zwei Einsiedeleien und der Quelle des Vivo → Karte S. 266

Charakteristik: Vorbei an Bächen, Flüssen und Wasserfällen, über Brücken und Stege führt der Weg durch die eindrucksvolle Kulisse einer wildromantischen Landschaft aus Buchen- und Tannenhochwald. Gigantische moosbewachsene Felsbrocken zeugen von der Zeit, in der die Gegend des Monte Amiata durch Vulkanaktivität geprägt wurde. Auf schattigen Wegen trifft man in der Waldeinsamkeit auf mittelalterliche Einsiedeleien und gelangt an die Quelle des Flusses Vivo, dem man bis zum Wasserfall folgt. **Länge/Dauer:** ca. 10 km, ca. 3:30 Std. **Wege:** auf Asphalt aus dem Ort heraus, dann Wald- und Forstwege durch Mischwald, Buchen- und Tannenhochwald. **Schwierigkeitsgrad:** leicht bis mittelschwer, 30-minütiger Anstieg auf Waldboden. **Wegmarkierungen:** teilweise rot-weiße Markierung an Bäumen und rot-weiße Metallschilder auf Zementpfosten. **Einkehrmöglichkeiten:** in Vivo d'Orcia (Start/Ziel) in der Bar oder im Restaurant Il Castagno. **Ausgangs- und Zielpunkt:** Vivo d'Orcia, Kreuzung im Zentrum der Ortschaft.

Wegbeschreibung: Die Wanderung beginnt an der Hauptkreuzung **1** im Zentrum von Vivo d'Orcia. Hier dem gelben Wegweiser zur Eremo folgen. Die Asphaltstraße gabelt sich, und es geht links bergab auf der Via dell'Eremo. Man gelangt an eine Brücke (links), die einen über den Fluss führt. Rechts steht der Palazzo der Grafen Cervini. Der Weg führt links durch den Torbogen hindurch und lässt einen in den kleinen Weiler der Einsiedelei **2** gelangen. (Man sollte dem verträumten Ort ein paar Minuten widmen, bevor man die Wanderung fortsetzt!) Am Borgo Principale läuft man

Die Kirche der Einsiedelei

links, passiert die Häuserreihe, um nun den Pfad in den Wald einzuschlagen.

An der ersten Weggabelung hält man sich rechts bergab. Man überquert einen kleinen Bach, hinter dem man sich erneut rechts hält. (Rechts unten hört man je nach Jahreszeit und Wasservorkommen das Rauschen des Flusses Vessole.) An der nächsten Weggabelung bleibt man auf dem Hauptweg (links hoch), folgt diesem empor und gelangt an einen Fluss. Dem Flusslauf nur einige Meter nach rechts folgen. An dieser Stelle gelangt man an zwei große Felsbrocken, zwischen denen man hindurchläuft. Man befindet sich nun an der Stelle, an der der Fluss überquert wird. Vorsicht: eventuell Schuhe ausziehen und Hosen hochkrempeln! Je nach Jahreszeit änderte sich die passierbare Stelle. Der Punkt, an der die Wanderstrecke auf der anderen Seite des Flusses fortgesetzt wird, ist aber klar zu erkennen. Auf der anderen Seite angelangt, wandert man hier nun durch einen Kiefernwald weiter und erreicht eine Schotterstraße. An der Schotterstraße biegt man links ein, um nach ca. 300 m an die asphaltierte SP 129 **3** zu gelangen. Diese Straße überqueren und direkt gegenüber in den Wald hineinlaufen. Der Weg steigt an und wird rechts von einer Stacheldrahteinzäunung gesäumt. Man bleibt auf diesem Hauptweg, der einen nach anstrengendem Anstieg schließlich auf einen breiten Forstweg **4** gelangen lässt. Auf diesem nun links auf ebener Strecke durch eine romantische Waldlandschaft mit moosbewachsenen Felsen weiterwandern.

An einer T-Kreuzung läuft man zwischen zwei Steinpfeilern **5** hindurch und folgt dem Weg rechts hoch. Linker Hand stehen vereinzelt Picknicktische, geradeaus steht ein kleines Holzhaus. Dem ansteigenden Weg folgen, bis man ein eingezäuntes Areal mit Eisentor erreicht (Einzäunung des Aquädukts). Rechts steht das Gebäude, an dem die Quelle des Flusses Vivo entspringt. Vor der Einzäunung geht es über eine desolate Steintreppe empor zur Einsiedelei Ermicciolo di San Benedetto **6** (1-minütiger Anstieg!). Hier lädt ein Tisch mit Bänken zur Rast ein.

W7: Wanderung von Vivo zu den Einsiedeleien

Nach der Besichtigung der „kleinen Einsiedelei" geht die Wanderung ab dem bereits erwähnten schwarzen Tor weiter. Man folgt dem Pfad (mit Holzgeländer), der die Einzäunung umläuft, im Uhrzeigersinn bergab. Die kleine Holzbrücke wird überquert, dann geht's links weiter den Fluss entlang.

An der nächsten Kreuzung folgt man dem Weg geradeaus. (Links würde einen der Weg zu einer Brücke über den Fluss führen.) Man wandert an den Überresten des Aquädukts aus Stein (linker Hand) entlang. Schließlich erreicht man einen Punkt, an dem es über eine Treppe mit Holzgeländer sehr steil hinabgeht. Unten angelangt, sieht man einen Holztisch. Hier nun den Weg (mit Holzgeländer versehen) rechts einschlagen. Unten links rauscht der Fluss Vivo. Nach einem Weilchen hält man sich bald links bergab in Richtung Fluss. An einem großen Felsbrocken folgt man dem mit Holzgeländer gesäumten Pfad links. Es geht über die Brücke am Wasserfall **7** vorbei. Nun orientiert man sich an einem Grillplatz und erreicht links entlang eine Schotterstraße, die uns schließlich eine Asphaltstraße erreichen lässt. An der Asphaltstraße angelangt, geht es rechts zurück in die Ortschaft Vivo, in der man sein Auto geparkt hat.

Wanderung 8

Von Sovana zu den etruskischen Gräbern und Hohlwegen

Länge/Dauer: ca. 3,5 km, ca. 3 Std. inklusive Besichtigung der Gräber. **Wege:** kurzes Stück Asphalt, steinige Hohlwegpassagen, Waldboden durch das Gelände der Nekropole (etruskische Totenstadt), Mischwald. **Schwierigkeitsgrad:** Leicht, nach Regen teils etwas rutschig, für die Gräberbesichtigung Taschenlampe mitnehmen. **Eintritt:** für den Archäologischen Park 10 €. **Ausgangs-/Zielpunkt:** Sovana, Piazza del Pretorio (Hauptplatz).

Wegbeschreibung: Von der Piazza del Pretorio in Sovana beginnt die Wanderung auf der Via del Duomo in Richtung Dom. Am Dom führt rechts ein kopfsteingepflasterter Weg hinab bis zur Teerstraße. Hier links durch den 120 m langen Tunnel laufen. Dann nach ca. 250 m links (am Parkplatz) eine kleine Brücke zur Chiesa di San Sebastiano überqueren. Gleich hinter der Kirche führt der Weg über ein paar Stufen hoch in den Wald. Am Wegweiser, der auf Italienisch und Englisch die Sehenswürdigkeiten erläutert, erreicht man zunächst links laufend und vorbei an Würfel- und Halbwürfelgräbern nach ca. 5 Min. die **Tomba della Sirena.** (Auf die rot-gelben kleinen Steinwürfel, die im Gelände verstreut anzutreffen sind, kann man sich setzen; sie dienen zur Rast.) Dann geht es zurück zum Wegweiser und von dort Richtung Via Cava di San Sebastiano.

Der extrem schmale Hohlweg der **Via Cava di San Sebastiano** mit seinen 25 Meter hohen Felswänden wurde erst im Jahr 2016 zugänglich gemacht und führt uns zu einer in den Felsstein gehauenen Gebetsstätte, dem **Oratorio Rupestre.** Von hier geht es auf demselben Weg zurück, durch die Via Cava di San Sebastiano, und zurück zur Chiesa di San Sebastiano zum Parkplatz.

Links oberhalb am Waldhang ist das nächste Ziel zu erkennen: die Tomba Ildebranda. Der Teerstraße links bis zum nächsten Parkplatz mit Kassenhäuschen folgen, Wegweiser leiten uns zur **Tomba Ildebranda.** Nach der Besichtigung des bedeutendsten Grabes dieser Art führt uns der Weg stets weiter zum erst 2004 entdeckten Grab, der **Tomba dei Demoni alati,** und schließlich zur **Tomba Pola.** Von hier aus geht es wieder zurück zur Tomba Ildebranda, von wo wir den Wegweisern in Richtung *Cavone* folgen.

Wir bleiben zunächst auf demselben Weg, um die Via Cava di Poggio Prisca zu durchlaufen. Am Ende dieser kurzen, aber schönen Hohlwegstrecke umdrehen und wieder zurück zum Abzweig mit Cavone-Wegweiser laufen. Wir wandern an diversen Gräbern, u. a. an der Tomba del Tifone, vorbei, bis wir schließlich den *Cavone*, den längsten und bedeutendsten etruskischen Hohlweg, erreichen, in den wir nun links einbiegen. Nach ca. 100 m ist links oben eine Nische mit einem fast verwitterten Madonnenbildnis schwach zu erkennen. Etwas weiter beeindruckt ein in den Tuffstein eingemeißeltes Sonnenradzeichen, eine Swastika.

Nun geht es zurück zum Kassenhäuschen, dann auf der Teerstraße wieder durch den Tunnel, rechts die Stufen empor und zurück ins Zentrum von Sovana.

Achtung: Starke Unwetter beeinträchtigen immer wieder die Passierbarkeit der Wege. Über den aktuellen Zustand der Strecke am besten vorab bei den Touristbüros erkundigen.

GPS-Wanderung 9

Von Sorano durch die Via Cava di San Rocco

Charakteristik: Spektakuläre Wanderung durch die tief in den Tuffstein eingegrabenen etruskischen Hohlwege. Schöne Aussichtsplattform mit Blick auf Sorano. **Länge/Dauer:** ca. 4 km, ca. 2 Std. (inkl. Besichtigung des Geländes von Poggio di San Rocco). **Wege:** etruskischer Hohlweg aus Tuffstein, Waldboden, Asphalt. **Schwierigkeitsgrad:** nur für ca. 20 Min. etwas anstrengend (Überwindung von 100 Höhenmetern), bequeme Wanderschuhe erforderlich. **Ausgangs- und Zielpunkt:** Sorano Zentrum, Piazza Busatti an der Porta Ferrini.

Wegbeschreibung: Die Wanderung beginnt an der Porta Ferrini. Man geht zunächst in Richtung Masso Leopoldino, bis sich die Straße gabelt und man links auf der Via Roma bis zur Locanda dell'Arco läuft. Hier rechts abbiegen, durch die Unterführung und in Serpentinen hinunter die Stadt durch die Porta dei Merli **1** (mit Medici-Wappen) verlassen. Unten angekommen, erreicht man den Fluss Lente, überquert die Brücke **2**, hält sich links und wandert rechts vom Fluss, bis man auf einer Brücke **3** einen weiteren Zulauf der Lente überquert.

Gleich darauf sieht man einen Wanderwegweiser. Den linken Weg einschlagen, der hier unmittelbar anzusteigen beginnt, zunächst durch Brennnesseln führt und einen in ca. 20 Min. durch die Via Cava di San Rocco, einen etruskischen Hohlweg, ca. 100 Höhenmeter überwinden lässt. Nach ca. 35 Min. (ab Sorano) erreicht man die Kirche San Rocco **4** (nicht zu besichtigen). Vor der Kirche stehend, geht

Sorano – ein Ort abseits der Besucherströme

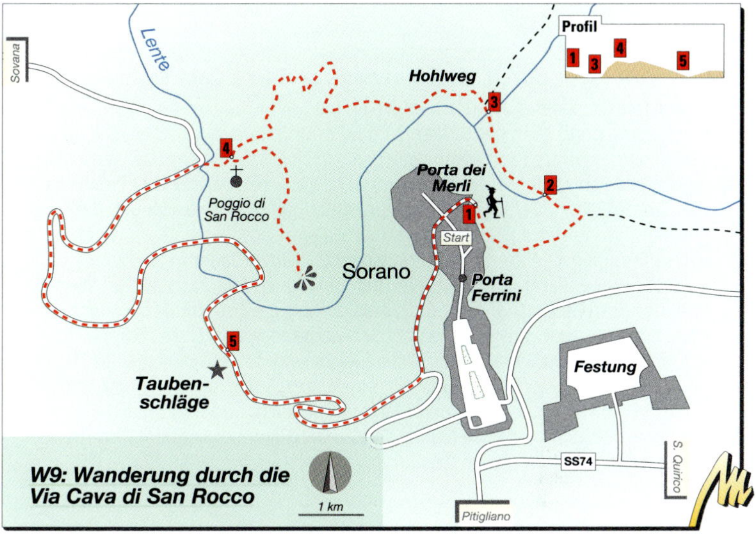

rechts ein Waldweg hoch zum Poggio di San Rocco, einem Felsplateau auf dem Hügel von San Rocco. Hier bietet sich zum ersten Mal das Panorama auf Sorano. Ein paar Tische und Bänke mit Schatten laden zur Rast ein. Am Ende der felsigen Plattform weisen Hinweisschilder den Weg hinab zur „Terrazza panoramica" und zu Felsengrotten, die einst als Behausungen und als Keramikbrennöfen dienten. Von der oberhalb gelegenen Terrazza panoramica hat man erneut einen Panoramablick auf die ungewöhnliche Stadtkonstruktion von Sorano auf dem Tuffsteinfelsen. Der ideale Ort für ein gemütliches Picknick.

Um den Rückweg anzutreten, geht es zurück zum Felsenplateau und zur Kirche San Rocco, dann weiter zur Asphaltstraße, an der man links für ca. 1,8 km mit leichtem Gefälle unspektakulär in Richtung Sorano zurückwandert. (Schöner: Man kann von der Chiesa di San Rocco auch denselben Weg wie beim Hinweg nehmen, diesmal durch die Via Cava abwärts nach Sorano.) Auf halbem Weg kommt man an den Colombarien **5** vorbei. Die in den Tufffelsen gehauenen Nischen wurden als Taubenschläge genutzt, in der Vergangenheit war der Stahltreppenturm, der nach oben führt, allerdings verschlossen. Ein paar Hundert Meter weiter (vor der letzten Kehre empor zur Stadt) links in den kopfsteingepflasterten Weg abbiegen. Der Weg führt abwärts zu einem Parkplatz. Über die kleine Eisenbrücke gelangt man zurück in die Altstadt von Sorano, wo man sich durch kleine Gassen und Durchgänge seinen eigenen Weg zurück zur Porta Ferrini suchen kann.

> **Achtung:** Unwetter beeinträchtigen auch auf dieser Tour immer wieder die Passierbarkeit der Wege. Den aktuellen Zustand der Strecke erfährt man bei den Touristbüros.

GPS-Wanderung 10

Am Meer durch Macchiawald zur Bucht Cala Violina

Charakteristik: Kleines Naturschutzgebiet mit vielen markierten Wanderwegen. Schattig und grün mit Blicken zum Meer und Bademöglichkeit. Die Strecke ist auch gut als Fahrradtour geeignet. In der Hauptsaison massenweise Jogger und Fahrradfahrer an der Hauptroute am Meer. Ab der Cala Violina ist die Strecke eher für sehr gut ausgerüstete und trainierte Mountainbiker geeignet. Wanderer sollten auf den überwiegend unspektakulären Rundweg verzichten (sonst gute Schuhe notwendig). **Länge/Dauer:** ca. 12 km, ca. 1:45 Std. (reine Fahrradfahrzeit, hin und zurück); zu Fuß ca. 3:30 Std. **Wege:** Waldboden in Meeresnähe, Strand, steinig-schottrige Piste durch die *macchia mediterranea* (gut ausgeschildert). **Schwierigkeitsgrad:** Erste Etappe (ca. 4,2 km) bis zum Strand von Cala Violina leicht und mit Schatten, zweite Etappe um den Poggio di Carpineta für ein kurzes Stück schwierig und ohne Schatten, letzte Etappe durch den Macchiawald leicht und teils ohne, teils mit Schatten. **Ausgangs- und Zielpunkt:** Restaurant Cantucci, Località Terrarossa, Porto Turistico – Hafen Puntone, südlich von Follonica an der SS 322.

Wegbeschreibung: Von Follonica kommend, fährt man auf der Strada delle Collachie (SS 322) für ca. 2 km in Richtung Castiglione della Pescaia bis zur Ortschaft Puntone. Bevor man diese Ortschaft vor einer ansteigenden Kurve verlässt, rechts in Richtung „Porto turistico" zum Meer abbiegen. Der Straße (Via della Dogana) ca. 1,7 km bis zum ausgeschilderten Restaurant Il Cantuccio

1 am Ende der Straße folgen. Hier den Wagen am Straßenrand abstellen. (Der Restaurantparkplatz ist nur für Gäste!)

Die Wanderung beginnt auf besagtem Restaurantparkplatz, an dem man links eine Schranke passiert und der Wanderstrecke „1" in Richtung Cala Martina (immer parallel zum Meer) folgt. Nach ca. 30 Min. (ca. 2,5 km) leichter Waldbodenstrecke erreicht man die Bucht Cala Martina. Man orientiert sich am Garibaldi-Denkmal. Dem Hauptweg „1" für weitere 1,7 km in Richtung Cala Violina („Bucht der Geigen") folgen. Nach ca. 20 Min. erreicht man die Cala Violina mit ihrem Strand aus Quarzsand, dem sie auch ihren Namen verdankt. („Was hat Quarzsand mit Geigen zu tun?", werden Sie fragen. Eigentlich nichts, aber wer auf dem Quarzsand umherläuft, erzeugt dabei geigenähnliche Töne.) An der Cala Violina besteht die Möglichkeit zum Baden. Da es nur in der Saison einen Imbisswagen mit Brötchen und Erfrischungen gibt, sollte man sich vor Beginn der Wanderung mit Proviant eindecken. Picknickplätze sind hier vorhanden.

(Wenn man nicht in der Hauptsaison unterwegs ist, kann es übrigens passieren, dass man die idyllische Bucht für sich alleine hat. Nicht selten begegnet man auf den Wegen anstelle von Badegästen dann Maremmaner Kühen. Zwar können sie einem durch ihre wuchtige Gestalt und die geschwungenen Hörner einen gehörigen Schrecken einjagen, sie sind aber alles andere als gefährlich und ziehen sich bei der Begegnung mit Wanderern sofort zurück!)

Die Wanderung geht von hier auf dem Hauptweg „1“ in südlicher Richtung weiter. Nach ca. 5 Min. beginnt der Weg anzusteigen. Dem Weg, der links an einem eingezäunten Areal vorbeiführt, folgen. Die Wanderroute verläuft ab jetzt landeinwärts. Nach ca. 30 Min. gelangt man an einen Punkt, an dem die Route links im spitzen Winkel abzweigt **2**, erkennbar an einer Reihe Zypressen. Dieser Pfad wird eingeschlagen und lässt einen nach etwas anstrengendem Anstieg von ca. 5 Min. eine Anhöhe, den Poggio di Carpineta, erreichen. Ab hier geht es auf der ca. 10 m breiten, gerodeten Schneise (gegen Buschwaldbrände) weiter. Es geht zunächst bergab, dann für ein kurzes Stück bergauf (von erreichter Anhöhe guter Blick auf den Verlauf der Feuerschneise bis hinauf zum Poggio la Guardia). Letztmalig geht es links auf der Route „8“ bergab. (Vorsicht: Im Sommer rutscht man zu Fuß leicht auf der ausgedörrten Piste aus!)

Unten angelangt, erreicht man eine Wegkreuzung, an der man links auf die Route „2“ abbiegt **3**. Ab hier ist der Weg wieder angenehm, auf leicht abschüssigem, in Schatten gehülltem Waldboden zunächst in Richtung Meer. Nach ca. 5 Min. wird an der Weggabelung **4** die Wanderroute „2 B“ nach rechts in Richtung Cala Martina eingeschlagen. Nach ca. 30 Min. kreuzt Wanderweg „11“ (Aussichtsturm). Weiter geht es auf der „2 B“, die uns nach kurzer Zeit auf die Wanderroute „1“ zurückbringt. Hier rechts in Richtung Cala Martina abbiegen und zurück zum Parkplatz.

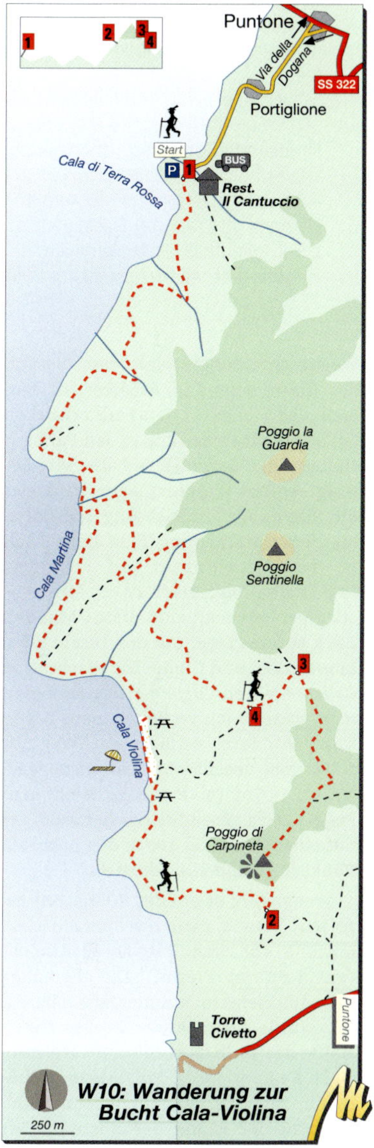

GPS-Wanderung 11

Im Parco Naturale della Maremma – Parco dell'Uccellina

Länge/Dauer: ca. 11 km, ca. 4:45 Std. (reine Gehzeit). **Wege:** Durch die *macchia mediterranea,* Steineichenwald, Oliven- und Pinienhaine. Strand mit Bademöglichkeit, Waldboden, teilweise sehr steinig mit Geröll, felsige Etappen (gute Wanderschuhe erforderlich), unbefahrene Asphaltstraße im Park. **Schwierigkeitsgrad:** Kombination aus den ausgeschilderten Wanderrouten „A 1" (San Rabano, ca. 6 km) und „A 2" (Le Torri, ca. 5 km) mit teilweise anstrengenden Strecken, Überwindung von 415 Höhenmetern, teils schattig, teils sonnig, ausreichend Trinkwasser und Proviant mitnehmen. Im Sommer Sonnenschutz, Hut und Mückenschutz erforderlich, am besten lange Wanderkleidung. Als Tagestour geeignet, da am Strand (jedoch kaum Schatten) längerer Aufenthalt eingeplant werden kann. **Ausgangs- und Zielpunkt:** Alberese-Parkinfozentrum, Haltestelle für Buszubringer nach Pratini.

Wegbeschreibung: Nach dem Besuch des Infozentrums in Alberese, in dem auch das Ticket für den Park erhältlich ist, bringt einen der Bus in den Park zur Haltestelle *Pratini* **1**, wo die Wanderung beginnt. Eingeschlagen wird hier die Route „A 1" in Richtung *San Rabano*, deren Markierung man links hoch in den Macchiawald auf steinigem Waldboden folgt. Nach ca. 25 Min. Anstieg genießt man zum ersten Mal den Blick auf das Meer mit den Inseln Elba, Montecristo und Giglio. Die Wachtürme *Collelungo* und *Castelmarino*, an denen man später noch vorbeiwandert, liegen links. Ab jetzt verläuft der Weg für 1 Std. mal abschüssig, mal ansteigend. Nach 1:45 Std. (ab Pratini) erreicht man Poggio Lecci, einen Steineichenwald, der mit einer Höhe von 420 m den höchsten Punkt der Wanderung darstellt.

Weiter geht es auf der Route „A1" ca. 20 Min. bergab, dann hat man die Klosterruine von San Rabano **2** erreicht (gut 2 Std. ab Pratini). Die ehemalige Benediktinerabtei stammt aus dem 11. Jh., wurde aber bereits in der ersten Hälfte des 15 Jh. zerstört und verlassen. Nach Restaurierung der Anlage ist diese nun teilweise zugänglich und man kann in der Ruine herumlaufen. Der Glockenturm mit Apsis ist noch gut erhalten. Ein Dach aus Plexiglas soll den ehemaligen Kirchenraum vor Taubenbefall schützen und eine Konstruktion aus Metallstreben gibt eine Idee des einstigen Deckengewölbes. Um die Wanderung nun fortzusetzen, orientiert man sich folgendermaßen: Die Abteil lag

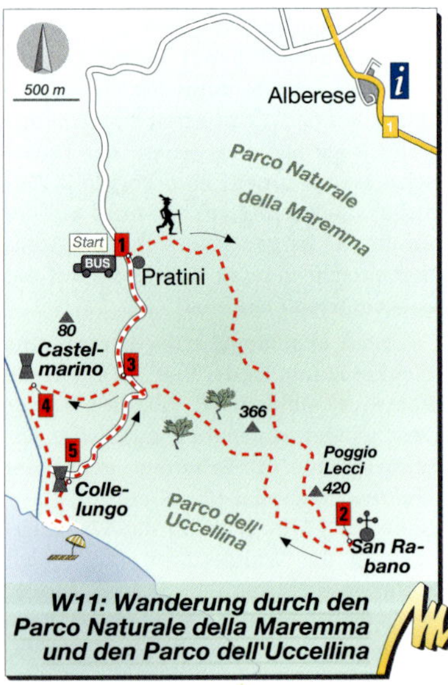

W11: Wanderung durch den Parco Naturale della Maremma und den Parco dell'Uccellina

beim Erreichen links vor einem. Die Ruine nun linker Hand lassen und an einem Park-Infoaufsteller weiterwandern. Man orientiert sich am Wegweiser A1.

Man folgt nun weiter dem ausgeschilderten und zunächst eben verlaufenden Pfad „A 1“ (auf Waldboden). In den nächsten 15 Min. kommt man an zwei Aussichtsplattformen vorbei. Der Pfad führt nun etwa 35 Min. bergab. Nach ca. 50 Min. (ab San Rabano) gelangt man an das Holzgatter eines Olivenhains, den man durchläuft, um auf der anderen Seite sogleich auf eine asphaltierte, aber unbefahrene Straße zu stoßen. Hier rechts laufen und nach ca. 5 Min. an einem Zaun dem Wegweiser „A 2“ (Le Torri) **3** nach links folgen (ca. 3 Std. ab Pratini).

An diesem Punkt beginnt der zweite Teil der Wanderung. (Wem das zu viel ist, kann die Wanderung hier abbrechen: einfach die asphaltierte Straße ca. 20 Min. weiter geradeaus nach Pratini zur Bushaltestelle laufen.)

Auf dem „A 2“ geht man zunächst durch ein Waldstückchen bis zu einer T-Kreuzung. Hier folgt man rechts der Ausschilderung „A 2“, um den ca. 10-minütigen Anstieg nach Castelmarino **4** anzutreten. Das Panorama ist atemberaubend! Die schönste Aussicht genießt man hinter dem Turm. Eine Pause bietet sich hier an.

Nun geht es auf demselben Weg wieder hinunter bis zur bekannten T-Kreuzung. Hier hält man sich nun rechts, weiter auf dem „A 2“. Man läuft durch einen Holzdurchlass und blickt auf den Turm von Collelungo. Erneut wird der Olivenhain erreicht. Man folgt dem Weg immer weiter in Richtung Torre di Collelungo bis zur Asphaltstraße. Hier recht s abbiegen und sogleich links hinter einer eingestürzten vuer den Pfad links hoch einschlagen. Man passiert einen weiteren Holzdurchlass. Hinter dem Turm von Collelungo **5** beginnt links der Abstieg auf steinigem Pfad. Endlich erreicht man den Strand von Collelungo. Ein erfrischendes Bad bietet sich an! Man wandert rechts im Uhrzeigersinn um den Felsen herum und erreicht sogleich die Asphaltstraße, die einen auf ebener Strecke zurück nach Pratini 6 gelangen lässt. Hier auf den Bus für den Rücktransport nach Alberese warten.

Am Strand von Collelungo – Badesachen nicht vergessen

Fahrradtour 2

Durch den Parco della Maremma zum Strand von Marina di Alberese

Die Fahrt auf der schönen Fahrradpiste zum Meer ist eine gute Alternative zur komplizierten und teuren Anfahrt mit dem Auto. Zu bewältigen ist die 8,5 km lange Tour für jeden Hobby-Radler ohne größere Anstrengung. Auf der sehr guten, asphaltierten und ausgeschilderten Fahrradpiste geht es durch die Wiesenlandschaft des Parco Naturale della Maremma, man kommt vorbei an Pferdekoppeln und weidenden Maremma-Rindern. Die Tour beginnt am Parkinfozentrum **1** in Alberese (hier auch Radverleih). Nach ein paar Kilometern passiert man das Schrankeneinfahrtssystem für Pkws **2**. Von dort geht's weiter bis zum Strand **3**. Der Rückweg erfolgt auf derselben Strecke. Insgesamt werden 17 km zurückgelegt.

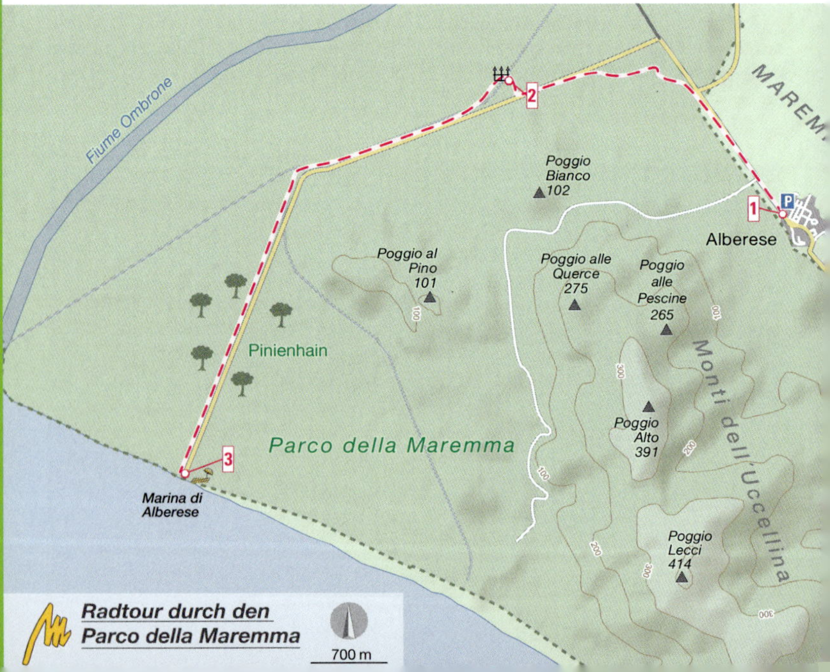

GPS-Wanderung 12

Vom Wildpark „Parco Faunistico del Monte Amiata" zum Gipfel des Monte Labbro → Karte S. 282

Charakteristik: Die Wanderung lässt einen im Wildpark „Parco Faunistico" auf gut markierter Route durch herrliche Wald- und Wiesenlandschaft spazieren. Am Weg blühen wilde Orchideen, und mit etwas Glück sieht man in einem der Wildgehege sogar ein Exemplar des apenninischen Wolfs. Der 40-minütige Anstieg führt zum Gipfelkreuz des Monte Labbro. Hier oben warten in aller Einsamkeit eine Steinfestung, ein zerfallenes Kirchlein und ein in einer Höhle zu Ehren von David Lazzaretti aufgestellter Altar auf Besichtigung (hierfür eine Taschenlampe mitnehmen!). In einer Höhe von 1.193 m kann man sich auf eine Rast mit grandiosem Panorama freuen. **Länge/Dauer:** ca. 6,5 km, ca. 3 Std. **Wege:** Wald- und Wiesenwege (teilweise steinig). **Schwierigkeitsgrad:** mittelschwer, Anstieg auf Wanderwegen ohne Schatten, dafür fast immer luftig. Höhenunterschiede: ca. 200 m. **Wegmarkierungen:** 1 m hohe Holzpfosten. **Einkehrmöglichkeiten:** Bar/Restaurant „Podere dei Nobili" im Besucherzentrum des Parks, die Rast mit Verpflegung aus dem Rucksack kann auf dem Gipfel (1.193 m) des Monte Labbro eingeplant werden. **Ausgangs- und Zielpunkt:** Kassenhäuschen am Eingang zum Wildpark „Parco Faunistico del Monte Amiata" (✆ 0564/966867, Eintritt 4 €, kleine Wanderkarte inklusive, Mo geschlossen), Arcidosso, Parkplatz direkt am Eingang.

Wegbeschreibung: Die Wanderung beginnt am Kassenhäuschen **1** des Eingangs zum Park. Man folgt zunächst der Schotterstraße ca. 700 m, die einen durch das Freigehege für Reh,- Dam- und Mufflonwild laufen lässt und erreicht das Restaurant Podere dei Nobili mit Besucherzentrum **2**. Man läuft die Stufen zwischen den beiden Holzhinweisschildern gegenüber vom Restauranteingang hinauf. Durch ein Gatter gelangt man in das Freigehege des Sentiero Camosci e Caprioli (Rehwild und Gämsen), in dem man rechts über die Wiese an einem runden Reitplatz für Dressurpferde entlangläuft. (Ab hier orientiert man sich an der Wegmarkierung der meterhohen Holzpfosten.) Nach ca. 10 Min. wird ein Wolfsgehege (rechts) erreicht. Durch die Tür folgt man dem Gang und gelangt zu einem Hochstand, dem Aussichtsposten mit Blick auf ein 18 ha großes Freigehege der apenninischen Wölfe.

Zurück zur Wanderstrecke geht es den geschotterten Waldweg rechts hoch weiter (Holzpfosten). Bald gelangt man an ein Gattertor **3**, durch das man das Reh- und Gamsgehege verlässt. Hier beginnt der Wanderweg zum Monte Labbro, der rechts am Gehege entlang verläuft. In leichtem Anstieg führt der schmale Pfad durch eine Vegetation von Weißdornbüschen und Ahornbäumen. Nach Verlassen des Waldes wandert man nun durch grüne Hügellandschaft. Man trifft auf einen Feldweg, an dem man scharf links abbiegt und dem Weg hoch folgt. (Rechts steht in einiger Entfernung das Gut Podere Pietrafitta.)

Der Wanderweg verläuft nun in Serpentinen empor. Nach dem Passieren eines Durchlasses aus Holz **4** geht es links hoch. Der Anstieg verläuft über die Westseite des Monte Labbro und lässt einen durch die charakteristische Wiesenlandschaft mit Kalksteinen wandern. Der Eisenzaun, an dem man vorbeikommt, dient als Einzäunung einer Grotte **5**, in der Fledermäuse Unterschlupf gefunden haben (nicht zu besichtigen!). Weiter geht es rechts an der Grotte vorbei in Richtung Gipfel. Dem Weg weiter folgend, sieht man aus einiger Entfernung bald das Gipfelkreuz des Monte Labbro. Man trifft auf einen Querweg, auf dem man links dem Hinweisschild „Torre Giurdisdavidica" folgt, sogleich über eine Holzleiter **6** steigt und den Anstieg zum Gipfel antritt. Oben am Gipfelkreuz **7** können die kegelförmige Steinfestung mit Gipfelkreuz und Symbol von David Lazzaretti, die Überreste einer Kirche und eine Höhle besichtigt werden.

Den Turm und die Glocken hinter sich lassend, läuft man durch eine Art Durchgang, der durch zwei Felsen begrenzt wird, und tritt so den Rückweg der Wanderung bergab an. Gleich gelangt man auf einen Feldweg, dem man rechts entlang folgt. Es geht steil bergab. Noch vor der Einzäunung mit kleiner Leiter folgt man nun dem Weg rechts bergab. (Auf Holzpfähle achten!) Der Weg taucht sogleich in schattigen Gestrüppwald ein. Der Weg führt uns an den Resten einer Hirtenhütte **8** aus Stein (rechts) vorbei. Es geht stetig bergab. An einer Weggabelung achtet man auf die Markierung durch die Pfähle und folgt dem Pfad links. Das Wasser der kleinen Quelle **9** links am Weg ist trinkbar.

Durch eine Holzeinzäunung gelangt man in das Eselgehege (amiatinische Eselrasse). Bald verlässt man dieses Gehege durch ein weiteres Tor wieder. Man erreicht die Ecke einer Einzäunung, durch die man wieder in den Wildpark eintritt. Man orientiert sich an den Holzpfählen und wandert über die Wiese. Nach dem Überqueren eines kleinen Baches folgt man dem Weg rechts hoch und gelangt an eine Einzäunung mit Tür (Eselstall). Hier durchlaufen, um das Tor rechts zu erreichen, durch das wir bereits am Anfang gekommen sind. Man verlässt das Damwildgehege und gelangt schließlich wieder zum Podere dei Nobili. Von hier geht es auf der Schotterstraße zurück in Richtung Eingang/Kassenhäuschen **1** bzw. zum Parkplatz.

> Außerhalb der Saison kann es passieren, dass man völlig alleine im Park unterwegs ist. Dann sollte man sich darauf einstellen, dass das Restaurant zu ist und im Wald wilde Tiere den Weg kreuzen.

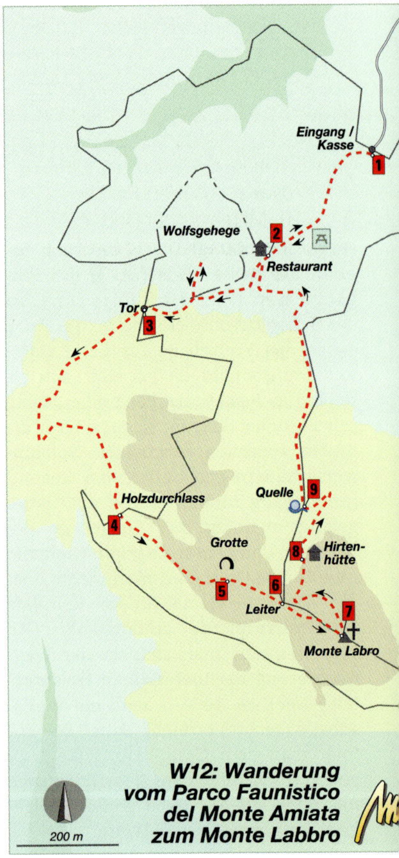

W12: Wanderung vom Parco Faunistico del Monte Amiata zum Monte Labbro

Abruzzen ■ Ägypten ■ Albanien ■ Algarve ■ Algarve ■ Allgäu ■ Altmühltal & Fränk. Seenland ■ Amsterdam ■ Andalusien ■ Apulien ■ Australien – Der Osten ■ Auvergne & Limousin ■ Azoren ■ Bali & Lombok ■ Barcelona ■ Berlin ■ Bodensee ■ Bornholm ■ Bremen mit Bremerhaven ■ Bretagne ■ Brüssel ■ Budapest ■ Chalkidiki ■ Chiemgau & Berchtesgadener Land ■ Chios ■ Cilento ■ Comer See ■ Cornwall & Devon ■ Costa Brava ■ Costa de la Luz ■ Costa Rica ■ Côte d'Azur ■ Cuba ■ Dänemark Nordseeküste ■ Dolomiten ■ Dolomiten ■ Dominikanische Republik ■ Dresden ■ Dublin ■ Düsseldorf ■ Ecuador ■ Eifel ■ Elba ■ Elsass ■ Fehmarn ■ Florenz & Chianti ■ Föhr & Amrum ■ Franken ■ Fränkische Schweiz ■ Fränkische Schweiz ■ Friaul-Julisch Venetien ■ Fuerteventura ■ Gardasee ■ Gardasee ■ Golf von Neapel ■ Gomera ■ Gran Canaria ■ Hamburg ■ Harz ■ Haute-Provence ■ Ibiza & Formentera ■ Irland ■ Island ■ Istanbul ■ Istrien ■ Jerusalem ■ Kalabrien & Basilikata ■ Kanada – der Westen ■ Karpathos ■ Kärnten ■ Katalonien ■ Kefalonia & Ithaka ■ Köln ■ Kopenhagen ■ Korfu ■ Korsika ■ Korsika ■ Kos ■ Krakau ■ Kreta ■ Kreta ■ Kroatische Inseln & Küstenstädte ■ Kykladen ■ Lago Maggiore ■ Lago Maggiore ■ La Palma ■ La Palma ■ Languedoc-Roussillon ■ Lanzarote ■ Latium mit Rom ■ Lesbos ■ Ligurien ■ Ligurien ■ Limnos ■ Liparische Inseln ■ Lissabon & Costa de Lisboa ■ Lissabon ■ London ■ Lübeck ■ Lüneburg & Lüneburger Heide ■ Madeira ■ Madeira ■ Madrid ■ Mailand ■ Mainfranken ■ Mainz ■ Mallorca ■ Malta, Gozo, Comino ■ Marken ■ Marseille ■ Mecklenburgische Seenplatte ■ Mecklenburg-Vorpommern ■ Menorca ■ Midi-Pyrénées ■ Mittel- und Süddalmatien ■ Montenegro ■ Moskau ■ München ■ Münster & Münsterland ■ Naxos ■ Neuseeland ■ New York ■ Niederlande ■ Nord- u. Mittelengland ■ Nord- u. Mittelgriechenland ■ Norddalmatien ■ Norderney ■ Nordkroatien ■ Nördliche Sporaden ■ Nordportugal ■ Nordseeküste – Schleswig Holstein ■ Nordspanien ■ Normandie ■ Norwegen ■ Nürnberg, Fürth, Erlangen ■ Oberbayerische Seen ■ Oberitalien ■ Oberitalienische Seen ■ Odenwald ■ Oslo ■ Ostfriesland – Ostfriesische Inseln ■ Ostseeküste – Mecklenburg-Vorpommern ■ Ostseeküste – von Lübeck bis Kiel ■ Paris ■ Peloponnes ■ Pfalz ■ Piemont & Aostatal ■ Piemont ■ Polnische Ostseeküste ■ Porto ■ Portugal ■ Potsdam ■ Prag ■ Provence & Côte d'Azur ■ Provence ■ Regensburg ■ Rhodos ■ Rom ■ Rügen, Stralsund, Hiddensee ■ Rumänien ■ Rund um Meran ■ Salzburg & Salzkammergut ■ Samos ■ Santorini ■ Sardinien ■ Schottland ■ Schwarzwald Mitte/Nord ■ Shanghai ■ Sizilien ■ Sizilien ■ Slowakei ■ Slowenien ■ Spreewald ■ Sri Lanka ■ St. Petersburg ■ Steiermark ■ Stockholm ■ Straßburg ■ Südböhmen – Böhmerwald ■ Südengland ■ Südfrankreich ■ Südnorwegen ■ Südschwarzwald ■ Südschweden ■ Südtirol ■ Südtoskana ■ Südwestfrankreich ■ Sylt ■ Tallinn ■ Teneriffa ■ Teneriffa ■ Tessin ■ Thailand – der Norden ■ Thassos & Samothraki ■ Thüringen ■ Toskana ■ Toskana ■ Tschechien ■ Türkei ■ Türkei – Lykische Küste ■ Türkei – Mittelmeerküste ■ Türkei – Südägäis ■ Türkische Riviera – Kappadokien ■ Umbrien ■ USA – Südwesten ■ Usedom ■ Valdarno, Casentino & Florenz ■ Vancouver & Seattle ■ Varadero & Havanna ■ Venedig ■ Venetien ■ Wachau, Wald- u. Weinviertel ■ Wales ■ Warschau ■ Westböhmen & Bäderdreieck ■ Wien ■ Zakynthos ■ Zypern

MM-Travel **MM-City** **MM-Wandern**

Etwas Italienisch

Mit ein paar Worten Italienisch kommt man erstaunlich weit – es ist nicht mal schwer, und die Italiener freuen sich auch über gut gemeinte Versuche. Oft genügen schon ein paar Floskeln, um an wichtige Informationen zu kommen. Der Übersichtlichkeit halber verzichten wir auf wohlgeformte Sätze und stellen die wichtigsten Ausdrücke nach dem Baukastensystem zusammen. Ein bisschen Mühe und guter Wille lohnen sich wirklich – besonders in abgelegeneren Gegenden, in denen die Italiener nicht auf den „Würstel con Kraut"-Tourismus eingestellt sind.

Aussprache

Hier nur die Abweichungen von der deutschen Aussprache:

c vor e und i immer *„tsch"* wie in *rutschen*, z. B. *centro* (Zentrum) = *„tschentro"*. Sonst wie *„k"*, z. B. *cannelloni* = *„kannelloni"*.

cc gleiche Ausspracheregeln wie beim einfachen **c**, nur betonter *faccio* (ich mache) = *„fatscho"; boccone* (Imbiss) = *„bokkone"*.

ch wie *„k"*, *chiuso* (geschl.) = *„kiuso"*.

cch immer wie ein hartes *„k"*, *spicchio* (Scheibe) = *„spikkio"*.

g vor e und i *„dsch"* wie in *Django*, vor a, o, u als *„g"* wie in *gehen;* wenn es trotz eines nachfolgenden dunklen Vokals als *„dsch"* gesprochen werden soll, wird ein i eingefügt, das nicht mitgesprochen wird, z. B. in *Giacomo* = *„Dschakomo"*.

gh immer als *„g"* gesprochen.

gi wie in *giorno* (Tag) = *„dschorno"*, immer weich gesprochen.

gl wird zu einem Laut, der wie *„lj"* klingt, z. B. in *moglie* (Ehefrau) = *„mollje"*.

gn ein Laut, der hinten in der Kehle produziert wird, z. B. in *bagno* (Bad) = *„bannjo"*.

h wird am Wortanfang nicht mitgesprochen, z. B. *hanno* (sie haben) = *„anno"*. Sonst nur als Hilfszeichen verwendet, um c und g vor den Konsonanten i und e hart auszusprechen.

qu im Gegensatz zum Deutschen ist das u mitzusprechen, z. B. *acqua* (Wasser) = *„akua"* oder *quando* (wann) = *„kuando"*.

r wird kräftig gerollt!

rr wird noch kräftiger gerollt!

sp, st gut norddeutsch zu sprechen, z. B. *specchio* (Spiegel) = *„s-pekkio"* (nicht *schpekkio), stella* (Stern) = *„s-tella"* (nicht *„schtella")*.

v wie *„w"*.

z wie „z" in Zug, z.B. *polizia* (Polizei) oder aber weich wie *„ds"*, z. B. *zero* (Null).

Die Betonung liegt meistens auf der vorletzten Silbe eines Wortes. Im Schriftbild wird sie bei der großen Mehrzahl der Wörter nicht markiert. Es gibt allerdings Fälle, bei denen die italienischen Rechtschreibregeln Akzente als Betonungszeichen vorsehen, z. B. bei mehrsilbigen Wörtern mit Endbetonung wie perché (= weil, warum).

Der Plural lässt sich bei vielen Wörtern sehr einfach bilden; die meisten auf „a" endenden Wörter sind weiblich, die auf „o" oder „e" endenden männlich; bei den weiblichen wird der Plural mit „e" gebildet, bei den männlichen mit „i", also: una ragazza (ein Mädchen), due ragazze (zwei M.); un ragazzo (ein Junge), due ragazzi (zwei J.). Daneben gibt es natürlich diverse Ausnahmen, die wir bei Bedarf im Folgenden zusätzlich erwähnen.

Elementares

Frau ...	*Signora*
Herr ...	*Signor(e)*
Guten Tag, Morgen	*Buon giorno*
Guten Abend (ab nachmittags!)	*Buona sera*
Guten Abend/gute Nacht (ab Einbruch der Dunkelheit)	*Buona notte*
Auf Wiedersehen	*Arrivederci*
Hallo/Tschüss	*Ciao*
Wie geht es Ihnen?	*Come sta?/Come va?*
Wie geht es dir?	*Come stai?*
Danke, gut.	*Molto bene, grazie/ Benissimo, grazie*
Danke!	*Grazie/Mille grazie/ Grazie tanto*
Entschuldigen Sie	*(Mi) scusi*
Entschuldige	*Scusami/Scusa*
Entschuldigung, können Sie mir sagen ...?	*Scusi, sa dirmi ...?*
Entschuldigung, könnten Sie mich mir erlauben ...	*Permesso ...* durchlassen/
ja	*si*
nein	*no*
Ich bedaure, tut mir leid	*Mi dispiace*
Macht nichts	*Non fa niente*
Bitte! (im Sinne von „gern geschehen“)	*Prego!*
Bitte (als Einleitung zu einer Frage oder Bestellung)	*Per favore ...*
Sprechen Sie Englisch?	*Parla inglese*
... Deutsch?	*... tedescso?*
... Französisch?	*... francese?*
Ich spreche kein Italienisch	*Non parlo l'italiano*
Ich verstehe nichts	*Non capisco niente*
Könnten Sie etwas langsamer sprechen?	*Puo parlare un po` più lentamente?*
Ich suche nach ...	*Cerco ...*
Okay, geht in Ordnung	*va bene*
Ich möchte/Ich hätte gern	*Vorrei*
Warte/Warten Sie!	*Aspetta/Aspetti!*
groß/klein	*grande/piccolo*
Es ist heiß	*Fa caldo*
Es ist kalt	*Fa freddo*
Geld	*i soldi*
Ich brauche ...	*Ho bisogno ...*
Ich muss ...	*Devo ...*
in Ordnung	*d'accordo*
Ist es möglich, dass ...	*È possibile ...*
mit/ohne	*con/senza*
offen/geschlossen	*aperto/chiuso*
Toilette	*gabinetto*
verboten	*vietato*
Was bedeutet das?	*Che cosa significa? (sprich sinjifika)*
Wie heißt das?	*Come si dice?/ cosa significa?*
zahlen	*pagare*

Equivoco!
Eine Art Allheilmittel: „Es liegt ein Missverständnis vor“. Wenn etwas schief gelaufen ist, ist dies das Friedensangebot. Ein Versprechen wurde nicht eingehalten? – Nein, nur „è un equivoco“!

Fragen

Gibt es/Haben Sie ...? (auszusprechen als tsche)	*C'è ...?*
Was kostet das?	*Quanto costa?*
Gibt es (mehrere)	*Ci sono?*
Wann?	*Quando?*
Wo? Wo ist?	*Dove?/Dov'è?*
Wie?/Wie bitte?	*Come?*
Wieviel?	*Quanto?*
Warum?	*Perché?*

Smalltalk/Orientierung

Ich heiße ...	*Mi chiamo ...*
Wie heißt du?	*Come ti chiami?*
Wie alt bist du?	*Quanti anni hai?*
Das ist aber schön hier	*Meraviglioso!/Che bello!/ Bellissimo!*

Von woher kommst du?	*Di dove sei tu?*
Ich bin aus München/Hamburg	*Sono di Monaco, Baviera/di Amburgo*
Bis später	*A più tardi!*
Wo ist bitte ...?	*Per favore, dov'è ..?*
... die Bushaltestelle	*... la fermata*
... der Bahnhof	*... la stazione*
Stadtplan	*la pianta della città*
rechts	*a destra*
links	*a sinistra*
immer geradeaus	*sempre diritto*
Können Sie mir den Weg nach ... zeigen?	*Sa indicarmi la direzione per ..?*
Ist es weit?	*È lontano?*
Nein, es ist nah	*No, è vicino*

Ecco!
Hat unendlich viele Bedeutungen. Es ist eine Bestärkung am Ende des Satzes: Also! Na bitte! Voilà ... Zweifel sind dann ausgeschlossen.

Bus/Zug/Fähre

Fahrkarte	*un biglietto*
Stadtbus	*il bus*
Überlandbus	*il pullman*
Zug	*il treno*
hin und zurück	*andata e ritorno*
Ein Ticket von X nach Y	*un biglietto da X a Y*
Wann fährt der nächste?	*Quando parte il prossimo?*
... der letzte?	*... l'ultimo?*
Abfahrt	*partenza*
Ankunft	*arrivo*
Gleis	*binario*
Verspätung	*ritardo*
aussteigen	*scendere*
Ausgang	*uscita*
Eingang	*entrata*
Wochentag	*giorno feriale*
Feiertag	*giorno festivo*
Fähre	*traghetto*
Tragflügelboot	*aliscafo*
Deck-Platz	*posto ponte*
Kabine	*cabina*

Auto/Motorrad

Auto	*macchina*
Motorrad	*la moto*
Tankstelle	*distributore*
Volltanken	*il pieno, per favore*
Bleifrei	*benzina senza piombo*
Diesel	*gasolio*
Panne	*guasto*
Unfall	*un incidente*
Bremsen	*i freni*
Reifen	*le gomme*
Kupplung	*la frizione*
Lichtmaschine	*la dinamo*
Zündung	*l'accensione*
Vergaser	*il carburatore*
Mechaniker	*il meccanico*
Werkstatt	*l'officina*
funktioniert nicht	*non funziona*

Bank/Post/Telefon

Geldwechsel	*il cambio*
Wo ist eine Bank?	*Dove c' è una banca*
Ich möchte wechseln	*Vorrei cambiare*
Ich möchte Reiseschecks einlösen	*Vorrei cambiare dei traveller cheques*
Wie ist der Wechselkurs	*Qual è il cambio?*
Geld	*i soldi*
Postamt	*posta/ufficio postale*
ein Telegramm aufgeben	*spedire un telegramma*
Postkarte	*cartolina*
Brief	*lettera*
Briefpapier	*carta da lettere*
Briefkasten	*la buca (delle lettere)*
Briefmarke(n)	*il francobollo/i francobolli*
Wo ist das Telefon?	*Dov' è il telefono?*
Ferngespräch	*comunicazione interurbana*

Camping/Hotel

Haben Sie ein Einzel-/Doppelzimmer?	*C'è una camera singola/doppia?*
Können Sie mir ein Zimmer zeigen?	*Può mostrarmi una camera?*
Ich nehme es/ wir nehmen es	*La prendo/ la prendiamo*
Zelt	*tenda*
kleines Zelt	*canadese*
Schatten	*ombra*
Schlafsack	*sacco a pelo*
warme Duschen	*docce calde*
Gibt es warmes Wasser?	*C'è l'acqua calda?*
mit Dusche/Bad	*con doccia/bagno*
ein ruhiges Zimmer una	*camera tranquilla*
Wir haben reserviert	*Abbiamo prenotato*
Schlüssel	*la chiave*
Vollpension	*pensione (completa)*
Halbpension	*mezza pensione*
Frühstück	*prima colazione*
Hochsaison	*alta stagione*
Nebensaison	*bassa stagione*
Haben Sie nichts Billigeres?	*Non ha niente che costa di meno?*

Zahlen

der Erste	*il primo*	6	*sei*	21	*ventuno*
Zweite	*il secondo*	7	*sette*	22	*ventidue*
Dritte	*il terzo*	8	*otto*	30	*trenta*
einmal	*una volta*	9	*nove*	40	*quaranta*
zweimal	*due volte*	10	*dieci*	50	*cinquanta*
halb	*mezzo*	11	*undici*	60	*sessanta*
ein Viertel	*un quarto di*	12	*dodici*	70	*settanta*
ein Paar	*un paio di*	13	*tredici*	80	*ottanta*
einige	*alcuni*	14	*quattordici*	90	*novanta*
0	*zero*	15	*quindici*	100	*cento*
1	*uno*	16	*sedici*	101	*centuno*
2	*due*	17	*diciassette*	102	*centodue*
3	*tre*	18	*diciotto*	200	*duecento*
4	*quattro*	19	*diciannove*	1.000	*mille*
5	*cinque*	20	*venti*	2.000	*duemila*

Maße & Gewichte

Liter	*un litro*
halber Liter	*mezzo litro*
Viertelliter	*un quarto di un litro*
Gramm	*un grammo*
100 Gramm	*un etto*
200 Gramm	*due etti*
Kilo (gesprochen wie im Deutschen)	*un chilo, due chili*

Uhrzeit

Wie spät ist es?	*Che ora è?*
mittags (für 12 Uhr gebräuchlich)	*mezzogiorno*
Mitternacht	*mezzanotte*
Viertel nach	*... e un quarto*
Viertel vor	*... meno un quarto*
halbe Stunde	*mezz'ora*

Tage/Monate/Jahreszeit

ein Tag	*un giorno*
die Woche	*la settimana*
ein Monat	*un mese*
ein Jahr	*un'anno*
ein halbes Jahr	*mezz'anno*
Frühling	*primavera*
Sommer	*l'estate*
Herbst	*autunno*
Winter	*inverno*

Wochentage

Montag	*lunedì*
Dienstag	*martedì*
Mittwoch	*mercoledì*
Donnerstag	*giovedì*
Freitag	*venerdì*
Samstag	*sabato*
Sonntag	*domenica*

Monate

Januar	*gennaio*
Februar	*febbraio*
März	*marzo*
April	*aprile*
Mai	*maggio*
Juni	*giugno (sprich dschunjo)*
Juli	*luglio (sprich luljo)*
August	*agosto*
(Feiertag des 15.8.	*ferragosto)*
September	*settembre*
Oktober	*ottobre*
November	*novembre*
Dezember	*dicembre*

Gestern, heute, morgen

heute	*oggi*
morgen	*domani*
übermorgen	*dopodomani*
gestern	*ieri*
vorgestern	*l'altro ieri*
sofort	*subito*
(dehnbarer Begriff)	
später	*più tardi*
jetzt	*adesso*
der Morgen	*la mattina*
Mittagszeit	*l'ora di pranzo*
Nachmittag	*il pomeriggio*
der Abend	*la sera*
die Nacht	*la notte*

Einkaufen

Haben Sie	*Ha ...?*
Ich hätte gern ...	*Vorrei ...*
etwas davon	*un poco di questo*
dieses hier	*questo qua*
dieses da, dort	*quello là*
Was kostet das?	*Quanto costa questo?*

Geschäfte

Apotheke	*farmacia*
Bäckerei	*panetteria*
Buchhandlung	*libreria*
Zeitungskiosk	*edicola*
Fischhandlung	*pescheria*
Laden, Geschäft	*negozio*
Metzgerei	*macelleria*
Reinigung (chemische)	*lavanderia/ lavasecco*
Reisebüro	*agenzia viaggi*
Touristen-information	*informazioni turistiche*
Schreibwarenladen	*Cartoleria*
Supermarkt	*alimentari, supermercato*

Drogerie/Apotheke

Seife	*il sapone*
Tampons	*i tamponi, i o.b.*
Binden	*assorbenti*
Waschmittel	*detersivo*
Shampoo	*lo shampoo*
Toilettenpapier	*carta igienica*
Zahnpasta	*pasta dentifricia*
Schmerztabletten	*qualcosa contro il dolore*
Kopfschmerzen	*mal di testa*

Abführmittel	*lassativo*
Sonnenmilch	*crema solare*
Pflaster	*cerotto*

Arzt/Krankenhaus

Ich brauche einen Arzt	*Ho bisogno di un medico*
Hilfe!	*Aiuto!*
Erste Hilfe	*pronto soccorso*
Krankenhaus	*ospedale*
Schmerzen	*dolori*
Ich bin krank	*Sono malato*
Biss/Stich	*puntura*
Fieber	*febbre*
Durchfall	*diarrea*
Erkältung	*raffreddore*
Halsschmerzen	*mal di gola*
Magenschmerzen	*mal di stomaco*
Zahnweh	*mal di denti*
Zahnarzt	*dentista*
verstaucht	*slogato*

Im Restaurant

Haben Sie einen Tisch für x Personen?	*C'è uno tavolo per x persone?*
Die Speisekarte, bitte	*Il menu/la lista, per favore*
Was kostet das Tagesmenü?	*Quanto costa il piatto del giorno?*
Ich möchte gern zahlen	*Il conto, per favore*
Ich habe Hunger	*Ho fame*
Ich habe Durst	*Ho sete*
Gabel	*forchetta*
Messer	*coltello*
Löffel	*cucchiao*
Aschenbecher	*portacenere*
Mittagessen	*pranzo*
Abendessen	*cena*
Eine Quittung, bitte	*Vorrei la ricevuta, per favore*
Es war sehr gut	*Era buonissimo*
Trinkgeld (lässt man aber ohne große Erklärungen am Tisch liegen)	*mancia*

Speisekarte

Extra-Zahlung für Gedeck, Service und Brot	*coperto/pane e servizio*
Vorspeise	*antipasto*
erster Gang	*primo piatto*
zweiter Gang	*secondo piatto*
Beilagen zum zweiten Gang	*contorni*
Nachspeise (Süßes)	*dessert*
Obst	*frutta*
Käse	*formaggio*

Getränke

Wasser	*acqua*
Mineralwasser	*acqua minerale*
mit Kohlensäure	*con gaz (frizzante)*
ohne Kohlensäure	*senza gaz*
Wein	*vino*
weiß	*bianco*
rosé	*rosato*
rot	*rosso*
Bier	*birra*
hell/dunkel	*chiara/scura*
vom Fass	*alla spina*
Saft	*succo di ...*
Milch	*latte*
heiß	*caldo*
kalt	*freddo*
Kaffee (das bedeutet Espresso)	*un caffè*
Cappuccino (mit aufgeschäumter Milch, niemals mit Sahne!)	*un cappuccino*
Kaffee mit wenig Milch	*un caffè macchiato*
Milchkaffee	*un caffelatte*
Kalter Kaffee	*un caffè freddo*
Tee mit Zitrone	*un tè con limone*
Cola	*una coca*
Milkshake	*frappè*
ein Glas ...	*un bicchiere di ...*
eine Flasche	*una bottiglia*

Kartenverzeichnis

Zeichenerklärung für die Karten und Pläne

Hauptstraße
Landstraße
Piste
Fußweg
Wanderung mit GPS-Punkt
Gewässer
Grünanlage
bebaute Fläche
Berggipfel
Höhle
Wasserfall
Quelle
Badestrand
Hütte
Turm
Campingplatz
Aussichtspunkt
Kloster
Schloss/Burg
Kirche
Sehenswürdigkeit
Ruine
Museum
Information
Taxistandplatz
Bushaltestelle
Flughafen
Parkplatz
Post
Krankenhaus
Öffentliche Toilette
Follónica — im Kapitel näher beschriebener Ort

Alles im Kasten

Fotonachweis

Alle Fotos von Michael Müller außer: Elfriede Schütz: S. 12, 16, 152, 157, 158, 159, 160, 161, 165, 166, 167, 169, 171, 174, 175, 176, 181, 186, 189, 192, 196, 199, 200, 201, 202, 203, 204, 206, 207, 209, 211, 212, 213, 214, 220, 232, 238, 246, 285 | Caroline Goltz: 8, 10, 50, 51, 55, 59, 67, 69, 74, 81, 84, 88, 98, 104, 108, 111, 112, 113, 117, 122, 130, 146, 149, 182, 183, 224, 231, 235, 239, 249, 251, 252, 270, 273, 286 | Emil Bezold: 3, 7, 45, 63, 78, 135, 151, 223, 241, 288, 291 | Marcus X. Schmid: 14, 57, 132, 143 | Britta Ullrich: 217, 218, 221, 265 | Mathias Schanz: 22, 28, 30 | Lutz Redecker: 76, 274 | Martin Müller: 140 | Barbara de Mars: 233 | Fritz Rust: 227, 254 | Adobe Stock/Carlo de Santis: 118 | Adobe Stock/Doin Oakenhelm: 52 | Pixabay/Daniel Wanke: 41 | Pixabay/Irineos: 54 | Pixabay/Makalu: 44 | Pixabay/kutschke: 289 | Pixabay/Felix Wolf: 236 | Pixabay/Linda A: 260 | Pixabay/lufthansi: 126 | Pixabay/RitaE: 234 | Pixabay/Daniel Rossano Valeri: 258 | Pixabay/Rudy and Peter Skitterians: 18 | Unsplash/Gabriella Clare Marino: 70

Impressum

Text und Recherche: Michael Müller, Caroline Goltz, Elfriede Schütz | **Lektorat:** Angela Nitsche | **Redaktion:** Angela Nitsche | **Layout:** Christine Hetterle | **Karten:** Theresa Flenger, Judit Ladik, Gábor Sztrecska | **Herausnehmbare Karte:** Michael Müller Verlag GmbH| **GIS-Consulting:** Rolf Kastner | **Innentitel:** Siena, Piazza del Campo | **Covergestaltung:** Karl Serwotka | **Covermotiv:** Feinkostgeschäft in der Altstadt von Pitigliano @ mauritius images/Sunny Celeste/imageBROKER

ISBN 978-3-96685-184-8

 Druck: Livonia Print, Riga.

Blick auf Porto Santo Stefano

Vielen Dank!

Caroline Goltz für die Überarbeitung der Wanderungen sowie unseren Leserinnen und Lesern Werner K., Maisach-Gernlinden; Marianne P., Donaueschingen; Ilona K.; Ralf V., Kusel; Dr. Christoph S., Stuttgart; Beate L., Dortmund; Guido u. Eva K., Murnau; Heidrun H. u. Martin S., Stuttgart; Dr. Herbert D., Friedrichshafen; Sabine N., Bad Ragaz; Klaus-Reinhard S., Clausthal-Zellerfeld; Nina S., Wendelstein; Volker u. Susanne W., Iserlohn; Angela G., München; Werner L., Wachtberg; Manfred B., Hamburg; Maria M.; Dorothea A. Z., Bonn; Heidrun W.; Michael R., Berlin; Daniel G. Zürich; Jutta U.; Herbert B.; Andrea S., Stuttgart; Kerstin B., Michelstadt; Silke M., Gera; Anna E., Basel; Renate K.; Charles de C., Paris; Peter R., Wolfsburg; Christian u. Vera R., Jena; Thomas V.; Marion P., Berlin; Stefanie B., München; Ortrud B.; Elke G. u. Martin G., Berlin; Rahel B. u. Romeo L.; Helga H., Wien; Klaus S., Lauf; Oliver B., Hannover; Monika D.; Helmut E.; Thomas V., Heuchelheim; Annette S., Bernried; Nicolas A. K., Berlin; Hubert S., Perg; Oliver P., Köln; Claudia H., Waldkirch; Ira R.I, Saag; Volker R.; Ingrid K.; Martina M.

Haftungsausschluss

Die in diesem Reisebuch enthaltenen Informationen wurden vom Autor nach bestem Wissen erstellt und von ihm und dem Verlag mit größtmöglicher Sorgfalt überprüft. Dennoch sind, wie wir im Sinne des Produkthaftungsrechts betonen müssen, inhaltliche Fehler nicht mit letzter Gewissheit auszuschließen. Daher erfolgen die Angaben ohne jegliche Verpflichtung oder Garantie des Autors bzw. des Verlags. Autor und Verlag übernehmen keinerlei Verantwortung bzw. Haftung für mögliche Unstimmigkeiten. Wir bitten um Verständnis und sind jederzeit für Anregungen und Verbesserungsvorschläge dankbar.

Strade Bianci – die abenteuerlichen weißen Schotterstraßen

Eng, enger, Pitigliano

Die Fonte Gaia an der Piazza del Campo ist der Treffpunkt in Siena

Register

Die in Klammern gesetzten Koordinaten verweisen auf die herausnehmbare Südtoskana-Karte.

Arg glattgebürsteter Weinberg